黄河流域战略编制与生态发展案例

国合华夏城市规划研究院　著
黄河流域战略研究院

中国金融出版社

责任编辑：陈　翎
责任校对：潘　洁
责任印制：张也男

图书在版编目（CIP）数据

黄河流域战略编制与生态发展案例/国合华夏城市规划研究院，黄河流域战略研究院著．—北京：中国金融出版社，2020.5
ISBN 978 – 7 – 5220 – 0594 – 2

Ⅰ．①黄…　Ⅱ．①国…②黄…　Ⅲ．①黄河流域—区域经济发展—经济发展战略—研究②黄河流域—生态环境建设—研究　Ⅳ．①F127.2②X321.22

中国版本图书馆 CIP 数据核字（2020）第 066849 号

黄河流域战略编制与生态发展案例
HUANGHE LIUYU ZHANLÜE BIANZHI YU SHENGTAI FAZHAN ANLI

出版
发行　**中国金融出版社**

社址　北京市丰台区益泽路 2 号
市场开发部　（010）66024766，63805472，63439533（传真）
网 上 书 店　http：//www.chinafph.com
　　　　　　（010）66024766，63372837（传真）
读者服务部　（010）66070833，62568380
邮编　100071
经销　新华书店
印刷　保利达印务有限公司
尺寸　169 毫米×239 毫米
印张　20.75
字数　360 千
版次　2020 年 5 月第 1 版
印次　2020 年 5 月第 1 次印刷
定价　80.00 元
ISBN 978 – 7 – 5220 – 0594 – 2
如出现印装错误本社负责调换　联系电话（010）63263947

编　委　会

主　编：

吴维海　国家发改委国际合作中心研究员，国合华夏城市规划研究院执行院长，曾任工业和信息化部直属研究所研究总监、部门负责人

撰写成员：

吴维海　宋　岩　金　飒　吴秋寒　郭文涛　姚　顺　王　卓
葛春晓　王少杰　王志英　张能鲲　景朝阳　邢学勇

序 言

　　黄河是中华民族的"母亲河"。千百年来，奔腾不息的黄河哺育着中华民族，孕育了中华文明，塑造了中华民族自强不息的民族品格。黄河流域构成我国重要的生态屏障，是我国重要的农产品主产区和能源、化工、原材料、基础工业基地。

　　"黄河宁，天下平。"中华民族治理黄河的历史也是一部治国史、抗击外敌侵略的历史。长期以来，中华民族始终与黄河水旱灾害作斗争。抛头颅，洒热血，勇敢抗击入侵的外国列强，用鲜血和生命书写了一曲曲壮丽的诗篇。新中国成立后，黄河流域经济社会发展和百姓生活发生了巨大变化。黄河沿岸经济持续快速发展，人民生活水平不断改善。但是，在经济社会发展过程中，也存在诸多突出困难和问题，亟待研究解决。

　　为更好地保护开发中华民族"母亲河"，2019 年 9 月 18 日，习近平总书记在郑州召开会议，提出"黄河流域生态保护和高质量发展战略"，明确了任务目标，为黄河流域 9 省份编制并实施生态保护和高质量发展战略提供了方向。为探索黄河流域生态建设、流域治理和经济发展的策略，国合华夏城市规划研究院组织撰写本专著，对黄河流域战略的编制依据、政策环境、机遇挑战、规划编制、目标任务、生态治理、产业布局、平台构建、黄河文化、改革开放及公共服务等统筹协调、独家创新性提出了规划思路和实施图谱，以便对黄河上游、中游和下游城市规划编制和经济发展起到积极的促进作用。

在本书撰写过程中，征求了国家发改委、自然资源部、生态环境部、水利部、农业农村部、交通运输部等部委领导专家意见，与国家部委智库学者进行了互动和交流，张春园、程路、吴宏鑫、高俊才、吴晓华、夏成等部委领导、院士或专家提出了优化完善的意见建议。山东省发改委、东营市、潍坊市、聊城市、河南省发改委、焦作市、甘肃省发改委、白银市、银川市、中宁县、陕西省发改委、延安市、运城市、内蒙古自治区和四川省等地方政府、科研院所和企业等提供了实践案例，在此一并感谢。

希望本书对各省份、各单位编制黄河流域生态保护和高质量发展战略，研究黄河文化、招商引资和产业落地，统筹推进黄河大保护、大开发，起到前瞻、系统和专业的决策借鉴。

国合华夏城市规划研究院

黄河流域战略研究院

2020 年 5 月

目 录

第一章 黄河的璀璨文明   1

一、黄河的外在表征   2

二、黄河文明的发展阶段   4

三、黄河的历史变迁   6

四、黄河的历史贡献   13

五、典型案例   14

案例 1：聊城市谋划"全域水城"蓝图   14

案例 2：共建黄河流域战略研究院　服务流域高质量发展   16

第二章 黄河的资源条件   18

一、气候条件   19

二、矿产资源   21

三、水文特征   23

四、水利资源   25

五、生态环境   27

六、典型案例   32

案例 1：国合院专家探讨黄河生态经济带   32

案例2：泰山区域山水林田湖草治理　34

第三章　黄河的发展基础　37
　一、经济民生现状　38
　二、流域经济特征　40
　三、黄河与长江对标　42
　四、典型案例　44
　案例1：宁夏打造"沿黄生态经济带"　44
　案例2：济南市规划"大济南经济圈"　46

第四章　黄河的危与机　47
　一、机遇与优势　48
　二、威胁与挑战　50
　三、典型案例　53
　案例1：河南统筹移民与经济发展　53
　案例2：山东开发"黄河入海"文化旅游　54

第五章　黄河的战略规划　56
　一、规划背景　57
　二、问题痛点　60
　三、规划模型　62
　四、规划理论　69
　五、规划体系　82
　六、体制机制　85
　七、规划案例　87
　案例1：设立"黄河流域战略研究院"，弹奏"战略三部曲"　87
　案例2：汉中市"十四五"规划　89

第六章　黄河的任务目标　91
　一、八大主要任务　92
　二、"十四五"工作重点　96
　三、黄河流域分类发展　100
　四、规划案例　105
　案例1：运用《孙子兵法》编制"十四五"规划　105
　案例2：中宁县生态保护和高质量发展战略　107

第七章　黄河的生态保护　　　　　　　　　　　　**109**

　　一、黄河流域的生态现状　　　　　　　　　　　110

　　二、黄河流域的环保困境　　　　　　　　　　　111

　　三、黄河上游的生态保护图谱　　　　　　　　　114

　　四、黄河中游的生态保护图谱　　　　　　　　　115

　　五、黄河下游的生态保护图谱　　　　　　　　　116

　　六、典型案例　　　　　　　　　　　　　　　　118

　　案例：黄河银川段河滩地生态修复　　　　　　　118

第八章　黄河的综合治理　　　　　　　　　　　　**123**

　　一、黄河流域的综合治理现状　　　　　　　　　124

　　二、黄河流域的治理短板　　　　　　　　　　　125

　　三、黄河上游的综合治理图谱　　　　　　　　　127

　　四、黄河中游的综合治理图谱　　　　　　　　　128

　　五、黄河下游的综合治理图谱　　　　　　　　　131

　　六、典型案例　　　　　　　　　　　　　　　　133

　　案例1：白银市探索黄河生态保护和高质量发展战略　133

　　案例2：利津县统筹治理生态产业　　　　　　　136

第九章　黄河上游发展图谱　　　　　　　　　　　**138**

　　一、黄河上游的现状　　　　　　　　　　　　　139

　　二、黄河上游的成绩　　　　　　　　　　　　　145

　　三、传统产业转型提升　　　　　　　　　　　　147

　　四、新兴产业培育发展　　　　　　　　　　　　148

　　五、黄河上游基础服务　　　　　　　　　　　　150

　　六、黄河上游的开放创新　　　　　　　　　　　152

　　七、典型案例　　　　　　　　　　　　　　　　153

　　案例：中宁县推进生态保护和高质量发展战略　　153

第十章　黄河"几"字弯发展图谱　　　　　　　　**155**

　　一、黄河"几"字弯的现状　　　　　　　　　　156

　　二、黄河"几"字弯的成绩　　　　　　　　　　159

　　三、传统产业转型升级　　　　　　　　　　　　160

四、新兴产业培育发展 163

五、黄河"几"字弯城市圈 164

六、黄河"几"字弯城市圈的开放创新 166

七、典型案例 166

案例1：乌海生态发展经验 166

案例2：青海培育黄河文化产业 168

第十一章 黄河中游发展图谱 **170**

一、黄河中游现状 171

二、黄河中游的成绩 176

三、黄河中游的痛点 179

四、传统产业转型提升 181

五、新兴产业培育发展 182

六、构建交通能源支撑体系 183

七、黄河中游各省区的开放创新 186

八、典型案例 187

案例1：吕梁实施生态扶贫 187

案例2：韩城市打造高质量发展示范区 188

第十二章 黄河下游发展图谱 **191**

一、黄河下游的现状 192

二、打造沿黄城市群的龙头 196

三、算好"加减乘除" 198

四、实现新动能涅槃 199

五、画龙点睛之神韵 200

六、鼓励"龙脉"对外开放 201

七、龙头的文化弘扬 203

八、龙头的案例 205

案例1：青岛动能转换"全面起势" 205

案例2："文脉"折射出的日照气质 206

第十三章 黄河的区域协同 **208**

一、黄河的河海陆联通 209

二、黄河的资源能源协同 213

三、黄河的科教文化体系 215

四、黄河的文化旅游廊带   217

五、城市群与都市圈多极支撑   220

六、典型案例   222

案例：打造关中平原城市群   222

第十四章 黄河的跨域协同   **224**

一、生态与发展的关系协同   225

二、流域辖内的规划协同   227

三、黄河战略与国家战略协同   228

四、黄河的上中下游跨域协同   232

五、黄河的跨域考核协同   234

六、典型案例   237

案例：海尔创新母乳储藏技术   237

第十五章 黄河的文化复兴   **239**

一、黄河的呐喊   240

二、文化的保护   244

三、文化的传承   246

四、文化的弘扬   250

五、文化的"六化"   254

六、典型案例   256

案例1：东营市打造黄河入海旅游目的地   256

案例2：秦始皇兵马俑成为西安名片   257

第十六章 黄河的开放协同   **259**

一、黄河是协同之河   260

二、流域的内部开放   261

三、跨省市的开放协同   262

四、全流域的开放协同   263

五、全国范围的开放融合   265

六、全球范围的开放融合   266

七、典型案例   269

案例1：山东省新旧动能转换取得成效   269

案例2：山西省以开发区促进跨越发展   270

第十七章 黄河的典型城市 　272

　　一、黄河上游典型城市 　273

　　二、黄河中游典型城市 　281

　　三、黄河下游典型城市 　292

第十八章 美丽的母亲河 　302

　　一、黄河的内在美 　303

　　二、黄河的民族魂 　305

附件1 习近平在黄河流域生态保护和高质量发展座谈会上的讲话 　308

附件2 邀请加盟全国资源对接平台——"三库" 　315

后　记 　319

第 一 章
CHAPTER 1

黄河的璀璨文明

黄河历史悠久，经历了几千年演变。黄河是中华民族的历史见证者、撰写者和亲历者，它饱经沧桑与磨难，始终与华夏大地深度交融，在它身上，记载并传承着中华文明五千年记忆和美好的传说。

追溯黄河"母亲河"从哪里来？经历了什么？到哪里去？欣赏并弘扬它的风采，让子孙后代永远铭记和热爱，是历史使命。

"坎坎伐檀兮，置之河之干兮，河水清且涟漪。"——《诗经》。

"北国风光，千里冰封，万里雪飘"，毛泽东的《沁园春·雪》对黄河冬季冰封万里的美景作了精彩描绘。

黄河文化与中华文明始终传承和影响着中华民族14亿优秀儿女的价值观及行为准则。

一、黄河的外在表征

黄河是中华民族的象征，它不仅是一条大河，并且与黄土地、黄皮肤及传说的炎黄子孙成了中华民族形象的表征，人们把这条河流称为"母亲河"。

（一）勇敢包容的黄河

历史上黄河下游频繁改道迁徙，曾流经今河北、天津、河南、山东、安徽、江苏6省市。现黄河流经青海、四川、甘肃、宁夏、内蒙古、山西、陕西、河南、山东9省区，从山东省境注入渤海。其中，青海省的黄河流域面积最大，达15.3万平方公里，占黄河流域总面积的19.1%；山东省最少，仅1.3万平方公里，占流域总面积的1.6%。宁夏回族自治区有75.2%的面积在黄河流域内；陕西、山西两省分别有67.7%和64.9%的面积在黄河流域内。青、甘、宁、内蒙古、晋、陕6省区的省会或自治区首府均在黄河流域内。豫、鲁两省省会位于黄河之滨。黄河流经9省区中，据1995年统计，黄河流域共涉及69个地区（州、盟、市）、329个县（旗、市），其中全部位于黄河流域内的县（旗、市）共有236个（见图1-1）。

黄河文化的形成期约在公元前6000年，距今约8000年前。以河南的裴李岗文化、贾湖文化为标志的农耕文化为代表。这一时期进入中国历史的五帝时代，黄帝、颛顼、帝喾、唐尧、虞舜及海岱地区的太昊、少昊等，中华民族的祖先主要在黄河中下游地区。

黄河文明主要是指黄河流域创造的中华文明，黄河文明的发展期主要在夏、商、周三代。这时黄河文明凝聚在黄河中下游的大中原地区，大中原地区文化是黄河文明的诞生地和中心。

图1-1　黄河流域地图

　　黄河是中华文明最主要的发源地，中国人称其为"母亲河"。黄河流域的先民从与自然斗争的经验中得知，生存只能依靠自己，他们以人定胜天的魄力与大自然抗争，在这个过程中形成中华民族的精神内核。黄河文明的兴盛期主要是封建帝国文明的历史阶段，自秦汉至北宋，一千多年来，河洛地区处于政治、经济、文化的核心地位。

　　中华民族精神，首先是爱国主义，此外，勤劳、勇敢、包容、热爱和平、不屈不挠、自强不息等也是中华民族精神的具体表现。中华民族精神是"中国人民在长期奋斗中培育、继承、发展起来的伟大民族精神"，涵括"四种伟大精神"："伟大创造精神""伟大奋斗精神""伟大团结精神"与"伟大梦想精神"。关于中华民族精神，历朝历代、各行各业均有不同的观点，大致包括：诚信、爱国、勇敢、仁爱、正义、智慧、礼貌、重德、务实、自强、宽容、自由、法治、节俭等。

（二）开放进取的黄河

　　黄河是开放和积极进取的，它几经变道，历经磨难，为了自由和理想，百折不挠，面对困难险阻，勇往直前，直奔入海。《汉书·沟洫志》把黄河尊为百川之首："中国川源以百数，莫著于四渎，而河为宗。"从"雪原雷动下天龙，一路狂涛几纵横。裂壁吞沙惊大地，东奔致雨啸苍穹"的诗句中，可以领略到黄河犹如中华民族那种气势磅礴，几经曲折纵横，经久不息、勇往直前的伟大气魄与生命力。

　　黄河流域各民族、中华儿女追求开放、勤于学习、勇敢朴实、开放拼搏。无数的历史事件，无数感人事迹证明，黄河文化和中华民族拥有上述亘古不变的精神和文化基因。

黄河的进取和豪情，可以从毛泽东的《沁园春·雪》中深切体会。

沁园春·雪

毛泽东

北国风光，千里冰封，万里雪飘。

望长城内外，惟余莽莽；大河上下，顿失滔滔。

山舞银蛇，原驰蜡象，欲与天公试比高。

须晴日，看红装素裹，分外妖娆。

江山如此多娇，引无数英雄竞折腰。

惜秦皇汉武，略输文采；唐宗宋祖，稍逊风骚。

一代天骄，成吉思汗，只识弯弓射大雕。

俱往矣，数风流人物，还看今朝。

二、黄河文明的发展阶段

黄河文明经历了远古文明、农耕文明、礼乐文明等不同的阶段。

黄河流域从距今180多万年前山西芮城西侯度人到陕西蓝田人、大荔人，内蒙古河套人，山西丁村人等，形成黄河上游的河湟文化区、中游的中原文化区和下游的海岱文化区、齐鲁文化等。

在黄河中下游地区，大体存在四个以名山为中心的文化圈，即以华山为中心的华山文化圈，以嵩山为中心的嵩山文化圈，以太行山为中心的太行山文化圈和以泰山为中心的泰山文化圈。

丝绸之路贯穿黄河流域，闻名世界的"四大发明"及中华第一古国——夏诞生于黄河流域，曾孕育了河湟文化、河洛文化、关中文化、齐鲁文化等，诞生了《诗经》《老子》《史记》《孙子兵法》《齐民要术》等经典著作，形成了《清明上河图》等经典书画。

（一）远古文明

180多万年前山西芮城西侯度人类活动遗址中，找到了火烧过的动物化石和鹿角化石，在100万年前陕西蓝田人类遗址中，发现了碳末堆积。从那以后，蓝田人、大荔人、丁村人、河套人，都在黄河流域繁衍生息。6000 年前出现了以半坡文明为代表的母系氏族文化。当时的人类在这片绿野间狩猎采集，传承着古老的中华文明。

距今 4500～4000 年，在"仰韶温暖期"中后期，气候变暖及降水量增大，导致冰融出现了高海平面，我国东部海平面比当前高 2～4 米。当时年平均气温比现在高 3～4℃，年均降水量 600～650 毫米，这是我国龙山文化和二里头文化时期。尧舜禹时期，原始农业刀耕火种方式改变了黄河生态，破坏了植被，造成了水土流失、河道堵塞，加剧了洪水泛滥。

为治理黄河洪水，"尧听四岳，用鲧治水，九年而水不息，功用不成。"以后舜又"举鲧子禹，而使续鲧之业。禹伤先人父鲧功之不成受诛，乃劳身焦思，居外十三年，过家门不敢入"。文献记载，禹率领部族及后稷之周族、皋陶之东夷族等组成治水团队，在黄河中下游进行了大规模的治水活动，确立了尧、舜、禹"统治社会的基本权利"的权威，建立了中国历史上最早的夏王朝。黄河治水的成功，使黄河中游成了安居乐业的家园，吸引了长江流域、辽河流域等百姓的聚集，当时中原地区成了中华文明的中心。黄河中下游地区最先发生的"黄河文明"成为中华文明的起源，5000 年的华夏文明由此开始。

（二）农耕文明

在中国古代文明中，黄河流域处于联结南北、沟通东西的中心地位。五帝时代为中华文明之始，五帝活动范围在黄河中下游地区，超越四裔的华夏农业，是黄河文明较早发育的物质基础。夏、商、西周三代分别以黄河流域的汾涑、济泗、泾渭农区为依托，形成了最早的国家形态，确立了中华民族的基本特质，建立了完善的礼乐制度，促进了中原农区的深度开发。

《史记·货殖列传》将战国秦汉的基本经济区划分为山西、山东、江南、龙门碣石北四个地区。隋唐时期中原地区经过长期的民族融合，胡汉界限渐趋消弭、农牧结构渐趋合理、生产关系得到调整，社会经济重焕生机。隋唐盛世使得中华文明第一次奠基于统一的、发展水平相类似的三大农业类型（北方畜牧业、中原旱作农业、江南稻作农业）之上。

（三）礼乐文明

礼是区别与约束，使各等人按礼数开展生产和生活等行动。乐是教化与协调，以增强亲和、凝聚功能。中国古代以血缘群体为基本生产单位的农业社会衍生出了家国同构的社会结构，推广宗法礼乐维护社会秩序、约束行为举止、陶冶

5

道德情操、保证和谐安定。在中华礼乐文明形成的过程中，周公制礼作乐形成了系统的典章制度和行为规范，具有深刻的道德伦理内涵。

以孔子、孟子等为代表的儒家文明体系影响了中国数千年的社会、经济、文化发展。直到今天，儒家文化的道德、伦理、礼节、习俗仍然深刻制约和影响着人们的行为规范与思想方式。在实现"中国梦"的伟大征程中，仍能体现浓郁的礼乐文明气息。

三、黄河的历史变迁

黄河的历史变迁包括黄河上游水的发源支流、黄河最初起源，黄河历史传说和河道变迁等各个方面。

（一）黄河从哪里来

唐代诗人李白曾作诗"黄河之水天上来，奔流到海不复回。"大家知道，黄河之水并不是来自天上。它究竟来自哪里呢？

黄河，中国北部大河，全长约5464公里，流域面积约752443平方公里，世界长河之一，中国第二长河。黄河北源发源于青海省青藏高原的巴颜喀拉山脉支脉查哈西拉山南麓的扎曲，南源发源于巴颜喀拉山支脉各姿各雅山北麓的卡日曲，西源发源于星宿海西的约古宗列曲。黄河呈"几"字形，自西向东分别流经青海、四川、甘肃、宁夏、内蒙古、陕西、山西、河南及山东9个省（自治区），最后流入渤海（见图1-2）。

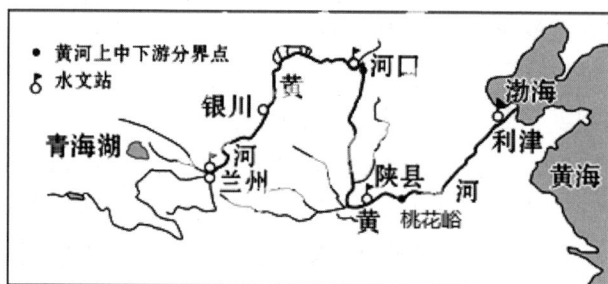

图1-2 黄河上中下游分界线

黄河中上游以山地为主，中下游以平原、丘陵为主。河流中段流经中国黄土高原地区，夹带了大量的泥沙。下游入海口在山东省的东营市垦利区黄河口镇境内，地处渤海与莱州湾的交汇处，1855年黄河决口改道而成。黄河被称为世界上含沙量最多的河流。

（二）黄河的千年之谜

黄河到底有多少岁了？可能很多人非常关心这个话题。回答这个话题前，先来看一下人类生存的地球寿命。

关于年表分类。年表中最大的时间单位是宙，宙下是代，代下分纪，纪下分世，世下分期，期下分时。年表有时间的概念，当获悉该化石是何宙、代、纪、世、期或时的遗物，间接可知道它形成的粗略时间（是粗略估计值）。事实上，年表的时间单位是完全人为划分的，和日历中的年月日不同，它不能使人了解每个宙、代、纪、世、期或时经历的准确时间。

地质年代单位有宙、代、纪、世。

宙——寒武纪5.7亿年之前的都是隐生宙（宇），之后是显生宙（宇）。

代——地质时代的最大单位，在代的时间内形成界的地层。代的名称和界的名称相符合，如太古代、元古代、古生代、中生代和新生代。

纪——代的一部分，代表形成一个系的地层所占的时间。纪的名称和系的名称符合，如寒武纪、奥陶纪等。

地层系统。地壳是由一层一层的岩石构成的。这种在地壳发展过程中所形成的各种成层岩石（包括松散沉积层）及其间的非成层岩石的系统总称，叫作地层系统。"宇""界""系""统"分指地层系统分类的第一级、第二级、第三级、第四级。地层系统分类的第一级是"宇"，分为隐生宇（现改称太古宇和元古宇）和显生宇。

地质年代。地质，即地壳的成分和结构。根据生物的发展和地层形成的顺序，按地壳的发展历史划分的若干自然阶段，叫作地质年代。"宙""代""纪""世"分指地质年代分期的第一级、第二级、第三级、第四级。地质年代分期的第一级是宙，分为隐生宙（现已改称太古宙和元古宙）和显生宙。在另一种分级系统中，也有将宙分为冥古宙、太古宙、元古宙和显生宙的，其中冥古宙是比太古宙更久远的一段时期。

从约180万年或160万年前延续到今天。新生代的第三个纪，即新生代的最后一个纪，也是地质年代分期的最后一个纪。始于160万年前，直到今天。在这个时期，曾发生多次冰川作用，地壳与动植物等具有现代的样子，初期开始出现人类的祖先（如北京猿人、尼安德特人）。1829年，法国学者德努瓦耶在研究巴黎盆地的地层时，把第三系上部的松散沉积物划分出来命名为第四系，其时代为第四纪。第四纪分为更新世（早更新世、中更新世、晚更新世）和全新世，对应地层称为更新统（下更新统、中更新统、上更新统）和全新统。

2004年，距今200多万年的冰川遗迹冰臼群在重庆梁平县云龙镇龙溪河七里滩水电站水坝附近被发现。该遗址位于水坝前干枯的河床中，在整幅巨大的岩石上有无数密密麻麻的石洞，石洞以椭圆形、圆形居多，大的直径3米左右、小的几厘米。2005年，中国第四纪冰川考察队在浙江新昌县天姥山麓发现我国最大第四纪冰川石河遗迹——万马渡冰石河，是距今约200万年至300万年前的第四纪冰川时期由冰川漂移堆积物形成的冰石河遗迹。

陆地上新的造山带是第四纪新构造运动最剧烈的地区，如阿尔卑斯山、喜马拉雅山等。地震和火山是新构造运动的表现形式。世界上一些重要的稀有金属多来自滨海和河流沉积中的第四纪砂矿，如沙金矿、钴镍铬砂矿、锡钨砂矿、金刚石砂矿等。

20世纪90年代，我国科学家在兰州九州台一带发现了一级台地，其高约100米，且向上400米处尚未发现其他河水侵蚀沉积物，由此确定和证实了"黄河已寿高160万岁"。

（三）黄河的河道变迁

根据文献研究，黄河的河道变迁主要发生在下游。历史上黄河下游河道变迁的范围，大致北到海河，南达江淮。黄河下游决口泛滥1500余次，较大的改道有20多次。近年来，地理和考古学者运用现代多种科技手段，如利用卫星照片、航空照片、地质钻探资料进行研究，对不同历史时期黄河变迁的认识逐步加深。

1. 夏商周时期

夏、商、周时代，黄河下游河道呈自然状态，低洼处有许多湖泊，河道串通湖泊后，分为数支，游荡弥漫，同归渤海，史称禹河。

考古发现，新石器时代在今河北平原（豫北、冀南、冀中、鲁西北）中部存在极为宽阔的空旷区，至商、周时代，空旷区缩小，人类活动从冲积平原扇顶向下游发展。商都在今豫北古黄河两岸多次迁徙，人们追逐河滩丰美的水草，祭祀河神，祈望躲避洪水。西周人类活动发展到冀中南的雄县、广宗、曲周一线。春秋时代邯郸以南至泰山以西，平原空旷区东西仅七八十公里。

最早记载黄河的是《尚书·禹贡》和《山海经》。《禹贡》记述的禹河大约是战国及以前的古黄河，其行径是"东过洛汭，至于大伾，北过降水，至于大陆，又北播为九河，同为逆河，入于海"。《山海经·北山经》记述了从太行山向东流入大河的各条支流，自漳水以北注入大河的有十条，注入各湖泽的有五条，注入滹沱河的有五条。根据古文献记载与地质条件的分析，在下游古黄河自然漫流期间，沿途接纳了由太行山流出的各支流，水势较大，流路较稳。它在今孟津出峡谷后在孟县和温县一带折向北，经沁阳、修武、获嘉、新乡、汲县、淇县（古朝歌）、汤阴及安阳、邯郸、邢台等地东侧，穿过大陆泽，散流入渤海。

2. 春秋战国至西汉时期

西周末年，中国经济重心向东转移，公元前 770 年周平王迁都成周（今洛阳东），下游平原区逐渐得到开发。春秋后期，齐国首先称霸，于公元前 685 年开始，在黄河下游低平处筑堤防洪，开发被河水淤漫的滩地，所谓"齐桓之霸，遏八流以自广"。当时其他诸侯国相继筑堤，"壅防百川，各以自利"。黄河下游漫流区日益缩小，九河逐渐归一。由于堤防约束，河床淤高，黄河在周定王五年（公元前 602 年）在黎阳宿胥口决徙，主流由北流改向偏东北流，经今濮阳、大名、冠县、临清、平原、沧州等地于黄骅入海，是黄河第一次大改道。

西汉时期，黄河下游河道发生新的变化。相距 50 里的大堤内出现了许多村落，堤内居民修筑直堤保护田园。大河堤距宽窄不一，窄处仅数百步，宽处数里或数十里。堤线曲折更多，如从黎阳至魏郡昭阳（今濮阳西）两岸筑石堤挑水，百余里内有 5 处。黄河成了地上河，个别河段堤防很高。如黎阳南 70 里的淇水口，堤高 1 丈，自淇口向北 18 里至遮害亭堤高 4～5 丈。这种河道形势下，西汉时决溢较多。公元前 132 年的瓠子（在今濮阳西南）决口，洪水向东南冲入巨野泽，泛滥入淮、泗，淹及 16 郡，横流 23 年。公元 11 年河水大决魏郡元城，泛滥冀、鲁、豫、皖、苏等地近 60 年，造成黄河第二次大改道。

3. 东汉至隋唐时期

公元 69 年东汉明帝派王景治河，将河、汴分流。筑堤自荥阳（今荥阳东北）至千乘（今山东高青县东北）海口，长 1000 多里。对防御黄河向南泛滥起到了较好的作用。这一时期下游河道称东汉故道，流路自今濮阳西南西汉故道的长寿津改道东流，循古漯水经今范县南，于阳谷县西与古漯水分流，经今黄河和马颊河之间。

4. 北宋时期

宋前期维持东汉以来的河道，称京东故道。后期河道淤高，险象丛生，1048 年河决商胡，改道北流，新河夺永济渠至今天津东入海，时称北流，这是黄河的第三次大改道。

此时河道的分支，除汴水畅通外，济水已断流，湖泊多淤塞，南岸仅有巨野泽，接纳汶水与黄河泛水南流入淮、泗。北岸有大片塘泊，大致分布在今天津东至保定西一带，拦截了易水（今海河）的九条支流，滹沱、葫芦、永济诸河水皆汇于塘。东西斜长600里（直线约400里），宽50～100里。夏有浪，冬有冰，浅不能行船，深不能涉。至北宋后期，黄河北侵，塘泊逐渐淤淀。1060年，黄河自大名决河东流，自沧州境入海，时称东流（二股河）。

5. 金元时期

1128年冬，金兵南下，南宋边防告急，11月东京（今开封）留守杜充掘开黄河南堤御敌，黄河从此南泛入淮。决口处大致在卫州（今河南汲县和滑县东之间）。决水东流至梁山泊之南，主流大致沿菏水故道入泗，当时称为新河。

金末元初近百年间（1209～1296年），黄河呈自然漫流状态，没有固定流路。1234年由杞县分为三支，以入涡一支为主流，三流并行60余年，至1297年主流北移，北支成为主流，由徐州入泗、入淮，由济宁、鱼台等地入运河、入淮。主流北移后，1297～1320年黄河自颍、涡北移，全由归德、徐州一线入泗、入淮。1320～1342年开封至归德段黄河亦北移至豫北、鲁西南。1343～1349年黄河连决白茅堤，水灾遍及豫东、鲁西南、皖北，洪水北侵安山入会通河夺大清河入海。1351年贾鲁挽河回复故道，黄河流经今封丘西南，东经长垣南30里，东明（今东明集）南30里，转东南经曹县西之白茅、黄陵冈、商丘北30里，再东经单县南、夏邑北，再东经砀山南之韩家道口（砀山南约40里），东经萧县、徐州北，至邳州循泗入淮。1297～1397年的百年间，以荥泽为顶点向东呈扇形泛滥，主流自南向北摆约50年。此后自北向南摆50年。最北流路在今黄河一带，最南夺颍入淮（河）。

6. 明清时期

明成祖迁都北京，直至清咸丰五年（1855年）黄河于铜瓦厢（今河南兰考东坝头附近）决口改道，这一时期确保漕运通畅是治河的重要原则。采取"北岸筑堤，南岸分流"的防御方略。

1391年黄河南决，主流夺颍入淮。百余年间有时分流入涡，有时走贾鲁故道，决溢地点多在开封以上。1496～1566年，北岸修筑太行堤，南岸大堤得以加固，开封附近不再决溢，决溢地点下移至兰阳、考城、曹县一带。先是黄河南移入涡、入淮，后渐北移，至徐州入运。1558年在曹县决口，水分10余支自徐州至鱼台散漫入鲁南运道及诸湖，运道大淤，黄淮合流段的淤积严重，下游河道淤高，河口迅速延伸。

明朝万恭、潘季驯提出以治沙为中心的治河思想，实行"以堤束水，以水攻沙"的方针。1578 年 2 月潘季驯修筑徐淮之间 600 里南北大堤，使河出清口、云梯关，塞高家堰，使黄淮合流，直至 1855 年铜瓦厢决口改道。这就是后人所谓的明清故道。

1855 年黄河在铜瓦厢决口后，数股漫流，其中一支出东明北经濮阳、范县，至张秋穿运入大清河，于利津牡蛎嘴入海，后逐渐形成今黄河河道。

决口初期，经过了约 20 年的漫流期，清廷各州县自筹经费，在新河两岸顺河修筑民埝，以防漫淹。咸丰十年（1860 年），张秋以东至利津筑有民埝。光绪元年（1875 年），开始修官堤，历时 10 年，新河堤防陆续建立起来。铜瓦厢以上河道因溯源冲刷，河床下降。

7. 近代黄河

黄河改道初期，黄河决溢多在山东境内。民国年间河南黄河决溢渐多。1938 年 6 月，国民政府为阻止日军西进，扒开花园口黄河南堤，全河夺流改道，经沙颍河、涡河入淮，泛滥豫、皖、苏三省达 9 年之久。抗战胜利后，1947 年 3 月 15 日将花园口口门堵合，黄河回归故道。

为领会黄河古道的悠久历史和无限魅力，分享 3 首古诗。

《浪淘沙》

【唐】　刘禹锡

九曲黄河万里沙，浪淘风簸自天涯。

如今直上银河去，同到牵牛织女家。

《凉州词》

【唐】　王之涣

黄河远上白云间，一片孤城万仞山。

羌笛何须怨杨柳，春风不度玉门关。

《登鹳雀楼》

【唐】　王之涣

白日依山尽，黄河入海流。

欲穷千里目，更上一层楼。

（四）黄河的治理模式

几千年来，黄河流域先后有汉、羌、戎、匈奴等20多个民族居住。黄河流域形成独特的农耕文化、丝绸之路文化、民族多元文化和军事文化，保存了颇具各自特色的历史建筑和民族特色餐饮文化等，积淀了丰富珍贵的文化遗存。同时，黄河自诞生以来的一次次改道和治理方式影响着黄河文化和沿河经济社会的发展，对国家战略实施和社会治理等有着良好的借鉴意义。

1. 河道疏解

黄河历史上几经变迁，多年河水泛滥，造成了沿河的水灾。较早时的鲧采取河道堵塞之术，没有根治黄河。古代帝王的多次放任导致了河道泛滥，人民流离失所。由于各种原因，历史上黄河多次漫流并改道，曾一度泛滥成灾。

古代大禹采取疏导的方法治理黄河取得了较好的效果，带来了当时黄河流域民众的福利。与黄河疏导治理理念相关的都江堰、京杭大运河等开航和建设，带来了多个朝代的经济繁荣与商贸活动，古代水利建设的经验值得借鉴。都江堰等古代水利工程至今还在发挥积极的作用。京杭大运河也在修复和保护性开发过程中。

2. 五位一体

立足新时代，以人民为中心，因地制宜，科学谋划，创新并探索"识节治用享"的"五位一体"水利发展观和黄河大保护、大开发。

爱黄河，首先要认识黄河，懂得黄河，把握自然规律，这就是"识水"。在此基础上，科学节水，实现水的最大效用，这就是"节水"。统筹流域治水工程，抓好泥沙、滩区和污染整治，造福人民，这就是"治水"。完善调度补偿机制，实现空间均衡，这就是"用水"。推动人产城融合，拉近水的亲近感，这就是"享水"。

黄河流域历史上曾是农业较为发达、多个朝代繁荣的风水宝地。但是，黄河泛滥和泥沙等问题始终没有根治。1949年前，黄河流域一直是"修堤—淤积—改道"的循环模式。

新中国成立以后，国家高度重视黄河生态建设和综合治理工作，各届党和国家领导人视察黄河，作出重要批示，推进黄河生态保护和开发利用，启动了重大水利工程，投入了大量财力和精力，经过几十年探索与实践，逐步驯服了黄河这条咆哮的"巨龙"，实现了几十年不断流，不改道，无大灾，推动了黄河流域9省份经济社会发展。特别是党的十八大以来，党中央着眼于生态文明建设全局，全面实施"节水优先、空间均衡、系统治理、两手发力"的治水思想，黄河流域经济社会发展进入了新阶段。

在黄河流域经济发展的同时，也存在诸多问题和现实的、潜在的风险，比如：管理模式落后、流域生态环境脆弱、污染问题突出、水资源保障难度大、流域产业割裂、跨域协同少等，严重制约了流域生态保护和经济发展，在某种程度上损害了黄河的健康肌理和生态体系。

为系统保护和开发黄河，2019年9月18日，习近平总书记提出了"黄河流域生态保护和高质量发展战略"，从国家战略的高度，用新理念、新思维，严格要求并作出重大部署："坚持绿水青山就是金山银山的理念，坚持生态优先、绿色发展，以水而定、量水而行，因地制宜、分类施策，上下游、干支流、左右岸统筹谋划，共同抓好大保护，协同推进大治理，着力加强生态保护治理、保障黄河长治久安、促进全流域高质量发展、改善人民群众生活、保护传承弘扬黄河文化，让黄河成为造福人民的幸福河。"

四、黄河的历史贡献

老子曰："万物并作，吾以观复。"这一观念与农作物周期性的生产规律有关。春种夏长秋收冬藏的循环往复，产生了逐月安排、组织农事活动的月令体农书。中国古代的月令体农书，最早可追溯到《夏小正》《诗·豳风·七月》。时间的量度单位虽有年月日等计量单位，但与空间相联系的天干地支占重要地位，而且其基本的标志和内容是特定的农业物候。在这一体系中天序四时，地生万物，人治诸业，人与天地相参，科学反映了人类与自然之间的相互作用与基本关系。月令图式特有的阴阳、天地、时空认识丰富了中华民族的传统哲学内涵，深刻影响了中国古代的自然观、历史观、价值观及科学技术发展。

（一）抗争中发展

诸子学说体现了古人对大自然的认知和利用。周礼表明了中华农耕文化特质的形成，诸子学百家反映了中华文明的丰富多彩。儒家主张施行德政、仁政，规范农业社会运行模式，建立良好的社会秩序。法家主张耕战政策、本末思想，把农业作为国家之本。道家倡导无为而治，注重农业周期性生产规律的观察与体悟。墨家提倡节俭、兼爱、尚贤、非攻，反映了独立小生产者的利益与思想。兵家崇尚军事战争，重视农业对战争的物质支撑作用。农家以农立学，讲述统治者和百姓一同耕种、稳定物价、种桑田等技巧或程序，反映古代农业生产和农民思想等。后来的历朝历代，泛舟河上，兴修水利，治理黄河，开发耕地，绿化环境等，都是和大自然的不同斗争形式。

（二）融合中传承

黄河流域经历了多民族融合和少数民族对汉族政权的多次战争，以及各民族文化的逐步融合，如胡服骑射、满族推翻明朝汉族政权等。黄河见证了中华文明和不同历史时期的政治、经济、社会、军事、文化变迁。黄河文明是世界上四大流域文明的重要组成部分，是唯一没有出现文明中断，一直延续至今的文明。

造纸术、指南针、火药及印刷术四大发明诞生于黄河流域，对中国古代及同期世界的政治、经济、文化的发展产生了巨大的推动作用。起源于西汉的陆上丝绸之路和起源于秦汉时期的海上丝绸之路发祥于黄河流域，并将黄河文化传播到世界，对周边国家和地区的文化发展产生了重要影响。以汉唐为主要代表的黄河文明在相当长一段时期内一直是世界文明的中心，黄河文明既源远流长又举世闻名，在世界文明史上具有重大的影响和历史地位。

五、典型案例

案例 1：聊城市谋划"全域水城"蓝图

- **规划背景**

水是生命之源、生活之本、发展之要。识水、蓄水、节水、治水、享水关系经济发展和民生事业，也是满足人民群众对美好生活更高要求的重要保障。山东省聊城市河湖水库较多，水系密集，生态资源丰富，是国家历史文化名城、中国优秀旅游城市、国家园林城市、国家森林城市、中国温泉之城、双拥模范城、国家环保模范城，国家级农产品主产区和雄安新区重点配套城市，也是山东省建设国家级新旧动能转换综合试验区的重要城市。同时，聊城市面临产业结构落后，单位水耗能耗过大，经济转型和绿色发展的新目标、新要求、新挑战。

- **规划需求**

为深入贯彻习近平"两山"理论和国家新时代治水方针，充分发挥聊城市区位和水资源优势，建设互联互通的水系网络以及水系带群（圈），推进聊城市这个黄河流域城市与"一带一路"倡议、京津冀协同发展战略、乡村振兴等重大国家战略相融合，打造国际知名、国内一流的江北水城，聊城市委托国合华夏城市规划研究院编制《聊城市全域水城总体发展战略》，提出未来几年，包括"十四五"规划期聊城市水系建设、产业布局、水产城融合发展的目标任务、实施路径和总体策略，打造全国第一家人水产城四位一体的"全域水城"，创新黄河流域城市以水定产、以水定人、依水筑路、依水发展、治水、节水、用水、享水的发展新模式、新机制。

● 实施过程

国合华夏城市规划研究院作为国家部委行业智库，根据规划项目需求，结合与聊城市领导和发改、水利、农业农村等部门的规划座谈和目标定位，发挥专业优势，组建规划课题组和顾问小组，进行现场调研、专家访谈、资料搜集、案例研究，研究国内外城市经验，撰写《聊城市全域水城总体发展战略（2018～2030年）》规划稿，邀请水利部原部长、司长及有关专家论证，进行规划修改，提交聊城市审议和实施。

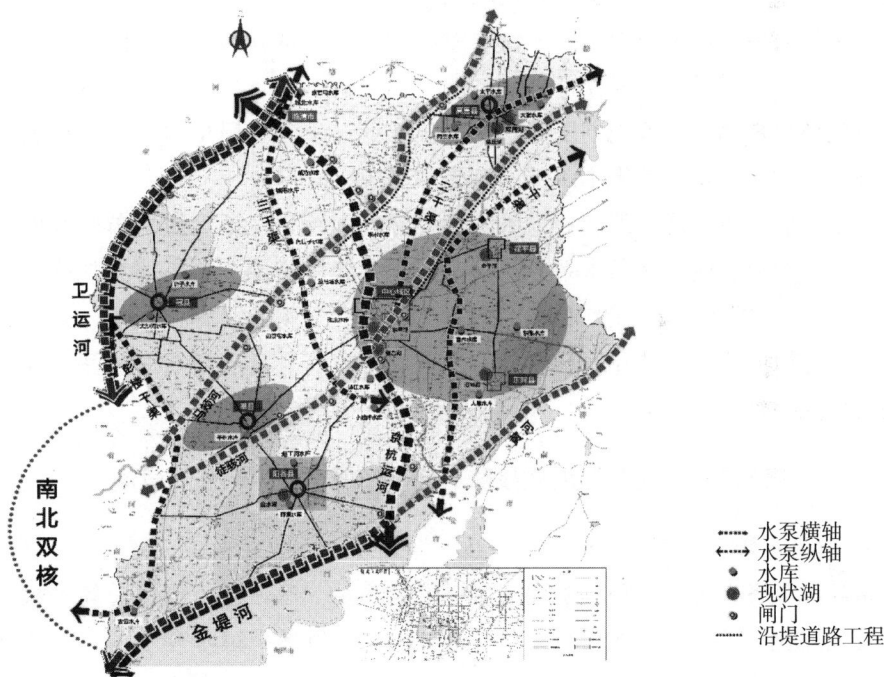

图1-3 "一核、五区、多点"水系网络空间布局

本课题研究工作中，注重引进部委专家，统筹规划、分步实施水系连通工程，立足"五横六纵"水系特征，构建"一核、五区、多点"的全域水网体系（见图1-3）。以聊城市优势产业为核心，构建"两带两群一圈"的跨流域水系

带群（圈），形成有利的市场环境，提高优势产业竞争力。实现跨流域、多地市（包括向河北省、河南省周边城市延伸等）资源要素自由流动的水产融合大格局〔跨流域水系带群（圈）〕。

● 工作效果

该规划实施以来，聊城市生态环境建设显著改善，水系连通比例不断提高，单位产值水耗能耗持续降低，人、水、产业、城市更加融合，经济效益和生态效益显著体现。该市"全域水城"的战略定位前瞻性呼应了黄河流域生态保护和高质量发展战略，城市名片更加凸显。

● 主要借鉴

一是政策导向。主动贯彻国家产业政策、水利政策和经济规律，提前布局生态优先、以水定产、空间均衡等先进理念。

二是规划引领。邀请部委智库制定专项规划，对水利与产业、城市融合作出新的探索，具有前瞻性和操作性。

三是项目带动。统筹规划了大量水利、产业、生态和民生项目，注重项目之间的统筹性和一体化，减少了跨部门割裂和资源重复投入。

四是开放视野。规划编制邀请国家部委领导和专家论证，规划布局考虑了京杭大运河、黄河、境内多条水系、与河南省等共建都市圈、与京津冀战略、中原城市群战略等协同发展。超前提出跨流域政策、产业、资源、人才、交通、水系、平台等协同化、一体化、融合化的发展新理念，具有规划的引领性和经济发展的跨域融合性。

案例 2：共建黄河流域战略研究院　服务流域高质量发展

● 项目背景

黄河流域各省市生态环境脆弱、经济结构落后、区域经济规模总体不大、文化挖掘表层化。各省份、城市亟待科学规划，突破发展。2019 年 9 月，习近平总书记提出黄河流域生态保护和高质量发展战略，为黄河流域各省份加强规划协同，工作先衔接，实施生态优先、综合治理、产业转型和可持续发展等提出了新目标、新要求。

● 项目需求

黄河流域各省份如何统筹谋划，加大各方协同，推进辖内和跨区域的政策协同、规划协同、产业协同、交通协同、综合治理协同，优化资源配置，实现高质量发展，既缺少统一规划，又缺少高端智库辅导。同时，单一省份、单个城市难以完成跨域规划和资源整合等艰巨的工作，也难以聚集部委专家力量，开展区域规划和资源深度对接等。

- **实施过程**

国合华夏城市规划研究院贯彻领会国家战略，以国家部委重大部署为指引，主动发挥智库作用，2019 年 11 月 30 日率先在北京组织了有关部委专家参加的"黄河流域生态保护和高质量发展战略研讨会"，与东营市、白银市政府等共同发起设立"黄河流域战略研究院"，明确了五大任务，积极推动"机构库、供求库和专家库"建设。专题诊断了白银市生态治理和高质量发展规划编制等工作，共设"双招双引和高质量发展北京飞地智库（白银）"。积极探索黄河流域 9 省份、各地市县编制黄河生态保护和高质量发展战略规划，系统分析和解决地方生态与经济发展的难点，开展各地区专项规划编制，为各级政府、企业等编制黄河流域生态发展战略规划和"十四五"规划，推动先进技术、产品和基金等与各地对接，共建园区等，帮助地方推进招商引资等工作。

- **实施效果**

通过设立黄河流域战略研究院，推动"三库"建设，梳理地方生态治理和经济发展需求、难点痛点，整合高端智库，开展地方黄河流域生态发展专项规划和"十四五"规划编制，有助于促进各地政府生态治理和经济可持续发展。同时，通过设立飞地智库，促进技术转化和产业开发，积极参与和提升地方经济和民生事业。

- **主要借鉴**

一是超前谋划。抓住国家战略机遇，进行黄河流域生态保护和高质量发展战略研究与规划编制，科学推动地方规划与决策。

二是平台共建。与东营市、白银市等联合设立"黄河流域战略研究院"，探索招商引资和经济发展飞地智库，辅导地方招商和产业转型，实现了政学研学企多方合作和协同推进。

三是项目落地。注重发展模式创新，以"三库"共建、技术引进和产业园合作等实现重点项目地方落地和园区化。

四是问题导向。聚焦黄河流域难点和痛点，以地方发展为目标，进行重点领域研究和重大课题合作，组织与经济转型和技术对接，实现智库研究、生态治理、经济发展和民生事业的协调化、项目化。

第二章

CHAPTER 2

黄河的资源条件

黄河流域是我国重要的生态屏障和重要的经济地带，是打赢脱贫攻坚战的重要区域，在我国经济社会发展和生态安全方面具有重要的地位。保护黄河是事关中华民族伟大复兴和永续发展的千秋大计。因此，生态建设对于经济发展和民生改善等具有重大的支撑作用。

一、气候条件

黄河流域幅员辽阔，山脉众多，东西高差悬殊，各区地貌差异也很大。又由于流域处于中纬度地带，受大气环流和季风环流影响的情况比较复杂，因此，流域内不同地区气候的差异显著，气候要素的年、季变化大，流域气候有以下主要特征。

（一）太阳辐射较强

黄河流域光照充足，太阳辐射强，日照条件在全国属于充足的区域，全年日照时数一般达 2000～3300 小时，全年日照百分率多在 50%～75%，仅次于日照最充足的柴达木盆地，较长江流域地区普遍偏多 1 倍左右。太阳总辐射量在全国介于中间状况，北纬 37°以北地区和东经 103°以西的高原地带，为 130～160 千卡/平方厘米·年；其余大部分地区为 110～130 千卡/平方厘米·年。虽然不及我国西南部和青藏高原地区，但普遍多于东北和黄河以南地区，为我国东部的辐射强区。

（二）季节温差悬殊

黄河流域季节差别大，上游青海省久治县以上的河源地区为"全年皆冬"；久治至兰州区间及渭河中上游地区为"长冬无夏，春秋相连"；兰州至龙门区间为"冬长（六七个月）、夏短（一两个月）"；流域其余地区为"冬冷夏热，四季分明"。温差悬殊是黄河流域气候的一大特征。随地形三级阶梯，自西向东由冷变暖，气温的东西向梯度明显大于南北向梯度。年平均气温为 -4℃左右的最低中心处于河源的巴颜喀拉山北麓，流域极端最低气温出现于河源区的黄河沿站，曾有过 -53.0℃的记录（1978 年 1 月 2 日）。年平均气温为 12～14℃的高值区位于黄河下游山东省境内，流域极端最高气温的纪录出现在河南省洛阳地区的伊川站，其值达 44.2℃（1966 年 6 月 20 日）。黄河流域气温的年较差比较大，总趋势是北纬 37°以北地区在 31～37℃，北纬 37°以南地区大多在 21～31℃。黄河流域气温的日较差也比较大，尤其中上游的高纬度地区，全年各季气温的日较差为 13～16.5℃，均处于国内的高值区或次高值区。

（三）降水不均衡

流域大部分地区年降水量在 200 ~ 650 毫米，中上游南部和下游地区多于 650 毫米。受地形影响较大的南界秦岭山脉北坡降水量一般为 700 ~ 1000 毫米，西北宁夏、内蒙古部分地区降水量不足 150 毫米。降水量分布不均，南北降雨量之比大于 5。流域冬干春旱，夏秋多雨，6 ~ 9 月降水量占全年的 70% 左右；盛夏 7 ~ 8 月降水量占全年降水总量的四成以上。流域降水量的年际变化悬殊，年降水量的最大值与最小值之比为 1.7 ~ 7.5，变差系数 Cv 变化在 0.15 ~ 0.4。

（四）湿度小蒸发大

黄河中上游是国内湿度偏小的地区，吴堡以上地区平均水汽压不足 8 百帕，相对湿度在 60% 以下。上游宁夏、内蒙古境内和龙羊峡以上地区年平均水汽压不足 6 百帕；兰州至石嘴山区间的相对湿度小于 50%。黄河流域蒸发多，年蒸发量达 1100 毫米。上游甘肃、宁夏和内蒙古中西部地区是国内年蒸发量最大地区，最大年蒸发量超过 2500 毫米。

（五）"三多"灾害

黄河流域上中游主要灾害的典型特征是"三多"：冰雹、沙暴和扬沙较多。冰雹是黄河流域的主要灾害性天气之一。黄河上游兰州以上地区和内蒙古境内全年冰雹日数多超过 2 天，其中东经 100° 以西的广大地区多于 5 天，玛曲以上和大通河上游地区多达 15 ~ 25 天，成为黄河流域冰雹最多的区域，也是国内的冰雹集中区。沙暴和扬沙由大风引起，与当地地质条件及植被相关。宁夏、内蒙古境内及陕北地区多年平均大风均在 30 天以上，区域内有腾格里沙漠、乌兰布和沙漠和毛乌素沙漠，全年沙暴多在 10 天以上，扬沙超过 20 天；有些年份沙暴最多达 30 ~ 50 天，扬沙日数超过 50 天。在汾河上游和小浪底以下沿黄河以南，各有年沙暴或扬沙超过 20 天的区域。

（六）无霜期短

黄河流域初霜日由北至南、从西向东开始，同纬度的山区早于平原、河谷和沙漠。如黄河上游唐乃亥以上初霜日平均在 8 月中、下旬，黄河中下游一般在 10 月上、中旬；流域其余地区在 9 月。流域终霜日迟早的分布特点与初霜日相反，黄河下游平原地区较早，平均在 3 月下旬，上游唐乃亥以上地区晚至 8 月上、中旬，其余地区介于两者之间。黄河流域无霜期较短，黄河下游平原地区无霜日 200 天左右；上游久治以上地区平均不足 20 天；流域其余地区介于两者之间。

二、矿产资源

黄河流域的矿产资源包括稀土、煤、铝土、铜等。

(一) 矿产资源储量大

黄河流域矿产资源丰富,有全国性优势(储量占全国32%以上)的有稀土、石膏、玻璃用石英岩、铌、煤、铝土矿、钼、耐火黏土8种;具有地区性优势(储量占全国储量的16%~32%)的有石油和芒硝2种;具有相对优势(储量占全国总储量的10%~16%)的有天然碱、硫铁矿、水泥用灰岩、钨、铜、岩金6种。

(二) 能源蕴藏较多

黄河上游水能资源、中游煤炭资源、下游石油和天然气资源丰富,在全国占有重要的地位,被誉为我国的"能源流域"(见表2-1、2-2)。截至2016年已探明煤产地(或井田)685处,保有储量4492.4亿吨,占全国煤炭储量的46.5%,预测煤炭资源总储量1.5万亿吨左右。黄河流域煤炭资源主要分布在内蒙古、山西、陕西、宁夏四省区,有资源雄厚、分布集中、品种齐全、煤质优良、埋藏浅、易开发等特点。流域已探明的石油、天然气储量为41亿吨和672亿立方米,分别占全国地质总储量的26.6%和9%,主要分布在胜利、中原、长庆和延长4个油田。黄河经济带的内蒙古、甘肃、山东、山西、宁夏的风电并网容量占到全国的47.16%,成为新能源经济的聚集地,黄河流域是中国太阳能资源分布集中的区域。黄河经济带铁矿储量59.90亿吨,占全国207.60亿吨总量的28.85%;铜矿基础储量772.70万吨,占全国基础储量2721.80万吨的28.39%;甘肃的铬矿储量占全国基础储量的33.64%;内蒙古铅矿的基础储量593.20万吨,占全国基础储量1738.80万吨的34.12%;内蒙古锌矿的基础储量1248.50万吨,占全国基础储量4102.70万吨的30.43%;山西和河南铝土矿基础储量28982.80万吨,占全国基础储量99758.20万吨的29.05%。这是实现该经济带经济转型基础,也是拓展区域发展新空间、支撑全国经济转型升级的核心要素。但是,该地区的泥沙流失、大气、土壤、河流污染等也是需要解决的突出问题。

表2-1 　　　　　　2016年黄河流域三大传统能源基础储量

省份	石油(万吨)	天然气(亿立方米)	煤炭(亿吨)
全国	350120.30	54365.46	2492.26
内蒙古	8381.30	9630.49	510.27
山东	29412.20	334.93	75.67

续表

省份	石油（万吨）	天然气（亿立方米）	煤炭（亿吨）
陕西	38375.60	7802.50	162.93
宁夏	2432.40	274.44	37.45
青海	8252.30	1354.44	12.39
河南	4427.00	74.77	85.58
山西	—	413.75	916.19
甘肃	28261.70	318.03	27.32

数据来源：国家统计局。

表 2-2　　　　　　　　2014 年累计风电并网容量前 10 名省份

省份	累计并网（万千瓦）	占全国比例（%）
内蒙古	2049.75	21.09
甘肃	1007.10	10.36
河北	899.41	9.25
新疆	787.91	8.11
山东	622.68	6.41
辽宁	608.94	6.27
山西	486.20	5.00
黑龙江	461.50	4.75
宁夏	417.81	4.30
吉林	407.98	4.20
合计	7749.28	79.73

数据来源：中国产业信息网。

　　黄河流域煤炭、石油、天然气和有色金属资源丰富，是中国重要的能源、化工、原材料和基础工业基地。矿产资源的大规模开发利用活动在支撑流域工业化和城镇化发展的同时，也给区域生态环境带来了巨大的压力。随着国家西部大开发、促进中部崛起等战略的实施，黄河流域工业发展快速增长，能源、原材料工业发展迅速，能源和原材料供应有重要的战略地位。矿产资源开发利用是一把"双刃剑"，在促进经济增长的同时，也会导致资源耗竭、环境污染、生态破坏与区域发展衰退等问题。如何合理开发矿产资源，对于黄河流域矿产资源可持续发展和生态保护有重要意义。

三、水文特征

黄河流域的水文条件不如长江流域。泥沙流失严重，地上悬河和河道淤积问题同时存在，区域经济相对不发达，产业多数处于高污染高能耗的传统产业。

（一）黄河年径流量及特征

1. 黄河年径流量

根据水文部门长期径流预报，2019～2020年度黄河花园口天然径流量为560亿立方米，达到了国务院"八七"分水方案中正常来水年份来水量。同时，骨干水库蓄水形势相对较好，蓄水分布有利于保障全河用水，也有利于未来连续枯水年水资源可持续利用。

2. 黄河年径流特性

黄河流域年径流量主要由大气降水补给。因受大气环流的影响，降水量较少，蒸发能力很强，黄河多年平均天然年径流量为580亿立方米，仅相当于降水总量的16.3%，产水系数很低。黄河是我国第二大河，但天然年径流量仅占全国河川径流量的2.1%，居全国七大江河的第四位，小于长江、珠江、松花江。

从流域年径流深看，黄河流域水资源的地区分布不均匀，由南向北呈递减趋势。大致西起吉迈，过积石山，到大夏河、洮河，沿渭河干流至汾河与沁河的分水岭一线以南，主要是山地，植被较好，年平均降水量大于600毫米，年径流深100～200毫米以上，是黄河流域水资源较丰沛的地区。流域北部，经皋兰、海原、同心、定边到包头一线以北，气候干燥，年降水量小于300毫米，年径流深在10毫米以下，是黄河流域水资源最贫乏的地区。在以上两条线之间的广大黄土高原地区，年降水量一般为400～500毫米，年径流深只有25～50毫米，水土流失严重，是黄河泥沙的主要来源区。

受季风影响，黄河流域河川径流的季节性变化大。夏秋河水暴涨，容易泛滥成灾，冬春水量小，水源匮乏，径流的年内分配不均匀。7～10月的汛期，干流及较大支流径流量占全年径流量的60%左右，而每年3～6月，径流量只占全年的10%～20%。黄河支流各站的径流年际变幅比干流还要大，最大与最小年径流的比值一般为5～12，干旱地区的中小支流甚至高达20以上。

黄河携带泥沙多，居世界首位。平均每年输入黄河下游的泥沙达16亿吨，年平均含沙量37.8公斤每立方米，一些多沙支流洪峰含沙量高达300～500公斤每立方米，并且60%的水量和80%的泥沙都集中在每年的汛期。黄河含沙量大，增加了水资源开发利用的难度。

(二) 黄河的洪水特征

黄河上游多为峡谷河段，不论洪水大小，一般传播时间变化不大，贵德到兰州约需 1.5 天，兰州到河口镇约需 10.5 天。黄河上游洪水到达中下游，一般成为基流。黄河上游洪水多发生在 9 月，主要来自兰州以上，兰州洪水主要来自贵德以上。由于降雨历时长，强度小，加之兰州以上植被较好，草地、沼泽等对降雨滞蓄作用较强，形成黄河上游洪水涨落平缓，洪水历时较长，洪峰较低，洪水过程线呈矮胖形。兰州站一次洪水历时平均为 40 天，最长可达 66 天，最短也有 22 天，实测洪峰流量一般为 4000～6000 立方米每秒。

龙羊峡至兰州河段洪峰流量一般是沿程递增的，特别是洮河、湟水等较大支流汇入后，流量增加较为明显。但是兰州以下至内蒙古自治区河口镇，由于黄河流经流域内最干旱的地区，多年平均降水量仅 150～300 毫米，汛期降水也很少，与兰州以上洪水遭遇的机会也不多，加之宁蒙河套平原河道宽浅，河槽调蓄作用较强，灌溉耗水和河道损失较大，虽然流域面积增加了 16 万多平方公里，但洪峰流量与洪水总量却往往有较大削减，一般可削减 20%～25%。

黄河中游河道长占全河总长的 22.1%，但流域面积却占流域总面积的 45.7%，汇入支流众多，面积增长率为 285 平方公里每公里，是全河平均值的 2.07 倍。黄河中游流经黄土高原，是黄河流域的主要暴雨区和黄河下游洪水的主要来源区。三门峡至花园口区间，暴雨频繁，强度亦较大，点暴雨量每日可达 300～500 毫米，降雨历时一般为 2～3 天，最长可达 5～10 天，暴雨面积一般为 2 万～3 万平方公里，最大可达 4 万平方公里。

黄河中游地区 61% 的面积为黄土高原，沟壑纵横，支流众多，河道比降陡，由暴雨形成的洪水特点是洪峰高、历时短、含沙量大。洪水发生时间基本上都集中在 7 月中旬至 8 月中旬，特别是 8 月上旬出现洪水的机会较多。一次洪水历时，一般为 2～5 天，最长为 3～10 天，洪水过程线多为涨落迅猛的尖瘦形。中游干流各站较大洪水洪峰流量为 15000～20000 立方米每秒。

黄土高原土质疏松，地形破碎，植被覆盖率低，在大强度暴雨的冲击下，产生强烈的土壤侵蚀，致使中游地区的洪水，携带大量泥沙。黄河多年平均输沙量 16 亿吨中的 89% 来自中游地区，其中 90% 来自汛期，汛期又主要集中来自几次高含沙量洪水。

(三) 黄河的凌汛

黄河流域冬季受西北风影响，气候干燥寒冷，最低气温一般都在 0℃ 以下，黄河许多河段在冬季都要结冰封河。每年初春开河时，在宁夏回族自治区石嘴山到内蒙古自治区河口镇和下游花园口至黄河入海口两个河段，往往形成冰凌洪水，称为凌汛。

黄河这两个河段的共同特点：河道比降平缓，流速较小，河流的流向都是从低纬度流向高纬度，纬度差较大；气温上暖下寒，结冰封河是溯源而上，而解冻开河则是自上而下，当上游解冻开河时，下游往往还处于封河状态，上游下泄的冰水在急湾、卡口等狭窄河段，由于排泄不畅，极易结成冰坝、冰塞，堵塞河道，导致上游水位急剧升高，严重威胁堤防安全，甚至决口。

冰凌洪水的大小，与河道中的槽蓄量和冰量的多少有关，它有两个明显的特点：一是冰凌洪水的洪峰流量沿程递增，与黄河下游伏秋大汛洪峰流量沿程递减的情况正好相反；二是流量不大，水位很高。由于河道排泄不畅，或冰坝堵塞，造成上游河段水位迅速壅高。

四、水利资源

黄河流域的水利资源和水质条件相对复杂，上游水电储藏较大，水质现状不乐观。

（一）黄河的水利现状

黄河水量蕴藏量大，人均水平低。1977～1980年我国进行了一次大规模的全国水力资源普查工作，出版关于国家水资源普查成果。根据最新国家水资源复查，黄河流域水资源理论蕴藏量10兆瓦及以上的河流共155条，理论蕴藏量43312.1兆瓦，其中干流占75.8%，支流占24.2%。在各省区的分布为：青海省13956.9兆瓦，占32.2%；四川省421.5兆瓦，占1.0%；甘肃省9173.9兆瓦，占21.2%；宁夏回族自治区2102.6兆瓦，占4.8%；内蒙古自治区2188.6兆瓦，占5.0%；山西省5204.9兆瓦，占12.0%；陕西省5655.6兆瓦，占13.1%；河南省3673.6兆瓦，占8.5%；山东省934.5兆瓦，占2.2%。

上述155条河流上单站装机0.5兆瓦及以上的水电站535座，装机容量37342.5兆瓦，年发电量1360.96亿千瓦时。其中，经济可开发的水电站482座，装机容量31647.8兆瓦，年发电量1111.39亿千瓦时，容量和电量分别占技术可开发量相应量的84.75%和81.66%；正开发电站238座，装机容量12030.4兆瓦，年发电量464.79亿千瓦时，容量和电量分别占技术可开发量相应量的32.22%和34.15%。技术可开发量统计时，考虑了设计水平年坝址以上工农业用水。

总结黄河流域水资源的特点：

资源量较丰富，可开发单站装机 0.5 兆瓦及以上水电站装机容量为 37342.5 兆瓦，年发电量 1360.96 亿千瓦时；黄河流域可开发的水资源量中，大中型水电站 53 座，装机容量 34746.6 兆瓦，占全流域技术可开发装机容量的 93%，比例较大；资源量集中于干流，理论蕴藏量和可开发量按电量口径计算，分别占全流域的 75.8% 和 89.3%；支流水资源少而分散，理论蕴藏量和可开发量按电量口径计算，分别占全流域的 24.2% 和 10.7%。[①]

黄河流域水资源总量占全国水资源总量的 2.6%，在全国七大江河中居第四位。人均水资源量 905 立方米，亩均水资源量 381 立方米，分别是全国人均、亩均水资源量的三分之一和五分之一，在全国七大江河中分别占第四位和第五位。全流域可能开发的装机容量大于 1 万千瓦以上的水电站共 100 余座，总装机容量 2727.7 万千瓦，年平均发电量 1137.2 亿千瓦时，占全国可开发水力资源的 6.1%，在全国七大江河中居第二位。

（二）黄河的水质状况

1. 污染源

造成黄河水污染的物质，主要来自工矿企业排放的废污水和城镇居民生活污水（点污染源），以及随地面径流进入黄河水体的农药、化肥和工业废渣、垃圾中的有害物质（面污染源）。黄河流域废污水主要集中于湟水、汾河、渭河、洛河、沁河、大汶河等支流的中下游和兰州、银川、包头等城市河段，年排放废污水 25.87 亿吨，占全流域总量的 79.3%。根据最新监测资料分析，废污水中主要含有耗氧有机物、挥发酚、氰化物、石油类、砷化物、汞、六价铬、铅、镉等 10 多种污染物，其中主要污染物为耗氧有机物、挥发酚和无机类氰化物等，石油类和重金属类污染物相对较少。经过日晒雨淋，有害成分流入地表水体和渗入地下，污染水体，影响水质。

2. 水质情况

黄河干流大部分河段天然水质良好，pH 值一般在 7.5～8.2，呈弱碱性。流域内河川径流的矿化度、总硬度分布由东南向西北呈递增趋势。大部分地区为矿化度 300～500 毫克每升、总硬度 3～6 毫克当量每升的适度硬水。达日至久治黄河干流两侧，黑、白河流域，洮河上游，渭河南岸秦岭北坡，伊、洛河上游，以

---

① 宋红霞，毕黎明，向建新，侯红雨. 黄河流域水力资源复查综述［J］. 人民黄河，2004（10）：28－29.

及大汶河流域等地区，为矿化度小于 300 毫克每升、总硬度小于 3 毫克当量每升的软水地区。兰州至石嘴山右岸的祖厉河、清水河、苦水河等支流，北洛河的支流葫芦河上游，泾河的西川上游，山西涑水河等地区，为矿化度大于 1000 毫克每升、总硬度大于 9 毫克当量每升的极硬水地区，其中以甘肃祖厉河最高，靖远站 20 年实测平均矿化度为 6820 毫克每升、总硬度为 48.2 毫克当量每升。这些地区的水体中含有大量的氯离子和硫酸根离子，水质苦涩，人畜不能饮用。高含氟水源主要分布在内蒙古包头、陕西定边及宁夏的盐池等干旱地区，氟病的发病率较高。

黄河以多泥沙著称，干支流高含沙水流可使水的色度、浑浊度增加，破坏水体的观感性状指标，降低水中的溶解氧和光照度，影响鱼类等生物的正常生长。泥沙本底含有砷，造成黄河水体中含砷量过高，但由于泥沙含有相当数量的黏土矿物和有机、无机胶体，所以泥沙有较强的吸附作用，可吸附某些污染物质，起到"净化"水质的作用。

黄河干流水质较好，在参与评价的 5464 公里河长中，属于第I类水质的河长3043.3 公里，占河长的 55.7%，主要分布在刘家峡水库以上至河源河段，基本上未受人类活动的影响；属于第II类水质的河长 1888.2 公里，占河长的 34.6%；属于第III类水质的河长 532.1 公里，占 9.7%。无第IV、第 V 类水质的河段。

五、生态环境

以黄河流域自然资源、文化优势和产业基础为依托，规划引领，积极推动生态治理、水利建设、农田灌溉、生态旅游等统筹发展。

（一）生态建设

2019 年 9 月，习近平总书记组织召开会议，明确表示黄河流域生态保护和高质量发展，同京津冀协同发展、长江经济带发展、粤港澳大湾区建设、长三角一体化发展一样是重大国家战略。未来，黄河流域将推进实施一批重大生态保护修复和建设工程，坚持以水定城、以水定地、以水定人、以水定产，并探索富有地域特色的高质量发展新路子。这是继长江"共抓大保护，不搞大开发"之后，中国的第二长河——黄河流域的生态保护和高质量发展的又一历史创举。

黄河生态带包括黄河流域河湖的水域、水量、水流、水质、水能、水生态、湿地与岸线边界。黄河流域、防洪保护区及黄河供水区范围内的河流水沙资源和陆域水土空间，形成 100 万平方千米的黄河流域生态带，以及流域山水林田湖草生态系统。

黄河是我国生态屏障构建的重要组成内容。在我国"两屏三带"生态安全战略布局中,青藏高原生态屏障、黄土高原—川滇生态屏障、北方防沙带等均位于或穿越黄河流域,在我国社会安全、人居安全、生态安全战略格局中具有十分重要的地位。

黄河作为我国西北、华北、渤海的生态廊道及流域生态系统平衡的关键空间格局支撑,是流域及相关地区地表、地下水的主要来源,是维系流域青甘和宁蒙区域生态平衡、控制沙漠东进南下、保护晋陕汾渭盆地和冀豫苏鲁黄淮海平原生态系统不可替代的水资源支撑,构成流域生态系统驱动、维持与平衡的关键控制要素,成为维护黄河和相关区域及渤海生态功能与稳定发育的关键基础。黄河是流域及相关地区经济社会发展的水资源保障。在全国城市化战略格局中,黄河关系着很多城市的饮水和农业发展。

黄河上游河源区被誉为"中华水塔",是重要的水源涵养和水源补给区,生物多样性敏感、重要;黄河是华北、中东部安全屏障构建的前提条件,是峡谷、荒漠、戈壁等区域系统稳定和生物多样性保护的基础,是流域高寒冷水、峡谷激流和平原过河口洄游保护鱼类等水生生物的重要栖息保护地;黄河是下游沿黄区域经济、社会与生态安全的重要水资源保障,是地下水主要补给水源,是流域下游相关地区和渤海生态系统演变与维持的关键控制因素。

黄河上下游生态系统多样,生态结构与服务功能独特,生物多样性保护重要。据不完全统计,黄河流域有鱼类 130 种,底栖动物 38 种(属),水生植物 40 余种,浮游生物 333 种(属)。流域内分布有秦岭细鳞鲑、水獭、大鲵等多种国家Ⅱ级重点保护野生动物。黄河下游有天鹅等鸟类和湿地公园。

(二)水利枢纽

陆浑水库,位于河南省洛阳市嵩县田湖镇陆浑村附近,黄河二级支流伊河上,距洛阳市 67 公里,控制流域面积 3492 平方公里,占伊河流域面积的 57.9%。

故县水库,位于黄河支流洛河中游洛宁县境故县镇下游,东距洛阳市 165 公里,控制流域面积 5370 平方公里,占洛河流域面积(不含支流伊河面积)的 41.8%。

西霞院反调节水库是黄河小浪底水利枢纽的配套工程,位于小浪底坝址下游 16 公里处的黄河干流上,下距郑州市 116 公里。

小浪底水利枢纽，位于河南省洛阳市以北40公里的黄河干流上，南岸属孟津县，北岸属济源市，上距三门峡水利枢纽130公里，下距焦枝铁路桥8公里，距京广铁路郑州黄河铁桥115公里。坝址以上流域面积694155平方公里。

三门峡水利枢纽，位于黄河中游下段干流上，两岸连接豫、晋两省，在河南省三门峡市（原陕县会兴镇）东北约17公里处。坝址以上流域面积68.8万平方公里，占全流域面积的91.5%。

天桥水电站，位于山西省保德县县城和陕西省府谷县县城上游8公里的黄河干流上。电站坝址以上流域面积403878平方公里。

黄河龙口水利枢纽位于黄河北干流北部，坝址距上游已建的万家寨水利枢纽25.6公里，距下游天桥水电站约70公里。

万家寨水利枢纽，位于黄河北干流上段托克托至龙口峡谷河段内。坝址左岸为山西省偏关县，距庄三铁路三岔堡车站82.3公里，右岸为内蒙古自治区准格尔旗，距丰准铁路（丰镇—准格尔旗）薛家湾车站60.6公里，坝址以上流域面积394813平方公里。

三盛公水利枢纽，内蒙古自治区巴彦淖尔盟磴口县境巴彦高勒（原三盛公）镇东南，包（头）兰（州）铁路黄河铁桥下游2.6公里处。东距包头市300余公里，西南距银川市200余公里。枢纽以上流域面积314000平方公里。

青铜峡水利枢纽，位于黄河上游宁夏回族自治区青铜峡市青铜峡峡谷出口处，下距银川市约80公里，距包兰铁路青铜峡车站6公里，并有铁路专线通电厂。枢纽以上流域面积275004平方公里。

黄河沙坡头水利枢纽工程位于中卫市境内黄河干流上。

乌金峡水电站，位于白银市白银区四龙镇和靖远县平堡乡境内，坝址位于黄河干流乌金峡出口段，距白银市30公里，距兰州市90公里。

大峡水电站，位于甘肃省兰州市皋兰县和榆中县交界的黄河干流大峡出口段飞鱼崖。距兰州市中心河道距离65公里。坝址以上流域面积227798平方公里。

黄河小峡水电站，位于甘肃省兰州市皋兰县境内黄河干流上小峡峡谷出口处，距上游兰州市35公里，控制流域面积22.51万平方公里。

八盘峡水电站，位于甘肃省兰州市西固区八盘峡村，距兰州市中心区约52公里。上距盐锅峡、刘家峡两级电站分别为17公里和49公里，下距兰州水文站50公里。

黄丰水电站，位于青海省循化县的黄河干流上，上距苏只水电站9公里，下游为积石峡水电站，距青海省西宁市公路里程 159 公里。

积石峡水电站，位于青海省循化县境内积石峡出口处，距循化县城 30 公里，距省会西宁市 206 公里，距民和县城 100 公里。

寺沟峡水电站也叫炳灵水电站，位于甘肃省永靖县与积石山县交界处的黄河干流寺沟峡上，上距大河家水电站 29.5 公里，下距刘家峡水电站 44.5 公里，距甘肃省兰州市 122.5 公里。

刘家峡水电站工程，位于甘肃省临夏回族自治州永靖县境内，距刘家峡峡谷出口约 2 公里处，下至兰州市约 100 公里。坝址上距河源 2020.2 公里，控制流域面积 181766 平方公里，约占黄河流域面积的四分之一。

盐锅峡水电站，位于甘肃省永靖县盐锅集附近黄河干流盐锅峡峡谷出口处，下距兰州市 70 公里，上距刘家峡水电站 32 公里。坝址以上流域面积 182704 平方公里。

苏只水电站，位于青海省循化县与化隆县交界处的黄河干流上，上距公伯峡水电站 12 公里，距西宁市 150 公里。

公伯峡水电站，位于青海省循化县与化隆县交界处的黄河干流上，上距李家峡水电站 76 公里，距西宁市 153 公里。

康扬水电站，位于青海省尖扎县与化隆县交界的黄河干流上，上距李家峡水电站 17 公里，下距公伯峡水电站约 53.0 公里，距青海省省会西宁市公路里程 105 公里。

直岗拉卡水电站，工程位于青海省尖扎县与化隆县交界的黄河干流上，电站坝址距上游李家峡水电站 7 公里，距西宁市公路里程 109 公里。

李家峡水电站，位于黄河上游青海省尖扎县与化隆县交界的李家峡峡谷出口以上约 2 公里处，距西宁市公路里程 116 公里，上距龙羊峡水电站河道距离 102 公里。坝址以上流域面积 136743 平方公里。

尼那水电站，位于青海省贵德县境内黄河干流上，距上游拉西瓦水电站坝址 8.6 公里，距上游龙羊峡水电站 41 公里。坝址距西宁市公路里程 124 公里（直线距离 80 公里），至下游贵德县公路里程约 20 公里。

拉西瓦水电站，位于青海省贵德县及贵南县交界处的黄河干流上。

龙羊峡水电站，位于青海省海南藏族自治州共和县和贵南县交界的龙羊峡峡谷进口约 2 公里处，距青海省省会西宁市 147 公里，坝址上距黄河源头 1687.2 公里。坝址以上流域面积 131420 平方公里，占黄河全流域面积的 17.5%。

班多水电站，位于青海省兴海县与同德县交界的黄河干流班多峡谷出口处，距西宁 333 公里。

黄河源水电站，位于青海玛多县扎陵湖乡附近，坝址在鄂陵湖出口下游 17 公里处的黄河干流上，距青海省果洛藏族自治州玛多县城 40 公里，距省会西宁 540 公里。

（三）灌溉工程

内蒙古黄河灌区，是中国著名的大型灌区之一。其范围西起乌兰布和沙漠东缘，东至呼和浩特市东郊，北界狼山、乌拉山、大青山，南倚鄂尔多斯台地，包括河套、土默川、黄河南岸灌区。跨鄂尔多斯市、巴彦淖尔盟和呼和浩特、包头、乌海 3 市的 19 个旗（县、区）。土地总面积 2891 万亩，现有耕地 1878 万亩，灌溉面积 936 万亩，农业人口 201 万，人均耕地 9.3 亩，其中水地 4.7 亩。

宁夏引黄灌区，是我国四大古老灌区之一，已有两千多年的灌溉历史。素有"塞上江南"之美誉，是宁夏主要粮棉油产区，也是全国 12 个商品粮基地之一。灌区涉及青铜峡市、永宁县、银川市、贺兰县、平罗县、陶乐县、惠农县、石嘴山市及中卫县、中宁县、吴忠市、灵武市等 4 个县（市）的引黄灌溉部分，计 12 个县（市）和 20 多个国营农、林、牧场。

汾河灌区，位于山西省中部太原盆地，面积分布在汾河两岸，北起太原市北郊上兰村、南至晋中地区介休县洪相村，长约 140 公里，东西宽约 20 公里，西以太（太原）汾（汾阳）公路和磁窑河为界，东以太（太原）三（三门峡）公路和南同蒲铁路为界。灌区跨太原、晋中、吕梁三市，12 个县（市、区）共 56 个受益乡（镇）的 488 个村，全灌区控制土地面积 205.55 万亩，其中耕地面积 156.84 万亩。设计灌溉面积 149.55 万亩，受益面积约占全省水地面积的近十分之一，是山西省最大的自流灌区之一。

引沁灌区，南依黄河，北靠太行山南麓，涉及济源市、孟州市、洛阳市吉利区的 15 个乡滇，345 个行政村，人口 42 万，耕地 56.5 万亩，主要农作物有小麦、玉米，经济作物有棉花、瓜菜、水果等。

河南引黄灌区，范围涉及三门峡、洛阳、郑州、新乡、安阳、开封、濮阳、商丘 9 个省辖市，总计设计灌溉面积 2064 万亩，占全省耕地面积的 19.1%，改革开放这 40 年，引黄灌溉面积扩大了 1200 多万亩。

位山引黄灌区，是中国 6 个特大型灌区之一，规模宏大，作用重要。自 1958 年腰斩黄河，兴建位山枢纽工程开始，现有设计引水流量 240 立方米每秒的位山引黄渠，东、西两条输沙渠，两个沉沙区和三条干渠，总长度3335公里，设计灌溉面积540万亩。

小浪底水库，北岸灌区是小浪底水利枢纽的配套工程，利用小浪底水库优良的水质、充沛的水量，使洛阳、焦作、济源三市供水条件得到改善，为城乡工矿企业、城市居民生活和农业灌溉供水，改善引沁灌区、广利灌区的水量不足，解决山岭区人畜饮水困难，替代灌区内地下水的过度开采，补充地下水，改善生态环境。北岸灌区涉及济源、沁阳、孟州和吉利三市一区，18个乡镇、476个自然村，设计灌溉面积68.87万亩，引水流量30立方米每秒，引水洞底高程223米，属于大（Ⅲ）型灌区。

（四）生态旅游

黄河故道的旅游资源。黄河元明时期流经商丘，清咸丰五年（公元1855年）改道北徙，在这里留下了蔚为壮观的黄河故道，被人们称为"水上长城"的黄河故堤，始筑于明嘉靖二十五年（公元1546年），明清屡有增修，故称"明清黄河故道大堤"，是全国保存最完整的黄河故道大堤，大堤植有经济林，果树成行，绿草成茵，故道内有6座竹节式水库，形成6个天然湖泊，水域面积数十万亩，该湖泊未受任何污染，已被列为国家湿地保护区。河南省商丘市梁园区境内的黄河故道生态旅游区，距商丘市区11.9公里，是原国家林业局批复的中原地区唯一国家级人工种植森林公园。

黄河故道发展建议。坚持绿色发展，强调生态环境保护和修复为中心的前提下，使黄河故道更好更快发展。农产业集中分布，建设农业龙头产业，推进农业向集中化、规模化、特色化和绿色化发展。引进环保企业，提升农副产品附加值，结合"互联网＋"的模式，大力发展生态农业。工业向园区集中。推动工业园区化和循环化，降低工业废物污染。发展旅游业，开发黄河故道旅游价值，走文化、历史旅游的道路。

六、典型案例

案例1：国合院专家探讨黄河生态经济带

如何推动黄河流域城市高质量发展是国合华夏城市规划研究院近年来的研究重点。2019年9月18日在郑州座谈会上，习近平总书记阐述了黄河流域生态保护和高质量发展的重大意义、主要任务，为黄河流域9省区全面做好生态保护和高质量发展指明了方向。针对此国家战略，国合华夏城市规划研究院对部分专家学者进行专访，汇集大家的政策建议。

国家发展改革委农经司原司长、国合华夏城市规划研究院院长高俊才：习近平总书记的重要讲话为黄河流域生态保护和高质量发展提出了新要求。有关各地要结合自身区位特点，在更加重视保护生态的前提下，挖掘黄河流域资源优势，推动黄河流域生态型经济和经济型生态的发展，将农业、工业、水利、文化、旅游等产业的发展，建立在保护生态和改善环境基础上，处理好近期与长远的关系、需要与可能的关系、认识与行动的关系、一二三产业的关系、经济增长与社会全面发展的关系等各种关系。因地制宜、突出特色，在深入调查研究基础上，编制黄河流域生态保护和高质量发展战略规划并大力推进。

国家发展改革委宏观经济研究院副院长吴晓华：黄河流域是中华文明的发祥地，是国家重要的生态屏障，也是我国重要的粮食生产核心区、资源能源富集区。黄河流域生态保护和高质量发展是一项长期而艰苦的工作任务，要树立国际标准、世界眼光，要与"一带一路"倡议相衔接，要学习借鉴京津冀协同发展等实践经验，在国家层面构建支撑黄河流域东中西互动和高质量发展的黄河生态经济带。要编制专项规划，融入"十四五"规划，做到政策、产业、资源、交通等协同化，共建共享，要利用国内外"两种资源"和"两个市场"，做好流域内劳动力、基础设施、城镇化、优势资源的结合，形成区域竞争力，持续提升黄河流域9省区生态发展和环境治理能力，加大推动经济转型和新兴产业培育，实现黄河流域各城市高质量发展。

水利部原巡视员姜开鹏：黄河流域水系和水管理是一项重大系统工程。黄河水资源紧缺是黄河流域经济社会发展的刚性约束。引黄灌区（泵站）要贯彻落实习近平总书记重要讲话，坚持绿水青山就是金山银山理念，坚持生态优先、绿色发展的原则，按照以水而定、量水而行、因地制宜、分类施策的要求，编制好灌区规划，把灌区建设成为工程配套、设施完善、管理科学、生态良好的现代化灌区。灌区要实施最严格的资源管理制度，总量控制，定额管理，按亩配水，按方收费，超用加价，节约归己。在保障国家粮食安全的同时，保证水环境水生态供水量，保障区域生态安全。要全面贯彻落实节水优先、空间均衡、系统治理、两手发力的水利方针，全面实施国家节水行动，把灌区建设成为节水型灌区，建设成为广人民群众的幸福灌区。

原农业部总农艺师孙中华：黄河流域是中华文明的发祥地，孕育了五千年华夏文明。黄河流域 9 省区经济不发达，区域差别较大。黄河流域生态体系建设，在流域内有重要的生态地位，在国家生态安全方面，甚至国际上有重要地位。黄河流域干旱、洪涝、断流、改道、决堤、污染等时有发生，造成了黄河流域的生态问题。黄河流域生态古老、多样、敏感、脆弱等，一旦破坏恢复难度大，甚至不可逆。因此，黄河生态经济带的建设，要生态优先，慎之又慎，不再重蹈历史覆辙。推动建设黄河生态经济带，要抓好生态环境建设，抓好黄土高原水土流失治理、西北干旱沙漠治理以及黄河下游悬河和黄泛区盐碱地治理等，改善黄河流域国土资源开发质量，促进黄河流域市场一体化和分工协作体系。要明确发展目标、厘清任务和提出对策，组织区域协调机构和专家，推动黄河生态经济带战略目标实现。

国家发展改革委国合中心研究员、国合华夏城市规划研究院执行院长吴维海：国合华夏城市规划研究院在黄河文化、生态文明建设方面开展了相关研究，编制了很多政府规划，提出了系统的生态保护和高质量发展观点。目前，正在深入学习近平总书记重要讲话精神，对黄河治理保护与合理开发思路进行全面梳理，总结各地成就，开展调查研究和论证，为新一轮黄河流域生态保护和高质量发展战略编制多作贡献，为保护中华民族的母亲河作出新的探索。几年前，国合院开始探索推进黄河生态经济带及黄河经济城市群的设立。习近平总书记重要讲话进一步明确了研究方向，拓宽了研究视野，为黄河流域城市发展提供了较高标准和定位。黄河流域战略与长江经济带、长三角、京津冀、"一带一路"、大湾区等，成为我国重大战略，不仅有"稳增长"的作用，还能促进区域经济均衡发展。以黄河生态经济带为主线，推进沿线城市的能源资源高度集中，全流域协同和有序分布，有助于发挥区域效应，提高跨流域经济发展质量。同时，黄河流域生态环境脆弱，在能源和经济开发中要抓好生态环境保护，形成跨流域生态保护和高质量发展体系，如中原地区、关中平原、河套平原、汾河河谷平原和鄂尔多斯盆地等。要减少区域发展差距，促进流域内均衡协调发展。要研究战略思路、明确战略目标、突出发展思路和目标任务，完善体制机制，狠抓平台服务和黄河流域制度体系规范化、一体化建设。

案例 2：泰山区域山水林田湖草治理

● **项目背景**

山东省为提升泰山区域对华北平原的生态屏障功能，保障南水北调水质安全、国家重要交通干线运行安全和中华文化永续发展，实施了区域山水林田湖草生态保护修复工程。

- 项目需求

如何规划区域工程，整合资源和区域政策，确立重大项目库，逐步推进并解决生态治理和区域经济持续发展，是山东省生态建设的重点研究内容。

- 实施过程

山东省推进实施的泰山区域山水林田湖草生态保护修复工程涉及济南、泰安、莱芜三市，划分为泰山生态区、大汶河—东平湖生态区和小清河生态区三个片区。该工程采取了统筹协调、各有侧重的策略，跨地区协调安排地质环境、土地整治、水环境、生物多样性和监管能力建设5大类工程，努力形成"一山两水、两域一线"（泰山、大汶河、小清河；淮河流域、黄河流域和交通干线）总体布局。

泰山生态区以生物多样性恢复和地质灾害防治为主，划定山体保护红线，制定山体保护规划，保护山体自然形态和生态景观，强化山体的水土保持及水源涵养能力，增强雨水下渗功能。消除地质灾害隐患，加强饮用水水源保护区内违法违规项目清理，加大饮用水水源地保护力度。涵盖泰安市泰山区、岱岳区北部、高新区和济南市历城区南部，面积1050平方公里。包括泰山主峰、泰山森林公园、黄前水库、安家林水库和大河水库等。

大汶河—东平湖生态区以水生态环境和矿山生态环境修复、保护以及土地保护为主，恢复受损矿山生态环境，强化地质灾害防治，实施采矿塌陷地治理工程，完成矿山废弃工矿地治理，强化土地整理工作，加强自然保护区、地质公园与地质遗迹保护，完成大汶河水体生态修复及人工湿地建设工程、东平湖水源地保护工程，完善"治用保"治污体系，试点建设"收转用"的农业废弃物综合利用模式。涵盖莱芜市莱城区、钢城区、高新区，泰安市岱岳区南部、新泰市、肥城市、宁阳县、东平县等，面积9700平方公里。包括泰山西麓、徂徕山森林公园、莲花山、三平山，瀛汶河、牟汶河、柴汶河、大汶河、东平湖、雪野水库等。

小清河生态区以泉域生态修复保护和破损山体修复为主，完成破损山体生态修复，消除地质灾害隐患，强化土地整理工作，强化山体的水土保持及水源涵养能力，增强雨水下渗功能。加强饮用水水源保护区内违章建筑清理，加大水源保护力度。涵盖济南市历城区北部、历下区、市中区、高新区、长清区、平阴县，面积2750平方公里。包括五峰山和玉符河、锦绣川、锦阳川、锦云川、卧虎山水库等。

为优化生态环境，实施保护修复工程，确立和补充优选影响力大、实施效果好、利用中央财政和省级财政补助资金的核心项目，提高项目安排的关键性、有效性。完善工程项目管理和绩效考评办法，建立泰山区域山水林田湖草生态保护修复工程联席会议制度，强化绩效考核评价，引入第三方机构开展独立评价，实行工程前、工程中、工程后全过程全方位监管。加强结果应用，对考核成绩优秀的给予表扬。

- **实施效果**

通过统筹管理，区域生态环境明显改善，经济发展效果突出，初步将泰山大生态带打造成了"山青、水绿、林郁、田沃、湖美"的生命共同体。

- **主要借鉴**

一是规划引领。以区域规划推动生态项目和经济转型。

二是措施协同。强化了不同区域的项目实施和工作推进。强化土地整理工作，加强自然保护区、地质公园与地质遗迹保护，完成大汶河水体生态修复及人工湿地建设工程。

三是激励到位。制定了激励考核政策，完善工程项目管理和绩效考评办法，调动了各方积极性。

第 三 章

CHAPTER 3

黄河的发展基础

准确把握当前经济发展水平和民生基础，立足区域优势，贯彻落实黄河流域生态保护和高质量发展战略，建设生态优美的黄河母亲河，推动生态环境宜居宜业宜游、产业环境友好和生态发展，促进人与产业、生态和谐，增加居民就业和收入，是黄河流域9省份重要而艰巨的目标任务，也是国家部委、各级政府和行业智库首要的、紧迫的工作任务。

一、经济民生现状

分析黄河流域各省份自然资源、生态条件、人口分布、收入与消费情况，黄河流域包括青海、四川、甘肃、宁夏、内蒙古、山西、陕西、河南、山东。9省区经济发展呈现"东强、中稳、西弱"的趋势，教育医疗和养老等民生保障体系有待健全，总体服务水平不高。

（一）人口与经济民生

人口结构方面。人口分布与经济发展水平、自然条件优劣正相关。从黄河流域9省份2018年人口数据看，山东、河南和四川三省人口位居前三，分别为10047万、9605万和8341万。陕西、山西、甘肃省和内蒙古人口分别是3864万、3718万、2637万和2534万；宁夏和青海人口最少，分别是688万和603万。

经济发展方面。黄河上游甘肃、宁夏、内蒙古等省份经济规模小，农业和传统产业占比较高。黄河中下游河南、山东等中原省份、东部地区经济较发达，产业规模相对较大，产业转型趋势和效率较高。黄河下游的山东省地区生产总值、工业增加值、地方财政收入、全社会固定资产投资等指标分别是排名第二位的河南省的1.63倍、1.56倍、1.79倍和1.24倍，比青海、宁夏、甘肃、山西、内蒙古、陕西等省总和还要多。

2019年，黄河流域9省份地区生产总值如表3-1所示：

表3-1　　　　　　黄河流域9省份2019年地区生产总值统计

省份	2019年地区生产总值（亿元）	增速（%）
山东	71067	5.5
河南	54259	7.0
四川	46616	7.5
陕西	25793	6.0
山西	17027	6.2
甘肃	8718	6.2

续表

省份	2019 年地区生产总值（亿元）	增速（%）
内蒙古	17213	5.2
宁夏	3748	6.5
青海	2966	6.3
全国	—	6.1

　　对外经济活动方面。黄河流域各省份对外开放和国际贸易等相对于东部沿海地区，总体偏弱。其中，山东处于领先位置，这与其区位优势关系很大。黄河流域从东向西依次递减，反映出黄河流域内陆省份对外开放水平总体不强。

　　社会保障方面。黄河流域特别是上中游地区经济欠发达，贫困地区和贫困户数较多，交通、医疗、教育、养老、社保等基础服务体系不完善，饮水、就业、就医等民生保障能力偏低。黄河下游社会保障体系较为完善。

（二）城市化与三产

　　城市化发展水平反映城市发展的阶段，也反映了某一个省份城市化进程。黄河流域城镇化、工业化水平普遍偏低，第三产业发展总体处于较低水平，三次产业比重总体偏低。其中，山东省 2018 年城镇化率 61.18%，第三产业占比49.5%，城镇化程度增长很快；内蒙古城镇化率 62.70%，城市的人口聚集度较高（见表3-2）。

表 3-2　　黄河流域 9 省份 2018 年城镇化率和第三产业占比

省份	2018 年城镇化率（%）	人口（万）	第三产业占比（%）
山东	61.18	10047	49.5
河南	51.71	9605	45.2
四川	52.29	8341	51.4
陕西	58.13	3864.4	42.8
山西	58.41	3718.34	53.4
甘肃	47.69	2637.26	54.9
内蒙古	62.70	2534	50.5
宁夏	58.55	688.11	47.9
青海	54.47	603.23	47.1
全国	59.58	—	52.2

（三）收入与消费结构

　　人民生活水平直接反映了城市发展成绩，间接反映居民的生活幸福感，是表示民众幸福程度的温度计。2019 年，全国居民人均可支配收入 30733 元，比上年名义增长 8.9%，扣除价格因素，实际增长 5.8%。其中，城镇居民人均可支配收入 42359 元，增长（以下如无特别说明，均为同比名义增长）7.9%，扣除价格因素，实际增长 5.0%；农村居民人均可支配收入 16021 元，增长 9.6%，扣除价格因素，实际增长 6.2%。2019 年，全国居民人均可支配收入中位数 26523 元，增长 9.0%，中位数是平均数的 86.3%。其中，城镇居民人均可支配收入中位数 39244 元，增长 7.8%，是平均数的 92.6%；农村居民人均可支配收入中位数 14389 元，增长 10.1%，是平均数的 89.8%。

从黄河流域 9 省份对比看，黄河流域 9 省份 2019 年人均可支配收入分别是：山东省 31597 元，河南省 23003 元，内蒙古自治区 30555 元，四川省 24703 元，陕西省 24666 元，宁夏回族自治区 24412 元，山西省 23828 元，青海省 22618 元，甘肃省 19139 元。其中，四川、陕西、宁夏、山西、青海、甘肃、河南 7 省人均可支配收入低于全国中位数水平。可见，黄河流域多数省份人均居民可支配收入总体水平偏低。

2019 年，全国居民人均消费支出 21559 元，比上年名义增长 8.6%，扣除价格因素，实际增长 5.5%。其中，城镇居民人均消费支出 28063 元，增长 7.5%，扣除价格因素，实际增长 4.6%；农村居民人均消费支出 13328 元，增长 9.9%，扣除价格因素，实际增长 6.5%。

（四）生态保护治理

黄河流域各省份普遍重视实施流域综合治理工程。上游青海、甘肃、宁夏、内蒙古等河段堤防得到一定改观，防洪能力有所增强。中游禹门口至三门峡大坝河段河势得到了基本控制，下游滩区生态环境显著改善。黄河流域有关城市积极实施淤地坝建设、退耕还林还草、封山绿化等工程治理，与自然修复相结合，显著减少了流域泥沙的大量流失。实施引黄济青、引黄济津、引黄入冀工程，缓解了青岛市、天津市和河北省部分地区缺水问题。实施黄河干流水量统一管理和调度，有效改变了黄河下游频繁断流的不利局面。

二、流域经济特征

黄河流域是我国重要的城市经济发展带和生态保障区域，流域有数量众多、历史悠久、经济发达的大中型城市，是我国改革开放的重要区域。黄河流经 9 省份当中，据 1995 年行政区划统计，共涉及 69 个地区（州、盟、市）、329 个县

（旗、市），其中，全部位于黄河流域内的县（旗、市）共有 236 个。

（一）西弱东强

从 9 省份经济空间布局、经济规模和科技引用水平来看，黄河流域省份和城市的经济发展空间上很不均衡，总体呈现西部薄弱、东部较强的地域格局。不同省份、不同城市的产业结构、技术含量、总体规模等差异大，产业布局、城市发育、人口和经济活动存在大的空间偏置，上游大量国土面积承载的人口和产业偏低，产业主要集中在下游区域。

自然状况的差异、区域人文环境的差距，很大程度影响着人才、资金、资源和产业等空间布局，导致了黄河流域各省份、主要城市经济发展的巨大差异。

上、中、下游之间的省份和城市经济规模和发展质量差异很大，城市规模呈现为自然分区的基本特点，具有西弱东强的空间特征。其中，中上游地区城市两极分化严重，西安、济南、郑州等特大城市与焦作、白银、聊城等中小型城市并存，城市经济连接不够密切；济南、青岛等下游城市产业体系相对合理，城市功能和公共服务发展相对完整。

（二）影响因子

分析黄河流域经济空间开发与布局的制约因素，主要包括开发过度、环境破坏、资源浪费、经济发展差距大、跨域经济缺少连接等。

为推进区域经济和民生协调发展，国家出台了中原城市群等区域战略，从近几年的实施效果来看，总体推进不够理想。主要原因有：

地理条件影响。受到地势的因素影响，黄河上中游区域经济带呈现以省会、地市政治中心为轴心延伸发展的特征，如太原经济带以太原为中心，朝南延伸榆次、介休，东达东阳、孟县，北接定襄、忻州等，就是区域地貌地势影响下形成的经济带。

自然资源的影响。有矿产等自然资源的地区，逐步发展成资源依赖型城市，项目开发依赖黄河水源，也是造成黄河水资源过度利用的原因之一。

交通及自然环境影响。黄河流域经济空间开发多数处在交通枢纽位置，以及自然环境良好的地区，其他地区则发展较慢。

（三）路径依赖

政策导向。根据国家产业政策和乡村振兴战略等导向，各省份因地制宜进行空间布局和城镇化建设，推进农村土地流转改革，建立农村土地资源需求方与供给方的有效联系，提高城乡融合发展水平。

产业梯度转移。研究国家战略和区域战略，运用梯度转移理论，优化产业布局，强化对京津冀战略、中原城市群战略、关中城市群战略等研究和融合，加大对北京、东部沿海地区等产业转移承接，引导经济要素向城市群集中。完善城市基础设施和交通体系建设，提高城市对各种要素的容纳力和吸引力，开拓城市群经济腹地。

产业轴延伸。各省份可以突出产业优势，沿着黄河流域、主要交通线和城市群，进行产业布局和经济合作，优先扶持中心城市、经济轴线建设，推动黄河流域人口、资源、资金等向空间开发轴地区集聚，以节点城市、中心城市打造都市圈、核心城市群，优化产业结构，增强城市创新能力和产业带动能力，打造黄河流域经济增长极。

三、黄河与长江对标

黄河流域与长江经济带的经济发展差距很大，主要受区位条件、经济实力、创新要素、开放水平和发展环境等因素的显著影响。

（一）区位条件

黄河流域和长江流域在生态环境、降雨总量、水土流失、交通网络等方面存在差异。

两流域水资源等自然概况的简要比较，如表3-3所示。

表3-3　　　　　　　　　黄河流域和长江流域的水资源比较

流域	源头	上游	中游	下游
黄河	巴颜喀拉山、约古宗列曲，长5500公里、流域75万平方公里	浅草铺地水流清，支流狭窄水资富。梯级开发修电站，龙羊、刘家、青龙峡	中游支流水，汾渭最重要，流经黄土水变黄，种草植树防冲刷，修建三门峡小浪底，航行灌溉减泥沙	下游是平原，河宽水缓沉泥沙，"地上河"常泛滥，人民生命威胁大，种草植树围堤坝，治服黄河好办法
长江	唐古拉山、沱沱河，长6300公里，流域180万平方公里	支多峪险，落差大。水能丰富，要数它三峡、葛洲两大坝。发电航行均可佳	中游是平原，九曲回肠荆江险，裁弯取直水流畅，防洪除险保安全	江海相连水又深，江河湖海可联运，四季可载万吨轮，黄金水道世驰名

长江流域省份在水资源方面占有显著优势。同时，长江流域的水土流失压力也相对较小。南方的水运、航空和港口等也具有很大的比较优势。

（二）经济实力

近些年，长江流域省份在经济规模、科技研发、对外开放和改革敏锐性等方面全面领先黄河流域省份。两流域 2017 年发展指数分析如图 3 - 1：

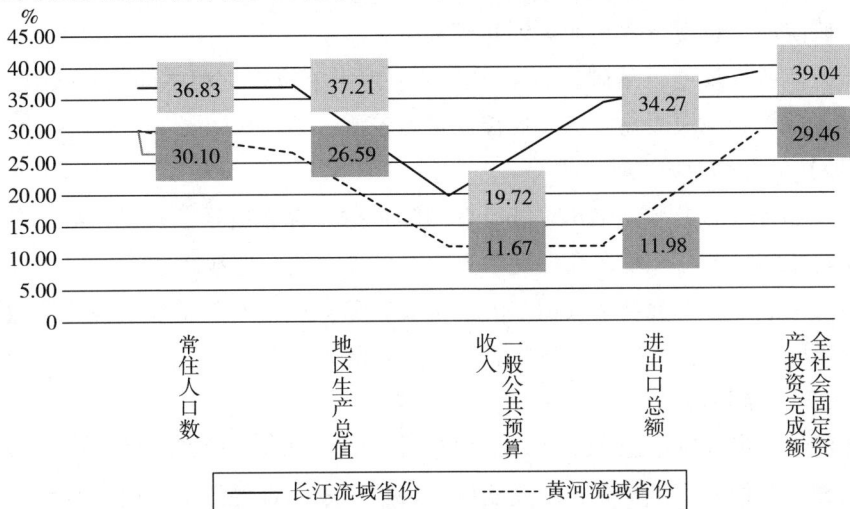

图 3 - 1　2017 年长江流域省份与黄河流域省份发展指标占全国比重

从历史因素分析，长江流域后来者居上。唐宋以来，特别是南宋开始，部分黄河文化南移，北方战乱多年，黄河流域经济相对落后于长江流域。唐宋之后，农业占主导地位。由于自然气候的变化，北方农业生产条件逐渐变差，农产品产量开始下降，水土流失不断加剧，黄河水患严重，频繁改道，给北方的农业带来很大的负面作用。南方气候优势开始逆袭北方，水稻在封建时代中后期全面推广，因其单产高，逐渐成为主要的粮食作物，使得南方农业地位迅速上升。京杭大运河的修建，为南方经贸提供了良好的交通便利，南方经济逐渐超越北方，造成了政治中心与经济重心的分离。

从水利条件看，长江流域的航运价值好于黄河流域。长江流域降水量大，自上而下，有宜宾、泸州、重庆、宜昌、荆州、岳阳、武汉、黄冈、九江、安庆、池州、铜陵、芜湖、马鞍山、南京、镇江、扬州、常州、南通、上海等港口码头。黄河流域降雨量偏少，河水泛滥、改道，水土流失造成下游地上悬河，历史上水患严重，限制了沿河城市的发展，也不利于航运与港口开发。

从发展潜力看，黄河流域存在爆发空间。"一带一路"倡议、黄河流域战略的推出，高铁网络的构建，为沿黄各省份转变经济发展方式、提速发展带来了新的机遇。黄河流域各地区必然在今后一段时间之内取得更好的成绩。

（三）创新要素

长江经济带的上海、杭州等城市全面实施创新驱动战略，浦东新区等地区加大创新改革，科技能力保持全国领先水平。整个流域科技研发、转化能力强，高校、科研院所、高新技术企业等创新要素聚集。

黄河流域科技创新基础差，地区高校、科研单位少，地区间的科技交流少。新兴产业数量和规模明显偏少，科技竞争力较低。

（四）开放水平

长江经济带的上海、杭州等城市在国际金融、综合航运、贸易中心、国际航空、文化旅游、营商环境及商业网络方面，领先全国其他地区。

黄河流域部分省会城市及山东的济南、青岛等城市开放程度较高，多数中小城市缺乏国际交流与合作，全球化意识和人才匮乏。

（五）发展环境

长江经济带各城市经济条件、企业管理和政府服务等处在全国较高的水平。各地区相互合作的意识较高，产业基础、科技研发、金融服务、科技教育、生态环保、社会服务等基础好，已经形成了多层次、多方位的对外合作格局。但是，长江中下游灌区土地得不到江水泛滥的营养补充，造成这些区域可耕地土质肥力持续下降。另外，长江经济带的污染较严重，长江经济带面积仅为全国的21%，但废水排放总量占全国的40%以上，单位面积的化学需氧量、氨氮、二氧化硫、氮氧化物、挥发性有机物排放强度是全国平均水平的1.5~2倍。

黄河流域由于地理条件差别大，不同城市的发展环境和人文条件存在差别，不少地区思想保守、机制落后、人文风俗等相对落后，区域之间合作困难，基础设施、文化教育、科技创新、生产制造等较分散，协同发展的挑战很大。

四、典型案例

案例1：宁夏打造"沿黄生态经济带"

● **案例背景**

研究宁夏回族自治区宁夏段黄河开发与保护历程，有助于深刻理解打造"沿黄生态经济带"的现实意义和历史意义。

● **案例需求**

宁夏回族自治区把"生态立区战略"作为宁夏实施的三大战略之一，明确要求"必须立足宁夏生态环境脆弱的实际，牢固树立尊重自然、顺应自然、保护自然的绿色发展理念"，"让宁夏的天更蓝、地更绿、水更美、空气更清新"。"全力打造生态优先、绿色发展、产城融合、人水和谐的'沿黄生态经济带'"。

- 实施过程

20世纪90年代，宁夏回族自治区提出"黄河经济"战略，依托黄河优势，开发、利用黄河资源，建立和发展多层次、全方位、开放性、综合性的经济。深度开发、利用黄河资源，大力发展农业，带动其他各业发展，增强宁夏经济实力。实施"黄河经济"战略，顺应了宁夏从以发展农业经济为主向综合利用黄河资源转变的趋势。

2002年，自治区提出沿黄中心城市带动战略。2007年，进一步将区域中心城市带动战略发展为沿黄城市带和沿黄经济带建设。沿黄城市带以银川市为中心，石嘴山、吴忠、中卫3个地级市为主干，青铜峡市、灵武市等7个县城和若干个建制镇以及宁东基地为主战场，发展城市主导产业和支柱产业，大幅提升城市经济实力。在城市化的推进中，优化生产力布局，形成合理分工、产业配套、密切协作、竞争有序的产业集群和沿黄经济带甚至沿黄经济区。2010年，中共中央、国务院《关于深入实施西部大开发战略的若干意见》《国家主体功能区规划》《国家"十二五"规划纲要》等文件提出要发展宁夏"沿黄经济区"，至此，自治区"沿黄经济区"上升为国家战略。

2015年6月，《宁夏空间发展规划》按照"把宁夏作为一个城市来经营"的思路，将全区整体规划落到了一张图上。

- 工作成果

经过多年探索，宁夏沿黄经济区创造了经济发展的奇迹，跃升为国务院确定的18个国家重点开发区之一。截至2016年，创造了全区经济总量的90%、财政收入的94%，聚集了全区绝大多数的工业园区和新产业、新业态，以其特有的生态建设使命，在转型升级中开始了新时代沿黄经济带（区）的生态文明建设新征程。

- 主要借鉴

宁夏回族自治区研究和掌握国家大政方针，牢牢抓住发展机遇，调整发展方向，依靠黄河资源优势，发挥黄河水利在地区发展中的重要作用，取得了黄河经济带发展的阶段性成果。

宁夏注重规划引领和多规合一，立足区位优势，遵循生态优先、以水定产等理念，凸显了经济与生态的和谐发展，实现了生态效益和经济效益的有机融合。

案例2：济南市规划"大济南经济圈"

- **案例背景**

实施黄河流域生态保护和高质量发展战略，为地处黄河入海口的山东提供了重大历史机遇。2019年山东省政府的工作报告提出，要推动黄河流域生态保护和高质量发展，打造山东半岛城市群，全面融入国家区域发展战略，构建高质量发展的整体格局。

- **案例需求**

山东位于黄河流域的下游，面临着黄河经济带发展的机遇和挑战。拥河发展是济南市发展方向。济南市如何确定发展定位，建设新旧动能转换先行试验区，是近几年重要的战略决策和工作内容。

- **实施过程**

济南市发布建设国家中心城市三年行动计划，到2022年，济南城市能级要大幅提升，辐射引领作用明显增强，国家中心城市建设取得显著成效。城市功能不断完善，综合承载能力不断增强，综合性交通枢纽地位显著提高，济南都市圈一体化建设取得重大进展，初步形成以济南为核心的黄河下游城市群，中心城市的国际影响力和竞争力明显提升。

济南市树立"五个先行"的新旧动能转换先行试验区开发理念：思想观念先行，建设理念先进的引领之区；深化改革先行，建设体制灵活的活力之区；创新发展先行，建设人才向往的智慧之区；产业发展先行，建设产业高端的前卫之区；交通支撑先行，建设四通八达的开放之区。

- **工作成果**

济南市确定建设国家中心城市，增强了经济发展的信心。明确了连接黄河南北的空间布局，在济南黄河两岸形成"十二桥一隧"的格局。初步描绘了以济南为核心的黄河下游城市群建设蓝图，提升了济南市中心城市的国际影响力。

- **主要借鉴**

济南市在黄河流域经济圈的发展上，提出"大济南经济圈"，抓住了发展主动权，为跨流域发展争取了战略主动权。

济南市以黄河流域战略为机遇，超前谋划，实施国家中心城市三年行动计划，提高了资源使用效率，推进"五个先行"，推动了城市生态发展。

第四章

CHAPTER 4

黄河的危与机

黄河流域各省份生态建设、综合治理和产业转型等存在战略机遇，与大湾区、长江经济带等比较有不小的差距，但也有自身优势和发展机会。要系统研究、精准把握和有序解决发展中的问题和挑战。

一、机遇与优势

研究黄河流域面临的国家战略、区域战略和地理条件、资源特征等，把握战略叠加的突出优势，分析发展存在的威胁和挑战，危中寻机，发现和确立未来发展的重大机遇。

（一）战略机遇

近些年来，由于诸多原因，黄河流域的国家支持政策和重大战略地位，与长江经济带和大湾区等比较，相对被忽视和没有得到足够的推动。2019 年，中共中央总书记、国家主席、中央军委主席习近平在郑州主持召开黄河流域生态保护和高质量发展座谈会，首次将黄河流域生态保护和高质量发展上升为重大国家战略，这是黄河流域和区域经济发展的重大转型信号，黄河在新时代迎来重大历史机遇。

国家乡村振兴战略为黄河流域生态建设、交通完善、污染治理和乡村发展提供了机遇，也为区域合作和精准扶贫提供了新的模式。

京津冀协同发展战略推动了北京、天津和河北三地一体化发展，北京首都非核心功能疏解为黄河流域实施产业承接、人才引进和飞地经济建设等提供了新来源。

创新驱动战略提出了建设创新型国家的目标，为黄河流域加大科技投入、强化科技研发、培育人工智能、量子科学等新产业找到了差距和持续改进的标杆。

军民融合战略提出了军民技术融合和产业融合的发展思路，为黄河流域城市引进军用技术，发展民用产业，培育新动能，推动跨行业跨地域的技术、人才共享等带来了新机遇。

"一带一路"倡议为黄河流域引进外资、产品出口、国际交流和国际化发展提供了新空间、新机制。

（二）主要优势

黄河流域经济社会发展的最大优势是资源储量巨大、区位条件良好、重要粮食主产区、文化底蕴深厚、产业基础完善等。

资源储藏量巨大。黄河流域土地、水能、煤炭、石油、天然气矿产等资源丰富，在全国占有重要地位，但各类资源的利用效率低，未来有较大的资源利用效率提升空间。上游地区的水能资源、中游地区的煤炭资源、下游地区的石油和天然气资源丰富，在全国占有重要的地位，被誉为中国的"能源流域"。胜利油田为中国的第二大油田。黄河流域矿产资源丰富，1990年探明的矿产有114种，在全国已探明的45种主要矿产中，黄河流域有37种，其中有全国性优势（储量占全国总储量的32%以上）的有稀土、石膏、玻璃硅质原料、煤、铝、耐火黏土等。黄河流域矿产资源丰富，分布相对集中，为开发利用提供了有利条件。黄河流域现有耕地1.79亿亩，林地1.53亿亩，牧草地4.19亿亩。宜于开发的荒地约3000万亩。黄河流域渔业资源丰富，"黄河鲤鱼"闻名国内。以黄河为主线贯穿的黄河生态与仰韶文化、大禹治水等古文化游吸引了全国和海外游客。

区位条件良好。黄河流域面积约752443平方公里，是中国第二长河，黄河流域城市有明显的区位优势。依靠黄河可以开展农业、制造业和航运业。随着经济发展和技术条件改善，黄河流域的航运优势会得到逐步发掘。黄河上中游位于阶梯交界处，河段落差大、水流急、水能资源丰富，是兴修大坝水电站的优良选址。新中国成立后，我国在黄河流域开发建设了多个水电站，但相对于黄河流域的水能资源而言，还有巨量的水能资源没有得到利用，未来可以论证并建立更多功率更大、发电更多的水电站，更充分利用黄河水能资源。

生态屏障较多，黄河流域是国家布局的重要的生态屏障地带。需要完善黄河水沙调控总体布局及运行机制，发挥小浪底水库、三门峡水库等水库的防洪减淤功能，谋划建设新水库，推进黄河堤岸改扩建、黄河下游河道综合治理等项目前期工作，做好黄河滩区居民迁建。整合优化现有各类保护区，积极申建黄河国家公园，加快建设各类生态保护和修复工程，打造堤外绿廊、堤内绿网和城市绿芯的区域生态格局。

重要的粮食生产基地。黄河流域是我国重要的粮食主产区。要把粮食生产放在突出的问题，夯实除害兴利支撑体系。统筹推进"流域同治"，实施引水、引黄调蓄工程、小浪底南北岸灌区等引调水和重点水源工程。推进新时期粮食生产核心区建设，加快划定和建设一批粮食生产功能区、重要农产品生产保护区。培育现代特色农业，高标准规划建设一批现代农业产业园，打造具有地区特色的农业产品。

文化底蕴深厚。黄河文化是中华文明的重要发源地，是中华民族的根和魂。通过传承和弘扬黄河文化，推动经济发展和民族自信、道路自信，焕发更强的活力和生命力。加强文化遗产保护，全面启动黄河母亲地标复兴，整合特色旅游资源，开发中华文明溯源之旅、大河风光体验之旅等精品线路，打造弘扬中华历史文明的重要窗口。

产业基础完善。黄河上中下游的三大产业基础条件较好，产业具有一定的规模，特别是黄河中下游地区，农业、制造业和对外贸易规模较大，经济不断转型提升，新兴产业不断培育，并且具有西安、太原、开封、洛阳等世界或国内知名的文化名城，有郑州、济南、青岛等经济聚集的大型中心城市，人才资源也相对完善。随着国家战略的提出，黄河经济带将成为我国经济重点开发的主要轴线之一，与"一带一路"、长江经济带、京津冀协同等一起，构成我国生产力布局的重要板块。随着经济转型升级，其他地区的优质资源将逐步向黄河流域转移、聚集，进一步带动黄河流域经济发展。

二、威胁与挑战

黄河流域生态保护和高质量发展战略，为黄河流域各城市带来了发展的机会，但是，也存在很多现实问题和挑战。

（一）潜在威胁

黄河流域高质量发展主要存在生态治理、民生保障等方面的缺陷和问题。

1. 生态治理的突出问题

黄河发展重在治理，只有治理好黄河，才能发展好黄河。由于自然因素和人为因素的双重影响，黄河流域发展面临复杂的难点，如洪水灾害、生态脆弱、水土流失等，限制了社会经济发展（见表4-1）。2019年10月16日，《求是》杂志发表习近平总书记《在黄河流域生态保护和高质量发展座谈会上的讲话》文章指出："我们也要清醒看到，黄河一直体弱多病，水患频繁，当前黄河流域仍存在一些突出困难和问题。究其原因，既有先天不足的客观制约，也有后天失养的人为因素。可以说，这些问题，表象在黄河，根子在流域。"

表4-1 　　　　　　　　　　黄河流域问题难点对症诊断表

发病河段	临床症状	致病原因	对应学名	对症下药
上游	"大量脱发"	气候区域干旱，草地退化，水源破坏	荒漠化	植树种草、合理放牧、修建水库
中游	"腹泻不止"	土质疏松，植被破坏，降水集中，多暴雨	水土流失	水土保持
下游	"血管堵塞"	河道变宽，坡度变缓，水流减慢，泥沙沉积	地上河	加固大堤、修建分洪、蓄洪工程

黄河流域生态治理的问题主要有：

一是洪水泛滥的威胁。黄河水患，始于宋代，下溯至元、明、清三代而千年不绝。目前黄河洪水灾害仍是流域的最大威胁。黄河上游宁蒙河段，中游禹门口至潼关河段和三门峡库区、下游河段，都存在不同程度洪水危害。上游宁蒙河段淤积形成新悬河，现存河床平均高出背河地面4米至6米，其中新乡市河段高于地面20米；299公里游荡性河段河势未完全控制，危及大堤安全。黄河下游两岸大堤是在历代民埝的基础上加高培修而成的，基础条件复杂，堤身土质混杂，历史上决口多，存在许多险点隐患。小浪底水库调水调沙后续动力不足，水沙调控体系的整体合力无法充分发挥。下游滩区是黄河滞洪沉沙的场所，也是人民群众赖以生存的家园，防洪和经济发展矛盾长期存在。河南、山东居民迁建规划实施后，仍有近百万人生活在洪水威胁中。

二是生态环境脆弱。黄河大部分河道位于干旱半干旱地区，流经的西北、华北是两个严重缺水地区，也是我国生态脆弱区面积最大、脆弱生态类型最多的区域。黄河上游地区地势高、降水较少，局部地区生态系统退化、水源涵养功能降低；中游黄土高原面积达30多万平方公里，且土质疏松、植被稀少、水土流失严重，汾河等支流污染问题突出，生态环境十分脆弱；下游生态流量偏低、一些地方河口湿地萎缩。黄河流域面临工业、城镇生活和农业三方面污染，加之尾矿库污染，2018年黄河137个水质断面中，劣V类水占比达12.4%，明显高于全国6.7%的平均水平。同时，黄河流域基础设施和能源资源开发增多，防治人为水土流失任务艰巨。

三是水资源紧张。黄河水资源总量不到长江的7%，人均占有量仅为全国平均水平的27%。降水量减少是黄河水资源匮乏的最主要原因，人类对水资源的不合理利用和对环境的破坏是黄河断流的主要原因之一。黄河流域水资源利用较为粗放，农业用水效率不高，粗放经营的农业生产方式使黄河水资源的有效利用率不及40%，水资源浪费严重。黄河水资源开发利用率高达80%，远超一般流域40%生态警戒线，在枯水年份或者枯水季节，黄河沿岸各地从自身利益考虑，纷纷引水、蓄水、争水、抢水，水资源管理混乱，水量分配不合理，水荒矛盾更加突出，加重了下游水资源匮乏。

四是经济基础不强。黄河流域是我国重要的农牧业生产基地和能源基地，在全国经济社会发展格局中有重要地位，但也面临经济发展质量不高、生态环境形势严峻、区域发展不平衡突出、产业转型升级任务艰巨、高等教育基础薄弱、区域合作机制尚不明确等困难和问题。黄河上中游 7 省区同东部地区及长江流域相比存在明显差距。传统产业转型升级步伐滞后，内生动力不足，源头的青海玉树藏族自治州与入海口的山东东营市人均地区生产总值相差超过 10 倍。对外开放程度低，9 省区货物进出口总额仅占全国的 12.3%。全国 14 个集中连片特困地区有 5 个涉及黄河流域。

2. 民生保障的主要缺陷

以人民为中心，是一切工作的出发点和立足点，也是黄河生态治理和民生事业的决策依据。当前，黄河流域民生保障的缺陷主要有：

一是水患依然存在。黄河水患自有记载以来，对流域民生的影响持续了几千余年。周定王五年（公元前 602 年）史书第一次记载黄河改道，到 20 世纪 50 年代，有记载的决口泛滥就有 1500 余次，洪水遍及范围北至海河，南达淮河，纵横 25 万平方公里。现在的黄河下游走向，形成于 19 世纪中叶。在此之前，黄河无数次以山东丘陵为中线，上下摆动，流入渤海湾，或南下覆盖淮海，"夺淮入海"，流入黄海。黄河反复改道的后果：其一是华北平原长期处于不稳定状态。使得在华夏文明史上，治理黄河成为最重要的民生工程，成败关系到政权的稳定性；其二是黄河从黄土高原上带来的大量泥沙，淤积在入海口处，使得华北平原的海岸线逐渐向东推进，这一进程至今仍在进行中。在周以后，黄土高原水土流失严重，造成下流河床抬高。当河床高于两岸的堤坝时，河水开始漫出，甚至决口改道。民国时期，黄河水患导致了耕地的严重损失，使黄河三角洲农业生产力下降，形成了很多低洼沼泽盐碱地。黄河流域农田生态环境被破坏，耕地面积减少，引起农业荒废，甚至经济衰退，对当地社会经济产生毁灭性的影响。如上所述，黄河流域的水患风险依然存在，且在某些年份有可能爆发。

二是环境治理任务繁重。黄河流域水环境形势严峻，严重影响流域人民用水安全。2018 年调研发现，黄河干流近 40% 的河段水质为劣 V 类，基本丧失水体功能。黄河流域污废水排放量比 20 世纪 80 年代多一倍，达 44 亿立方米。黄河仅次于海河、辽河，已成为我国污染程度第三的水系。由于沿岸能源、重化工、有色金属等污染排放，近 80% 的河流遭受污染，水生物濒临灭绝，生态系统严重破坏，影响了工农业生产，直接危及生态环境和沿黄百姓的饮水安全。造成黄河流域污染严重的原因包括：排污标准不统一，污染企业违规排放；水环境恶化，黄河水量大幅减少，与此同时，沿岸工农业灌溉用水大幅增加；环保意识薄弱，沿黄河各城市存在很多排污口，不能达标排放。

（二）可能挑战

黄河流域面临环境恶化和生态环境保护等多重压力，面临着其他战略竞争、周边城市崛起和整个流域战略协同推进等重大挑战和威胁，急需聚焦问题，研究出路，系统推进和有序解决。

资源恶化的关联风险。黄河流域经济社会发展中存在水资源总量不足与空间分布不均等突出问题与矛盾，冻土融化、人为开发等加大了水土涵养退化。同时，还存在部分黄河河段、水系的鱼类濒临灭绝的现实问题，以及水电开发对自然环境破坏、移民搬迁后的生活、就业和文化适应性等社会性问题。

物流滞后的经济制约。黄河矿产资源丰富，矿产资源在我国处于优势地位，但由于流域经济、技术水平、交通运力有限，导致矿产资源利用粗放、资源消耗产出较低，矿产资源向外输送困难，不能得到更高效的利用，需要尽快改善交通物流等基本条件，提高区域经济的现代物流能力。

产业落后的发展障碍。黄河流域各地区经济结构不合理、传统过剩产能占比高、新动能培育不足，跨域经济政策和产业链缺少协同等也制约了黄河流域协同发展。另外，资源要素远远落后于京津冀、大湾区和长江经济带，城乡居民可支配收入偏低，改善民生的压力巨大。

外部竞争的现实压力。黄河流域的各城市、各地区，与周边的发达城市特别是东部沿海城市、长江经济带和大湾区等主要城市比较，具有滞后效应和溢出效应。黄河流域各省份、地市县在政府决策、发展理念、管理能力、经济总量、人才聚集、科技研发、资源要素、开放氛围等方面存在较大的差距。同时，东部沿海城市等对政策、资源、资金、人才等的竞争能力和措施普遍高于黄河流域各省份，黄河流域协同推进和提速发展的难度与挑战极其巨大。

三、典型案例

案例1：河南统筹移民与经济发展

● **案例背景**

黄河滩区是黄河河道的组成部分，既是黄河行洪、滞洪、沉沙的场所，也是区内群众生产生活的空间。黄河滩区成为河南省较为集中连片的贫困地区。党中央、国务院高度重视黄河滩区治理和滩区群众脱贫致富工作。

● **案例需求**

河南省黄河滩区自洛阳市孟津县白鹤镇至濮阳市台前县张庄村，河道长 464 公里，滩区面积约 2116 平方公里，耕地 228 万亩，居住人口 125.4 万人，涉及郑州、开封、洛阳、焦作、新乡、濮阳 6 个省辖市、17 个县（区）、59 个乡镇、1172 个自然村。搬迁任务重，需要统筹搬迁和解决人民群众的生活、就业等问题。

● **实施过程**

按照《河南省黄河滩区居民迁建规划》，河南省从 2017 年至 2019 年，用 3 年时间将河南黄河滩区地势低洼、险情突出的 24.32 万人整村外迁安置，拟在 2020 年完成搬迁任务。

● **案例成果**

河南省在滩区迁建的同时，引导滩区群众发展特色养殖、乡村旅游、农产品加工等富民产业，增强滩区群众脱贫致富能力，确保群众搬得出、稳得住、能致富，与全省同步进入全面小康社会。

● **主要借鉴**

河南省将群众利益放在第一位，尊重人民群众意志。通过科学规划，充分考虑搬迁群众的生产生活，突出经济工作中心，关注民生事业，落实国家政策，大力扶持滩区群众发展特色产业，为黄河流域其他地区的搬迁提供了实践借鉴。

案例 2：山东开发"黄河入海"文化旅游

● **案例背景**

山东省高度重视黄河文化产业，在发掘黄河文化，开发黄河文化产业方面做了积极探索。但是，文化产业发展也存在不少问题，黄河文化产业与经济需求等不适应。

● **案例需求**

山东省如何聚焦黄河文化，以人民群众日益增长的文化消费需求为目标，推进黄河文化资源优势向产业优势、市场优势转化，是亟待解决的难题。

● **实施过程**

山东省统筹谋划，科学布局，以齐鲁文化为中心，加大各地文化馆园建设，把黄河文化博物馆打造成为集文化旅游观光、休闲娱乐体验、文化产业集聚于一体的黄河文化主题园区。同时，创新黄河文化传播形式，整合资源和平台，加大文化挖掘和改造，探索举办黄河特色文化活动，组织黄河文化旅游节、展览展示、招商洽谈、商品展销、文娱项目等，提升了黄河文化的品牌影响力。

- **工作成果**

山东省结合地域特色，提出"好客山东""一山一水一圣人"，叫响"黄河入海"等文化旅游品牌，实施旅游富民行动计划，把黄河口作为文化旅游目的地的核心区，打造"河海交汇、新生湿地、野生鸟类"等世界级旅游产品，开发建设沿黄、滨海旅游休闲产业集聚带。以"黄河入海，我们回家"为文化旅游品牌，带动文化产业化和经济转型发展。

- **主要借鉴**

山东省将黄河作为发展重点，开发挖掘黄河文化，进行区域文化挖掘和创意设计，积极培育黄河入海口文化，构建特色文化旅游产业带。

通过开发各具特色的文化旅游项目和产业园区，实施文化复兴工程等，推动了文化产业创新发展，为黄河流域各省份文化与产业融合提供了实践借鉴。

第 五 章

CHAPTER 5

黄河的战略规划

规划是行动的指南。科学规划并推进黄河流域大保护、大开发，事关中华民族千年大计。历代统治者和高层决策者都高度关注黄河战略和统筹发展问题。

1936年2月，毛泽东率红军东渡黄河出征山西，并写下不朽诗篇《沁园春·雪》。其中"大河上下，顿失滔滔"，就是指黄河。习近平总书记多次调研黄河，并作出重要指示。唐代诗人李白"君不见，黄河之水天上来，奔流到海不复回"，把黄河的奔腾与豪放淋漓尽致地描述了出来。黄河只有奔流到海，才能寄托和担负人民群众的希望，才能实现河、人、经济的深度融合，才能趋利避害，造福百姓。

一、规划背景

研究国际环境和国内政策，分析市场变化，挖掘区域优势，编制"十四五"规划，谋划黄河流域生态保护和高质量发展战略，以规划模型和编制手册、行动路线图推动生态发展，是国家部委、地方政府、卓越企业和行业智库等当前的重要工作。

（一）高层关注

黄河发源于青海，流经四川、甘肃、宁夏、内蒙古、山西、陕西、河南，在山东东营市入海，养育了我国北方数亿的人民。青海三江源地区，是长江、黄河、澜沧江的源头。周朝曾颁布《伐崇令》，被誉为"世界最早的环境保护法令"。20世纪初，孙中山在规划中华民国的蓝图中，曾在《建国大纲》提出"引洪济旱""引江济河"的主张。"引江济河"，就是引长江水补充黄河，并冲刷黄河中的泥沙。新中国成立后，为防治黄河水灾，有效治理黄河，毛泽东视察黄河并提出："一定要把黄河的事情办好"。1948年3月，毛主席在陕北川口东渡黄河时，曾经感叹："你可以藐视一切，但不能藐视黄河。藐视黄河，就是藐视我们这个民族。"

1946年2月，晋冀鲁豫边区政府决定成立冀鲁豫解放区治河委员会，这是中国共产党领导的第一个人民治理黄河机构。为了加强对黄河故道两岸治河复堤工作的组织领导，冀鲁豫行署又决定将冀鲁豫解放区治河委员会改名为冀鲁豫黄河水利委员会。这就是当前"黄河水利委员会"的前身。

习近平总书记多次调研黄河沿线的宁夏、青海、河南等省份，并作重要指示："治理黄河，重在保护，要在治理。"2019年9月18日在河南省郑州市召开的黄河流域生态保护和高质量发展座谈会上，针对探索富有地域特色的高质量发展新路子，习近平提出了24个字："宜水则水、宜山则山，宜粮则粮、宜农则农，宜工则工、宜商则商"，这为黄河流域规划编制和生态发展提出了具体方向和行动路线。

2019 年 9 月 18 日，习近平在黄河流域生态保护和高质量发展座谈会上，总结了黄河流域治理经验。近几十年，黄河河道萎缩态势初步遏制，黄河含沙量近 20 年累计下降超过八成。实施水资源消耗总量和强度双控，流域用水增长过快局面得到有效控制，入渤海水量年均增加约 10%。黄河流域水土流失综合防治成效显著。三江源等重大生态保护和修复工程加快实施，上游水源涵养能力稳定提升。中游黄土高原蓄水保土能力显著增强，实现了"人进沙退"的治沙奇迹，库布齐沙漠植被覆盖率达到 53%。下游河口湿地面积逐年回升，生物多样性明显增加。

（二）实践价值

从我国经济社会发展来看，黄河流域的青海、内蒙古、甘肃、宁夏、山西、陕西、河南、山东 9 个省份各城市的发展水平、地理位置、自然条件、产业基础、文化禀赋、基础设施、开放程度等各不相同，发展的思路和模式也可能不尽相同。

从黄河上中下游看，黄河上游经济相对落后，中游与郑州为核心经济逐步崛起，黄河下游经济相对发达（见图 5－1）。从沿黄省份来看，山东省、河南省 2018 年地区生产总值分别为 7.6 万亿元、4.8 万亿元，陕西省、内蒙古自治区、山西省地区生产总值分别为 2.4 万亿元、1.7 万亿元和 1.68 万亿元，甘肃省、青海省、宁夏回族自治区地区生产总值分别为 8246 亿元、2865 亿元和 3705 亿元。其中，山东省和宁夏回族自治区 GDP 的差距达 7.2 万亿元。

图 5－1　黄河流域上中下游地图

黄河流域省区占北方经济的"半壁江山"，面积、常住人口、地区生产总值、地方财政一般预算收入分别占北方地区的 44.21%、57.72%、55.84%、48.93%，工业增加值、全社会固定资产投资占比更是达到 60.99% 和 61.96%。黄河流域经济高质量发展是我国北方经济的重要支撑，有"平衡南北方，协同东中西"的作用。

黄河流域水资源总量占全国水资源总量的 2.6%，全国七大江河中居第四位。2018 年黄河流域好于 III 类水的断面提高 8.7 个百分点，超过全国平均水平，劣 V 类断面下降 3.7 个百分点。

从更高层面来看，黄河流域各城市在价值认同、产业协同、资源配置、生态治理和历史文化等方面有很多的相似性和关联性，有待于国家部委、行业智库、科研机构和地方政府等积极推进、系统研究，并据此进行各城市、各省份、流域上中下游、重点产业园、优势行业或卓越企业等战略规划编制与实施。通过规划引领，统筹跨区域、跨城市的政策、生态、治理、交通、文化和平台等，尽快推进黄河流域各城市规划统筹基础上的政策大协同、机制大统筹、产业大发展、区域大开放和文化大合唱等。

（三）重大战略

当前，全球经济形势复杂多变，美国等少数国家经济逆全球化和贸易保护等趋势仍然存在，并且可能在某段时间内更加尖锐，全球产业一体化的节奏被打断。我国经济进入中高速增长和夯实内聚力、提高科技创新能力的新阶段、新模式。

从统计数据来看，黄河流域经济总量和人均 GDP、人均居民收入水平等与长三角、大湾区等比较，差距很大，与美国、日本等发达国家比较差距更大，黄河流域各省份的国际、国内竞争力偏弱，经济转型和高质量发展的诉求和压力集聚，急需以黄河流域生态保护和高质量发展战略为契机，超前布局，进行各企业、各园区、各城市、各省份的黄河流域生态保护和高质量发展战略编制，研究和确立各自外部环境、发展战略、产业基础、生态布局、规划目标，以及主要任务、资源要素、服务平台、开放创新机制等。同时，充分考虑跨区域、跨流域、与其他国家战略、与全球有关行业或国家之间的战略合作与竞争关系，形成适合自身发展的"十四五"时期、2035 年、2049 年等与党的十九大确定的两个百年目标相匹配的战略目标和发展路径等。

从全国各省市黄河流域战略规划编制与实施看，国家层面的黄河流域生态保护和高质量发展战略由国家发改委牵头与推进协调，财政部、生态环境部、水利部、自然资源部、农业农村部、文化和旅游部、科技部、国家卫健委等部委参与编制和分工负责，经党中央、国务院及有关组织审核批准，并颁布实施。各部委、各省市、各城市、各园区、各企业等结合各自需要，编制各自战略及实施方案等，进而形成不同层次的"黄河流域生态保护和高质量发展战略"及专项规划等，用于指导生态环保、综合治理、水利建设、经济发展和黄河文化挖掘等重大工作。

二、问题痛点

学习领会习近平总书记关于黄河流域生态保护和高质量发展战略的重要指示、规划编制模型、规划体系、规划目标、主要任务、重点城市和典型案例等，提炼并归纳黄河流域战略规划编制与实施工作中可能存在的痛点难点。

（一）四大问题

在 2019 年 9 月黄河流域生态保护和高质量发展座谈会上，习近平总书记总结了黄河流域存在的四大突出困难和问题：

洪水风险是流域的最大威胁。小浪底水库调水调沙问题、下游防洪短板、地上悬河、下游滩区防洪运用和经济发展的矛盾，以及百万群众生活在洪水威胁中等。

流域生态环境脆弱。黄河上游生态系统退化、水源涵养功能降低；中游水土流失严重，部分支流污染；下游生态流量偏低、河口湿地萎缩；工业、城镇生活和农业面源污染等。

水资源保障形势严峻。黄河水资源总量不到长江的 7%，人均占有量仅为全国平均水平的 27%。水资源利用粗放，农业用水效率不高，水资源开发利用率高达 80%，远超一般流域 40% 生态警戒线。

发展质量有待提高。黄河上中游 7 省区是发展不充分的地区，内生动力不足，对外开放程度低，有 5 个集中连片特困地区。

（二）主要痛点

影响黄河流域各省份、各城市高质量发展的痛点和难点，包括但不限于：

一是宏观经济增速放缓与转型提速的冲突与矛盾。全球、国家和黄河沿线省份均存在地区生产总值增速趋缓、区域发展提速的压力和挑战。黄河流域经济发展滞后、局部环境污染、潜在风险突出三大问题重叠交织。煤炭采选、有色金属冶炼及压延加工、化学品制造、炼焦、氮肥制造等企业沿河集中分布。

二是生态保护与产业开发的资源冲突与矛盾，黄河上游水土流失防治、中下游的污染治理和水量综合利用等存在巨大的压力和缺陷。同时，黄河流域经济发展落后于京津冀、长江经济带、长三角与大湾区，需要找到问题的症结，予以探索和逐步解决。黄河流域人均水资源占有量只有 380 立方米左右，只占全国的 18% 左右，不到全国平均水平的五分之一。

三是综合治理中长期目标与人才、资源等相对稀缺的矛盾与压力。黄河流域的泥沙、污水、大气、土壤等污染严重，需要投入更多技术和资金等，进行综合治理与改善生态环境。黄河环境治理重在流域治理（水和土）以及生态修复。宁夏、山西、陕西、河南等省份及干支流沿线污染源多，生态环保压力巨大，是黄河生态环境治理的主战场。

四是传统产业转型与新产业培育速度缓慢的冲突与压力。黄河流域各省份如宁夏、甘肃、河南等存在传统产业高能耗、高水耗、高污染等突出问题，需要推动向低能耗、低水耗和循环经济发展。过剩产能的压缩导致了税收和就业的压力，新产能培育需要时间和资源投入，短期内新产能规模、收入总量和税收、就业贡献等不足，容易出现各省份和城市的税收减少、就业环境恶化、投资预期下降和整体经济增速趋缓等阶段性的问题。

五是财政开支刚性与税收增加困难的压力与冲突。一方面，由于各地区经济结构调整、企业减税和宏观环境复杂，导致各地税收增加困难是当前的重要挑战。另一方面，政府交通和能源等基础设施建设、民生保障、精准扶贫和教育医疗等公共服务的财政开支刚性的矛盾日趋严峻。

六是环境治理的公益性与市场主导趋利性之间的矛盾。黄河流域产业降耗、水土保持、土壤改良和污染治理等缺口较大，需要大量的资金投入；而财政资金不足，市场化的手段难以解决这类项目的资金来源，存在市场需求和资源供给的矛盾。

七是黄河文化表层化、零散化与高质量发展的规模化、产业化、品牌化的矛盾与冲突。黄河文化在各地区呈现不同的特征，并且过于零散、表层化和缺少主题，与经济、民生的关联性不强，经济与文化项目投资存在"一手软、一手硬"现象。

八是区域利益保护和跨区域融合开放的冲突与矛盾。各单位、各城市、各省份在生态保护和经济发展方面存在业绩导向与本位主义，跨区域协同的难度较大，体制机制不健全。

九是黄河流域生态脆弱与经济欠发展之间的矛盾。黄河沿线水土保持、土壤治理和生态环境总体较为脆弱，经济发展和财政实力较弱，单靠自身的资源和能力难以实现更高的统筹目标。

十是生态保护与人民对美好生活更高需求之间的矛盾。生态保护需要资金和资源投入，并且短期效应不高；而黄河沿线 9 省份的居民可支配收入远远低于长江经济带和大湾区等城市，生态保护的压力和人民群众对于经济发展和个人收入增加的需求存在冲突。

十一是黄河流域战略与京津冀、大湾区国家战略的互补与统筹平衡问题。黄河流域自身的优势互补，与长江经济带、京津冀、大湾区等优势互补和统筹协调是一个长期的工作任务和难题。

十二是黄河流域战略对于北方地区经济带动与产业协同的矛盾与问题。黄河流域各省份特别是中下游的陕西、河南、山东等，在经济上如何转型，在黄河文化上如何产业化，在创新平台上如何协同等，对未来的东北地区、西藏、内蒙古、新疆和成渝经济带等都有一定的示范、外溢和联动效应。具体如何发挥，是一个战略性的问题。

（三）战略突围

基于以上问题和矛盾，以国家战略为契机，进行问题分析、需求归纳、目标确定和路径选择，创新研究方法，形成生态保护和高质量发展的总体思路、规划目标、重大工程、重点项目、政策支撑与运行体系等，确立战略突围的策略。

三、规划模型

国家发改委等牵头编制"黄河流域生态保护和高质量发展战略"，国家和地方同步进入编制、实施"十四五"规划的关键期。

（一）"345"模型

编制"黄河流域生态保护和高质量发展战略"规划和"十四五"规划是国家、地方政府和部委智库的核心工作。

国合华夏城市规划研究院作为国家部委新型智库，长期从事黄河流域生态保护和高质量发展战略规划、国家部委五年规划、地方政府和园区"十四五"规划编制等研究工作，致力于打造规划编制的高端智库。该院根据国家政策与相关法规，提炼经典案例，独创"345"规划编制模型，从系统工程、协同学和比较优势理论等视角，前瞻、科学和规范地提出了"黄河流域生态保护和高质量发展战略"规划编制、"十四五"规划编制的方法论和路线图，这些模型与架构可用于国家、各级政府"黄河流域战略"规划、"十四五"规划、乡村振兴战略等规划编制与实施工作中。国合研究院独创的规划编制"345"模型，核心内涵如图5-2所示。

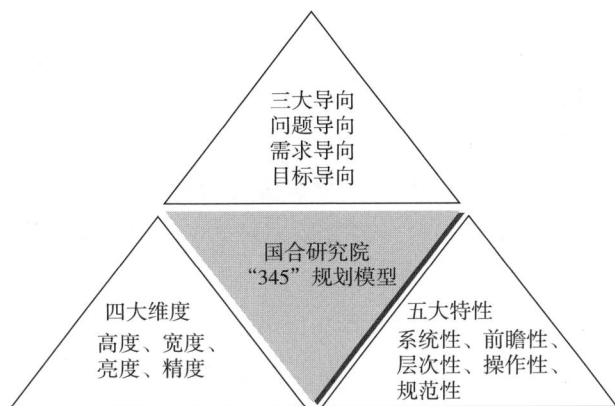

图5-2 国合研究院独创"345"规划模型

国合研究院认为，按照"345"规划模型，国家部委、各级政府在编制"黄河流域生态保护和高质量发展战略"或者"十四五"规划时，可以成立规划编制工作组和研究团队，确立规划思路，推进实施计划，以"345"规划模型为方法论和评价规划报告质量的标准，梳理和明确三个导向（三个清单）、研究和把握四个维度（四个标准）、对标和体现五个特性（五大要求）。具体做好如下前期的准备工作：

一是全面梳理和确定三大导向（三个清单）。系统分析和认真研究"黄河流域生态保护和高质量发展战略"或者"十四五"规划目标是什么（目标清单）？人民群众、当地政府、企业等需求是什么（需求清单）？当前存在的问题和"黄河流域生态保护和高质量发展战略""十四五"规划时期主要解决的问题是什么（问题清单）？可以把问题导向、需求导向和目标导向以"三个清单"的形式，列表归纳，并反复讨论和定稿，据此作为"黄河流域生态保护和高质量发展战略""十四五"规划编制的主线和行动指南。

二是研究和把握四个维度（四个标准）。针对特定"黄河流域生态保护和高质量发展战略""十四五"规划课题，对标对表国际国内行业案例、国家政策和上位规划等，进行研究对象的"高度"界定。参考以往规划和上级部署，结合经济社会实际，进行"宽度"分析和报告目录推敲，确定报告目录，并在初稿阶段进行文稿对照，是否达到报告要求的宽度，是否覆盖了主要领域和内容等。从较高的标准和专业性，进行报告目录、报告初稿的深度评价，评估报告目录或者已经成文的规划报告是否具有较深的观点或措施，是否达到了较高的政策水平和实施能力等。统筹规划目录和报告全文，分析和论证是否具有独有特色、是否发挥了区域优势，是否体现了上位规划或本级党委及政府的核心思想及实践设想，有无自己的亮点和特色等（"亮度"）。通过"四个维度"的对标和自我测评、专家评价，可以发现规划思路或报告的缺陷，精准提高规划质量和改进的重要环节。

三是对标和体现五个特性（五大要求）。关于"黄河流域生态保护和高质量发展战略""十四五"规划编制质量和评价衡量标准，国家和有关部委没有严谨、科学、量化的考核评估办法，国合研究院总结规划实践和案例，提出了"345"模型，强调"五个特性"的评价标准和基本要求。在"黄河流域生态保护和高质量发展战略""十四五"规划模型选择、目录设计、报告撰写和文稿优化过程中，要有系统性，避免思路和报告内容的偏差；要有前瞻性，既体现趋势与发展规律，同时，规划思路和指标要有前瞻性、先进性；规划目录和各项工作内容繁杂，要分层阐述，相互呼应，有层次性；"黄河流域生态保护和高质量发展战略""十四五"规划报告，文字风格、语言表述和报告格式等有一定的要求和模式，体现了规范性。

"黄河流域生态保护和高质量发展战略"或者"十四五"规划要立足国家、城市和地方经济社会实际，具体工程和行动计划由各单位组织实施，其资源条件和实施保障有局限性和阶段性，同时必须可行和接地气，体现操作性。使用"345"规划模型，可以高质量进行"黄河流域生态保护和高质量发展战略""十四五"规划思路设计、规划目录确定、规划层级分析、规划文稿撰写、规划报告评价、规划体系优化等，形成前瞻、系统、清晰、规范和实操的规划报告，提高服务地方经济社会发展，促进经济转型提升、推动改革开放的综合能力与战略预判作用。

（二）《孙子兵法》

对标对表《孙子兵法》的"道、天、地、将、法"，国家部委和地方政府编制黄河流域战略规划或者"十四五"规划纲要，完全符合和可运用孙子兵法的五要素进行系统设计和自我评估。

"道"指顺应民心和自然规律，与各地编制黄河流域战略规划或者"十四五"规划的重要步骤之一：研究与归纳宏观环境和人民群众需求等相对应。

"天"指上接天际，为各地编制黄河流域战略规划或者"十四五"规划的重要步骤之一：研究与国家战略、部委政策、上级规划和法律法规等高度匹配。

"地"指下接地气，为各地编制黄河流域战略规划或者"十四五"规划的重要步骤之一：剖析与归纳竞争格局、本地经济基础、民生现状和自然资源等要素，研判未来五年规划目标、产业组合、资源筹措、主要任务和重大工程、公共设施等提供决策的参考和依据。

"将"指资源、资金、人才和智慧等调度与分配，为各地编制黄河流域战略规划或者"十四五"规划的重要步骤之一：实施党建统领一切，引进和调度人才、进行资金和资源匹配，组织重点任务，开展重大项目，推动招商引资、招才引智等高度匹配。同时，按照国家政策和行业规划要求等，进行生态环境治理、交通网络、开放创新和民生保障等体制机制建设。

"法"指政策、规则、机制、激励、考核、监督等，为各地编制黄河流域战略规划或者"十四五"规划的重要步骤之一：进行政策优化与完善，成立组织领导部门和专班，开展干部廉政建设，进行任务分解和业绩统计，实施考核奖惩和干部任用等相对应。

运用孙子兵法的"道"，把握民心和自然规律，进行黄河流域战略规划或者"十四五"规划宏观形势研究，确立未来五年发展战略，体现"以人民为中心"，规划目标和行动计划等要符合人民群众对美好生活的更高需求和核心利益。要符合自然规律和经济规律，顺应天时和民心，贯彻"绿水青山就是金山银山"的生态优先理论，贯彻创新发展理念等。

运用孙子兵法的"天"，做好国家政策和上级规划对接，组织黄河流域战略规划或者"十四五"规划编制和目标确定、路径选择、项目库建设等，确保规划目标具有前瞻性和一定的高度、亮度。

运用孙子兵法的"地"，分析黄河流域战略规划或者"十四五"规划的战略机遇、产业基础、自然条件、区位优势和发展挑战等，确定本地规划目标、重点产业、支撑项目和发展模式等。

运用孙子兵法的"将"，做好黄河流域战略规划或者"十四五"规划的人才、资源、能源、资金等要素分配、土地指标安排、外部合作单位选择、行动计划分解和项目组织实施等。

运用孙子兵法的"法"，推进黄河流域战略规划或者"十四五"规划的组织体制、政策补充、土地使用、环境补偿、干部激励和考核晋升等，从而形成规划制定与实施的行动规则和目标导向。

（三）八大分析工具

借鉴政府规划和企业战略的编制工具，逐步形成编制部委战略、政府规划与企业战略的研究方法，包括但不限于：

纵横比较法。针对特定对象，对历史数据、同口径规模或增速，以及类似区域等进行指标和发展潜力分析，得出可行的实施方案或工作思路，指导规划定位与重点课题研究。

SWOT 法。对特定对象的优势、劣势、机会和威胁进行综合分析，确立未来发展的主要方向和领域。该方法主要用于"十四五"规划的政策环境、产业基础、发展优势、竞争劣势等综合研究，并寻找发挥优势、规避劣势、把握机遇、解决问题与矛盾的有效办法和实施路径。

PEST 法。重点对特定对象的发展环境等进行政治因素、经济因素、社会因素和技术因素等分析，得出初步的研究结论，为"十四五"规划定位、规划目标和重点任务等确定提供基础的决策参考与支撑。

SCP 分析法。由美国哈佛大学产业经济学权威贝恩（Bain）、谢勒（Scherer）等于 20 世纪 30 年代建立。该模型提供了既能深入具体环节，又有系统逻辑体系的市场结构（Structure）—市场行为（Conduct）—经营绩效（Performance）的产业分析框架。SCP 框架的基本含义：市场结构决定（政府或）企业在市场中的行为，而（政府或）企业行为又决定市场运行在各个方面的经营绩效。运用 SCP 模型，分析在行业或者（政府）企业受到表面冲击时，可能的战略调整及行为变化。

三层面理论。是平衡管理现有业务和建立新业务的有效途径，也是地方政府和产业园区等进行产业选择、产业组合的重要工具。

GE 矩阵法。从行业吸引力和自身竞争力两个维度分析，确立地方政府或企业是否选择某一类行业或特定产业，进而作出产业选择的战略定位。

产业价值链法。从产业链条和价值增值环节进行综合性分析，确立地方政府、园区或者企业所处产业环节，研究对象的产业完整程度、产业聚集情况，以及对价值环节的高低等，进行产业链补链、增链、强链，以及对价值链所处环节的价值提升、管理改进等开展设计与建议。

PDCA 法。是战略规划实施和管理的有效方法，主要步骤：P 计划阶段，找出存在的问题，通过分析制订改进的目标，确定达到这些目标的具体措施和方法。D 执行阶段，按照制订的计划要求去做，以实现质量改进的目标。C 检查阶段，对照计划要求，检查、验证执行的效果，及时发现改进过程中的经验及问题。A 处理阶段，把成功的经验加以肯定，制定成标准、程序、制度（失败的教训也可纳入相应的标准、程序、制度），巩固成绩，克服缺点。

上述研究方法如图 5-3 所示。

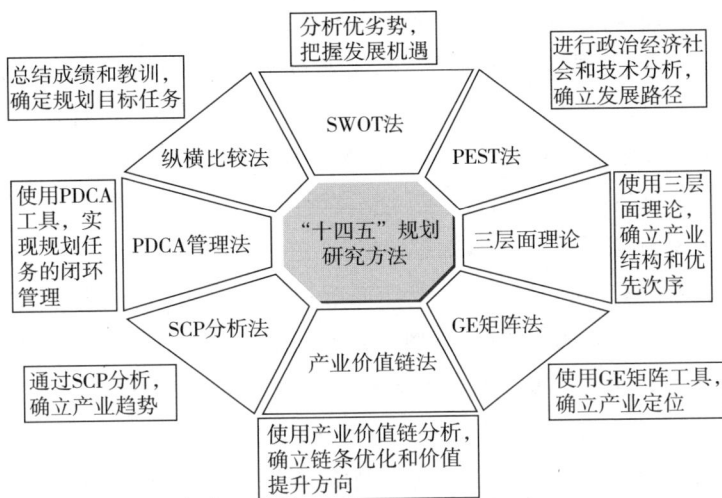

图5-3 "黄河流域战略"规划及"十四五"规划研究方法

（四）规划"五步法"

地方政府、园区编制"黄河流域生态保护和高质量发展战略"或者"十四五"规划，首先要委托专业机构，签订规划编制委托合同。在此基础上，组建规划编制课题组，制订编制计划，确认调研提纲和访谈计划，组织现场调研与访谈，并遵循规划编制的"五步法"步骤（见图5-4）。

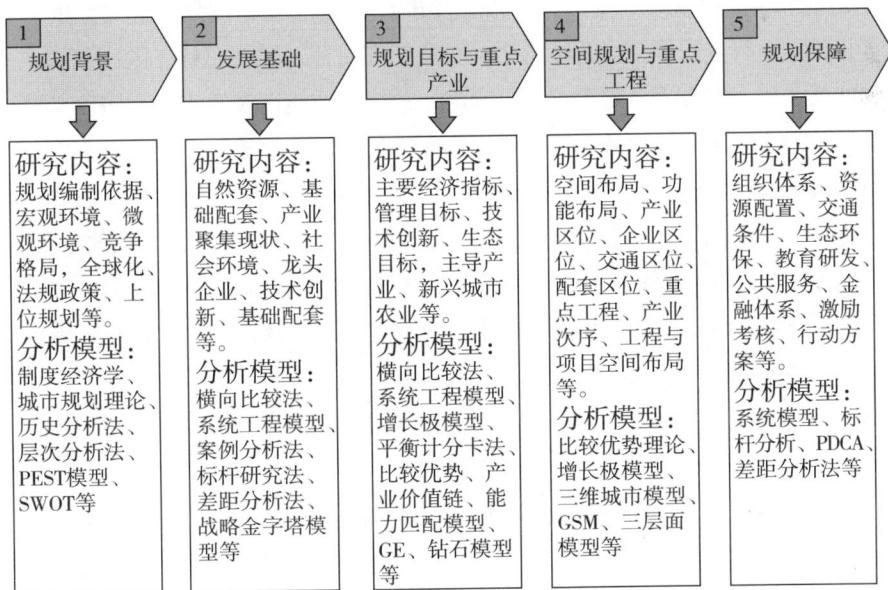

1 规划背景	2 发展基础	3 规划目标与重点产业	4 空间规划与重点工程	5 规划保障
研究内容：规划编制依据、宏观环境、微观环境、竞争格局，全球化、法规政策、上位规划等。	研究内容：自然资源、基础配套、产业聚集现状、社会环境、龙头企业、技术创新、基础配套等。	研究内容：主要经济指标、管理目标、技术创新、生态目标、主导产业、新兴城市农业等。	研究内容：空间布局、功能布局、产业区位、企业区位、交通区位、配套区位、重点工程、产业次序、工程与项目空间布局等。	研究内容：组织体系、资源配置、交通条件、生态环保、教育研发、公共服务、金融体系、激励考核、行动方案等。
分析模型：制度经济学、城市规划理论、历史分析法、层次分析法、PEST模型、SWOT等	分析模型：横向比较法、系统工程模型、案例分析法、标杆研究法、差距分析法、战略金字塔模型等	分析模型：横向比较法、系统工程模型、增长极模型、平衡计分卡法、比较优势、产业价值链、能力匹配模型、GE、钻石模型等	分析模型：比较优势理论、增长极模型、三维城市模型、GSM、三层面模型等	分析模型：系统模型、标杆分析、PDCA、差距分析法等

图5-4 国合研究院规划编制"五步法"

一是规划背景。该阶段包括：（1）按照"黄河流域生态保护和高质量发展战略"或者"十四五"规划编制要求，组建规划编制研究团队。（2）与委托单位协商，确立调研计划和时间安排，组织规划调研组，按照调研计划和规划程序，有计划地搜集、整理和分析国家政策、市场布局、地方政府提供的规划文本、地域性文件、年度报告、经济数据、统计报表等。（3）组织调研访谈。组织各种现场、非现场座谈与专家交流，开展现场调研，进行园区、企业或居民走访，发放调研问卷，开展网上调研等，充分进行特定城市、产业园的经济基础、产业现状等研究。该阶段，可采取"345"规划模型、历史比较法、标杆分析法、比较优势法、PEST 等分析工具，研究撰写"黄河流域生态保护和高质量发展战略"或者"十四五"规划"编制背景"和"外部环境"等调研报告，或者产业诊断报告，提交规划委托单位交流论证，为下一步规划编制与研究推进，提供基础参考。

二是发展基础。该阶段分析研究对象的经济现状与行业、产业、企业、市场、社会生活等情况，分析研究对象的资源与能力，研究核心竞争力，研究特定行业或产业链现状，对比标杆单位等，提出存在的问题与挑战，寻找市场机遇与自身的优势等。"黄河流域生态保护和高质量发展战略"或者"十四五"规划基期时间可以是 2020 年（"十三五"规划末期），报告期可以是 2025 年。该阶段规划研究采取区位法、案例分析、标杆研究、比较优势理论、差距分析、战略地图等分析工具。

三是规划目标与重点产业。该阶段主要进行"十四五"规划研究对象的产业布局、指标设计、行业选择、产业链构建，以及管理目标、科技目标、人力目标、土地资源、交通条件、资金平台等重点目标确定，对特定功能区和重点产业进行选择与定位等。该阶段主要采用层次分析法、增长极理论、能力匹配模型、钻石模型等。

四是空间规划与重点工程。该阶段主要研究确立"黄河流域生态保护和高质量发展战略"或者"十四五"规划的生态布局、空间布局、综合治理、重点工程、重点任务、实施步骤和区域分布等。通过规划编制和讨论，确定规划研究对象的规划实施路线图和工作重点等。该阶段主要采取系统工程、比较优势、增长极理论等理论模型与研究工具。

五是规划保障。该阶段主要确定"黄河流域生态保护和高质量发展战略"或者"十四五"规划实施的保证措施及政策措施等，包括：政策、组织、财务、土地、交通、金融、人才、服务平台等。该阶段的分析工具主要有 PDCA、标杆分析、系统工程法、差距分析法等。

使用"345"编制模型、规划"战略地图"以及"五步走"规划编制步骤，国合城市研究院整合部委专家与智库资源，丰富规划模型，利用大数据和规划案例库等项目积累，与山东、河南、陕西等地部分城市开展"黄河流域生态保护和高质量发展战略"或者"十四五"规划前期课题研究与规划编制合作，为全面推进和帮助地方政府编制"黄河流域生态保护和高质量发展战略"或者"十四五"规划纲要进行理论探索和实践创新。

四、规划理论

研究各地区五年规划编制的案例和基本方法可知，我国政府规划编制和推进工作应该体现的理论依据包括但不限于：

（一）城市发展理论

1. 区域发展梯度理论

区域发展梯度理论认为：区域经济发展不平衡，就像处于不同的阶梯上，高收入地区处于高梯度，低收入地区处于低梯度，在高收入地区和低收入地区之间，还有几个中间梯度。有梯度就有空间的转移，高梯度地区首先应用新技术，先发展起来，以后随着时间推移，逐步有序从高梯度地区向处于二级、三级的低梯度地区推移。随着经济发展，梯度推移加快，区域间差距可以逐步缩小，最终实现经济分布的相对均衡。

区域经济梯度推移过程中，有极化效应、扩展效应和回程效应，它们共同制约地区生产分布的集中和分散。极化效应作用的结果使生产进一步向条件好的高梯度地区集中，扩展效应使生产向其周围的低梯度地区扩散，回程效应削弱低梯度地区，促成高梯度地区进一步发展。三种效应综合作用的结果就是不断扩大发达地区与不发达地区之间的差别。其中起主导作用的是极化效应，回程效应起到了推波助澜的作用。

高梯度区域一般采取创新型经济发展战略。中梯度区域可实行改造型发展战略。低梯度区域可以实行渐进型发展战略。

2. 区域发展辐射理论

经济发展与现代化进程中的辐射指经济发展水平和现代化程度相对较高的地区（辐射源）与经济发展水平和现代化程度相对较低的地区进行资本、人才、技术、市场信息（辐射媒介）等的流动和思想观念、思维方式、生活习惯等方面的传播。通过流动和传播，进一步提高经济资源配置的效率，以现代化的思想观念、思维方式、生活习惯取代与现代化相悖的旧的习惯势力。一般将经济发展水平和现代化程度较高的地区称为辐射源。辐射的媒介是交通条件、信息传播手段和人员流动等。

3. 区域发展增长极理论

在经济增长过程中，不同产业的增长速度不同，其中增长较快的是主导产业和创新产业，这些产业和企业一般都是在某些特定区域集聚，优先发展，然后对周围地区进行扩散，形成强大的辐射作用，带动周边地区的发展。这种集聚了主导产业和创新产业的区域被称为"增长极"。

增长极的吸收和扩散作用表现为：技术的创新和扩散；资本集中和输出；规模经济效益；产生聚集经济效果。

增长极的作用效应表现为：

极化效应：指增长极推进型产业吸引和拉动周围地区的要素和经济活动不断趋向增长极，加快增长极自身的成长。

扩散效应：指增长极向周围地区进行要素和经济活动输出，刺激和推动周围地区的经济发展。

溢出效应：增长极的极化效应和扩散效应的综合影响。如果极化效应大于扩散效应，溢出效应为负值，结果有利于增长极发展。如果极化效应小于扩散效应，溢出效应为正值，结果对周围地区的经济发展有利。

4. 区域发展比较理论

（1）区域差异理论

古典区位论认为，区位选择总是趋向生产总成本费用最低的地点，这就是"成本决定论"。

近代区位论认为，以市场—价格分析揭示利润最大化是影响区位选择的决定性因素，使区位论走向宏观化，弥补了传统成本决定论排除市场因素的缺陷，这就是利润决定论。

现代区位论认为：合理的区位选择和产业配置受到多种因素的影响，必须对多种因素综合分析。决策者最终选择的区位，不一定是成本最低的或利润最高的区位，通常是综合优势显著的区位。

（2）地域分工理论

绝对优势理论认为，每个国家都自己生产所需的全部物品是不明智的。每个国家都有擅长生产和不擅长生产的东西，每个国家都有其绝对有利的、适宜于某些特定产品的生产条件，如果每个国家都按其绝对有利的生产去进行专业化生产，然后进行交换，各国的资源就能正确地配置和有效地利用，从而提高劳动生产率，增加国民财富。这种绝对优势理论也可用于不同国家的同种产品。

比较优势理论认为，参与国际贸易的各个国家虽然在经济发展、资源情况等方面存在差异，但每个国家都能以比较优势的产品参与国际贸易。只要成本比率在各国之间存在差异，各国就能生产各自的比较优势产品，并在国家间进行交换，通过贸易增进利益。

（3）区域结构比较理论

区域产业结构静态比较指各区域某一时点上的产业结构在区际分工阶梯中的相对地位的比较。决定一个地区在全国区际分工中的相对地位的主要因素是该地区非农产业的发展水平，特别是主要制造业的专业化程度。地区产业结构静态比较可从非农产业发展水平和制造业构成技术水平的区域比较两方面进行。非农产业发达、主要制造业专业化程度较高的地区，在经济联系和区际分工中的地位相对有利。

区域产业结构动态比较指地区产业结构的变动比较，包括产业结构变化状况的区域比较、产业结构转换能力的区域比较。

5. 区域规划理论

区域规划理论包括：区域（空间）经济学理论、社会生态学理论、系统科学理论和区域管制理论等。

空间经济学研究关于资源在空间的配置和经济活动的空间区位问题。空间经济的核心问题：解释地理空间中经济活动的集聚现象。解释经济活动地理结构和空间分布是如何在集聚的向心力和分散的离心力这两股力量的相互作用下形成的。

空间经济学的基本模型包括：区域模型，中心—外围模式（CP Model）；城市模型，城市层级体系的演化；国际模型，产业集聚与国际贸易。

为消除区位论的限制，应用宏观经济学进行区域规划，研究区域资本积累、劳动力就业、技术创新与国民经济增长的关系，区内产业结构等经济要素与有关影响。

6. 城市经营理论

20 世纪中叶，城市经营理论在国外萌芽，90 年代传到我国。城市经营主体有一元论（政府是城市经营的主体）、二元论（市场和政府）和多元论（以政府为主体的多元化参与）等观点。

城市经营指以城市政府为主导的多元经营主体，根据城市功能对城市环境的要求，运用市场经济手段，对以公共资源为主体的各种可经营资源进行资本化的市场运作，实现资源资本在容量、结构、秩序和功能上的最大化与最优化，从而实现城市建设投入和产出的良性循环、城市功能的提升，以及促进城市社会、经济、环境的和谐可持续发展。

7. 区位论

区位论，又称区位理论，是关注经济活动地理区位的理论。区位论研究和解决经济活动的地理方位及其形成原因等。区位论以德国经济地理学家冯·杜能1826年发表的《孤立国同农业和国民经济的关系》第一卷为标志。区位论有以韦伯、杜能等为代表的成本学派，以克里斯泰勒等为代表的市场学派，以丹妮逊、普莱德等为代表的行为学派等分类。

区位作为开放的、复杂的、动态的环境子系统，在区位选择时，要保持系统内各部门以及系统（区位系统与地理系统）之间的协调与统一；在区位活动中，要关注经济效益，兼顾经济效益、社会效益和环境效益的统一。

8. 中心地理论

中心地理论是由德国城市地理学家克里斯塔勒（W. Christaller）和德国经济学家廖士（A. Lsch）分别于1933年和1940年提出，20世纪50年代流行于英语国家，传播到其他国家，被认为是20世纪人文地理学最重要的贡献之一。该理论认为，每一点均有接受一个中心地的同等机会，一点与其他任何一点的相对通达与距离成正比，不管方向如何，均有一个统一的交通面。

中心地指向居住在周围地域（尤指农村地域）的居民提供各种货物和服务的地方。中心地主要提供贸易、金融、手工业、行政、文化和精神服务。根据中心商品服务范围的大小，中心商品分为高级中心商品和低级中心商品。高级中心商品指名牌服装等服务范围的上限和下限都很大的中心商品。低级中心商品指小百货、蔬菜等商品服务范围的上限和下限小的中心商品。

中心货物与服务分别指在中心地内生产的货物与提供的服务，也称为中心地职能。中心货物和服务分为较高（低）级别的中心地生产的较高（低）级别的中心货物或提供较高（低）级别的服务。

一个地点的中心性可理解为该地点对围绕周围地区的相对意义的总和，是中心地所起的中心职能作用的大小。

服务范围指中心地提供的每一种货物和服务的涉及范围。范围的上限是消费者愿意去一个中心地货物或服务的最远距离，超过这一距离便可能去另一个较近的中心地。以最远距离 r 为半径，可得到一个圆形的互补区域，表示中心地的最大腹地。服务范围的下限是保持一项中心地职能经营必需的腹地的最短距离。以 r 为半径，也得到一个圆形的互补区域，表示维持某一级中心地存在必需的最小腹地，r 也称为需求门槛距离（Threshold），即最低必需销售距离。

构成市场原则的两个限制因素：各级供应点必须达到最低数量以使商人的利润最大化；一个地区的所有人口都应得到每一种货物的提供或服务。

克里斯塔勒认为，有三个条件或原则支配中心地体系的形成，即市场原则、交通原则和行政原则。市场原则适用于由市场和市场区域构成的中心地商品供给情况。交通原则适合新开发区，交通过境地带或聚落呈线状分布区域。在文化水平高、工业人口多、人口密度高的区域，交通原则比市场原则作用更大。行政原则适用于有强大统治机构的时代，或以行政组织为基础的社会生活。自给性强、与城市分离、相对封闭的偏远山区，行政原则的作用较强。高级中心地按照交通原则布局，中级中心地按照行政原则作用较大，低级中心地的布局用市场原则解释较为合理。以上三个原则共同导致了城市等级体系的形成。

均衡模式：在满足上述前提条件下，中心地均匀分布在平原上，同一等级的中心地之间的距离相等，服务范围是相同半径的圆形区。每三个相邻 B 级中心地之间有一个空白区，得不到这 3 个中心地任何一个提供的商品和服务，因此，在这个空白区的中心产生 1 个次一级 K 级的中心地，用来满足居民消费。每 3 个 K 级中心地之间又出现空白，出现次一级中心地 A 级，依此类推。中心地可分为许多等级。由于竞争机制的存在，各中心地都想扩大服务区范围，相邻的中心地服务区之间将出现重叠。根据到中心地购物的原则，重叠区的消费者将以中心线为界被最近的中心地吸引。于是，每个中心地的服务区变成最稳定空间结构的六边形，每个次一级的中心地成为六边形的 6 个顶点，各级中心地组成有规律递减的多级六边形图形，形成一般均衡状态下的中心地空间分布模式。

9. 交易成本理论

交易成本理论由诺贝尔经济学奖得主科斯（Coase，R. H.，1937）提出，交易成本理论的根本论点在于对企业本质加以解释。由于经济体系中企业的专业分工与市场价格机能的运作，产生了专业分工；但是，使用市场的价格机能成本相对偏高，形成企业机制，它是人类追求经济效率所形成的组织体。

交易成本的类别有：搜寻成本，商品信息与交易对象信息的搜集。信息成本，取得交易对象信息与和交易对象进行信息交换所需的成本。议价成本，针对契约、价格、品质讨价还价的成本。决策成本，进行相关决策与签订契约所需的内部成本。监督成本，监督交易对象是否依照契约内容进行交易的成本，如追踪产品、监督、验货等。违约成本，违约时需付出的事后成本。交易成本理论又叫交易费用理论。

10. 政府规制理论

"规制"是规制部门通过对某些特定产业或企业的产品定价、产业进入与退出、投资决策、危害社会环境与安全等行为进行的监督与管理。

依据规制性质，规制可分为经济性规制与社会性规制。经济性规制主要关注政府在约束企业定价、进入与退出等方面的作用，重点针对有自然垄断、信息不对称等特征的行业。社会性规制是以确保居民生命健康安全、防止公害和保护环境为目的所进行的规制，主要针对与对付经济活动中发生的外部性有关的政策。

对规制经济理论的研究分为两类：规制规范分析与规制实证分析。规制规范分析学派主要观点：由于市场机制不完善及存在市场失灵，如自然垄断、外部性等，应对企业活动进行规制，规制目的是确保资源配置效率情况下，保证公共利益不受损害。规制实证分析学派主要观点：政府规制目的是维护个别集团的利益，在规制者与被规制者之间的相互利用，通过经验数据分析，佐证观点。

规制俘虏理论是斯蒂格勒 20 世纪 70 年代初提出的，核心内容是有特殊影响力的利益集团——被规制企业进行寻租活动，使规制者成为被规制者的"俘虏"，并参与共同分享垄断利润，使政府规制成为企业追求垄断利润的一种手段。

政府规制内容包括：进入（退出）规制；价格（收费）规制；数量、质量规制；资源、环境规制等。

（二）产业发展理论

1. 产业定位理论

产业定位理论认为，品牌就是某个品类的代表或者代表某个品类的名字。建立品牌要实现品牌对某个品类的主导，成为某品类的第一。找到定位的基本方法有聚焦、对立和分化。产业定位理论是研究如何进行产业定位的基本理论。产业定位理论共同创始人，迈克尔·波特与里斯先生合著《定位》《商战》《营销革命》《22 条商规》等定位书籍，开创了产业定位理论，还著有《新定位》《什么是战略》等。

2. 产业集群理论

产业集群理论是 20 世纪 90 年代由美国哈佛商学院的迈克尔·波特创立的。

在一个特定区域的一个特别领域，集聚着一组相互关联的公司、供应商、关联产业和专门化的制度和协会，通过这种区域集聚形成有效的市场竞争，构建出专业化生产要素优化集聚洼地，使企业共享区域公共设施、市场环境和外部经济，降低信息交流和物流成本，形成区域集聚效应、规模效应、外部效应和区域竞争力。

迈克尔·波特提出由四种关键要素形成的"钻石体系"理论，从竞争力角度对集群的现象进行分析，结果显示集群不仅降低交易成本、提高效率，而且改进激励方式，创造信息、专业化制度、名声等集体财富。集群能改善创新的条件，加速生产率的成长，有利于新企业的形成。虽然集群内企业竞争暂时降低了利润，但相对于其他地区的企业建立了竞争优势。

Krugman（1991）从区域经济与规模经济的角度，解释了工业活动的集中性，聚集效应的关键是规模经济，特别是外部规模经济，聚集能导致生产某一产品的平均成本下降，产生递增的规模效应。

3. 全球化理论

全球化是一种概念，也是一种人类社会发展的现象过程。T. 莱维 1985 年在《哈佛商报》提出"全球化"概念，认为经济全球化就是商品、服务、资本和技术在全球生产、消费和投资领域的扩散。

国际货币基金组织认为，全球化就是通过贸易、资本流动、技术涌现、信息网络和文化交流，实现世界范围的经济融合。

美国哈佛大学的杰弗里·萨克斯教授认为，经济全球化至少包含四个方面的内容：促进经济更快增长、影响宏观经济稳定、改变收入分配状况和对国际政治格局产生影响。

新自由主义经济学认为，自由贸易有利于发挥比较优势，经济自由化能够产生生产要素的最佳配置，形成新的国际劳动分工，创造更多利润，推动经济增长。

4. 劳动地域分工理论

劳动地域分工又称生产地域分工或地理分工。它与部门分工一起称为社会分工的两种基本形式。劳动地域分工指一个国家或地区按某一优势的社会物质生产部门实行专业化生产，是社会分工的地域表现形式，是在生产地与消费地分离、靠运输进行交换的条件下形成的。通常实现分工的前提是产品在生产地的价格与运费之和低于在消费地生产同种产品的价格。

地域分工分为：绝对地域分工，由于自然条件和社会条件的限制，某地区不能生产某种产品，必须由其他地区输入；相对地域分工，某地区生产某种产品，但生产耗资大，收效小，外部输入更好。

劳动地域分工的特点：地区生产的产品主要是通过交换和贸易在其他国家和地区最终实现消费；运输手段和商品贸易的存在是劳动地域分工发展的前提；劳动地域分工实现的原动力是经济效益；劳动地域分工发展的最终结果是经济区的形成。

劳动地域分工有以亚当·斯密的绝对成本论、大卫·李嘉图的比较成本论、马克思的劳动地域分工思想构成的古典经济学的劳动地域分工，以及以赫克谢尔·俄林的要素禀赋说、里昂惕夫之谜等新古典经济学的劳动地域分工理论等分类。

5. 比较优势理论

大卫·李嘉图在《政治经济学及赋税原理》中提出了比较成本贸易理论（后人称为"比较优势贸易理论"）。比较优势理论认为，国际贸易的基础是生产技术的相对差别（而非绝对差别），以及由此产生的相对成本的差别。每个国家都应根据"两利相权取其重，两害相权取其轻"的原则，集中生产并出口有"比较优势"的产品，进口有"比较劣势"的产品。

6. 主导产业理论

主导产业由美国的经济学家罗斯托在《经济成长阶段》中提出。罗斯托将其定义为革新创造的可能或利用新的有利可图，或至今未开发的资源的可能，将造成很高的增长率并带动这一经济中其他方面的扩充力量。

主导产业的三个特征：具有与新技术相关联的新的生产函数；有超出国民经济总增长率的持续高速增长的部门增长率；主导产业对其他部门乃至国民经济有着回顾效应、旁侧效应、前瞻效应。

一国或地区主导产业通常都是成熟产业或较为成熟的新兴产业。

主导产业的选择基准：DEA 有效基准、波特的钻石理论基准、可持续发展基准、人力资本匹配基准、就业功能基准、SSM 基准等。从主导产业选择基准的发展过程看，有如下的特点：

在理论上，部门主导产业转向区域主导产业群和主导产业链，强调区域特性、产业组织生产方式对主导产业的重要性；区域主导产业的选择由单一工业部门扩展到区域各个产业部门的综合；对区域概念的理解更加深入；产业环境从封闭到开放，关注区域经济一体化和经济全球化的影响；主导产业的选择注重生态环境和人本主义。

7. 点轴开发理论

点轴开发理论（点轴理论）由波兰经济家萨伦巴和马利士提出。点轴开发模式是增长极理论的延伸。研究区域经济发展的过程，经济中心首先集中在少数条件较好的区位，呈斑点状分布。这种经济中心既可称为区域增长极，也是点轴开发模式的点。随着经济发展，经济中心逐渐增加，点与点之间，由于生产要素交换需要交通线路以及动力供应线、水源供应线等，相互连接起来，就是轴线。这种轴线首先为区域增长极服务，但轴线一经形成，对人口、产业也有吸引力，吸引人口、产业向轴线两侧集聚，并产生新的增长点。点轴贯通，形成点轴系统。点轴开发可以理解为从发达区域的经济中心（点）沿着交通线路向不发达区域纵深地发展推移。

其主要特征：方向性和时序性，点轴渐进扩散过程有空间和时间的动态连续特征，是极化能量摆脱单点的限制走向整个空间的第一步。过渡性，点轴开发将开发重点由点转向了轴线，多个点轴的交织构成网络，点轴开发变为网络形成的过渡阶段；随着区域网络的完善，极化作用减弱，扩散作用增强，区域经济趋于均衡。点轴渐进是区域不平衡向平衡转化的过程，是欠发达地区二元经济结构逐渐消除的过程。

8. 产品生命周期理论

产品生命周期理论是美国哈佛大学教授雷蒙德·弗农（Raymond Vernon）1966 年在《产品周期中的国际投资与国际贸易》中首次提出。产品生命周期简称 PLC，是产品的市场寿命，一种新产品从开始进入市场到被市场淘汰的整个过程。产品的生命经历初创、成长、成熟、衰退等基本的周期。这个周期在不同的技术水平的国家和地区，发生的时间和过程不一样，其间存在较大的差距和时差，该时差表现为不同国家或地区技术水平的差距，反映了同一产品在不同国家或地区的竞争差异，决定了国际贸易、国际投资，以及国内贸易和投资等变化。

判断某产业或产品生命周期处在哪个阶段的方法：曲线判断法、类比判断法、经验判断法（家庭普及率推断法）、销售量增长率法和比率增长判断法等。

9. 循环经济理论

循环经济即物质闭环流动型经济，指在人、自然资源和科学技术的大系统内，在资源投入、企业生产、产品消费及其废弃的全过程中，将传统的依赖资源消耗的线性增长经济，转变为依靠生态型资源循环发展的经济。

循环经济是在物质的循环、再生、利用的基础上发展经济，是建立在资源回收和循环再利用基础的经济发展模式。其主要原则是资源使用的减量化、再利用、资源化再循环。其生产的基本特征是低消耗、低排放、高效率。循环经济的实施包括：小循环（企业内部）、中循环（企业之间）、大循环（社会化）。从资源利用的技术层面看，循环经济主要通过资源的高效利用、循环利用和废弃物的无害化处理技术路径予以实现。

（三）产业结构理论

1. 二元结构理论

从产业供求的角度看，由于农业的边际劳动生产率为零或接近零，农业剩余劳动力对城市工业的供给价格低，工业的边际劳动生产率高于农业剩余劳动力的工资，工业生产可以从农业获得无限廉价的劳动力供给，从劳动力供给价格与边际劳动力差额当中获得较高的利润。由于工业利润的储蓄倾向较高，城市工业发展对农村剩余劳动力的吸纳能力增强，由此产生累积性效应。累积的结果使得农业劳动力的边际生产率提高，工业劳动力的边际生产率下降，导致工业、农业劳动力边际生产率趋向一致。这时，二元经济转变为一元经济。

政府与产业规划编制时，需要分析各类产业的发展现状，用二元结构理论作为依据，进行二元结构的状况及变化分析。政府部门习惯于划分为一产（农业）、二产（工业）、三次产业（服务业）分析与评价产业现状、产业结构的趋势，通常以 3 ~ 5 年的经济数据和发展趋势，判断产业分析与趋势。

2. 赫希曼的不平衡增长理论

由于发展中国家资源的稀缺性，全面投资和发展所有部门是不可能的，政府只能把有限的资源有选择地投入某些行业，使有限资源最大限度地促进经济增长，这就是不平衡增长。

赫希曼认为，在发展中国家，有限的资本在社会资本和直接生产之间的分配具有替代性，有两种不平衡增长的基本途径：

"短缺的发展"，先对直接生产资本投资，引起社会资本短缺。社会资本短缺引起直接生产成本的提高，迫使投资向社会资本转移进而实现二者的平衡，然后，通过对直接生产成本的投资引发新一轮的不平衡增长过程。

"过剩的发展"，对社会资本投资，使二者平衡后再重复此过程。

3. 罗斯托的主导部门理论

罗斯托按照技术标准，把经济成长阶段划分为传统社会、为"起飞"创造前提、"起飞"、成熟、高额群众消费、追求生活质量六个阶段，每个阶段的演进以主导产业部门的更替为特征。按照其理论，经济成长的各阶段存在起主导作用的产业部门，主导部门通过回顾、前瞻、旁侧三重影响带动其他部门的发展。

罗斯托认为，主导部门序列不可任意改变，任何国家都要经历由低级向高级的发展过程。罗斯托的主导部门通过投入产出关系带动经济增长的观点，以及主导部门可以变化的观点，对我国的经济布局和产业规划有一定的借鉴意义。

4. 两基准理论

两基准理论指收入弹性基准和生产率上升基准。收入弹性基准要求把积累投向收入弹性大的行业或部门，主要是由于这些行业或部门有广阔的市场需求，便于实现规模经济效益，迅速地提高利润率；生产率上升基准要求积累投向生产率（指全要素生产率）上升最快的行业或部门，这是由于这些行业或部门由于生产率上升快，单位成本下降最快，在工资一定的条件下，该行业或部门的利润必然上升最快。两基准理论以下列条件为基本前提：

基础产业相当完善，不存在瓶颈制约；或即使存在一定程度的瓶颈制约，但要素有充分的流动性，资源能够短期内迅速向颈瓶部门转移，缓解产业发展的瓶颈；产业发展中不存在技术约束；不存在资金约束。如果上述条件不存在，两基准理论未必成立，利用两基准理论选择优先发展产业也未必可行。

5. 产业分配理论

配第—克拉克定律。英国经济学家配第和克拉克研究发现：随着全社会人均国民收入水平的提高，就业人口首先从第一产业转移出来；当人均国民收入水平进一步提高时，就业人口大量向第三产业转移。这种由人均收入变化引起的现象称为配第—克拉克定律。进一步研究发现：工业收入比农业多；商业收入（服务业）又比工业收入（附加值）多。克拉克研究了产业结构的演进趋势，得出了产业结构演进的规律性结论。

库兹涅茨人均收入影响论。库兹涅茨在继承配第和克拉克等研究成果的基础上，依据人均国内生产总值份额基准，考察了总产值变动和就业人口结构变动的规律，揭示了产业结构变动的总方向，进一步证明了配第—克拉克定律。他研究发现，产业结构的变动首先引发人均国民收入变动的影响，这被称为库兹涅茨人均收入影响论。

罗斯托主导产业扩散效应理论和经济成长阶段论。罗斯托提出了主导产业及其扩散理论和经济成长阶段论：无论在任何时期，甚至在已经成熟并继续成长的经济体系中，保持经济增长的原因是，为数不多的主导部门迅速扩大，这种扩大又产生了对产业部门的重要作用，即产生了主导产业的扩散效应，包括回顾效应、旁侧效应和前向效应。罗斯托的这些理论被称为罗斯托主导产业扩散效应理论。根据科学技术和生产力发展水平，罗斯托将经济成长的过程划分为五个阶段：传统社会、为"起飞"创作前提的阶段、"起飞"阶段、向成熟挺进阶段、高额大众消费阶段。后来在《政治与成长阶段》中又增加了"追求生活质量"的阶段。

钱纳里工业化阶段理论。钱纳里从经济发展的长期过程中考察了制造业内部各产业部门的地位和作用的变动，揭示制造业内部结构转换的原因，即产业间存在产业关联效应，为了解制造业内部的结构变动趋势奠定了基础。制造业发展受到人均GNP、需求规模和投资率的影响大，受工业品和初级品输出率的影响小。将制造业分为三个发展时期：经济发展初期、中期和后期；将制造业按照三种不同的时期划分为三种不同类型的产业：初级产业，指经济发展初期对经济发展起主要作用的制造业部门，如食品、皮革、纺织等部门；中期产业，指经济发展中期对经济发展起主要作用的制造业部门，如非金属矿产品、橡胶制品、木材加工、石油、化工、煤炭制造等部门；后期产业，指在经济发展后期起主要作用的制造业部门，如服装和日用品、印刷出版、粗钢、纸制品、金属制品和机械制造等部门。

霍夫曼工业化经验法则。霍夫曼对工业化问题进行了富有开创性的系列研究，提出了被称为"霍夫曼工业化经验法则"的问题阶段理论。他根据霍夫曼比例，即消费品工业净产值与资本工业净产值的比例，把工业化分四个阶段。第一阶段：消费品工业占主导地位，霍夫曼比例为（5+/−1）。第二阶段：资本品工业快于消费品工业的增长，消费品工业降到工业总产值的50%左右或以下，霍夫曼比例为（2.5+/−0.5）。第三阶段：资本品工业继续快速增长，并已达到和消费品工业相平衡状态，霍夫曼比例为（1+/−0.5）。第四阶段：资本品工业占主导地位，该阶段被认为实现了工业化，霍夫曼比例为1以下。在经济实践应用中，霍夫曼比例经常采用轻工业品净产值与重工业品净产值的比例表示。霍夫曼的工业阶段论主要阐述了工业化过程中重化工业阶段的演变情形。

6. 立体产业分类理论

三次产业的划分。三次产业分类理论于20世纪40年代初提出，其中：第一次产业指广义的农业，划分依据为第一次产业的属性是取自于自然；第二次产业为广义的工业，划分依据为第二次产业的属性是加工取自于自然的生产物；第三次产业是广义的服务业，划分依据为第三次产业是繁衍于有形物质财富生产活动之上的无形财富的生产部门。

三次产业分类法的局限性。近十年来，信息技术、互联网、高新技术等不断出现，需求结构不断变化，产业分析更加复杂，三次产业分类理论出现了很多的局限性。围绕信息产业化浪潮展开的"第四次产业""环境产业""资源产业""生态环保产业"等，逐步形成了战略性产业。现有产业分类理论，不能明确界定新兴产业的内涵、范围和地位等，有必要进行创新。

立体产业分类理论。随着新技术、信息化和互联网等新概念的出现，逐渐形成了被称之为"新兴产业"的独立产业部门，包括自然资源产业、环境产业、高技术产业等。新兴产业与传统产业，尤其是第一、第二次产业存在交融及被包含关系，与传统产业之间的界限是有一定宽度的"带"，产业界限模糊，产业定义难以统一。新兴产业活动与传统产业活动有高依附性和相关性。高次产业（新兴产业）来源于传统三次产业但又有所差异。立体产业分类理论的核心内容：引入了两类新的独立产业，即自然资源产业作为零次产业，以及由环境产业、高技术产业（包括信息产业）等组成的高次产业；提出了产业结构立体层级理论。

（四）土地开发理论

1. 土地开发模式

地方政府土地开发包括一级开发和二级开发等类别。

一级开发：有权属转移的过程，如通过农地征用、收购等实现权属国有；毛地变净地、生地变熟地。通过农地征用、地上附属物拆迁实现净地，进行市政基础设施的建设和投入实现熟地。土地一级开发的目的，达到出让条件，以备二级市场出让。

二级开发：包括公建配套开发、商品房开发和产业园开发等主要模式。土地使用者经过开发建设，将新建成的房地产进行出售和出租的市场。一般指商品房首次进入流通领域进行交易而形成的市场。

房地产二级市场也包括土地二级市场，土地使用者将达到规定可转让的土地，进入流通领域进行交易的市场，主要运作模式有三种：由政府主导的运作模式、企业主导的运作模式和政府和企业混合模式。

2. 产品（项目）开发模式

产品开发模式的基本要素包括：城市选择，基于战略发展规划选择拟进入的目标城市或地区。区位选择，选择项目在城市的中观区位和具体特征。确定项目规模，确定项目的占地面积、建筑面积、容积率等。目标客户选择，研究并锁定核心消费者。确定项目风格，设计项目独特的、便于识别的"符号"，使社会公众、目标客户容易识别是企业开发的类型和特定项目。设计定型，对各项目进行规划设计、景观设计等。卖场设计、广告风格定型，宣传资料（包括楼书、媒体广告等）。统一的 VIS。对特定项目或具体产品的策划和总体包装等。上述是对各地政府发展规划，包括五年规划纲要的案例研究，以及各类学者研究成果的提炼归纳。

各级政府在规划报告中，或多或少体现了上述理论与研究思路。但是，各类规划理论和应用很不平衡，也不规范。有待智库机构、专家在规划编制中研究改进。

五、规划体系

国合华夏城市规划研究院运用"战略地图"，进行"黄河流域生态保护和高质量发展战略"或者"十四五"规划研究与阐述。

（一）为什么

在确定"黄河流域生态保护和高质量发展战略"或者"十四五"规划模型的同时，国合研究院归纳规划技巧与编制架构，突出编制"黄河流域生态保护和高质量发展战略"或者"十四五"规划的"战略地图"，阐述"为什么""是什么""怎么办"三个战略性规划命题。

"黄河流域生态保护和高质量发展战略"或者"十四五"规划的"战略地图"的架构，如图 5 - 5 所示。

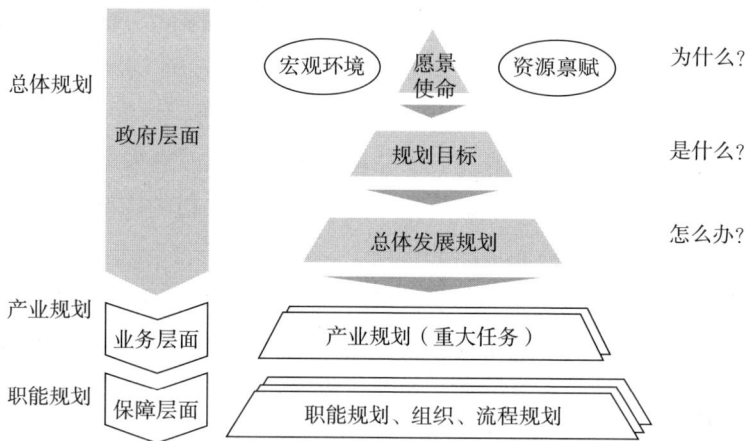

图 5 - 5　国合研究院战略地图

使用战略地图，研究国际环境，结合国家或区域自然条件、产业基础、资源优势，确立"为什么"的战略命题，为确定特定研究对象的发展愿景、历史使命、规划目标和产业布局等提供决策依据。

提炼"黄河流域生态保护和高质量发展战略"或者"十四五"规划的核心要素，如宏观环境、资源条件、社会诉求、流域规律和人民期盼等。其中，资源条件主要分析和提炼特定研究对象或城市的资源能源、科技转化、基础设施、公共服务和开放创新等资源要素。

以甘肃省白银市为例，研究规划编制的"为什么?"：白银市处于黄河上游，经济欠发达，自然特色明显，泥沙治理的任务繁重，发展经济和保护脆弱的生态环境是重大的历史使命。当地人口总量不大，高精尖产业少、人才总量和结构存在短板，资金资源等聚集难度大。如何因地制宜地制定白银市生态保护和高质量发展战略，是白银市党政部门和行业智库需要研究和积极探索的重大课题。

黄河流域是我国农业经济开发的重点地区，小麦、棉花、油料、烟叶、牲畜等主要农牧产品在全国占有重要地位。畜牧业、农业和煤炭、水电等能源资源丰富，能源、原材料行业是流域各省（区）国民经济发展的主力行业，在全国能源和原材料供应方面占有重要的战略地位，如表5-1所示。

表5-1　　　　　　　　　　　黄河流域产业基础

地区	产业	位置
青藏高原、内蒙古高原	主要的畜牧业基地	上游
宁蒙河套平原	主要农业生产基地	上游
汾渭盆地	主要的农业生产基地	中游
黄淮海平原	主要的农业生产基地	下游
河南、山东、内蒙古等省（区）	全国粮食生产核心区，有18个地市的53个县列入全国产粮大县的主产县	中下游
黄河流域	矿产资源特别是能源资源丰富，国家规划建设的五大重点能源基地中，有3个位于黄河流域	上中下游
黄河流域	黄河水力资源可开发装机容量3494万千瓦，居全国七大江河第二位	上游中游

（二）是什么

基于宏观形势和微观要素分析，进行规划重大观点的判断，确定五年战略目标、指标体系、空间布局与实施步骤等，为制定未来五年主要任务、产业项目、资源分配、主要任务、重大工程等，提出判断与决策的重要参考。

重点确定"黄河流域生态保护和高质量发展战略"或者"十四五"规划的核心要素,如短期目标、长期目标和区域目标等重点内容。

根据习近平总书记 2019 年 9 月 18 日在郑州会议上的重要指示,黄河流域生态保护和高质量发展战略的主要目标任务:"要坚持绿水青山就是金山银山的理念,坚持生态优先、绿色发展,以水而定、量水而行,因地制宜、分类施策,上下游、干支流、左右岸统筹谋划,共同抓好大保护,协同推进大治理,着力加强生态保护治理、保障黄河长治久安、促进全流域高质量发展、改善人民群众生活、保护传承弘扬黄河文化,让黄河成为造福人民的幸福河。"

学习体会习近平总书记的战略部署,研究黄河流域 9 省份、各省市县和城市编制生态保护和高质量发展战略的规划目标,可以分为短期目标和中长期目标。其中,短期目标以"十四五"时期(2025 年)为节点,主要指标包括但不限于:地区生产总值增长、财政税收、单位地区生产总值能耗水耗、劳动生产率等循环经济和高质量经济指标,森林覆盖率、垃圾与污水处理、空气优良天数、水土保持等环保与生态修复指标,交通网络、体育设施、健康医疗、养老保障、居民增收等民生保障指标,以及政企改革、清单管理、依法执政、对外开放、区域协同、干部激励等政策性、体制性指标。中长期指标可以选择 2035 年、2049 年两个关键时间,与党的十九大报告提出的时间节点呼应,进行中长期目标和发展愿景及情景测算,如确立中长期经济增速和总体趋势,确立建设现代化城市的发展目标;到 2049 年前后,采取综合措施和机制,实现共建富裕、秀美"母亲河"的愿景等。同时,黄河上游、中游和下游不同省份之间、同一区域不同城市之间的指标各有特色。

(三)做什么

基于宏观环境、发展基础和目标任务的判断,结合发展趋势和要求,制定各城市、各省份等未来任务、生态布局、产业路径、科技创新、品牌战略、人才机制、金融创新、改革开放、公共服务,以及组织体系、考核激励等,奠定各自地区"黄河流域生态保护和高质量发展战略"或者"十四五"规划实施与评价的基础保障。

习近平总书记对"黄河流域生态保护和高质量发展战略"确定了五大主要任务:

第一,加强生态环境保护。黄河上游要推进实施一批重大生态保护修复和建设工程,提升水源涵养能力。中游要突出抓好水土保持和污染治理。下游的黄河三角洲是我国暖温带最完整的湿地生态系统，要做好保护工作，促进河流生态系统健康，提高生物多样性。

第二，保障黄河长治久安。紧紧抓住水沙关系调节"牛鼻子"。完善水沙调控机制，解决九龙治水、分头管理问题，实施河道和滩区综合提升治理工程，减缓黄河下游淤积，确保黄河沿岸安全。

第三，推进水资源节约集约利用。坚持以水定城、以水定地、以水定人、以水定产，把水资源作为最大的刚性约束，合理规划人口、城市和产业发展，坚决抑制不合理用水需求，大力发展节水产业和技术，大力推进农业节水，实施全社会节水行动，推动用水方式由粗放向节约集约转变。

第四，推动黄河流域高质量发展。从实际出发，宜水则水、宜山则山，宜粮则粮、宜农则农，宜工则工、宜商则商，积极探索富有地域特色的高质量发展新路子。

第五，保护、传承、弘扬黄河文化。推进黄河文化遗产的系统保护，深入挖掘黄河文化蕴含的时代价值，讲好"黄河故事"，延续历史文脉，坚定文化自信，为实现中华民族伟大复兴的中国梦凝聚精神力量。

探索解决黄河流域生态保护和高质量发展的突出重大问题。基于上述目标任务，立足各地资源特征，提炼规划对象的"黄河流域生态保护和高质量发展战略"或者"十四五"规划核心要素，如探索"规划一体化、政策一体化、生态一体化、产业一体化、治理一体化、文化一体化、平台一体化"等。具体指标和实施措施等在规划报告中进一步阐述和创新突破。

围绕"为什么""是什么""做什么"三大战略性命题，对特定地区或城市等进行生态保护和高质量发展战略规划编制的资料搜集、前期调研、行业研究、观点研讨、规划目录、文稿撰写、观点论证，以及报告修订等各项工作，按照约定或法定程序，提报有关部门审核，按照审批发布要求予以颁布实施。

六、体制机制

（一）鼓励组织创新

坚持中央统筹、省负总责、市县落实的工作机制。按照中央和国家部委制定的全流域重大规划政策，省市县发挥各自职能，履行主体责任或执行单位的主要责任，加强组织动员，完善流域管理体系，完善跨区域管理协调机制，完善河长制、湖长制组织体系，加强水生态环境保护修复联合防治、联合执法，推动政策战略与制度体系全面落实。

落实中央和地方战略部署，强化本地区、跨区域的组织领导和统筹协调机制。认真编制或委托编制黄河流域生态治理、城市发展和"十四五"规划等重点工作，构建跨区域、跨部门、跨层级、区域内的党委政府主要负责人为组长的组织领导和分工落实机制，以及跨区域党政主要领导人决策的政策协同和沟通对话机制。各部门、各行业完善各自战略决策与项目实施机制、重大问题反馈、修订和公开机制等。

（二）完善政策支撑

区域内部、上下级之间和跨区域城市之间、各省份之间，按照全球或行业普遍规则、遵循国家和上级政策制度，进行生态环保、产业转型、流域治理、人才引进等各项制度政策的评估、优化和修订。充分考虑各地区彼此利益和社会各方关注，进行跨地区、跨省市政策制度的沟通、修订、衔接和优化，达成各自满意和互相支持、合作共赢的最大发展公约数，提高各方人力投入、资源分配、基础设施、要素流动等效率和质量，确保实现黄河流域、跨区域的生态保护、综合治理和高质量发展等长远目标。如生态保护和建设资金等向黄河流域黄土高原区等重点生态治理城市倾斜，提高林草植被覆盖率，持续减少水土流失面积和入黄泥沙。

（三）强化资金筹措

黄河流域各城市的生态保护、综合治理、产业转型、科技研发和新产业培育等需要大量的人才、资金和资源支持。由于各城市经济规模总体不大、财政状况偏紧，辖内企业自我补充资金的能力不强，因此，加大工作力度和政策支持，做好对上级主管单位的项目汇报，争取国家、上级最大的政策扶持，尽可能获得水利、交通、研发等专项资金是各省份、各城市的重点工作内容。同时，如何加大激励机制，提升金融创新、改革开放和资本运作能力成为当前乃至今后相当长时间内的重要任务。

在编制和实施黄河流域战略规划或"十四五"规划时，必须把这项工作纳入首要目标和核心工作措施，通过有序布局、科学谋划，显著提高金融机构聚集、融资能力提升、资本渠道拓展、上市融资和引进外资的策略与效果。同时，加大对外开放、观念转变、人才培养和机构引进等，打造支撑经济发展、生态保护和综合治理的金融人才和资本运作的高端服务平台。

（四）落实资源倾斜

聚焦规划目标和重大项目库，倒排工作计划和资源分配表，完善体制机制，重点优化和提升人才、干部、土地、水量、资金等在不同项目、不同企业、不同城市、不同地区等之间的科学分配及分配原则，不断提高资源利用效率和综合收益。同时，盘活闲置资产和专业人才，激励内在活力和创新力，强化资源对产业、对城市的改革创新和经济发展的驱动力和支撑力。

（五）兑现激励引导

贯彻落实中央和上级政策文件，加大改革力度和激励政策，完善容错机制和创新创业氛围。鼓励党政干部深入基层和一线，积极参与生态保护和经济发展重大项目。全面落实国家政策和改革精神，大胆改革创新，鼓励引导公务员、事业单位、科技人才等到地方、到产业园或企业挂职或兼职，鼓励符合国家政策制度的干部和专业人才停薪留职创业，鼓励优秀干部到生态治理、产业转型的第一线工作和调研，把更多精力和人力投入生态保护和经济发展等方面。对于上述领导干部、事业编制人员或企业家，在职务晋升、资金扶持、税收减免和资源分配等方面优先提拔、优先任用、优先倾斜、优先保障。

（六）推进统筹协调

全面做好生态环保、产业转型园区、企业的政策统筹和资源统筹，扶持各部门、社会各方参与生态治理和产业转型等工作。同时，完善各级党政部门生态治理和高质量发展的政策机制。强化与周边城市、园区、省份等政策沟通与机制衔接，强化政策、组织、体制、人员、资源、交通和平台等一体化与统筹化，提高流域统筹、区域统筹和内部统筹能力，强化对战略目标的支撑力和协同力。

七、规划案例

案例1：设立"黄河流域战略研究院"，弹奏"战略三部曲"

2019年9月18日，习近平总书记在郑州主持召开会议，提出了黄河流域生态保护和高质量发展战略，为黄河沿线9省份60多个城市生态保护、环境治理和高质量发展提出了目标任务，为中华民族伟大复兴增加了新动力、新平台。

为贯彻落实黄河流域生态保护和高质量发展战略，11月30日，国合华夏城市规划研究院牵头，甘肃省白银市、山东东营市联合举办，白银、东营、滨州、聊城、焦作、许昌（襄城）、中卫（中宁）、泰安等城市发改、环保和水利等部门负责人参加，共同召开"首届黄河流域生态保护和高质量发展研讨会"，邀请了部委领导、行业专家、高校学者、投资机构和企业家等，进行黄河流域生态保护和城市高质量发展研讨，这是部委行业智库、专家学者和地方领导以实际行动学习贯彻国家重大战略，挖掘黄河流域资源优势，聚焦发展痛点难点，推动黄河沿线生态优先、高效治理和高质量发展的重要方式。

国合华夏城市规划研究院吴维海执行院长在研讨会上做了专题演讲：弹奏"战略三部曲"，共建"黄河流域战略研究院"，打造高质量发展的黄河生态经济带。

"战略三部曲"。国合华夏城市规划研究院经过多年实践，独创了"345"规划模型等研究方法，撰写出版《全流程规划》《政府规划编制指南》《产业园规划》《大国信用》《新时代乡村振兴战略编制与案例》等10多本规划与金融专著。为探索"十四五"规划模型和方法论，近期，撰写出版《"十四五"规划模型及编制手册》《新时代企业竞争战略》《新时代金融创新战略》"战略三部曲"。"战略三部曲"分别从"十四五"规划模型和编制手册、实施图谱、企业发展路线图，以及资本服务实体经济等角度，进行阐述，对黄河流域各城市的规划布局、产业优化、企业战略和资本运营等发挥前瞻的、系统的智库作用。

图5-7　国合研究院撰写"战略三部曲"

研讨会上，国合华夏城市规划研究院与东营市、白银市政府等共同发起设立"黄河流域战略研究院"，聘请国家部委部长司长和院士等为专家顾问。

黄河流域战略研究院确立了五大任务：

一是贯彻领会和科学解读国家战略，强化能力与机制建设，把握中央和部委重要精神，加强与地方政府的深度合作，完善提升专业智库平台建设水平。

二是对接中央政策和地方需求，编制"黄河流域生态保护和高质量发展战略"，为地方生态保护和科学发展等提供规划指引。

三是聚焦核心问题的解决方案。剖析城市在生态保护、流域治理和经济转型等方面的难题，研究解决问题的方案和措施，引进专业机构和技术，推动热点问题的顺利解决。

四是共建"三库"（机构库、供求库和专家库），抓好河流治理、土壤修复、垃圾处理循环化、能耗降低等技术成果和大健康、大旅游等新产业、新技术的应用和推广，积极推动和建设生态黄河、智慧城市、绿色交通、共享服务等创新开放平台。

五是基于"问题导向、目标导向和需求导向"，精准进行资源和技术对接，探索跨域合作机制，推动各地区、企业之间的优势互补和能力分享，强化产业升级和环境治理等，着力解决环境保护和产业发展中的重大问题，与地方联合打造生态保护、综合治理和高质量发展的智库平台，推动建设黄河流域高质量发展的区域都市圈、山东半岛城市群和生态经济带。

案例 2：汉中市"十四五"规划

• 规划背景

陕西省汉中市地处西部大开发、关中平原城市群、成渝城市群等多个区域战略腹地，有良好的发展机遇和资源禀赋。同时存在生态环境约束多、经济规模较小、创新能力偏弱、产业基础较差、人才要素薄弱等制约因素。如何研究和编制"十四五"规划是汉中市当前的首要工作任务。

• 规划编制

国合华夏城市规划研究院立足专业优势，运用"345"模型、《孙子兵法》、历史比较法、SWOT、PEST、点轴理论、产业梯度理论、三层次理论等分析模型，进行汉中市"十四五"规划外部环境、发展优势、规划目标、产业选择、空间布局、重点任务、资源分配、改革创新和规划保障等研究，对比了汉中市在关中城市群战略、成渝城市群战略、京津冀战略、长江经济带战略、大湾区战略、"一带一路"倡议以及"黄河流域生态保护和高质量发展战略"等重大战略中的机遇和挑战，运用"问题导向、需求导向和目的导向"进行战略聚焦，强调了战略思路和实施路径的"高度、宽度、亮度和精度"，尽力体现"十四五"规划的"系统性、前瞻性、层次性、规范性和操作性"，创新了"十四五"时期高质量发展的"汉中模式""五大五带动五化"，即以大交通带动大商贸，以大文化构筑大平台，以大生态拉动大消费，以大消费引领大智造，以大市场推动大产业，全面推动传统产业高端化、新兴产业规模化、生态资源产业化、主导产业集群化、区域融合飞地化。

● **规划要点**

课题组研究并确立了汉中市大力发展的现代农业、智能制造、幸福产业和现代服务业四类产业，归纳确立了"一心、两带、三板块"的产业布局和"两区、两廊、三带、七绿道"的生态布局，论证并制定了"十四五"期间社会经济发展的重大任务，初步提出了建设陕甘川地区中心城市、国家级生态文明示范城市、中华汉文化中心城市、跨区域融合城市和飞地经济示范城市的发展定位，为汉中市"十四五"时期高质量发展描绘了璀璨的愿景和行动路线图。

第 六 章

CHAPTER 6

黄河的任务目标

研究并领会黄河流域生态保护和高质量发展战略,确定黄河上游、中游和下游不同区域、不同省份、不同城市、不同行业的重点任务,据此进行规划目标测算、指标体系、实施路径、资源分配、公共服务配套和体制机制等构建,共建"母亲河"。

一、八大主要任务

贯彻党中央、国务院、国家部委关于黄河流域生态保护和高质量发展战略重大部署,立足各地实际,因地制宜地推进生态建设、综合治理、产业转型等八大重大任务目标。

(一)夯实生态保护根本

黄河发源于青藏高原,流经 9 个省区,全长 5464 公里,是我国仅次于长江的第二大河。黄河流域是我国重要的生态屏障,是连接青藏高原、黄土高原、华北平原的生态廊道,有三江源、祁连山等国家公园和国家重点生态功能区,黄河流经黄土高原水土流失区、五大沙漠沙地,沿河两岸分布有东平湖和乌梁素海等湖泊、湿地,河口三角洲湿地生物多样,对我国生态安全有重要影响。对生态系统受损情况和环境污染现状进行评估,梳理生态退化、水土流失、水体污染、景观破碎、动植物群落和栖息地破坏等生态保护和环境治理问题,选取生态修复和环境治理技术方法,稳步有序实施综合保护和修复治理。

黄河流域生态环境存在的问题,包括但不限于:

水资源严重短缺,开发利用率高,生态环境用水供给不足;水土流失问题严重,环境质量差;生态系统退化,服务功能衰减;淤地坝老化失修,巩固退耕还林还草成果压力大;开发与保护矛盾突出,生态环境潜在风险大;经济社会发展水平偏低,生态环保财力薄弱。

针对上述难点,研究编制"黄河流域生态保护和高质量发展"战略、"十四五"规划,以及产业规划、流域治理规划等,倡导生态优先、循环发展的理念,实现黄河大保护、大治理。加强流域生态修复和环境治理,建设黄河绿色生态廊道,让黄河成为造福人民的幸福河。

推进沿黄九省区"三线一单"编制。划定祁连山区等生物多样性保护优先区域。上游要以三江源、祁连山、甘南黄河上游水源涵养区等为重点,推进实施一批重大生态保护修复和建设工程,提升水源涵养能力。实行最严格水资源管理制度,严格用水总量、用水效率等量化要求,流域用水总量只能减少、不能增加。

统筹大气、土壤、生态等要素，对污染较重的河流明确产业准入与淘汰要求。黄河中游省份要抓好水土保持和污染治理，有的地区以自然恢复为主，污染严重的支流要主动治理。各城市要做好水污染防治规划，完成沿黄地级及以上城市 103 个饮用水水源地超过 1300 个问题整治。

编制黄河流域生态保护和高质量发展战略规划和"十四五"规划，坚持生态优先，以水定产，以水定城，以水定人，绿色发展，走可持续、高质量发展之路。要坚持生态优先、绿色发展，从过度干预、过度利用向自然修复、休养生息转变，坚定走绿色、可持续的高质量发展之路。做好"水"的文章，量水而行，节水优先，因地制宜，开展顶层设计，立足全流域和生态系统的整体性，共同抓好大保护、协同推进大治理。

强化园区污水处理设施建设和运行管理，完善污水管网、污泥无害化处理处置设施建设，提高污水处理设施规范化运行水平。

（二）完善综合治理保障

坚持量水而行、节水为重，坚决抑制不合理用水需求，推动用水方式由粗放低效向节约集约转变。坚持统筹谋划、协同推进，立足于全流域和生态系统的整体性，共同抓好大保护、协同推进大治理。围绕黄土高原水土流失治理、西北干旱沙漠治理以及黄河下游悬河和黄泛区盐碱地治理等，改善黄河流域国土资源开发质量。

实施水源涵养提升、水土流失治理、黄河三角洲湿地生态系统修复等工程，推进黄河流域生态保护修复。通过河源带湿地及上游水源保护和防风固沙，中游黄土高原还林还草水土保持，下游稳定河道、洪涝旱碱治理及三角洲湿地保护等生态工程，进行全流域生态修复。实施水污染综合治理、大气污染综合治理、土壤污染治理等工程，加大黄河流域污染治理。坚持节水优先，还水于河，先上游后下游，先支流后干流，实施河道和滩区综合提升治理工程，全面实施深度节水控水行动等，推进水资源节约集约利用。

严格能源、水资源、建设用地等总量控制，科学布局生产、生活、生态空间，推动绿色低碳发展。对不符合生态环境功能定位、不符合"三线一单"要求的产业布局进行调整优化，促进产业结构、城镇化速度和规模与区域资源环境承载能力相协调。

（三）聚焦产业转型重点

黄河是我国重要的经济带。黄河流域 9 省份 2018 年总人口占全国的 30.3%，地区生产总值占全国的 26.5% 。黄淮海平原、汾渭平原、河套灌区是农产品主产区，粮食和肉类产量占全国的三分之一左右。黄河流域煤炭、石油、天然气和有色金属资源丰富，煤炭储量占全国的一半以上，是我国重要的能源、化工、原材料和基础工业基地。

坚持以水定地、以水定产，倒逼产业结构调整，建设现代产业体系。坚持因地制宜、分类施策，发挥各地比较优势，宜粮则粮、宜农则农、宜工则工、宜商则商。以绿色高质发展为引领，大力发展节水型产业，加快构建特色生态产业体系，持续优化产业结构，鼓励发展多种经营方式，发展高效节水农业，推动一二三产业融合发展。

发展现代高效农业。加快划定粮食生产功能区和重要农产品生产保护区，推进高标准农田建设，为保障国家粮食安全作出更大贡献。结合乡村振兴战略，推动农业发展绿色化、优质化、特色化、品牌化。

推进工业转型升级。改造提升传统产业，全面实施节能、降耗、环保等技术改造，培育绿色化先进制造业。改造提升传统产业。加快实施传统产业绿色、智能、技术"三大改造"，推动新一代信息技术与化工、钢铁、有色金属、食品、服装等传统产业的深度融合。积极化解过剩产能。提高环保、能耗、水耗、安全、质量、技术标准，加强多种政策的协调配合，重点化解钢铁、煤炭、电解铝、建材等行业过剩产能。

实施服务业专业化、产业化、社会化、特色化，培育新兴产业。发展幸福产业，推动现代商贸、产业金融与商贸物流融合发展，培育高端服务业，培育新热点，推动现代服务业提质增效。

培育战略性新兴产业。加快发展高端装备制造、信息技术、新能源新材料等战略性新兴产业。大力发展现代服务业。以服务实体经济、延伸重点产业链为着力点，发展现代物流、金融保险、科技服务等生产性服务业，加快文化资源与特色旅游、文化创意深度融合，创建对外文化贸易基地、国家级文化产业示范园区和黄河文化旅游带。

（四）加大黄河文化驱动

挖掘黄河文化社会和经济价值。系统研究、挖掘和赋予黄河文化现代内涵与外延。实施黄河文化遗产系统保护工程，打造有国际影响力的黄河文化旅游带，开展黄河文化宣传，大力弘扬黄河文化。

探索黄河文化产业化。实施文化旅游一体化工程，培育上游多民族融合与农牧文化，挖掘中下游历朝古都和历史文化，优先弘扬中原文化、晋商文化、齐鲁文化、革命圣地红色文化、古丝绸之路文化等，形成体现中华文明的文化长廊和旅游文化展览基地，构建各具特色的黄河文化示范城市、休闲基地与历史名城。

（五）健全基础设施支撑

加强黄河流域各省、区、市交通、能源、水系等基础设施建设，推进高速公路、铁路、国省干道、乡村旅游道路建设。加强铁路和黄河水系航运建设，促进资源开发和物资输出，带动区域经济发展，充分发挥铁路、水运对沿线经济辐射的作用，带动沿线地区的快速发展。依托城际高铁、公路客运、公交场站和主干水系，建设与高铁、地面公交、私人交通、水路航道等多种交通方式一体化的交通枢纽。加强交通大通道建设，建设贯穿流域上中下游的铁路和高等级公路，联通部分水运航道；强化节点城市和中心城市建设，提升城市对流域的辐射带动能力。

完善教育文化、健康医疗、休闲旅游、体育健身、科技研发等配套服务。完善优质教育资源共建共享机制，加大餐饮住宿等商务配套项目建设，补齐城乡公共服务短板。完善科技研发和成果转化平台，强化科技研发和成果产业化开发，增强协同创新发展能力。

优化国土空间布局。加强生态环境保护，统筹环境治理和生态协同发展，深化跨区域公共服务一体化，推进政策协同与体制创新，强化公共服务共建共享。推进"互联网＋"行动，优先发展"互联网＋政务""互联网＋教育""互联网＋医疗""互联网＋交通"等新业态。完善水利工程建设管理信息平台，提高水利基本建设、运行维护的管理水平和规范化程度。

（六）强化改革创新驱动

增强改革创新的紧迫感与使命感。研究发达国家和沿海城市改革实践，突破束缚政府和企业开拓的思维障碍，增强创新创业氛围，完善政策支撑体系，改善政府服务和主动服务意识，高效聚集人才、资金、资源要素等，创新商业模式，提高经济发展质量。

把握改革创新重点。深化政府行政服务改革，实行负面清单管理；扶持科技研发和公共服务平台建设，提高产业支撑能力；加大专业人才培养与引进，构建高素质干部队伍和企业家团队；完善容错包容机制，鼓励和支持有担当、能做事的优秀干部；完善金融创新服务平台，提高资本运作能力；完善创新创业机制，强化新产业孵化能力等。

推动各省份、各城市的对外开放。完善城市和县区跨部门合作与协同；健全跨城市、跨区域协同发展；探索与北京、上海等特大城市，与大湾区、长江经济带的资源开放和平台共享；全面推动流域经济与"一带一路"沿线国家开放发展等。

（七）统筹民生保障标准

建立分级诊疗制度，形成基层首诊、双向转诊、上下联动、急慢分治的合理就医秩序，健全治疗—康复—长期护理服务链。完善城乡医疗卫生服务体系，强化农村公共卫生服务，实施慢性病综合防治战略，推进城乡医疗一体化服务提升工程。

统筹城乡最低生活保障制度建设，完善社会救助体系。对高龄、失能、贫困、伤残、特殊家庭等困难老年人的家庭情况及服务需求开展调查摸底，建立数据库，定期提供"个性服务"。

（八）创新开放共享路径

强化流域统筹规划。牢固树立"一盘棋"思想，尊重规律，更加注重保护和治理的系统性、整体性、协同性，抓紧开展顶层设计，加强重大问题研究，着力创新体制机制，推动黄河流域生态保护和高质量发展迈出新的更大步伐。

完善本地区、跨区域和跨省份之间的开放合作。深化改革开放，完善政策机制，鼓励各城市之间、各省份之间"共建、共管、共享"全流域产业合作，建立各具特色的跨域合作机制或行业联盟。

依托连霍高速、陆桥高速铁路、济南—滨州—东营高速铁路、银兰高速铁路、包西高速铁路等主要交通干线，有效联结兰州—西宁、宁夏沿黄、呼包鄂榆、晋中、中原、山东半岛等城市群和都市圈，打造西宁—兰州—西安—洛阳—郑州—济南—淄博—滨州—东营经济增长轴带，加快人口、产业聚集，辐射带动沿线地区发展。

加强与成渝城市群、长三角、大湾区、京津冀等城市之间政策、资源、科技和产业对接，创新跨区域合作新模式、新机制，共同建设"飞地经济"和"飞地园区"，实现两地、多地信息共享、平台共建和共同发展。

二、"十四五"工作重点

立足区域发展需求，积极推进规划编制，明确重点任务，完善政策机制，连通交通网络，完善资本运作，推动跨域协同和开放共享，打造黄河流域协同发展的大格局。

（一）以规划编制为引领

统筹编制战略规划。根据发展需要，遵循国家部委和上级战略部署，突出各地区优势，统筹协调原已批复的环渤海经济区、中原经济区、西安—天水经济区等区域战略，编制省市县"黄河流域生态保护和高质量发展"战略，同步编制生态、水利、产业、交通、文化、旅游、能源、城市、民生等专项规划，与城市主体功能区规划、土地利用规划、"十四五"规划等"多规合一"。

优化生态空间布局。加强顶层设计，明确黄河流域"三区"（城镇空间、农业空间、生态空间）和"三线"（生态保护红线、永久基本农田红线、城镇开发边界），明确上中下游的生态空间布局、生态功能定位和生态保护目标。设定生态红线，严格落实岸线保护、河段利用、矿产开发和产业发展禁限准入标准，确保黄河泥沙只减不增，黄河水质稳步提升，堤防防洪能力持续提高，确定经济转型与新产业培育思路、生态治理体系、未来任务目标、重大项目和实施路线图等，明确规划实施的保障机制和政策支撑等。

（二）以重点任务为导向

聚焦黄河流域国家战略的五大任务，按照国家部委、各省市战略重点，结合各地经济基础、自然条件、生态环境和污染治理面临的突出问题，因地制宜地确定重点任务和发展方向。包括但不限于：

规划制定、目标测算、生态建设、综合治理、产业转型、科技研发、资源配置、交通网络、项目库建设、教育文化、医疗养老、改革创新、开放共享等。如体现国家"两屏三带"生态安全战略布局，把握"青藏高原生态屏障、黄土高原—川滇生态屏障、北方防沙带"等均位于或穿越黄河流域的主线，编制"十四五"生态规划与经济规划，探索和创新黄河流域生态建设与经济融合的新思路、新模式。

（三）以政策机制为前提

按照党中央、国家部委和各省市战略部署，评估现有政策制度是否满足经济发展需要，是否支撑流域生态建设和产业发展，据此进行政策修订、新政策出台以及激励机制变革，重点推进如下政策体制：

组织领导体制、干部晋升机制、土地分配制度、人才引进制度、融资与资本运营激励、公务员管理制度、企业家培训机制、税收减免机制、资源能源管理机制、水利建设制度、污染补偿机制、文化产业化制度、跨域协同制度等。

构建流域上中下、左右岸、山水林田湖草、滩涂湿地等各组成要素之间的利益统筹协调机制。加强黄河上中下游协同互动，实现优势互补、互利多赢。构建以市场为基础的主体清晰、对象明确、标准规范、形式多元的补偿机制。按照"谁污染、谁治理""谁受益、谁补偿"的原则，制定以地方补偿为主、中央财政专项支持的横向跨区域生态补偿办法，统筹财政转移支付、专项投入、资源税费等补偿资金，加大对重点生态功能区的生态补偿，鼓励受益地区与生态保护地区、流域下游与上游通过资金补偿、对口协作、产业转移、园区建设、技术指导、人才培育等补偿方式建立利益协调机制。开展流域水权交易、碳汇交易、排污权交易等试点，探索黄河流域综合性补偿办法。

优化资源能源管理。发挥价格杠杆作用，将生态环境成本纳入经济运行成本，体现资源环境价值。鼓励青海、甘肃、宁夏、内蒙古等沿黄区域发展太阳能、风能等清洁能源，探索能源市场化定价方式。建立绿色税收优惠目录定期更新机制，结合减税降费政策，对环保、节能、节水、清洁能源、绿色交通和绿色农产品等环保项目给予优惠和绿色信贷等支持，促进流域高质量发展。

（四）以基础配套为支撑

按照党中央、国家部委和各省市规划要求，进行基础设施现状评估，提出中长期基础设施规划方案，按照流程审批之后，分解组织实施。主要包括但不限于：

公路建设规划、铁路开发规划、航空建设规划、水利建设规划、地下管廊规划、土地利用规划、餐饮酒店开发规划、房地产发展规划、能源利用规划、公共服务平台建设规划等。

依托城市群和主要交通干线，积极培育黄河流域的经济增长轴线和核心区，打造黄河活力经济轴带。

（五）以资本运作为驱动

创新金融渠道和模式。引进金融机构和服务平台，大力发展产业金融、科技金融和绿色金融，加大财政、金融、上市融资等政策支持等。

提升资本运作能力。建立资本运作机制和上市融资、发债、基金等专业机构，增强资本运作对生态治理、产业转型等重大项目和重点产业的支撑与持续服务能力。

（六）以跨域协同为手段

流域内部跨区协同。黄河流域各省份、城市之间、不同城市内部各行业和部门之间、各产业园区之间的经济发展、生态治理的重点不同，经济规模、产业基础、自然条件等差别较大,资源要素流动性不强、平台共建共享不够等。通过上下协调、理念提升、规划统筹、优势互补、跨域协同,推动流域内跨区域的政策、体制、生态部、治理、网络、资源、科技、文化、平台和服务等跨域协同与一体化,是黄河流域生态保护和高质量发展的重要渠道。

流域内外协同发展。积极推进黄河流域城市、园区、企业与长江经济带、长三角、珠三角、大湾区、京津冀,以及关中平原群、成渝城市群等在政策、规划、资源、平台等方面协同或产业延伸,实现资源最优配置和跨域协同。

都市圈和城市群辐射带动。城市群是黄河流域高质量发展的重要载体和平台,中心城市是城市群的中心和龙头。在黄河流域高质量发展中,中心城市的带动作用显著。黄河流域城市群主要包括山东半岛城市群、中原城市群、关中平原城市群、呼包鄂榆城市群、兰州—西宁城市群等。特别要推动兰州—西宁城市群发展,推进黄河"几"字弯都市圈协同发展,强化西安、郑州国家中心城市的带动作用,发挥山东半岛城市群龙头作用。

表 6-1 2018 年黄河流域重点城市主要指标

	地区生产总值 (亿元)	人口 (万人)	城区人口 (万人)	一般公共预算收入 (亿元)	资金总量 (亿元)	社会消费品零售总额 (亿元)
郑州	10143.3	1013.6	637.82	1152.1	21767.2	4268.1
西安	8349.86	1000.37	493.86	684.71	21266.72	4658.72
青岛	12001.5	939.48	445.83	1234.9	16121.3	4842.5
济南	8862	883.9	404.00	814.8	17060.1	4777.7
太原	3884.48	442.15	370.97	373.23	12317.27	1811.9
兰州	2732.94	375.36	252.64	253.32	8814.26	1352.09
呼和浩特	2903.5	312.6	204.98	204.7	5770.8	1603.2
银川	1901.48	225.06	157.13	181.17	3704.56	552.73
西宁	1286.41	237.11	133.07	92.94	3786.52	564.38

数据来源:第一财经记者根据 2018 年各地统计数据整理,城区人口数据根据《2017 年城市建设统计年鉴》整理,济南的资金总量数据不含莱芜部分。

从表 6-1 可看出,2018 年青岛地区生产总值达到 12001 亿元,郑州为 10143 亿元,济南(含莱芜)为 8862 亿元,西安为 8349.86 亿元。城区人口规模方面,郑州城区人口规模最大,超过 600 万人;西安约 500 万人,青岛和济南的城区人口规模超过 400 万人。

跨域协同方面,《济南建设国家中心城市三年行动计划(2020～2022 年)》提出,加快推进综合性交通枢纽建设,强化与各市交通联系,打造高效便捷的"一小时都市圈";推动建设黄河下游城市群,推动济南都市圈和郑州都市圈对接合作;全面开放落户限制,建设国家城乡融合发展试验区,创建综合性国家科学中心;建设智能制造产业集聚高地等。青岛市进一步明确国家中心城市地位,在山东半岛城市群发展中更好地发挥引领作用。

(七)以改革开放为抓手

深化各领域开放创新。加大政府行政职能改革,完善负面清单管理;推动政府决策科学化和激励机制现代化;引导企事业单位、科研机构、医疗康养机构、公共服务机构等市场化改革,释放改革红利和活力;推动土地利用、技术转让和资本市场改革,强化对黄河流域经济民生项目的政策倾斜和资源支撑等。

强化科技创新与共享发展。鼓励科研院所和企业牵头建设产业技术创新联盟,实施企业创新创业协同行动。突出关键技术、前沿引领技术、现代工程技术、颠覆性技术创新,鼓励企业和科研机构积极承担和参与国家重大科技项目。

深化对外开放发展。探索实施流域城市、经济和民生项目等与海外国家、城市、机构的战略合作、产业导入、技术共享和商贸一体化,提高流域对"一带一路"倡议的参与和支撑能力,对全球经贸一体化的主导和推动能力,在国际市场获得更多的政策、规则、机制、技术、人才、资金和市场,更好地推动本地区的国际化和开放化。

三、黄河流域分类发展

黄河流域生态环境脆弱,产业基础分散,需要统筹规划,因地制宜,确立各自的中长期目标任务,大力实施生态环保和综合治理,完善经济机构,弘扬黄河文化,实现黄河流域高质量发展。

(一)上游"保、修、转、延"

"保护"优先。黄河上游要立足资源条件,本着生态优先、以水定产、以水定城的原则,统筹流域规划,贯彻区域发展梯度理论,规划生态保护和流域治理,改善生态环境,进行植树造林、种草绿化、泥沙治理、荒漠化治理和河道疏浚工程等,减少泥沙和水土流失,打造优美的生态环境。研究冲积平原相关城市的截污纳管、清淤疏浚、水生植物种植等多种治理手段,规划实施各城市的乡村污水、城乡垃圾、网格水道、工业园区污水处理厂、生态过渡带人工湿地及面源污染控制项目等治理工程，持续改善支流、干流和黄河主航道河流水质质量。对城市黑臭水体实施综合整治工程，确保流域生态环境和黄河上游水质达标，形成上游"中华水塔"稳固的生态安全格局。

"修复"为本。坚持山水林田湖草生态空间一体化保护和环境污染协同治理，宜草则草、宜牧则牧、宜林则林、宜农则农，突出生态环境建设项目与综合治理。河源段、峡谷段重点推进实施生态修复项目，提升水源涵养和补给能力。实施水资源、水环境、水景观"三位一体"的综合治理模式，修建各类水系修复工程，连通城市乡村水体，打造跨区域的环境生态水系。修建修复引水渠道，将凌汛水引入沙漠等地区，减轻防凌压力，为沙漠补充水源，恢复生态环境。建立以国家公园等为主体的自然保护地体系，探索以绿色能源、绿色产业、绿色消费、绿色农牧业为架构的绿色发展方式，讲好黄河上游的"黄河故事"。

"转型"引领。推广高效节水农业。河套灌区等粮食主产区要发展现代农业，把农产品质量提上去。推广生物节水、工程节水、农艺节水和机制节水，推进农业水价综合改革和农业水权交易试点改革，提高用水效率，提升节水能力。实行水资源消耗总量和强度双控行动，严格农业灌溉用水总量控制和定额管理。发展生态产业。规划产业布局，将生态产业作为推动流域内高质量发展的重要手段，抓好三江源、祁连山等生态功能区的文化、枢纽、技术、信息、生态等制高点，强化资源要素支撑，挖掘黄河流域生态保护和发展潜力，推动区域经济高质量发展。落实流域内、沿黄经济带、兰州—西宁城市群、关中平原城市群等规划任务，加快建设兰州白银都市圈和兰州区域中心城市，加快培育壮大中小城市，发挥兰州新区、西宁等改革引领作用，促进和带动黄河上游城市经济平稳健康发展。优化能源布局。发挥甘肃、宁夏等区位优势，统筹全国能源发展布局，支持黄河上游省份优先布局先进高载能产业。实施差别化的产业政策，支持优势资源开发利用。支持优势资源就地转化利用，合理调整资源开发收益分配机制。通过提高央企税收返还比例、鼓励地方参与油气资源开发、提高资源开发生态补偿标准等形式，兼顾地方利益，惠及当地群众，以资源的开发带动脱贫致富和流域生态治理。

"延伸"发展。突出优势产业，以产业价值链重构为目标，实现传统农业向生态高效农业转型，大力发展农产品精深加工，推进农业向二产、三产方向延伸和融合，统筹规划三大产业与黄河文化跨界融合。制定各省市县文化产业专项规划，推动文化向旅游产业、体育产业延伸，实现产业链的"增链""补链"和

"强链"，积极打造陇东南华夏根脉文化旅游圈、陇东南中医药养生保健旅游创新区，加快兰州、甘南、临夏、白银等马家窑文化等区域文化旅游中心和大景区建设。研究马家窑文化等历史底蕴，推动上游城市的文化产业化、产业融合化，将文化旅游业打造成为当地支柱产业，打造区域特色品牌和优势产业。

（二）中游"治、控、升、新"

中游南段的主要支流为汾河与渭河，农业发达，人口稠密，文明昌盛，为古代中华文化与经济的发源地，有"中华文化摇篮"美称。中游产业集中在煤炭开采和洗选业、石油和天然气开采业、有色金属冶炼和压延加工业等资源能源产业和重化工业。黄河中游发挥资源丰富和产业基础好的优势，突出抓好污染防治、土壤河道修复、金融风险控制、产业转型和科技研发等重点工作，大力培育新动能，推进跨区域协同机制。因地制宜，谋划和实施生态保护、污染防治和经济转型等重点工程和大型项目。

"治理"优先。黄河中游要突出抓好水土保持和污染治理，分期实施黄土高原区淤地坝建设工程。因地制宜建设旱作梯田、淤地坝等，或者，以自然恢复为主，减少人为干扰，对污染严重的支流，下大气力推进治理。统筹对河南黄河湿地国家级自然保护区（三门峡段）、山西运城湿地省级自然保护区、陕西黄河湿地省级自然保护区等黄河湿地生态开发和保护，将黄河滩区打造成以湿地为代表的天然生态廊道，形成独具特色的黄河大氧吧，建设国家黄河生态公园。紧紧抓住水沙关系调节这个"牛鼻子"，加快汾渭丘陵台塬水土流失综合治理，保护与建设山地水源涵养林。完善流域水沙调控机制，解决九龙治水、分头管理问题，实施河道和滩区综合提升治理工程，加大泥坝除险加固，新建淤地坝支沟，减缓黄河下游泥沙淤积。以黄土高原沟壑区、黄土丘陵沟壑区和土石山区等多沙粗沙区沙集中来源区为重点，实施黄河高阶台地边缘坡面及边沟生态修复治理工程，开展梯田、林草工程建设及封禁保护，在黄河二、三级台地边缘陡坡地种植生态林和经济林，拦蓄泥沙、保持水土，开展汾河流域生态修复工程建设，改善流域生态环境。完善区内水土保持生态环境监测网络，开展多沙粗沙区重点支流水土保持监测，强化预防监督和执法监督，尽快形成生态宜居的生态安全格局。

"控制"从严。严格控制生产、生活污水和生态环境污染，减少泥沙和水土流失，加大黄河流域文化遗迹保护和修复，推动以灵宝北阳平遗址群、庙底沟遗址、仰韶村遗址等为代表的仰韶文化核心区保护工程。启动环嵩山大遗址群保护展示工程和中华古都群国家文化地标工程，建设黄河文化遗产保护廊道。打造黄河黄金文化旅游带，规划发展黄河三门峡、小浪底、郑州花园口、开封东坝头 4 个文化旅游片区和豫晋陕、冀鲁豫、豫皖苏 3 个文化旅游协作区。

"提升"驱动。积极推动传统产业升级改造和新产业高精尖方向发展。坚持以水定城、以水定地、以水定人、以水定产，把水资源作为最大的刚性约束，合理规划人口、城市和产业发展，坚决抑制不合理用水需求，大力发展节水产业和技术，大力推进农业节水，实施全社会节水行动，推动用水方式由粗放向节约集约转变。从实际出发，宜水则水、宜山则山，宜粮则粮、宜农则农，宜工则工、宜商则商，探索富有地域特色的高质量发展新路子。汾渭平原等粮食主产区要发展现代农业，把农产品质量提上去。增强能源开发利用和调配能力，加强生态环境治理与修复，培育接续替代产业，构建现代产业体系。

"创新"开放。大力推动科技研发和技术创新，提高流域科技创新能力。积极探索政府治理创新和企业管理创新，提高经营管理质量。出台鼓励创新创业和科技孵化政策，营造鼓励创新、宽容失败的氛围和机制，打造创新的政府、创新的平台、创新的企业和创新的团队，以创新引领经济发展。加快推进郑州、西安国家中心城市建设。规划和明确各地区经济社会目标，分布推进实施。其中，郑州推进供给侧结构性改革，着力发展枢纽经济，提升科技创新能力，增强经济综合实力，建设具有创新活力、人文魅力、生态智慧、开放包容的国家中心城市，在引领中原城市群一体化发展、支撑中部崛起和辐射带动黄河流域中下游地区发展中作出更大贡献；西安市推进"三中心二高地一枢纽"六维战略支撑体系建设，加快建设现代化经济体系，提高城市综合竞争力，打造国家向西开放的战略支点、引领西北地区和黄河流域中上游地区发展的重要增长极。

（三）下游"修、统、聚、融"

黄河下游以河南省部分城市和山东半岛各城市为重点，具有产业基础好、文化资源丰富等优势，应重点推进污染防治、滩区修复搬迁、传统产业转型、生态多样性修复等重点领域，并据此进行规划编制、生态目标设定和产业空间优化等重点工作。

"修复"引领。黄河下游的黄河三角洲生物资源丰富，经济较发达，产业基础较好，要做好生态保护工作，促进河流生态系统健康，提高生物多样性。坚持生态优先、绿色发展，加强沿黄国土综合保护，狠抓黄河水体、河岸、河口、黄河故道系统治理，实施好黄河三角洲湿地生态系统修复工程，建设好东营河口湿地、济西湿地，高标准抓好黄河下游防洪工程、东平湖滞洪区安居工程，高水平建设黄河三角洲现代农业技术创新中心，规划建设千里生态廊带，坚定走绿色、可持续的高质量发展之路。统筹规划流域治理。科学设计，在黄河下游宽河道内留足防洪标准的滩区防护堤，作为河道内河槽与耕作区的分界线。河槽内实行生态补偿和"清四乱"，促进河槽内自然生态修复，严禁违规开发行为。强化水利设施建设。疏浚河道水系，妥善安置滩区群众，确保人民群众搬迁到安全地带进行生产和生活。加大滞洪沉沙区的路网和农田水利设施建设，改善滩区河道交通和耕作条件，改善土地集约经营，优化河道滩区种植结构，提高土地综合收益。

"统筹"增效。统筹规划流域治理。协同治理排洪输沙河槽、居民安置和滞洪沉沙区。尽快解决河道防洪减淤和自然生态排洪河槽建设矛盾，提高河槽输沙效率，保证滩区群众生命财产安全，应对极端洪水灾害，促进社会安定和滩区行洪。坚持集聚集约发展，持续转换发展动能，提升人口和产业承载能力。抓好各县市县区、重点行业、重点企业及其产品的调度分析，分区域、分产业、分层次、分类型建立项目库和企业信息库，提升工业运行质量和效益。强化开放创新。推动各城市、各部门、各行业实施对外开放与资源协同。鼓励各级干部争当生态发展的担当者、干事者，优先选拔工作踏实、真抓实干的各级干部。坚持"实在、实干、实绩"的用人导向，大胆任用政治过硬、勇于担当、埋头苦干、善抓落实的领导干部。落实容错纠错和澄清保护机制，上级为下级主动担当、组织为干部主动担当、干部为事业主动担当，全面构建开放包容、协同共享的组织领导和体制机制，推进各地区生态保护和经济高质量发展。

"聚集"赋能。发挥城市群和都市圈在经济转型升级、资源高效配置、技术创新扩散等方面的示范、带动作用，强化山东半岛的区域协同、产业聚集和龙头带动作用。培育壮大中小企业，实施中小企业培育计划，激发全社会创新创业活力。抓住"黄河流域生态保护和高质量发展"战略机遇，实施新旧动能转换重大工程，聚焦主导产业，加快构建优势产业体系，努力打造区域性高质量发展的增长极。打造以济南为核心的城市群或都市圈。《济南城市发展战略规划（2018～2050年）》确定战略空间格局为"一体、两翼、多点"（见图6-1）。其中，"一体"指山河之间的中心城区，"两翼"中的北翼，是黄河以北，以北岸先行区为主体的功能片区。发挥山东半岛城市群龙头作用，推动沿黄地区中心城市及城市群高质量发展。"十四五"时期，济南市将抢抓机遇，乘势而上，全力打造"黄河流域生态保护和高质量发展典范样板"。

"融合"发展。加快建设济南等大都市圈建设，加强中心城市与周边城市区域的优势互补和协同发展，推进人口、产业、交通、公共服务、市场要素的一体化对接。黄河下游济南、滨州、东营、聊城、济宁等城市如何发挥各自优势，积极构建以济南等中心城市为轴心的都市圈和山东半岛城市群是黄河下游生态发展规划布局的关键。发挥山东半岛城市群龙头作用，深化与沿黄省份交流合作，探索建立区域协作机制，构建便捷的出海大通道，勇当黄河流域对外开放桥头堡和高质量发展排头兵。

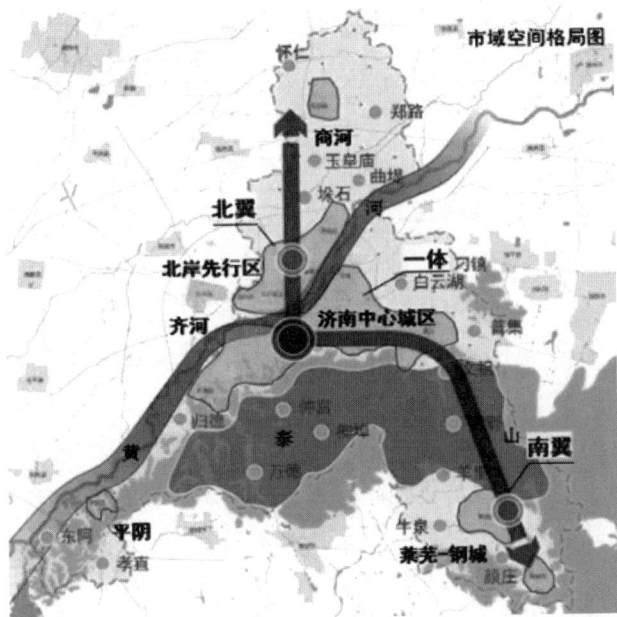

图6-1 济南市空间规划

四、规划案例

案例1：运用《孙子兵法》编制"十四五"规划

习近平总书记指出，"文化自信，是更基础、更广泛、更深厚的自信。在5000多年文明发展中孕育的中华优秀传统文化，在党和人民伟大斗争中孕育的革命文化和社会主义先进文化，积淀着中华民族最深层的精神追求，代表着中华民族独特的精神标识"。

贯彻习近平总书记的重要指示精神，挖掘和弘扬传统文化，运用《孙子兵法》"五要素法"，解读并编制"十四五"规划，是国合华夏城市规划研究院近年规划编制的实践创新。

- **"十四五"规划的基本内容**

在国际环境复杂严峻、国内经济发展进入中高速和高质量发展的环境下，研究和编制"十四五"规划，具有重大的时代和现实意义。总体来看，"十四五"规划研究和报告涉及的内容，包括但不限于：

把握宏观形势和经济规律。重点是进行全球、国家和区域经济环境、市场需求、产业规律和人民群众需求等分析，进而确定"十四五"规划的初心和发展规律，以及顺势而为的可能定位等。

对接国家战略与区域战略。重点是研究国家战略、产业政策，国家、部委、行业和上一层级政府"十四五"规划，以及城市总体功能规划、土地利用规划等，为特定政府和单位的战略制定提供政策、战略与法律依据等。

对标规划实践和民生策略。重点是研究欧美发达国家、标杆城市、重点单位和产业园区等实践做法，分析其经济发展、民生工作等方面的典型措施或良好借鉴，为编制特定单位"十四五"规划，确定规划目标、重点任务等，提供科学、前瞻的决策参考。

确定战略目标、任务与资源。重点是基于宏观环境和产业基础等分析，以国家和区域发展规律、经济增长、产业变化等为依据，结合上一个五年规划目标实现情况，从人民群众的核心诉求等出发，确立本地区"十四五"将要实现的规划目标、产业布局、生态建设和重大项目等，进而推动五年规划目标的全面实现。

完善政策体系和激励机制。为实现预期规划目标和行动计划，需要进行政策梳理、问题剖析和组织设计，成立组织领导和沟通对接机制，明确责任分工、资源分配、资金筹措、业绩考核和激励机制，并通过战略宣传、社会推广等，调动更大范围、各层面的积极性和有效力量，推动实现各项预期目标。

- **《孙子兵法》五要素研究**

《孙子兵法》作为我国传统文化的瑰宝，一直被美国、日本、韩国等发达国家学习和借鉴。研究、挖掘和运用《孙子兵法》的战略理念和实践技巧，进行经济建设和战略规划编制，是以实际行动贯彻落实和彰显我国文化自信、道路自信等的重要体现。

从《孙子兵法》谋略和方法论来看，既有战略谋划的"道、天、地、将、法"五大要素，也有"三十六计"等实战策略，还有各种调兵遣将、供给车马粮仓、联横合纵等谋略，其内涵丰富，博大精深。

对标对表《孙子兵法》的"道、天、地、将、法"，国家部委和地方政府编制"十四五"规划纲要，完全符合和可以运用《孙子兵法》的五要素进行系统设计和自我评估。

- **运用《孙子兵法》编制"十四五"规划**

按照《孙子兵法》的五要素，进行国家部委和地方政府的"十四五"规划编制，进而确定规划编制的宏观环境分析、市场格局研究、发展基础、规划目标确定、产业选择、人财物等调度，以及产业政策补充、组织优化、业绩考核与干部激励等党建工作、经济活动和民生事业。

运用《孙子兵法》的"道"，把握民心和自然规律，进行"十四五"规划宏观形势研究，确立未来五年发展战略，体现"以人民为中心"，规划目标和行动计划等要符合人民群众对美好生活的更高需求和核心利益。要符合自然规律和经济规律，顺应天时和民心，如贯彻"绿水青山就是金山银山"的生态优先理论，贯彻创新发展理念等。

运用《孙子兵法》的"天"，做好国家政策和上级规划对接，组织"十四五"规划编制和目标确定、路径选择、项目库建设等，确保规划目标具有前瞻性和一定的高度、亮度。

运用《孙子兵法》的"地"，分析"十四五"规划的战略机遇、产业基础、自然条件、区位优势和发展挑战等，确定本地规划目标，应该发展的重点产业和有操作性的项目和发展模式等。

运用《孙子兵法》的"将"，做好特定地区"十四五"规划的人才、资源、能源、资金等要素分配、土地指标安排、外部合作单位选择、行动计划分解和项目组织实施等。

运用《孙子兵法》的"法"，推进"十四五"规划的组织领导体制、政策补充、土地使用规则、环境污染补偿、干部激励和考核晋升等，从而形成规划制定与实施的行动规则和目标导向。

案例2：中宁县生态保护和高质量发展战略

- **规划背景**

中宁县是黄河上游的重要城市，隶属宁夏回族自治区中卫市，是全国著名的枸杞之乡。2018年，地区生产总值162.6亿元，地方一般公共预算收入9.1亿元，城镇居民人均可支配收入达到27271元，农村居民人均可支配收入达到

12180 元，在当地经济发展的特色明显。宁夏回族自治区政府投资基金推动生态经济带建设，对中宁县经济发展提出了新要求。同时，习近平总书记提出"黄河流域生态保护和高质量发展"战略，为中宁县转变理念，科学谋划，进一步提高经济发展质量指明了方向。

● 规划需求

中宁县在经济较快发展的同时，也存在生态环境脆弱、农业产业落后、工业能耗水耗大、服务业总量小且结构不合理等突出问题，亟待转变发展模式，实现可持续发展。

● 规划过程

为实现经济转型和生态发展，科学编制"黄河流域生态保护和高质量发展"战略，国合华夏城市规划研究院运用"345"模型、调研分析法、孙子兵法、SWOT、历史比较法、产业梯度理论和比较优势理论等研究工具，组织专家学者调研分析了中宁县宏观环境、国家战略、区域政策，以及资源条件、产业基础等，采取"问题导向、目标导向和需求导向"，聚焦"生态保护和高质量发展"规划目标，归纳确立了中宁县中长期发展目标，提出了"生态环境大保护大治理格局全面形成，'山水林田湖草'生态系统不断优化，高质量生态经济体系全面确立，生态指标、人均经济指标走在自治区前列，人民的获得感、幸福感、安全感明显提升，成为自治区知名的生态宜居宜业城市"的规划目标任务。

● 工作成果

加大基层调研，进行政策研究，召开专题研究，推进规划编制和综合论证，形成生态发展的初步思路和重点方向。

通过专项规划的编制、论证和修订，提出重大政策引导与重大项目支撑等发展路径，探索和确立中宁县"黄河流域生态保护和高质量发展"示范县的实践创新之路。

● 主要借鉴

一是明确规划目标。课题组研究并确定了中宁县生态保护和高质量发展战略的规划目标，论证并提出了实施生态产业化、产业生态化、管理数据化、资源平台化的战略布局。

二是创新了发展模式和思路。建议中宁县积极推进和打造"四化一体"，"人水产城"协调高质量发展的"中宁模式"。

三是提出更高发展目标。建议中宁县积极探索和创建黄河上游生态环境综合治理先行示范县、生态经济高质量发展示范县、丝绸之路重要节点城市。

第 七 章

CHAPTER 7

黄河的生态保护

黄河是我国华北、西北的重要生态屏障，生态环境建设是"黄河流域生态保护和高质量发展"的重点任务。学习贯彻习近平关于生态文明思想，构建黄河生态发展路线图，强化顶层设计，统筹推进黄河流域及相关省份生态安全、环境良好和经济社会协同发展，具有重大的实践意义。

一、黄河流域的生态现状

由于地理条件、降雨光照、经济结构和森林绿化率等因素影响，黄河流域上中下游的生态环境现状各不相同，生态保护与环境建设的目标、任务和内容差异很大，需要找准问题，因地制宜，综合分析，对症下药，分类施策。

（一）生态屏障基本建成

黄河是我国重要的生态屏障，是我国西北、华北地区的重要水源，是连通西北、华北和渤海的生态廊道，水资源和生态功能极为重要，在我国经济社会发展与生态保护格局中具有重大战略作用。在黄河流域生态保护和高质量发展中，生态保护是基础，也是黄河流域实现高质量发展的前提条件。

黄河作为我国北方地区的生态"廊道"，创造了充满活力的河流生态系统。黄河河源区是流域重要的水源涵养和水源补给区，被誉为"中华水塔"。黄河上中游横贯世界最大也是生态最脆弱的黄土高原和荒漠戈壁，黄河用其有限的水资源为改善流域生态，防止土地荒漠化发挥着重要作用。黄河下游也为沿黄地区经济社会发展和回补地下水提供了重要的客水资源。其流域内有三江源草原草甸湿地生态功能区、黄土高原丘陵沟壑水土保持生态功能区等国家重点生态功能区12个。国家"两屏三带"生态安全战略布局中，青藏高原生态屏障、黄土高原—川滇生态屏障、北方防沙带等均位于或穿越黄河流域。国家相关部门在黄河流域建立涉水类保护区近100个。黄河已成为我国西北、华北地区的重要生态安全保护屏障和生态建设的重要载体和依托。

（二）脱贫攻坚进入攻坚战

黄河流域是多民族聚居地区，也是贫困人口相对集中的区域。打赢黄河流域脱贫攻坚战，促进贫困群众脱贫致富，对于维护社会稳定、促进民族团结具有重要意义。

生态敏感区与区域贫困相互联系。扶贫开发与生态保护从根本上说是相辅相成、辩证统一的。经济发展才有充足的就业和多数人能够脱贫致富，才不会被迫"背井离乡"到外地谋生。如果没有产业和资金等支撑，只是"靠山吃山、靠水吃水"，简单的农业种植和伐木卖钱，就不会长久维持也不可持续，可能会严重破坏生态环境，可能造成水土流失、泥沙淤积，地方发展的基础会丧失殆尽，居民也会陷入贫困状态。因此，打赢脱贫攻坚战，必须坚持扶贫开发与生态保护并重。

统筹扶贫开发与生态保护。要下苦功，使巧劲。立足当地自然资源和生产条件，聚焦产业扶贫，宜农则农、宜渔则渔、宜游则游。授鱼不如授渔，输血不如造血。对症下药，将政策、资源精准到户到人，最大限度发挥主观能动性，激发内生动力，实现绝对贫困全部消除。

"让黄河成为造福人民的幸福河"，是承诺更是责任，有艰辛更有光荣。脱贫需激发活力和动力、迎难而上，把精准扶贫、精准脱贫落到实处，成就人民幸福生活。

（三）战略地位更加凸显

黄河流域及相关地区是我国农业经济开发的重点地区，小麦、棉花、油料、烟叶、牲畜等主要农牧产品在全国占有重要地位。上游青藏高原和内蒙古高原，是我国主要的畜牧业基地；上游宁蒙河套平原、中游汾渭盆地、下游防洪保护区范围内的黄淮海平原，是我国主要的农业生产基地。流域内的河南、山东、内蒙古等省（区）是全国粮食生产核心区，有18个地市的53个县列入全国产粮大县的主产县。黄河流域矿产资源丰富，国家规划建设的五大重点能源基地中，有3个位于黄河流域，能源、原材料行业仍是流域各省（区）国民经济发展的主力行业，在全国能源和原材料供应方面占有重要的战略地位。黄河水力资源可开发装机容量大，居全国七大江河第二位。但是，黄河流域大部分处于我国中西部地区，由于历史、自然条件等原因，经济社会发展相对滞后，与东部地区以及长江流域差距大，必须加大生态保护和高质量发展力度，尽快提升当地经济质量和民生保障水平。

二、黄河流域的环保困境

黄河泥沙淤积、河流断流、水体污染、河流功能破坏等，是问题极端化的突出表现。黄河径流量衰减、用水增加和水资源供需矛盾、河流输沙与生态流量短缺、河流廊道功能损害、水文节律和水文情势变化，以及河流水动力减小、河流破碎化与河湖功能损害等，已成为黄河生态功能保护与安全、流域经济社会和生态保护协调发展的重大问题。

（一）水资源成为发展短板

城市和工业用水量与比例提升。在农业用水未发生根本变化情况下，流域工业和城市生活用水比例由 20 世纪 80 年代的 11.7% 提高到现在的 25.1%，经济社会的黄河水资源耗用率超过 70%，特枯水年份消耗率甚至高达 85%，水资源成为流域经济社会和生态保护最尖锐的短板。

识水节水享水。水资源短缺和水污染发展，决定了节水优先成为流域必须考虑的资源利用方式，节水减污的价值在黄河流域更为凸显。节水既是具体技术问题，更是系统、政策和生态问题。内蒙古、宁夏等实施的农业节水，区域、产业的水权转换，已显现出复杂的社会和生态问题。区域地下水和生态的影响、以往引黄产生的湖泊等湿地萎缩问题，都因用水对象变化、引水与水权转换而产生了新的影响。既要采用系统观点和创新实践解决节水和水配置问题，还要研究黄河水沙关系恶化带来的防洪治理、资源利用和河流健康对策，兼顾识别水的规律，节约用水和享受水资源的彼此关系。

严格地下水管理。受水资源短缺和经济社会用水不足等影响，流域部分区域地下水采补失衡等生态问题突出。黄河流域地下水超采区 78 个，超采面积 2.26 万平方千米，超采量为 14.03 亿立方米，主要分布在龙门至三门峡区间，尤其是汾河流域、龙门至三门峡干流区间和渭河流域。要制定相应政策，统筹抓好地下水的补水和合理用水等体制机制建设。

（二）水环境承载能力超出上限

黄河流域纳污能力分布同经济社会发展布局的不协调与冲突问题突出。流域主要纳污河段以约 37% 的纳污能力承载了全流域超过 91% 的入河污染负荷，尤其是城市河段入河污染物超载情况严重。

黄河流域经济长期呈现粗犷型发展。资源消耗大、污染物排放强度高、产业治理控制水平低等问题严重，流域清洁生产、循环经济、污染物控制与治理能力总体偏低，流域用水浪费和水污染问题交织并突出，流域省区的产业结构性水污染问题尖锐。黄河流域废污水排放量由 20 世纪 80 年代初的 22 亿立方米增加到目前的 44 亿立方米，高耗水、重污染产业的 COD 排放量占工业排放量的 80% 以上。流域城市和农业污染压力长期难以降低，增高风险持续增加，省际水污染问题和饮用水安全呈现格局性风险，水资源开发保护的刚性约束机制亟待构建。

（三）干流水质趋好，支流污染重

受地形地貌、水资源开发成本、防洪安全要求等限制，黄河流域城市和产业主要布局在干流的上游和主要支流，受纳污能力小、排污总量大的影响，黄河城市河段和支流污染严重。

在经济社会产业调整、严格水资源管理和严格环境保护管理形势下，黄河干流排污控制和水功能质量状况近年呈整体好转态势。总体上黄河干流刘家峡以上水体满足Ⅱ类水质标准要求，中下游断面基本满足Ⅲ类水质要求（其中宁夏—内蒙古和山西—陕西潼关断面出现超标现象），支流湟水、大黑河、汾河、涑河出现超标状况。

（四）水资源补给不足制约发展

黄河水资源的过度开发和水污染状况发展，是导致流域河湖生态系统失衡及逆向演变的重要因素。黄河干支流自然洪漫湿地和鱼类栖息地，受到水资源水文情势变化和沿河经济社会"与河争地""与河争水"的累积影响。

干支流喜流水鱼类生境栖息地受水文规律变化和生境破碎化影响很大。黄河主要保护鱼类、水生鸟类等，大多分布在黄河源区、上游和河口三角洲区域。上游水电集中开发河段土著鱼类、下游河口区域的洄游鱼类，因水电开发和流域水资源开发减水等水资源和水文情势影响，敏感生境受到重大影响，鱼类资源呈现严重衰减态势。20世纪80年代，黄河流域有鱼类130种，其中土著鱼类24种，濒危鱼类6种；到21世纪初，干流鱼类仅余47种，土著鱼类15种，濒危鱼类3种。

流域河流湿地总体呈萎缩态势，湿地生态功能退化严重。黄河源区高覆盖草原、草甸减少。高寒草原面积减少23.7%，低覆盖增加36.27%；高覆盖草甸面积减少6.85%，低覆盖扩大13.16%；高寒灌丛草甸草地减少1.9%，黑土滩退化形式广泛存在。与1986年相比，现在流域湿地面积减少15.8%，湿地结构发生变化：自然湿地减少，其中湖泊湿地减少24.9%、沼泽湿地减少20.9%，人工湿地增加60.0%。

因水资源减少、中小洪水规律变化、河洲滩关系改变等作用，湿地结构、湿地功能和湿地生态效益变化明显。黄河上游水源涵养湿地，中下游沿河及洪漫湿地、河口三角洲咸淡水湿地，其面积、结构和功能受到明显影响。近30年来黄河中下游河流及河漫滩湿地面积减少46%和34%。黄河河口区域岸线蚀退、生物多样性减少、土壤盐渍化和近海水域盐度增加、淡水湿地萎缩和湿地人工化趋势持续发展。

（五）生态安全风险聚集

黄河水沙关系不协调、水资源持续衰减和利用程度增加等，产生了流域复杂的水资源、水环境和水生态复合问题，导致黄河水功能的系统失衡与趋势性破坏，引发流域经济社会发展中的水资源利用、防洪保安和生态保护等复杂问题与利益冲突。

三、黄河上游的生态保护图谱

黄河生态系统是一个有机整体，加强环境生态保护要充分考虑黄河上中下游的差异。黄河上游要以三江源、祁连山、甘南黄河上游水源涵养区等为重点，推进实施一批重大生态保护修复和建设工程，提升水源涵养能力。布局、构建黄河资源与生态带战略，统筹流域资源、生态和环境协同及综合管理，是保证流域经济社会可持续发展，确保黄河生态系统安全的唯一选择。

（一）推进黄河生态带建设

宁夏等省份积极推进沿黄生态经济带建设。这对于黄河流域生态保护和综合治理等具有积极的实践意义。推进黄河生态带建设，对于构建我国北方生态屏障，形成上中下游优势互补、协作互动格局，缩小东中西部发展差距，促进东中西联动发展，增强国家综合实力和竞争力具有重大意义，也将为沿黄各省区注入生态建设和可持续发展新的动力。

（二）健全流域生态补偿机制

按照"坚持谁受益、谁补偿原则，完善对重点生态功能区的生态补偿机制，推动地区间建立横向生态补偿制度"的要求，结合黄河流域现状和生态环境保护的需要，综合考虑上游省份对沿黄各省安全用水保证、三江源生态保护的贡献与损失，研究并建立黄河中上游流域水环境保护生态补偿机制，从长远保障黄河上游流域地区的生态功能和经济社会良性发展。

（三）建立生态保护开发机制

加大三江源生态修复、祁连山山水林田湖生态保护修复工程等中央投资。安排专项资金支持河南省实施柴达木地区生态保护和综合治理，指导青海省加快开展三江源三期、祁连山二期、湟水流域空间治理规划编制等工作。推动黄河流域各城市生态环保重大项目、关键核心技术研发与产业化应用。黄河中上游地区要先行实施矿区生态环境修复、高效节水及水资源综合利用等工程，完善区域生态防线功能，破解当前水资源整体不足，分布不协调的困局。

（四）解决水资源短缺痛点

支持重大水利工程项目。支持青海省加快建设引大济湟工程，推进引黄济宁工程，解决湟水两岸灌溉、城镇、工业用水问题，保障生态用水。实施浅山干旱区水利扶贫等民生水利工程，完成黄河干流防洪工程等防灾减灾工程，改善民生条件。加大地下水合理补充和综合治理重大项目等开工建设。

（五）优化流域耗水指标

结合南水北调东中线和西线工程，以各省份生态、经济和生活用水测算为基础，进行流域水资源分析和科学论证，优化和动态配置水资源指标，对于青海等欠发达地区，在科学论证的基础上，适当给予水资源分配等政策倾斜，适当增加水源紧张、单位水耗降低成效良好省份、城市的耗黄指标和用水指标。

（六）强化流域跨省协调

完善黄河流域工作会议机制。建立国家、省市县多层面的统筹生态保护、综合治理和经济发展等工作机制。搭建国家部委牵头的黄河流域生态保护与开发定期例会、各省份牵头的黄河生态带建设会议等，邀请部委智库与行业组织参加，创新协同发展的体制机制，增强流域协同和专题会议的实效性。

四、黄河中游的生态保护图谱

推进黄河流域生态协同管理，抓好水土保持和污染治理，探索生态发展新模式，实施生态治理刚性约束，完善流域资源、生态、环保与监管机制，实现黄河流域高质量的生态保护。

（一）实施生态环境协同保护

落实保护优先、生态优先和绿色发展原则，因地制宜建设旱作梯田、淤地坝等，或者以自然恢复为主，进行污染严重的支流综合治理，做好流域资源、生态和环境协同保护，构建黄河生态带建设。

探索流域资源环境管理创新。破解流域尖锐的资源、环境和生态矛盾，促进生态文明建设。践行新发展理念，严格生态环境保护制度，科学合理利用和保护水资源，增强水安全保障能力。坚持水陆综合治理和标本兼治，坚持流域资源、生态和环境的综合治理与监管，维护河湖生态系统健康。

（二）完善治理开发监督约束

深化流域资源、生态和环境综合管理。贯彻"节水优先、空间均衡、系统治理、两手发力"系统水治理方略，构建水资源利用战略，建立资源和环境事权明晰、运作规范、权威高效的流域管理体制。

统筹规划、统一监督。推进流域资源、生态和环境综合保护与协同管理的创新支撑，构建生态保护的流域资源开发刚性约束机制，探索系统约束和协调下的黄河开发控制与综合管理。

（三）统筹生态保护性开发

贯彻"以水定地、以水定城、以水定产、以水定人"水资源管理原则。落实资源开发的生态保护刚性约束；强化资源节约和环境保护，促进流域绿色发展和协调发展。以保护资源、保护生态、保护环境为核心，促进经济社会优布局、控规模、调结构，推进黄河保护对流域经济社会发展的倒逼转型。汾河流域要加快工业园区污水处理进度；渭河流域要加快生活污水处理工程和农业面源污染控制工程建设。

（四）落实资源与生态补偿

以资源环境和生态保护为重点，构建合理的黄河水价制度，建立差别化的黄河生态带流域的资源、生态和环境补偿机制，制定黄河生态带的资源、生态和环境准入与清单管理，实施黄河生态带管控的动态调整，进行黄河生态带自然资产的差异化管理。

（五）构建生态保护法规制度

制定符合黄河流域资源、生态和环境实际的管理与保护法规，依法规范黄河治理开发、资源利用和综合保护活动；建立河源区、河流廊道和河口区域的资源、生态与环境保护补偿制度，构建流域生态流量及调度的规章和规范。

（六）强化流域区域协同管理

依法划分流域管理与区域管理权责，根据流域保护要求，强化区域监管责任，在流域生态保护优先的条件下，加强区域协调与统筹管理。搭建流域资源、生态和环境管理议事与协商平台。强化地方政府的自然资源与生态保护考核，建立辖区生态与跨界断面水资源和水环境的责任考核体系。

（七）构建高效开放监控平台

整合流域资源生态监测系统，实现资源与生态环境数据的系统、完整、开放和共享。以大数据、人工智能等技术，探索并构建流域生态环境监测与预警系统，实现资源和生态环境的动态、实时监控；建立健全流域和区域的资源、环境考核体系，做到责任目标和考核指标的落实。

五、黄河下游的生态保护图谱

以生态修复、滩区治理、生物多样性等保护性开发为重点，统筹做好生态保护与环境建设等各项工作，促进河流生态系统健康，提高生物多样性。

（一）建设高效生态经济区

实施滩区治理、堤岸改造、国土绿化、环境整治四大工程，加快实施小浪底北灌区、下游河道综合治理、沿黄水系连通等"四水同治"工程。推进沿黄周边污水处理工程，有效改善沿黄生态环境。创新生态保护模式，用足国家政策，科学开发和持续建设"黄河三角洲高效生态经济区"，打造国家级黄河流域生态发展示范试点经济区。

（二）保护生态网红打卡地

黄河是母亲河，要进行全流域体检，下大气力治住截住各种危害黄河健康的毒素；积极抓好植树造林、水土保持，把黄河沿岸一个个的点串成生态带，让水安澜、岸常绿、生态美。

抓好黄河三角洲生态保护和修复。加快研究实施"双流入海"和横向连通机制，申请设立黄河三角洲国家公园，丰富生态旅游内涵，让三角洲成为生态网红打卡地。加快改造黄河滩区生态环境，提升沿黄传统产业，培植壮大智能制造、新能源、医养健康等新兴产业，提高黄河滩区和两岸人民收入，让沿黄成为经济隆起带，让黄河成为造福人民的幸福河。

（三）构建生态保护智库

强化高端智库对黄河流域生态保护与经济发展的持续支撑作用。充分发挥河南、山东等省市专家智库的优势，利用当地特色资源，探索符合黄河下游各城市特色的高质量发展路子。坚持生态优先，项目为王，推动生态产业化，优化产业布局，构建绿色高质量生态产业体系。依托高校及科研资源，招商引资和聚集打造科创、科研产业园区、基地等载体。整合智库专家资源，完善产业研究载体，推进"黄河流域生态保护和高质量发展"专题研究，确保重大项目落地见效。

（四）让"中华龙"腾飞

以龙头带动"龙"的腾飞。推动黄河上中下游内部生态、产业和文化领域的合作与沟通，鼓励跨区域、全流域生态保护的合作与项目对接。强化"中华龙"的协同作用，加强西宁、兰州、西安、太原、济南、青岛等省会城市或大城市之间的生态合作与资源对接，推动各省会城市与周边中小城市多方位的对接，让"中华龙"实现腾飞。

为"龙"的腾飞插上翅膀。美化、绿化"中华龙"的栖身之地，让黄河水清起来，让两岸土地绿起来，让流域的空气更加清新。以黄河流域为主线，将生态、产业、文化、交通等一体化谋划、一体化推进、一体化发展，形成区域协同、产业协同、治理协同、制度协同的良好发展局面。

六、典型案例

案例：黄河银川段河滩地生态修复

为全面贯彻习近平总书记在"黄河流域生态保护和高质量发展"座谈会上的讲话精神，打赢新时代黄河保卫战，银川市委、市政府推动实施黄河两岸行洪区内河滩地收回整治、黄河岸线生态廊道建设、滨河水体净化湿地扩整连通等战略性生态工程和基础性民生工程，全面提升黄河两岸环境质量和生态功能修复。

- **实施目标**

规划目标。坚持生态文明理念，全力保护母亲河。重在保护、要在治理。坚持山水林田湖草综合治理、系统治理、源头治理，把水资源作为最大的刚性约束，让黄河成为造福人民的幸福河。

规划定位。"保护治理、生态修复"。充分利用现有规划区内生态资源，"退耕还林、还草、还湿"，运用"植树造林、分滩育草"等保护治理措施进行生态修复，创建集"保护治理、生态修复"于一体的黄河生态廊道。

规划策略。收回河滩地，全面整治河滩地乱占、乱采、乱堆、乱建"四乱"突出问题。修复和构建黄河滩地生态系统，构建沿黄区域生态安全格局。

生态系统构建。区域内森林覆盖率提高至59%，湿地面积占比达到31%，以生态优先、统筹发展，整合修复规划范围内湿地、森林、水域三大生态系统，结合各类生态系统的散布情况共同组成安全的、健康的、合理的总体生态空间格局。

- **实施规划**

黄河银川段两岸河滩地收回整治生态修复工作主要包括三个阶段任务，一是做好黄河两岸从事耕种或经营等用地退出（河滩地收回）；二是实施黄河两岸生态廊道建设；三是对黄河滨河湿地进行连通整治修复。

黄河两岸河滩地收回整治基本情况。

收回面积：根据银川市滨河水体净化湿地扩整连通工程和两岸生态廊道工程规划，需占用黄河两岸河滩地 20.06 万亩，本次需收回整治的河滩地面积为18.97 万亩，涉及各类承包户 6524 户。

收回方式：除作为交通运输等用地外，经沿黄四县（市）区确权明确登记为责任地的河滩地，由市人民政府组织统一流转、统一规划使用。收回整治范围内已确权登记为责任地的河滩地，不分地类统一按照每年 600 元/亩的标准支付流转费用。除已确权登记为责任地和交通运输等其他用地以外，政府发包、个人和企业自主开发、村集体经济组织发包及村集体经济组织自主开发的河滩地，由沿黄四县（市）区政府按照不高于 2000 元/亩的标准，以开垦补助费形式收回土地，签订土地收回补偿协议。收回整治范围内交通运输等其他用地由沿黄四县（市）区政府无偿收回。

资金筹措：黄河两岸河滩地收回整治工作涉及的流转费用、开垦补助费等资金由银川市财政筹措，按照包干方式向沿黄兴庆区、贺兰县、永宁县及灵武市四县（市）区政府支付，测算河滩地收回需支付各项补助费用 2.9 亿元。

建档建库：沿黄四县（市）区人民政府分类梳理河滩地收回整治工作过程中形成的资料，建立涉地户资料档案、资金兑付档案、法律文书等档案，同时建立河滩地收回整治工作档案信息库。

黄河银川段岸线生态廊道规划情况。

位置面积：生态廊道规划项目区位于银川市区东侧，黄河两岸滨河大道之间河滩地，北起贺兰县永乐沟，南至灵武市苦水河，全长约 84 公里，生态廊道项目规划面积为 18.66 万亩，其中原有林面积为 3.69 万亩，可实施面积为 14.97 万亩。

总体规划：按照一河、两岸、四区（兴庆、永宁、贺兰、灵武）的规划设计，以系统性整合为理念，协调各生态系统空间建设，注重刚性保护与弹性结合，强化区域治理，打造湿地、森林、水域三大生态系统，实现绿色生命共同体的生态服务功能最大化。从低度、中度、高度敏感区设计生态系统安全格局，构建高效培育、全面连通，美丽、稳定、可持续的森林空间体系；构建沿黄河生境多样，类型丰富的湿地生态带；构建蓝绿交织、林水交融的生态网络空间。

分期实施：近期 2020—2021 年，中期 2022～2024 年，远期 2025 年。

投资概算：生态廊道建设概算投资 6.9 亿元。

滨河水系截污净化湿地扩整连通工程。

项目位置：该项目工程位于黄河以西、滨河大道以东，北起贺兰县北大沟、南至永宁县中干沟，全长 49.5 公里。

治理面积：涉及沿线永清沟、二排沟、银新干沟等 7 个湿地及其连通段，规划区域总面积 18898 亩，其中水域面积 8652 亩，陆地面积 10246 亩。

- **实施过程**

该项目采取沿岸生态绿化种植、湿地和沿线水域水体净化等综合措施，运用石墨烯催化网及水质自动监测净化表流湿地，建立一个完善的、富有生命的水质自净化体系，使银川滨河水系入黄水质达到地表水环境质量四类水质标准，以达到保护黄河银川段生态安全的目的。

建设内容：湿地建设部分主要包括湿地生态系统构建工程、节水灌溉工程和基础设施工程，其中，湿地生态系统构建工程水生植物种植面积 6000 余亩、陆生植物种植面积 2400 亩、植被改造提升约 950 亩，投放鱼虾螺贝 16 吨，购置和安装太阳能曝气机 20 套，建设生态基约 3 万平方米，并试点应用石墨烯水生态环境治理技术。

项目投资：投资额约为 2.078 亿元。

- **成效与借鉴**

（一）加强河滩地的收回管理

习近平总书记指出，宁夏作为西北地区重要的生态安全屏障，承担着维护西北乃至全国生态安全的重要使命，并明确提出要建设天蓝、地绿、水美的美丽宁夏。2018 年 12 月，自治区召开专题会议，听取黄河河滩地摸底调查和综合利用规划编制情况，安排市政府有关部门，会同沿黄四县（市）区人民政府对黄河河滩地性质和权属、开发利用现状、二轮承包及租赁情况进行全面调查摸底。在摸清情况的前提下，深入了解青铜峡市库区退耕还湿历史遗留问题化解情况，坚持"稳定为先，兼顾多数"的原则，区别对待、分门别类研究制订收回方案。2018 年 12 月 25 日，银川市研究印发《银川市开展黄河两岸行洪区河滩地退耕收回整治工作实施方案》，明确指导思想、目标任务及责任分工，规定工作内容和完成时限，对沿黄四县（市）区人民政府开展河滩地摸底调查工作提出具体要求。同时，依法依规拟订了河滩地土地开发使用状况调查摸底工作流程及技术规范，聘请专业测绘机构全程参与沿黄四县（市）区河滩地调查摸底和数据分析，并对应完成了河滩地调查摸底数据库建设。自 2019 年 10 月起，沿黄四县（市）区人民政府按照工作方案要求，全面启动 18.97 万亩河滩地收回。目前已收回河滩地 16.99 万亩，剩余 1.98 万亩河滩地正在抓紧完成收回。市财政已按照收回进度，向沿黄四县（市）区拨付 70% 的补助资金，共计 1.58 亿元。

（二）实施收回河滩地整治修复

为全面提升黄河两岸环境质量和生态功能，坚持生态优先、绿色发展原则。黄河银川段河滩地按照收回土地、编制规划、生态修复三个阶段分步骤推进。2019 年 9 月 18 日，自治区再次召开专题会议，确立"重在保护，要在治理，坚持山水林田湖草综合治理、系统治理、源头治理"的整治原则，要求沿黄四县（市）区人民政府及银川市各相关部门（单位）结合"不忘初心、牢记使命"主题教育，按照统一收回土地、统一规划实施的工作步骤，全面谋划管辖范围内河滩地生态建设目标和方向，主动担当、积极作为，打造富有当地特色的黄河流域生态景观。2019 年 10 月 12 日，银川市成立黄河银川段两岸河滩地收回整治生态修复工作领导小组，在调查摸底的基础上，研究制定《黄河银川段两岸河滩地收回整治生态修复工作方案》，2019 年 10 月 30 日上报自治区人民政府，经银川市委 2019 年第 27 次常委会议、银川市人民政府 2019 年第 48 次常务会议原则同意后于 2019 年 12 月 9 日印发执行。在此工作基础上已开展实施了滨河水系截污净化湿地扩整连通工程，湿地和节点的生态绿化种植工作已完工，共完成整理绿化用地 355.49 万平方米，安装各类供水管道 74.09 千米，栽植各类乔木 12.18 万株、花灌木 61.87 万株、地被及草坪 47.75 万平方米，栽植水生植物 92.94 万平方米。水体净化工程完工，安装太阳能曝气机 12 台，生态基 14707 个，完成石墨烯光催化网 10.5 万平方米铺设；2 处滨河水系断面（永宁县至兴庆区断面、兴庆区至贺兰县断面）岸边水质自动监测站，1 处北大沟入黄口岸边水质自动监测站主体建设及设备安装全部完成。

（三）统筹谋划黄河两岸河滩地生态廊道规划建设

按照银川市委、市政府安排，在开展黄河滩地收回工作时同步开展《黄河银川段两岸河滩地生态廊道规划》编制，明确灵武段主要形成旅游、观光、生态经济相结合的综合性河滩；永宁段展现黄河田园风光；兴庆区段打造绚丽河滩；原银川滨河新区段结合湿地特色，建设集红柳科普、培育、销售于一体的专类园；贺兰段以塞上江南为主题，保留原有地形地貌及自然恢复区。通过黄河两岸生态廊道建设恢复完善黄河银川段两岸河滩地生态功能，为银川都市圈营造一条精品生态廊道。在编制规划时充分利用规划区内现有生态资源，退耕还林、还草、还湿，运用植树造林、封滩育草等保护治理的手法进行生态修复，创建集"保护治理、生态修复"于一体的黄河生态廊道。《黄河银川段两岸河滩地生态廊道规划》分别于 2019 年 8 月、9 月、10 月经市政府专题会及市委专题会研究，不断对内容进行修改完善。目前，规划实施内容和实施面积都已确定，将按程序提请市规委会研究审批。审批通过后，沿黄四县（市）区将按照《黄河银川段两岸河滩地生态廊道规划》有序开展黄河两岸河滩地生态廊道建设，逐步恢复黄河两岸自然生态本底，筑牢祖国西北生态安全屏障。

第 八 章

CHAPTER **8**

黄河的综合治理

　　黄河流域生态保护和高质量发展是重大国家战略。黄河是一条自然条件复杂、河情特殊的河流。防治黄河洪涝灾害受到历代执政者的高度重视。

　　习近平总书记强调，治理黄河，重在保护，要在治理。要坚持山水林田湖草综合治理、系统治理、源头治理，统筹推进各项工作，加强协同配合，推动黄河流域高质量发展。目前，黄河生态治理进入关键时期。

一、黄河流域的综合治理现状

　　黄河流域生态恶化、泥沙流失、水质污染、河道淤积等问题，其诱发原因很多。上中下游要因地制宜，区别对待，统筹治理，确保成效。

（一）流域治理初见成效

　　黄河发源于青海省巴颜喀拉山脉，流经青海、四川、甘肃、宁夏、内蒙古、陕西、山西、河南、山东9个省区，在山东省东营市垦利县入海。黄河流域面积79.5万平方公里，其中：黄河流域中上游面积占总面积的97%，下游流域面积仅占3%。因此，黄河上中游综合治理工作尤为关键。

　　经过几十年的综合治理，黄河上游水源涵养能力显著提升，泥沙流失状况得到遏制，中下游流域工业和生活污染有所缓解，黄河流域植被和森林覆盖率逐步提升，综合治理取得了阶段性成效，总体呈现好的势头。但是，存在的问题和各种隐患很多，综合治理的任务依然繁重。

（二）高效治理困难重重

　　泥沙流失危害极大。"九曲黄河万里沙。"黄河为害，害在泥沙。黄河中游黄土高原区，地处晋陕豫三省接壤地区，受土质疏松、地形破碎、降雨集中等自然因素和陡坡开垦、过度开发等人为因素的影响，水土流失面积广、土壤侵蚀强度大，是黄河粗泥沙的主要来源地，也是历史上黄河决口泛滥的重要原因。黄河中游每年泥沙输送量16亿吨，每年大约有4亿吨泥沙淤积在下游河床中，不断抬高下游河床，形成地上悬河。黄河中游，最大威胁来自水土流失。成败关键就是治泥沙。从水、沙减少的比例差异看，二者关系明显不协调，水少沙多是黄河复杂难治和诸多问题产生的根源。泥沙治理是一大难题。

　　过度开发导致的土地退化也是流域治理的重大问题。21世纪以来，尤其是党的十八大以来，国家实施退耕还林还草、小流域综合治理等重大生态治理工程成效显著，黄河流域生态环境明显改善，对改善黄河中下游生态环境、根治黄河水害、维持黄河长治久安发挥了重要作用。

水资源低效利用是综合治理的重点领域。西北地区自然气候条件较差，深居内陆，距海遥远，高原、山地地形较高，对湿润气流形成阻挡，导致降水稀少，气候干旱。黄河流域河川径流地区分布不均，水资源与人口、耕地需求不均衡等客观条件加剧了西北地区的用水紧张。

污染排放是黄河流域环境整治的重中之重。工业"三废"、化肥农药污染、生活废水、城乡垃圾等各种污染，是黄河流域各省份需要持续解决的一大难题。

二、黄河流域的治理短板

黄河流域上游产业基础差，综合治理的财力弱，退耕还林还草的压力大，自我投资能力不足。中游泥沙多，工业污染较重，用水需求大，下游滩区综合开发、生产水耗和生物多样性等是综合治理的重点，需要分类实施，制订计划，有序推进。

（一）水土流失问题是重中之重

黄河多沙河流的泥沙淤积和处置问题，始终影响并困扰着黄河治理。长期以来，流域上中游地区干旱风沙、水土流失灾害问题突出，流域"水少沙多、水沙关系不协调"加剧了下游河道泥沙淤积和洪水威胁，严重制约着流域及相关地区经济社会的健康发展。黄河水土流失严重，河流泥沙量大和输沙用水量少产生的水沙时空关系不协调，是造成黄河泥沙易淤积、易频发洪涝灾害的主要原因。

（二）防洪问题与淤地坝老化失修

黄河的防洪问题是黄河治理的头等大事。黄河的泥沙流失尚未彻底解决，如果遭遇超强暴雨也有可能发生集中输沙的威胁。此外，高强度的用水使得黄河流域水资源承载能力遭受极限压力。黄河流域既要满足流域九省区的供水任务，还要承担引黄济淀、引黄济津、引黄济青等大规模的域外补水任务，导致黄河水资源承载能力严重不足，形成了黄河流域水环境承载能力超出控制上限等可能风险。

坝堤失修也是黄河流域综合治理紧迫的、突出的难题和问题。淤地坝指在黄河中游流域的黄土高原水土流失沟道中修建以滞洪拦沙和淤地造田为目的的水土保持工程，在控制水土流失、减少入黄泥沙、改善生态环境、促进农业规模化生产和脱贫致富等方面发挥了不可替代的作用。许多坝体工程因年久失修、设施老化，存在不同程度的毁损，部分淤地坝已丧失继续拦泥和防洪的能力，甚至还存在安全隐患，亟须统筹规划，尽快修复和新建。

（三）退耕还林还草难度大

退耕还林还草是党中央、国务院为改善生态环境，保障国家生态安全的重大决策，也是完善强农惠农政策的重要举措。退耕还林还草工程的实施，对提高林草植被覆盖率、减轻水土流失、减少入黄泥沙，改善农民生产生活条件发挥了重要作用。

退耕还林工程的实施区域多为生态脆弱区和经济欠发达地区或乡村，退耕农户的收入渠道很少，对来自土地收益和国家退耕补助的依赖性强，土地过度开发现象存在。受降水量少等自然条件影响，退耕后的林木生长缓慢，多数退耕林地到补助期满也难以获得经济收益。特别是占80%以上的生态林只具有生态价值，不具有经济价值，需要国家在政策层推动跨流域生态补贴和产业扶贫等有效措施。

（四）黄河滩区保护修复压力大

黄河滩区指黄河大堤与河道之间广阔的滩地区域，具有拦蓄洪水、削减洪峰、沉积泥沙的功能。黄河出龙门后，河道骤然变宽，河床由100米的峡谷展宽为4公里以上，最宽处达18公里之多。过潼关后又收缩为850米。区间分布有大量黄河滩地，其中汾河、渭河入黄口滩地达20万亩。黄河滩地由黄河水携带泥沙淤积而成，地形平坦、土壤肥沃，水资源丰富，既是主要排沙放淤沉积区，又是水生物集聚地，具有较大的开发潜力，具备生产各类农产品的优良条件。当前，滩区保护与开发的矛盾较为突出。

（五）黄河湿地管理权责不清

黄河湿地作为重要的生态廊道，是黄土高原区重要的资源宝库。黄河湿地生态系统存在碎片化管理、多头管理和管理机构权责不清等问题。亟待保护黄河湿地生态系统完整性，打破部门分割和地域限制，整合各类保护地管理机构，统筹日常管理、综合执法、经营监管等，提高管理效能。

（六）缺乏黄河流域治理立法

黄河流经九省区，目前没有省区之间的区域协作和协同治理，缺乏全国统一立法和规章制度。政出多门，区域分割，缺乏协调、统领和综合立法。部门分割方面，涉及黄河治理的有生态环境、自然资源、水利、河务、农业等部门，形成"九龙治水"，存在"管水量的不管水质，管水源的不管供水，管供水的不管排水，管排水的不管治污"等分割管理的问题。区域分割方面，黄河流经各省份、地市县，各地各建各的湿地公园，各自进行水源利用、治理政策和执法措施，缺乏流域之内、跨流域的协调和配合。如《河南省黄河河道管理办法》和《河南省黄河防汛条例》，一个是政府规章，一个是地方法规，但都属于单一立法，缺乏对黄河生态保护和高质量发展的综合立法。此外，流域之内缺乏司法和行政执法领域的制度统领和跨省份协作，没有形成各阶层、全社会自觉保护黄河生态环境、促进高质量发展的法治氛围与主动行动等。

三、黄河上游的综合治理图谱

黄河上游，黄河流经高原地带，地势高，落差大，是水利最能发挥作用的地方。而中国又缺乏能源，可因地制宜，利用黄河的这一优势，在上游修建水电站，产生巨大的水利能源，从这里输出，成为经济发展的血液。同时，生态涵养与发展经济的压力很大。

（一）多策并举综合治理

鼓励各地区修建水渠，治理泥沙淤积，对黄河水分流。落实乡村振兴政策，鼓励干旱地区的农民少种粮食，多种牧草和植树造林，用林、草来涵养水土，减少下游泥沙量。发挥河长（库长）制作用。将河长（库长）制等纳入法治轨道，细化河长（库长）职责，实现河长（库长）流域治理、水系治理等权责统一。明确河长（库长）的责任考核、生态补偿等制度衔接，为河长（库长）发挥职能提供治理动力。

提升水源风险防控能力。开展水源地水质监测，加大饮用水水源地环境保护执法力度。开展县级以上集中式饮用水水源地环境状况评估工作，科学论证和适当使用原有供水模式（如地窖蓄水），鼓励建立市、县、乡镇各级集中式饮用水水源地环境管理档案，开展黄河流域水环境"专项行动"，动态排查和整治水源违法问题，加大对问题清单的综合治理监督。

（二）建设守护"黄河蓄水池"

西北部的黄河段是我国重要的生态和经济发展区域。"如何利用好、开发好、保护好西北地区的天然水库"是影响黄河流域西北地区社会发展的关键。甘南藏族自治州地处长江、黄河上游，天然草地素有"黄河蓄水池"和"中华水塔"的美称，是保护黄河、长江流域生态安全的天然屏障。甘南藏族自治区有大面积的高寒湿地、草地和森林等自然资源，在涵养水源、调节洪峰等方面作用明显。

推进生态治理跨区协同。选择试点城市和区域，进行黄河上游生态保护、综合治理与经济协调发展示范试点。抓好甘南藏族自治州等示范地区的综合治理。

黄河干流在甘肃省甘南藏族自治州境内全长 433 公里，径流量增加 108.1 亿立方米，占黄河源区总径流量 184.13 亿立方米的 58.7%，占黄河年均径流量 580 亿立方米的 18.6%。甘南藏族自治州黄河流域地表水资源总量为 199 亿立方米，每年平均向黄河补水 65.9 亿立方米，有"黄河源于青海三江源，但成河在甘南高原"的说法。由于黄河改道和人为因素，被誉为"黄河蓄水池"的玛曲县境内沙源丰富，可积极探索和推广灌草结合建植、牛羊粪便改良土壤等"甘南特色"治理模式，通过植树造林、封山育林，增加草原综合植被，开展退牧还草、草原鼠害综合治理，实施牛羊育肥、暖棚养殖等，减轻草原压力，提高水土保持和蓄水能力。

（三）实施湿地模式分段治理

实施湿地综合治理试点。黄河中上游大部分位于西北地区，途经青海、甘肃、宁夏、内蒙古、陕西、山西等省份。黄河中上游流域的分段治理是黄河流域战略实施的重要内容。通过开展以湿地模式等为中心的综合治理，改善黄河中上游沿岸植被状况，逐步解决西北地区经济发展严重缺水的瓶颈，恢复下游地区生物多样性和自然保护工作。

设立黄河湿地治理委员会。以国家部委联席会议或专家小组的形式，统筹推进以湿地为中心的综合治理行动计划，结合污水、土壤修复等重点工程，实现人与自然、生态环境与社会发展的和谐共生。

完善跨流域治理协同体系。创建联动联通的黄河流域治理体系，激发社会参与治理的能动性，在省与省、市与市形成区域性的流域治理合作平台，形成高效联动、优势互补、互利共赢的流域治理新格局。鼓励社会组织参与和负责流域治理项目。激发、调动和聚集企业、社团、专家学者、公益组织等共同参与黄河治理，探索科学的治理模式。

优化水资源协调机制。推进黄河流域各地区的系统治理、源头治理和综合治理，将湿地资源、河道、滩区等综合开发、生态修复等同步推进。积极推动退耕还湖、完善水利工程、集雨节灌一体化等生态工程、加强河道和湿地等保护宣传，加强水资源浪费与各类污染治理，打造西北地区"节水、净水、储水、涵水"一体化生态建设工程。

四、黄河中游的综合治理图谱

黄河是世界上泥沙含量最大的河流，黄河流经中游的黄土高原时，黄土高原地表植被破坏严重，大量泥沙随洪水进入黄河。积极推动农业、工业等结构调整，减少对水资源和河流的破坏，减少泥沙流失，加大污水、土壤和空气等综合治理，实现山绿、河清、空气干净等综合治理目标。

（一）加大水土保持和污染治理

出台水土治理实施措施。将沿线生态绿化、河道泥沙疏浚、淤地坝除险加固等纳入各地政府的业绩考核，确保绿化效果、淤地坝拦沙淤地、改善生态环境，推动生态与产业的深度融合。推动重点地区综合治理试点，如：研究和挖掘陕西省渭河两岸生态治理经验，建设水草怡人的黄河湿地景观。

探索水土保持运行机制。创新各城市水土保持、泥沙疏浚、流域治理等工作模式，制订分河段水土保持行动计划，推动河流治理和水土保持由山丘区向城郊区、开发区、城市核心区等转型。深化跨区域水土保持补偿与转移机制，把流域、城区和园区等作为社会资本参与流域泥沙治理的重要载体，创新水土保持与流域治理的融资模式。

（二）强化水资源节约集约利用

强化水量评估与调配。坚持以水定城、以水定地、以水定人、以水定产，把水资源作为最大的刚性约束，确定具体部门、规则和操作步骤，合理规划人口、城市和产业发展，因地制宜地发展节水享水型产业和技术，积极推进农业节水，推进全社会节水行动，推动产业发展和用水方式由粗放向节约集约等方向转变。

强化水资源智慧监控。加大资金投入和系统开发，完善智慧水利信息系统，利用卫星遥感、无人机与地面监管相结合的"空天地一体化"技术，健全城乡水利智慧监测体系，尽快做到"人在做，天在看"，利用卫星拍片等手段，监测和发现异常情况，采用无人机等进行地面核查，不断构建黄河流域智慧管理与监督的"天网"。

（三）保护性利用重点枢纽工程

保护利用三门峡大坝。三门峡水利枢纽是新中国成立后黄河干流上修建的第一座大型水利工程，位于河南省三门峡市与山西省平陆县交界处黄河中游河段的下部，控制流域面积68.8万平方公里，占黄河流域面积的91.5%。控制黄河水量的89%、沙量的98%。控制黄河河口镇至龙门区间和龙门至三门峡区间两个主要洪水来源区，对三门峡至花园口区间的第三个洪水来源区的洪水起到错峰作用。

保护小浪底水利工程。小浪底水库总库容126.5亿立方米，调水调沙库容10.5亿立方米，死库容75.5亿立方米，有效库容51.0亿立方米。主要用于防洪、防凌、减淤，兼顾供水、灌溉和发电等，是我国跨世纪第二大水利工程。小浪底项目位于黄河中游豫、晋两省交界的最后一段峡谷出口处，是黄河中游最后一段峡谷的出口，开发维护小浪底水利枢纽工程，既可控制黄河洪水，又可利用其淤沙库容拦截泥沙，进行调水调沙运用，减缓下游河床的淤积抬高。

（四）优化流域治理法治环境

区域合作，法治先行。黄河生态系统是有机整体，以系统思维和全局高度打破一地一段一岸的局限，实现黄河治理保护的系统性、整体性和协同性，建立省际区域合作的长效机制，进行区域性合作立法。推进跨城市、跨区域签订框架性合作协议，在水资源利用、污染防治、跨流域水量调度、司法和行政执法协作、文化保护及信息互通等方面，省内各城市、各省区之间开展深度合作。进行区域性合作立法，提升黄河生态保护区域一体化、协同治理、共同协作与高效运营。

强化跨域顶层设计和统一领导。逐步推进 9 省份的省级综合、统一立法，构建治理、保护和发展的合力。各省成立省委领导的黄河流域生态环境保护和高质量发展小组，统一制定政策制度、方案和措施，建立定期、不定期联席会议制度，协调自然资源、环境保护、河务、水利等部门，建立综合治理、协同一致的监管制度。各省份严守"三条红线"（生态保护红线、环境质量底线、资源利用上限），强化底线思维（也是法治思维）的硬约束；实施"四水同治"（水生态、水资源、水环境、水灾害），全流域形成水清安澜的新局面。国家层面要研究和制定全国统一、跨域协作的《黄河保护法》。

完善司法与行政执法协同体系。国家、流域、9 省份逐层制定覆盖生态保护、综合治理、经济发展和黄河文化保护、传承等在内的一系列法规制度，全面推进黄河流域生态保护、流域治理、文化保护和经济发展。各省可以发起和试点由省公安厅、省高级人民法院、省人民检察院等出台法规条例，明确公安机关、法院和检察院等，分工管辖流域内环境违法犯罪案件的侦查、检察、审判等工作。国家智库和主管部门加强黄河流域生态保护理论研究，成立公益性社会组织，支持黄河流域生态环境保护和综合治理等公益诉讼。

加强流域生态保护和治理普法宣传。由各级政府分工负责，纳入年度普法计划，全方位宣传黄河流域生态治理与经济转型的产业政策与法规条例，提高法规政策严肃性，逐步形成各行业、全民自觉保护黄河生态环境的法治氛围。

建设黄河流域智库服务平台。整合黄河流域科研院所和专家力量，构建多层次、多元化黄河流域战略研究、法规条例、产业转型等行业协会和公益组织，积极参与各级政府的行政决策、法律法规讨论，聚集吸收专业人士，听取社会公众的意见，保证治理、保护和发展决策的民主化、科学化和法治化。

五、黄河下游的综合治理图谱

经过多年的综合治理，黄河来水来沙量明显减少，小浪底水库调水调沙等使得黄河下游主槽得到全线冲刷；黄河实现了多年不断流，下游生态系统得到恢复。黄河下游生态调度增加了河道基流及入海水量，保障了黄河干流连续二十年不断流，改善了河流生态系统功能和水环境质量，黄河河口三角洲东营、滨州等城市的湿地萎缩趋势得到遏制，鸟类和鱼类的种类及数量增加。但是，存在的问题仍然很多，需要国家和地方加大政策力度，强化统筹，全力改进。

（一）完善生态保护区域合作机制

统筹防洪行洪和经济发展。按照因地制宜的原则，从实际出发，宜水则水、宜农则农，积极推进和实施黄河流域重点城市的滩区改造提升，加大政府投资和扶持，实现济南、东营等部分滩区的居民迁建等重点工作。

建立生态保护区域合作机制。推动黄河水利委员会与国家部委司局的业务合作和职责界定，整合国家层面的黄河流域综合治理和高质量发展领导小组，统筹全国各流域和黄河流域生态治理与水量调配等重大决策。在黄河流域9个省份建立和完善省级层面的黄河流域联席会议机制，统筹解决本省之内各地市在黄河流域生态保护方面的信息孤岛、政策割裂、工程分散等突出问题；在地市县区分别建立跨区域和本区域之内的生态治理联席会议机制，显著提高辖区内、跨区域的生态治理、水量分配和产业布局等问题。

（二）建设协同的黄河生态廊道

建设生态廊道。整合现有沿黄湿地保护区，打造规划统筹、跨域连接的黄河生态廊道。划定黄河下游生态廊道生态管控空间，综合考虑防洪要求、生态保护和生产发展的要求，适度划定生态廊道建设的范围；结合黄河滩区居民迁建等问题，开展滩区生态治理与修复。同时，兼顾防洪安全与生态建设的要求，发展生态农业、生态牧场及生态旅游业，构建黄河滩区生态涵养带。

完善生态发展机制。统筹协调生态保护、防洪工程及河湖管理之间的关系。严格黄河下游生态廊道管控，构建区域与流域协调统一、齐抓共管的河道管理长效机制。强化制度执行督查，保护黄河生态廊道健康发展。统一规划沿黄文化景观和博物馆体系，打造黄河文化长廊。协调沿黄地市自然文化资源发掘，打造沿黄旅游精品路线，形成黄河流域生态优先、优势互补、产业协同的良好局面。

（三）实施挖淤与跨流域调水工程

实行"悬河"综合治理。黄河下游的济南等河段，河道增高，黄河成为悬河，必须定期挖淤泥，降低河道。沿线各城市和黄河流域各省份要加强河道治理统筹，研究确定河道贯通治理重点工程，通过人工控制下游水流宽度，加快河水流速，利用河流的力量，冲刷正切河床，逐渐降低河床高度，逐步降低河面到地面以下。

推动流域重大治理项目。超前谋划，统筹实施，推进实施一批重大河道疏浚工程和滩区建设项目，结合流域水量配置和供水大型项目，论证实施南水北调西线工程，或类似于"红旗河"的大西线调水工程。进行重大项目论证与评估，从根本上解决黄河流域及西北、华北地区资源性缺水问题，改善我国北方地区生态环境，保障区域经济社会健康可持续发展。

（四）抓好下游水利及疏浚防洪

实行泥沙疏浚联动。强化中游水土保持，确保减少下游泥沙堆积。"槽高、滩低、堤根洼"的下游河道使局部防洪形势严峻。这些防洪工程中的薄弱环节，对黄河防洪安全构成严重威胁。黄河中游多沙粗沙区是造成黄河下游河道淤积的主要泥沙来源区，该地区地形破碎，坡陡沟深，暴雨集中，水土流失严重，治理标准低，治理任务艰巨。加强黄土高原地区和各城乡滩区、淤坝地建设，加大植树造林，强化工程、生物和耕作等综合措施，减少水土流失，减少泥沙入黄，减少水土流失导致的黄河下游河道淤积。

开发保护沁河等水系河道。沁河是黄河下游最大的支流，其防洪问题与黄河下游防洪安全息息相关，尤其是丹河口以下左堤决溢，将造成严重的灾难。加大资金投入，将沁河下游防洪治理工程纳入黄河下游防洪工程同步建设。

疏浚河槽河道滩区。河槽宽浅河段输沙能力低，是造成目前高含沙洪水在黄河下游严重淤积的主要原因。河槽宽浅无法约束洪水期水势的突然变化，造成平工出险，险工脱流。加大主槽疏浚力度，采用挖泥船（吸泥船），将主槽浚深和拓宽，将疏浚的泥沙通过堵串沟、淤填堤沟河及低洼地带。采用人工进行淤筑或对堤河进行填垫，抬高地面高程，减少滩面的横比降，缓解"二级悬河"加剧的压力，减少出现滚河和顺堤行洪的可能性。建立滚河防护工程和淤大堤的临背，修筑标准堤，形成"相对地下河"。

调水调沙冲刷河道河槽。提高水患防控意识，减小河道淤积程度。开展调水调沙试验，借助自然力量，对接黄河中游水库联合调度，塑造人工异重流，形成连续的泄流动力对小浪底水库等淤积泥沙进行冲刷，同时在下游淤积严重的河段进行人工扰动加沙，增加入海洪水的携沙含量，实现减淤冲沙、疏浚河槽、推沙入海的目的。

跨域调水与地下水统筹治理。统筹区域水量和调剂机制，加大跨雨季、跨区域调度水量和汛期蓄水。利用汛期蓄水和泄洪，有序补充地下水位和漏斗区，提高水土涵养和地下水位。强化跨区域水量指标调度、生态补偿和地下水开采管理，提高流域水资源使用效益。

建设标准化堤防与产业带。实施淤滩、淤堤、淤地造陆等重点工程，依水建堤，依河修路，将黄河下游堤防建设成保护城乡发展的防洪安全线、交通保障线、生态旅游线，提升堤防资源化能力。探索将堤防半幅修成高等级公路，连接黄河下游济南、东营、滨州等重要城市，沿堤防建设沿黄经济开发带，推进乡村振兴和城镇化建设，妥善安置滩区移民，充分利用黄河文化资源，开发文化旅游产业。

六、典型案例

案例 1：白银市探索黄河生态保护和高质量发展战略

● 项目背景

习近平总书记在河南主持召开黄河流域生态保护和高质量发展座谈会时强调，共同抓好大保护，协同推进大治理，让黄河成为造福人民的幸福河。总书记亲自擘画并旗帜鲜明地将黄河流域生态保护和高质量发展，同京津冀协同发展、长江经济带发展、粤港澳大湾区建设、长三角一体化发展一样，在新时代上升为一项重大国家战略，沿黄各地从当地实际出发，积极探索富有地域特色的黄河流域治理保护和高质量发展的新路子。

白银市位于甘肃省中部，地处腾格里沙漠南缘、黄河上游，是黄土高原、内蒙古高原和青藏高原的交汇处，也是西北草原荒漠化防治区和黄土高原水土保持区的交汇区。在全国生态安全格局中，承担着南保水土、北御风沙、中保黄河水质的重大责任，生态地位重要。推动黄河白银段生态保护与高质量发展，对于改善黄河流域生态环境、保障黄河中下游生态安全、推动经济社会可持续发展具有重要的意义。

- **项目需求**

白银市面临水土流失、水污染等突出问题亟待研究和推进解决。主要问题是：每年约 6000 万吨泥土进入黄河，水土流失治理形势严峻。

白银是典型的资源型城市和老工业基地，曾创造了铜产量、产值、利税连续18 年全国第一的业绩，为共和国的建设发展作出了巨大贡献，但由于历史上环保投入欠账大、装备技术落后、资源循环利用水平较低、矿山生态恢复问题、东大沟流域重金属污染等问题使白银一度成为全国污染最严重的城市之一，留下了巨大的生态环境欠账。

由于白银市大部分是山区，自然条件恶劣，生态环境脆弱，土壤侵蚀严重，水土流失面积占全市总面积的 68.6%，黄河流经白银 258 公里，而每年约 6000万吨泥土进入黄河。特别是黄河的一级支流祖厉河，在黄河流域面积 1 万平方公里的 6 条入黄支流中，祖厉河流域年均入黄水量仅占 1.46%，年均入黄泥沙量却占 39.58%。

由于长期以来工矿业粗放发展，导致白银市土地沙化、水土流失、工矿业污染等生态环境问题日益突出，原本脆弱的生态更加恶化，黄河白银段生态问题不仅成为影响当地经济社会可持续发展的重大制约瓶颈，而且严重威胁黄河生态安全。

- **实施过程**

白银市将黄河保护治理工作作为首要任务——"规划"坚持科学引领。"保护母亲河是事关中华民族伟大复兴和永续发展的千秋大计。甘肃是黄河流域重要的水源涵养区和补给区，要首先担负起黄河上游生态修复、水土保持和污染防治的重任。"按照习近平总书记的指示精神，白银市已将黄河保护治理工作作为首要任务。

2012 年，白银市在以往有效实施生态环境治理的基础上，就开始谋划黄河白银段生态环境综合性、系统性的保护治理工作，编制《黄河白银段生态环境综合治理规划》，开展生态治理工程。2017 年《西部大开发"十三五"规划》明确提出"启动实施黄河白银段生态环境综合治理工程"。

2018 年，重新编制了《黄河白银段生态环境综合治理工程实施方案（初稿）》（以下简称《实施方案》），总投资 111.64 亿元，争取到中央和省级资金13.85 亿元。为抢抓黄河流域治理保护上升为国家战略的重大历史机遇，编制《黄河白银段生态保护和高质量发展规划》。初步形成了以"北部干旱荒漠风沙源综合治理区、中部城镇工矿生态环境综合治理区、南部黄土丘陵水土流失综合治理区"为布局，统领实施生态恢复治理、水环境污染治理、水土流失治理、小流域综合治理、干支流防洪治理、防风固沙治理、生态经济带建设、文化旅游资源开发保护、大数据库建设9大工程，打造"安全、生态、数字、文化、幸福"河的总体框架。

围绕建设"幸福河"目标，白银市坚持"生态优先、绿色发展，综合施策、标本兼治，系统集成、协同联动，源头突破、整体推进，久久为功，永续发展"的原则，坚决摒弃单纯依赖传统工业的思维定式和粗放的发展模式，提出新的发展思路和举措，制定了加快培育新动能推动高质量发展实施意见，提出了"有色绿色齐头并进、农业工业协调发展、三次产业融合提升，工业强市不松手、乡村振兴抓上手、生态旅游握紧手、开放开发携起手"的发展思路。重点实施"安全黄河""生态黄河""数字黄河""幸福黄河""文化黄河"五河工程。

- **实施效果**

白银市一批生态移民工程实施，建成大中型电力提灌工程31处，发展有效灌溉面积157.58万亩；天然林保护、三北防护林建设、新一轮退耕还林还草、农牧交错地带已垦草原治理、水土保持、重点流域水污染防治、循环化改造等10类普惠性专项，实施了黄河白银段防洪工程、黄河上游白银段东大沟流域重金属污染综合整治及生态修复工程项目、白银东大沟河道重金属污染治理项目、白银历史遗留含镉污染治理工程等一批重大生态工程项目。黄河白银段一条以灌溉农业为主的绿色长廊，一条沿黄河的经济、旅游和文化带正在形成。

- **主要借鉴**

建设"生态黄河"，坚决筑牢生态安全屏障。按照"北御风沙、南保水土、中建绿洲"总体要求，筑牢黄河白银段生态安全屏障。综合施策恢复林草生态；科学保护治理草地生态；扎实推进湿地自然保护区再升级；全力推动沙化荒漠化程度双减轻。

建设"安全黄河"，重点抓好水沙关系调节、污染治理和水资源节约集约利用，科学合理利用和保护水资源，增强水安全保障能力。加强水土流失治理；强化污染控制；落实最严格的水资源管理制度。

建设"文化黄河"，重点建设黄河石林景区；突出沿黄风情旅游线路打造；深入挖掘黄河文化旅游产品。

建设"数字黄河"，全面提升保护治理水平。综合运用先进的信息技术，构建一体化的数字集成平台。

建设"幸福黄河",着力推动绿色发展崛起。把培育壮大十大生态产业作为高质量发展的主攻方向,着力增强经济发展的动力和韧性。

案例 2:利津县统筹治理生态产业

- **规划背景**

黄河流域综合治理和经济转型是各城市生态建设的重大工作和战略要求。黄河生态经济带建设是发挥好母亲河作用、兴利除弊、加快发展的现实路径,是促进沿黄省市经济转型、涵养黄河生态、培养支柱产业、造福沿黄人民的治本之策,对脱贫攻坚、乡村振兴意义重大。山东省东营市利津县学习贯彻习近平总书记黄河流域战略部署,以生态经济带建设为抓手,落实重大工程和重点项目,推动综合治理和经济生态化,取得了显著成效。

- **规划需求**

黄河流域滩区防洪、垦区建设和经济转型是利津县面临的紧要而迫切的工作内容,也是习近平总书记黄河流域生态保护和高质量发展战略提出的重大战略性部署。如何突破生态保护、综合治理和经济发展的矛盾与挑战,需要系统研究和尽快确定。为此,招标并选择由国合华夏城市规划研究院进行利津县产业结构调整和黄河流域生态发展规划编制的专业辅导和项目推进。

- **实施过程**

国合华夏城市规划研究院组织研究团队,运用"345"模型,对利津县生态环境、产业基础、文化底蕴和污染问题进行了梳理与调研,提出了规划目标、任务、措施、路径和支撑体系,该课题组分析发现:

黄河流经利津县县域 74 公里,东营市利津县城倚河而建,文化、教育、医疗等基础设施发达,既有大城市的功能配套,也有小城市的舒适宜居。黄河是利津县独有的自然优势,为利津生态旅游等提供了难得的机遇。

规划方案确定了利津县要以综合治理为抓手,推动沿黄乡村振兴产业带建设的总体思路,确立重大生态治理项目和产业转型路径,积极推进和打造城市矿产示范园区、工农复合型循环经济示范区、东津渡教育康养度假区,装备制造产业园、环保产业园、化工新材料产业园、新经济产业园等"一核一带三区五园",构建装备制造、节能环保、化工新材料、康养文旅、商贸物流、现代高效农业等生态产业。

- **实施效果**

通过规划引领，产业优化、招商支持，利津县抓住黄河流域战略的机遇，以改善生态环境和经济发展模式为重点，积极推进产业转型和生态治理工作，落实重大项目和滩区治理工程，深化沿黄乡村振兴产业带建设，打造工业强县、文旅新城、生态利津、幸福家园。

- **主要借鉴**

一是主动对接国家战略。贯彻落实习近平总书记黄河流域战略重要指示精神，进行产业布局和综合治理。

二是以生态优先为理念。以水定产、以水定城、以水定人，聚焦黄河流域的生态优势，进行产业布局和生态发展。

三是规划引领，科学发展。通过布局生态产业和循环化发展路径，提高利津县经济发展的主动性、低碳性和协同性。

四是以人民为中心。围绕利津县生态安全、居民增收、经济发展等目标，进行战略规划和资源匹配，开展招商和产业转型，提高经济发展质量，增强人民群众的安全感、获得感和幸福感。

第 九 章
CHAPTER 9

黄河上游发展图谱

"黄河远上白云间，一片孤城万仞山"是唐代诗人王之涣对凉州景色的描写。凉州处于甘肃省武威市，河西走廊东端，祁连山北麓，属于黄河上游。黄河上游的区域主要从黄河发源地至内蒙古河口镇，包括青海、四川、甘肃、宁夏、内蒙古五大省或自治区。

习近平总书记时时牵挂并对黄河上游生态治理和经济高质量发展作出重要指示，这也是上游各省份、各城市需要系统研究和积极推进的焦点工作。

一、黄河上游的现状

内蒙古托克托县河口镇以上的黄河河段为黄河上游。上游河段全长 3472 千米，流域面积 38.6 万平方千米，流域面积占全黄河总量的 51.3%。上游河段年来沙量占全河年来沙量的 8%，水多沙少，是黄河的清水来源。上游河道受阿尼玛卿山、西倾山、青海南山的控制而呈 S 形弯曲。黄河上游根据河道特性的不同，分为河源段、峡谷段和冲积平原三部分。黄河上游省份有青海、四川、甘肃、宁夏、内蒙古。这些省份和沿线城市人口规模偏小，经济发展水平低，生态脆弱，生态涵养任务繁重，主要任务定位于生态保护和特色产业发展。

习近平总书记 2019 年 8 月视察黄河上游时，提出"加强生态环境保护，努力构筑国家生态安全屏障"的重要指示，9 月提出黄河"上中游地区和下游滩区，是我国贫困人口相对集中的区域"等重要判断。

黄河上游省份自然环境差异大，青海布喀达坂峰高达 6860 米，四川盆地海拔最低处仅 500 米。同时包括了年均降水量超过 1600 毫米与不足 50 毫米地区。差异性显著的自然条件孕育了特色鲜明的区域文化与产业结构，各省市县依据资源条件，聚焦难点痛点，分析生态保护、综合治理和经济发展规律，确立并形成"十四五"时期乃至更长时期的生态保护与高质量发展图谱。

（一）生态环境现状

习近平总书记提出，"上游要以三江源、祁连山、甘南黄河上游水源涵养区等为重点，推进实施一批重大生态保护修复和建设工程，提升水源涵养能力。"贯彻总书记重要指示精神，研究各省市生态现状，确立因地制宜的发展图谱，是上游五省份的历史使命和战略性工作。

各省份降水、用水、泥沙、森林覆盖率等初步分析如下：

1. 黄河上游生态环境脆弱堪忧

黄河上游生态体系较为脆弱，生态保护和泥沙治理的任务很重。黄河上游各省份降水总量偏低。

表 9-1 　　　　　　　　　　2018 年黄河上游流域 5 省降（用）水情况

指标	青海	内蒙古	甘肃	宁夏	四川	全国平均
年降雨量（毫米）	484	428	398.5	392.75	1100	628
水资源总量（亿立方米）	961.89	461.5	333.3	14.7	2952.6	27462.5
用水总量（亿立方米）	26.1	192.1	112.3	66.2	259.1	6015.50
人均水量（立方米/人）	15946	1823.03	1266.58	214.6	3548.16	2074.53
一、二产用水比例	8.8:1.2	9:1	9.1:0.9	9.3:0.7	7.9:2.1	7.5:2.5

统计分析发现，黄河上游各省份的生产、生活和绿化用水总量缺口明显存在。其中：

青海省作为黄河发源地，年平均降水量只有三百多毫米，地域差异较大，基本是东多西少，南多北少。青海省近 10 年水资源总量（水资源总量指当地降水形成的地表和地下产水总量，即地表径流量与降水入渗补给量之和）呈波动趋势，基本稳定在 760 亿立方米以上。青海省人均水资源量自 2009 年呈现波动下降趋势，"十三五"期间明显回升，至 2018 年达到 15946（亿立方米/人）。用水总量呈先上升后下降趋势，"十三五"时期稳定在 26.1 亿立方米上下。用水结构方面基本稳定，农业用水占总用水量的约 77%，工业用水占约 10%，生活用水占约 10%，生态用水占约 3%，生态用水在"十三五"期间占比略有提高。

四川省境内黄河流域多年水资源总量为 44.1 亿立方米，川西北湿地是黄河主要水源涵养地之一。黄河干流枯水期 40% 的水量、丰水期 26% 的水量来自四川。地表水资源 2018 年达到 2951.5 亿立方米。地下水资源约 600 亿立方米。人均水资源呈波动趋势，峰值分别是 2012 年的 3052.88 立方米/人和 2018 年的 3548.16 立方米/人。四川省用水总量呈阶梯上升趋势，至 2018 年达到 250.1 亿立方米，其中农业用水呈波动上升趋势，工业用水总体呈下降趋势，生活用水与生态用水量呈上升趋势。用水结构方面，工业用水占比逐年下降，2018 年约占用水总量的 16%，农业、生活用水占比相对提高，2018 年分别占 61% 和 21%，生态用水所占比重基本保持稳定，2018 年占比约为 2%。

甘肃省 2018 年水资源总量达到 333.3 亿立方米。2018 年甘肃省地表、地下水总量分别达到 325.7 亿立方米和 165.6 亿立方米。甘肃省人均水资源变化趋势与水资源总量变化趋势相同，至 2018 年甘肃省人均水资源达到 1266.58 立方米/人。总用水量方面，甘肃省总体呈下降趋势，2018 年达到 112.3 亿立方米。甘肃省农业用水量先上升后下降，工业用水量呈现下降趋势，生活用水量总体变化幅度较小，生态用水量呈上升趋势，至2018年农业、工业、生活、生态用水量分别达到89.2亿立方米、9.2亿立方米、9.2亿立方米、4.7亿立方米。用水结构方面，甘肃省近10年用水结构总体变化不大，生态用水提升较为明显，2018年甘肃省农业、工业、生活、生态用水量占比分别为80%、8%、8%、4%。

宁夏回族自治区2018年水资源总量达到14.7亿立方米。宁夏地下水资源储量高于地表水，近10年宁夏地下水资源呈现下降趋势，至2018年已降至16.4亿立方米，相比2009年22.07亿立方米减少了约34.6%；地表水资源呈上升趋势，从2009年的6.02亿立方米上升到2018年的12亿立方米，上升了约99.3%。人均水资源变化趋势与水资源总量趋势相似，呈波动上升趋势，至2018年达到214.6立方米/人。宁夏近10年用水总量总体呈下降趋势，2018年宁夏用水总量66.2亿立方米与2009年的72.23亿立方米相比下降了约8.4%。宁夏农业用水呈波动下降趋势，2018年农业用水从2009年的65.26亿立方米降至56.7亿立方米；工业用水波动上升，2018年工业用水共4.3亿立方米，较2009年上升约16.9%；生活用水与生态用水均呈现波动上升趋势。2009年宁夏用水结构中农业、工业、生活、生态用水占比分别为90%、5%、3%、2%，2018年占比分别为86%、6%、4%、4%。

黄河流经内蒙古南部，巴彦淖尔、包头及省会呼和浩特均位于黄河流域。2018年内蒙古水资源总量为461.5亿立方米。地表水资源变化与水资源总量变化趋势相似，2018年内蒙古地表水资源为302.4亿立方米；地下水资源在233亿立方米上下波动，2018年内蒙古地下水资源为253.6亿立方米。人均水资源变动趋势与水资源总量相似，峰值为2013年的3848.6立方米/人，2018年1828.03立方米/人。内蒙古用水总量呈上升趋势，2018年内蒙古用水总量192.1亿立方米。内蒙古农业用水呈缓慢上升趋势，工业与生活用水逐渐下降，生态用水大幅上升，2018年农业、工业、生活、生态用水分别为140.3亿立方米、15.9亿立方米、11.2亿立方米、24.6亿立方米。用水结构方面，2018年农业用水、工业用水、生活用水、生态环境用水占比分别为73%、8%、6%、13%。

2. 黄河上游森林覆盖率差别很大

黄河上游各省份森林覆盖率较低。四川省、甘肃省森林覆盖率较高，青海省森林覆盖率较低（见表9-2）。其中：

青海省2018年森林面积约205.9千公顷，森林覆盖率约5.8%。

宁夏回族自治区2018年森林面积约707.4千公顷，森林覆盖率约14.6%。

四川省2018年森林面积1839.77万公顷，森林覆盖率38%。

甘肃省 2018 年森林面积达到 71.82 万公顷，森林覆盖率 43.8%。

内蒙古 2018 年森林面积 2614.85 万公顷，森林覆盖率 22.1%。

3. 黄河上游综合治理任务繁重

黄河上游森林覆盖率偏低，沙化面积大，泥沙治理形势严峻。其中：

青海省沙化面积 33.4 万平方公里，占全省面积的 46%。每年流入长江、黄河的泥沙超过 1 亿吨，全省沙化面积每年以约 13 万公顷的速度扩大。青海是我国耕地水土流失最严重的省份之一。全省耕地一年流失的土壤养分，大致相当于年施化肥的总量。养分流失使土地贫瘠，粮食产量不高。生态保护的压力和责任重大。

四川境内黄河流域主要支流有白河、黑河，流经阿坝县和若尔盖县。干流及支流黑河、白河水质均为Ⅱ类（符合饮用水标准），流域有 4 个国家级重要水功能区。四川省黄河流域生态治理的主要问题：生态脆弱，石渠、红原、若尔盖等地草原沙化面积每年在扩张，局部湿地面积在减少，功能在退化；生产活动加剧，过度放牧、流域内采砂、旅游开发等现象较为突出。

表 9－2　　　　　　2018 年黄河上游流域 5 省植被和泥沙情况

指标	青海	内蒙古	甘肃	宁夏	四川	全国平均
森林覆盖率（%）	5.8	22.1	43.8	14.6	38	23

《2018 年中国河流统计公报》数据显示，黄河上游唐乃亥、兰州、头道拐三个水文观测地点年平均含沙量分别为 0.724 千克/立方米、2.17 千克/立方米、3.07 千克/立方米。其中位于青海、甘肃省交界处的唐乃亥至兰州段为上游含沙量上升最明显区域，泥沙和水土流失现象相当严重。

（二）产业发展现状

1. 黄河上游产业规模和结构不合理

表 9－3　　　　　　2018 年黄河上游流域 5 省产业发展情况

指标	青海	内蒙古	甘肃	宁夏	四川	全国平均
生产总值（亿元）	2865.23	17289.22	8246.07	3705.18	40678.13	—
产业结构	9:44:47	10:39:51	11:34:55	8:44:48	11:38:51	7:41:52
规模以上工业企业 R&D 支出占总成本比重（%）	0.38	0.91	0.62	1.02	1.01	2.19

黄河上游流域地区经济结构中农业占比普遍较大（见表 9－3）。一方面，如

宁夏、内蒙古两个省级行政区，农牧产品生产是其重要产业；另一方面，这一现象体现出该地区经济发展模式相对落后，以农产品深加工为代表的加工业和以农产品物流业为代表的生产性服务业在当地的发展相对滞后，尚未形成包含农产品育种研发、农作物种植、农副产品加工以及生产性服务业的完整产业链条。打造以农产品深加工为核心，以特色农产品种植为基础的特色农产品产业链是黄河上游地区在未来发展的重点。

黄河上游省份科技研发投入水平落后于全国平均水平。工业企业研发投入较低现象的主要成因是黄河上游地区工业结构较为陈旧，战略性新兴产业占比低于我国发达地区。黄河上游省份全部属于我国西部地区，缺乏科研人才与机构，科研能力严重不足。目前，黄河上游地区工业转型升级模式较为被动，主要依靠承接中东部地区产业转移倒逼产业升级。增加科研投入、探索与发达地区科技合作模式是黄河上游地区提高传统工业转型升级原动力的重要突破口。

2. 黄河上游各省份产业发展不平衡

黄河上游地区发展极不均衡（见图9－1）。黄河上游五省份各产业比例具有一定的相似性，四川、甘肃、内蒙古产业结构最为接近，四川省在各个产业中产值均明显高于其他省份。黄河上游地区各个生产力发展要素均集中于经济相对发达省份，且产业间缺乏必要的协同，不利于青海、宁夏、甘肃的长期发展。

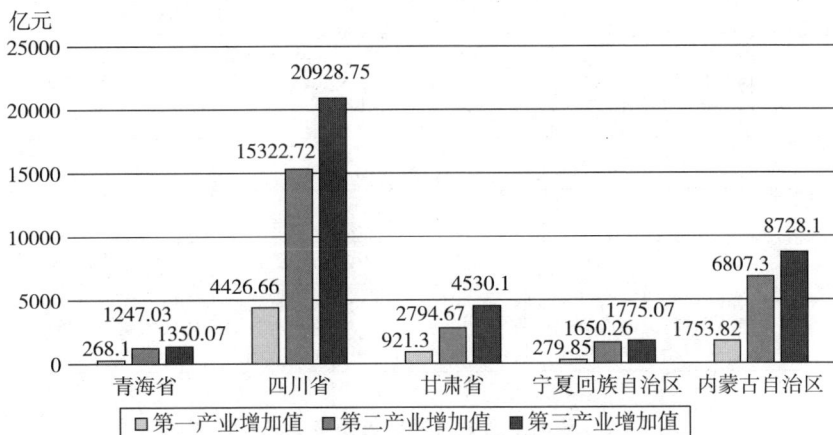

图9－1　黄河上游流域5省份产业结构

（三）基础服务现状

黄河上游各省份地处我国西部，经济发展不平衡，青海、甘肃、宁夏三个省级行政区经济发展较为落后，同时也是国家重点扶贫地区。黄河上游五省份在交通、高等教育等基础服务方面发展都极不平衡，青海、甘肃、宁夏三省基础设施建设方面相对滞后（见表9-4）。

表9-4 2018年黄河上游流域5省社会民生情况

指标	青海	内蒙古	甘肃	宁夏	四川	全国平均
居民可支配收入（元）	20757.26	28375.65	17488.39	22400.42	22460.55	28228
高校数量（所）	12	53	43	18	109	—
万人床位（个）	64.92	62.75	16.27	59.6	71.8	60.22
公路交通里程（万公里）	8.21	20.26	14.32	3.54	33.16	—
国家级贫困县数量（个）	15	30	36	8	29	—

1. 居民可支配收入差距较大

黄河上游五省份，经济增长速度较快，但居民可支配收入水平相对落后（见图9-2）。2018年黄河上游流域居民收入方面总体落后于国家平均水平。仅有内蒙古高于全国平均水平，其中甘肃省居民人均可支配收入不足2万元。

图9-2 黄河上游省份居民人均可支配收入变化

2. 高等教育发展不均衡

黄河上游地区高等教育资源存在严重不均衡。优质高等教育资源集中于四川省，截至2018年四川省共有"211大学"4所，与青海、甘肃、宁夏、内蒙古四省"211大学"总数相当，科研院所也明显高于其他省份。青海、宁夏高等教育资源相对匮乏，教育质量与东部地区存在差距。

3. 医疗卫生资源存在明显缺失

黄河上游五省份中甘肃省医疗卫生资源大幅落后于全国平均水平。甘肃省贫困地区相对分散，公共卫生资源难以充分普及。甘肃省国家级重点贫困县相对集中，形成了医疗卫生资源的真空区。

4. 铁路交通覆盖面不足

黄河上游地区交通运输对公路的依赖性较强，截至2018年，黄河上游五省份运营铁路总里程达到2.62万公里，运营公路为79.49万公里，二者里程数存在近30倍的差距。目前，除四川、内蒙古外，其他省份及自治区暂未建成高速铁路，贸易与人才往来存在严重障碍。

（四）黄河文化现状

黄河上游公共文化建设方面总体达到我国平均水平（见表9-5），但特色文化仍有待开发。

表 9-5　　　　　　　　**2018 年黄河上游流域 5 省文化事业情况**

指标	青海	内蒙古	甘肃	宁夏	四川	全国平均
人均图书量（本/人）	0.79	0.75	0.59	1.06	0.47	0.74
艺术团体（个）	84	226	351	75	829	—

公共文化设施方面，近10年黄河上游5省份均有所提升，青海、宁夏、内蒙古领先于全国人均0.74的平均水平。

在文化对外输方面，五省份的艺术团体机构和国内外演出数均有上升，2018年青海省艺术团体机构达到84个，国内外演出5.3万场次；四川艺术团体机构达到829个，国内外演出108.7万场次；甘肃艺术团体机构达到351个，国内外演出40.5万场次；宁夏艺术团体机构达到75个，国内外演出7.6万场次；内蒙古艺术团体机构达到226个，国内外演出30.1万场次。

黄河上游文化特色较为丰富。各省份均具备独特的文化名片，但暂未构建成黄河上游文化体系，文化发展尚未提升到文化自信高度，黄河上游文化事业发展仍存在巨大潜力，文化产业化水平较低。

二、黄河上游的成绩

"十三五"以来，黄河上游五省份在生态保护、产业发展、民生保障、开放创新、文化建设方面取得了一定成就。

（一）生态保护

黄河流域上游生态工程扎实推进。黄河源头保护、黄河流域绿化、生产生活污水、废气治理取得阶段性成就。实施河长制、湖长制，把重要天然湿地、水库、渠道、塘坝等补充纳入河（湖）长制工作范畴。川甘两省开展联合巡河、联合执法等协同机制。运用卫星定位、物联网等信息技术手段，加大在线监控设施建设，完善遥感遥测监控、重点区域视频监控和执法巡查监控，形成多要素、多介质动态监控和全覆盖、高精度、反应迅速的立体化监控网络。建立黄河流域信息通报和协同对接平台。

青海省三江源、祁连山、退耕还林、天然林保护等重点生态工程加快实施，生态状况日益好转。甘肃省加快实施"两江一水"、渭河源区及玛曲沙化草原治理等重点生态工程。宁夏回族自治区扎实推进贺兰山、六盘山、罗山生态保护修复。严格落实五级河（湖）长制，黄河宁夏段出境断面连续两年保持Ⅱ类优水质。内蒙古开展推进重大生态修复工程，森林覆盖率达到22.1%，阿尔山生态环境明显改善，库布齐沙漠亿利生态示范区被命名为全国"绿水青山就是金山银山"实践创新基地。

（二）产业发展

黄河上游各省份供给侧结构性改革初见成效。全面落实"三去一降一补"，减税降费全面落实各类企业成本，过剩产能得到化解，高能耗、高污染产业逐步淘汰，地方政府隐性债务全面纳入预算管理，有效降低了风险。

积极推动传统产业节能节水降耗，鼓励发展生态休闲产业和高科技含量产业，推动农业向绿色化、特色化方向转变，构建粮经饲三元农业经营结构。因地制宜开发药材、有机蔬菜种植、特色畜牧业、清洁能源、休闲旅游等新兴产业，打造飞地园区。

（三）民生保障

基础设施建设持续加强，交通运输体系加速形成，青海、甘肃、宁夏等省份铁路建设工程取得阶段性进展，对我国中部、东部地区的沟通能力进一步提升。

脱贫攻坚取得显著成效。青海、甘肃等省份贫困学前三年入学率和义务教育参加率显著提升。甘肃等地采取产业扶贫方式，以带动贫困地区脱贫成效显现。贫困地区棚户区改造顺利实施，居民生活水平得到改善。宁夏开展闽宁扶贫协作对接，以跨省合作助力脱贫攻坚。

失业率控制在较低水平，居民就业得到保障。城乡一体协同发展有所加强，医疗、社会保险统筹工作全面开展，人民群众"看病贵、看病难、看病远"的状况明显改善。深入推进社会治理创新，社会大局和谐稳定，物价上涨维持在较低水平，群众幸福感提升。

（四）开放创新

政府职能加速转变，创新驱动发展战略深入实施，自主创新示范区、科技孵化器、专业实验室等科技创新载体取得一定发展。黄河上游各省份科技投入增加，进出口贸易增长。成都至罗兹中欧班列货运量提升，兰州至伊斯兰堡中欧班列投入使用。

（五）文化建设

弘扬社会主义核心价值观。公共文化服务体系不断完善。紧扣群众精神生活需要，丰富内容、服务社会，人民文化体育生活更方便、更多彩。各省开展文化惠民工程，全民健身得到普及。马家窑文化、裴李岗文化、齐家文化等得到部分挖掘和传承。

三、传统产业转型提升

黄河上游产业结构中第一、第二产业比重较高，第三产业不发达。传统产业转型升级是黄河上游省份高质量发展的重要难点。

（一）发展循环经济

推进传统制造业绿色改造。重点推动有色金属冶炼产业优化产业结构、降低单位能耗。积极开展发电站节能低碳行动，优化发电站技术设备，降低单位电能燃料消耗，利用当地光伏、风力发电基础，鼓励有实力的光伏发电企业扩大规模。提高钢铁、水泥等传统制造业准入门槛，严格控制高水耗、高耗能、高排放行业新增产能，加快淘汰落后产能，在降低环境治理成本的同时，提高产品附加值，防止同质化工业产品带来的产能过剩。优化能源消费结构，推动传统能源清洁低碳利用，发展清洁能源，支持建设以太阳能、地热能等为主的分布式能源网络。

（二）培育节能环保产业

加快火电、化工、纺织、造纸等高耗水高耗能企业节水节能改造。引进低碳产业，鼓励开展工业节水节能、污染物处理、废弃物和污染物循环再利用等技术研发和产业化，打造节能环保产业园区。大力发展低能耗、低水耗、无污染的生态农业、休闲旅游、光伏发电等绿色产业，实现产业转型升级。

（三）构建绿色发展机制

优化强化税收、价格、财政补贴、绿色信贷、排放交易等政策，引导市场主体绿色生产和低碳消费。实行生态环境损害赔偿和责任追究制度，对违反法律规定、违背空间规划、违反污染物排放许可和总量控制等行为严肃处理。建立企业环境行为信用评价制度，推行第三方污染治理。健全环境影响评价、清洁生产审核、环境信息公布等制度。

四、新兴产业培育发展

根据各地产业基础和资源优势，结合区域政策，进行新兴产业选择和发展路径研究。

（一）全面优化产业链

打造特色产业集群。因地制宜发展智能制造、高端装备及配套产业，提高产品科技含量，推动产业向"微笑曲线"的两端延伸。加强对外技术开放与项目合作，围绕核心优势进行产业链、产业集群布局，推动内蒙古、青海等第二产业比重较大省份工业低碳化并向第三产业延伸。

完善产业体系。发挥各自特色，探索发展先进制造业、现代材料业、绿色食药业，积极培育其他战略性新兴产业，打造具有高差异度、高专业度、高融合度，低能耗、低污染、低排放的工业体系。

补齐产业链短板。立足生态发展理念，以水定产，以水进行空间布局，支持企业开展设备更新换代、质量品牌提升、智能制造、绿色制造和服务型制造等技术改造，实现迭代式的优化升级，提升品牌质量、产品附加值和生产效率。有序淘汰钢铁、煤炭、水泥等落后产能，优化产业结构，实施腾笼换鸟战略，引进和聚集高新技术产业和战略性新兴产业。加强涉企收费管理，降低企业税费负担。加强中小企业服务，降低企业运营成本。加大重点项目投资推进力度，做好重点项目落地。鼓励创新产品应用，支持同等条件下优先采购本地企业自主开发的创新产品。

推进两化深度融合。改造升级工业企业基础网络，加快培育工业互联网平台，鼓励支持企业开展智能化改造，开展工业互联网与智能制造关键技术、关键软件、安全系统等在工厂的集成应用，大力培育工业APP，增强智能制造支撑能力。实施重点示范工程，鼓励创建智能制造示范基地。实施"增品种、提品质、创品牌"工程，搭建产学研平台，支持企业自主研发和创新，提升企业的持续创新能力。

开展绿色制造改造升级工程。推广先进节能环保技术、工艺和装备，支持企业节能技术改造，提高清洁生产水平。以钢铁、有色、水泥、能源化工等企业为重点，实施循环化改造工程，推进废水循环利用和废水、废气热能资源化利用，大幅降低能耗、物耗和水耗，实现工业资源高效循环利用。筛选龙头企业，积极创建节能环保企业和"绿色工厂"，发挥示范带动作用。

（二）发展生态经济

加强生态文明建设。提升生态大局意识，坚守生态保护职责，推动生态与产业融合，大力发展生态农业、低碳工业、生态旅游等新业态，实现生态产业化。

实现生态产业化。推广宁夏、甘肃、内蒙古防沙、治沙及绿化经验，实现生态治理有偿化，建设治沙绿化新业态。以发展绿色循环经济为主线，创新升级循环经济发展模式，提升绿色经济效益，实现产业生态化。到2035年，生态经济成为支柱产业。

（三）打造飞地经济示范城市

紧跟国家产业政策，抓住国家区域发展战略机遇，积极融入"一带一路""京津冀""长江经济带""粤港澳大湾区"等区域战略，嫁接各城市的人才、资金、技术、平台和产业等，探索飞地招商、飞地实验室和飞地院士工作站等，建设国家级飞地经济示范城市。

推动跨区域产业协作。加速高铁建设，主动对接关中城市圈、成渝城市群，加强与周边区域互联互通，与科研院所开展合作，弥补青海、甘肃、宁夏、内蒙古四省科研能力的不足，推动区域协调发展，推动农产品加工业与传统制造业产业链延伸。

（四）建成区域现代物流中心

完善现代物流体系。增强开放思维，以现代物流行业为支撑，建立联通城市和乡镇的物流通道，完善电商平台，高效推广当地优势农产品，助力乡村振兴。衔接"一带一路""西部陆海新通道"以及内蒙古沟通俄罗斯的贸易通道，加强海内外互联互通，开展国内外经贸活动。

构建大物流商贸圈。以黄河流域经济为基础，与黄河中下游关中城市圈、京津冀城市群、环渤海经济圈，共建物流业联盟。与发达地区展开对接，在各交通枢纽城市建立区域性物流产业园，打造黄河流域上游多个区域现代物流中心。

五、黄河上游基础服务

坚持生态优先、绿色发展，以水而定、量水而行，因地制宜、分类施策的原则，研究城乡基础设施的短板，健全完善交通网络、资源能源、教育文化、医疗养老、健康养生等基础设施短板，提升黄河上游基础设施总体水平。

（一）完善城乡功能

补齐城乡短板。统筹布局生产、生活用水，以水而定、量水而行，科学规划城乡水系管网及生产、生活空间布局，着力构建层次清晰、布局合理、功能协调、多重互补的产城融合体系。编制乡村振兴和旧城改造规划，以疏为主，多拆少建，推进工业项目搬迁入园。

实施产城、城乡之间空间融合，将教育文化、医疗健康、体育等公共资源纳入详规，强化餐饮、居住、文化、教育等生产生活配套服务，完善办公区、行政区、乡村振兴示范区等不同功能，补齐城乡服务短板，健全城乡公共服务，优化土地资源配置，引进人才、资金、技术和资源，推进产城融合、城乡一体化。

（二）健全交通体系

立体交通网络。立足黄河流域城市互联互通目标，加大航空、高铁、公路、水系港口等规划设计。支持增加国际国内大型城市航班，建成区域性中心空港。加大航空、高铁、高速公路或封闭公交专道建设，提高航空、高铁站、水系、公交专道等交通枢纽的融合度。打通城乡断头路，疏通城市支路和街坊路。加快专业化货运服务系统建设，鼓励使用新能源汽车和公交工具，建设城市街道的人行步道、自行车道系统和公共自行车系统，完善绿色、安全、便捷、舒适的慢行交通体系。

构建黄河流域大交通体系。以黄河流域为主轴，以黄河上游为中心，推进和连接上游各省份城市交通网络体系，推进高等级公路、高铁等跨区域建设，完善兰西都市圈，与西安、郑州、重庆、成都、呼和浩特等周边城市的高铁、航空和公路等交通连接，形成更大范围的交通一体化发展。

（三）优化资源能源

优化资源调配机制。统筹考虑不同省份、城市和乡村、行政区、居住区、产业区、休闲区等不同定位和功能、经济结构和人口规模等，科学论证和编制空间规划，形成湿地、水利、道路、土地、能源、住宅等专项规划，确保城乡生活、产业和绿化等的供水、供电、供气、住宅和环保排污等基础设施与公共服务。

实行节水享水工程。以水定城、以水定地、以水定人、以水定产，把水资源作为最大的刚性约束，合理规划各省份、各城市人口、城市、产业和生态治理工作。加大水价水量调控，全面推动生产节水、循环化用水，倡导鼓励生活、办公和绿化使用节水技术，培育发展节水节能产业和相关技术。大力推进农业节水，实施全社会节水行动，推动用水方式由粗放向节约集约转变。健全全域和跨区域生态用水补偿机制，统筹治水、补水、节水、用水和调水运行机制，加强黄河干流与支流水系修复，提高水资源综合利用率。

完善能源资源供给。实施土地优先供给政策，科学编制流域土地资源和能源规划，推进水网、电网和天然气管网建设，满足生态保护、工业生产、居民生活和办公用电用气等需要。探索风电、地热光伏发电等资源开发利用，推进"气代煤""电代煤""汽改水"、生物质能利用等试点工程，探索和实施生活垃圾分类试点，探索建筑垃圾资源化利用等。

（四）完善配套服务

实施精细化管理。明确生产、生活和生态空间的开发管制界限，统筹城乡建设、土地利用、生态环境保护等空间规划，推进"多规合一"。制定精细化管理工作标准，建设智慧城市管理系统，全面实施"大城管"体系。丰富城市餐饮、娱乐、教育、文化和国际交流等功能。完善基础教育、职工住宅、商贸服务等城乡配套功能，完善城市、乡村影视、教育、医疗、餐饮、住宿和金融等功能，逐步形成组团式、分布式协同发展的产城融合聚集区、城乡一体化试验区和社区中心等。

补齐医养健身短板。加快建立覆盖全生命周期、结构合理的健康医疗服务体系，发展养老服务企业，鼓励社会资本投资养老服务业，建设康养医疗等服务配套。实施全民健身计划，推广体育健身项目，推进健身技能入户工程，开展群众性体育活动。实施品牌塑造计划。编制品牌战略，筛选并确立 LOGO、城市品牌、行业品牌、企业品牌和产品品牌等，明确政府、行业组织、媒体、企业等各自职责，确立多方联合、高效行动的机制与模式，培养一批国际知名、国内领先的城市品牌、乡村品牌、企业品牌和产品品牌。

健全公共服务平台。成立专家咨询委员会，采取政府购买服务的方式，推动普惠制咨询服务，提高战略定位和项目实施效果。加快区域性研发和科技服务平台建设，引进高精尖和基础性关键核心技术，促进产业转型，辐射带动优势行业的技术升级、成果外溢及产业化。建立"高精尖缺"人才数据库，加强企业家队伍建设。建立社会信用监督与评价服务平台，提高区域和机构的信用水平。完善科技成果转化市场化定价机制，形成统一开放的技术交易网络。

实施民生工程。开发建设数字城市，推动生产生活的数字化和平台化。落实弱势人群社保与精准扶贫政策，做好兜底保障综合服务，强化食品、药品与饮用水安全检测与管理，提高居民生活的安全感。提升文化、体育、卫生等社会事业，强化安全生产，加强危化品、道路交通、建筑施工等综合治理。完善社会综合治理网格化，抓好"扫黑除恶"重点行动，开展"拆违拆临"专项行动，健全城市综合执法体系，确保生产生活智慧、高效、方便、舒心和温馨。

六、黄河上游的开放创新

加大对内对外开放创新，提高区域竞争力和市场活力。强化与黄河中下游的流域一体化交通、资源和产业连接，构筑流域一体化发展体系，打造黄河流域生态经济带。对接成都、重庆、北京、上海、深圳等重点城市，打造跨区域协同的飞地经济和改革创新先行区。

（一）推动跨区域一体化发展

加大黄河流域上游各省份、各省市县内部和外部双向开放，加大省内城乡与全国先进城市、标杆园区的产业合作、管理交流和资源共享，推进与黄河中下游、"一带一路"沿线城市、日韩欧美等国家或城市在产业、技术、市场、人才等方面的开放共享，形成资源要素和市场双向开放与自由流动的体制机制。

打造以黄河文化为主轴，旅游观光为特征的文化休闲产业带。利用黄河上游青海三江源、甘肃黄河石林景区、宁夏黄沙古渡原生态旅游景区、内蒙古临河黄河国家湿地公园为代表的黄河自然景观，围绕黄河文化游、红色圣地游、城市观光游、乡村民俗游互动发展。打造黄河上游特色旅游服务线，加强游客服务中心、旅游商品购物店等旅游基础设施建设，提升黄河上游旅游线路旅游服务水平。

（二）拓展黄河上游重要增长极

充分发挥中原城市群、成渝城市群的带动作用，加快以高铁为主的现代交通网络建设，沿江布局、沿河延伸、沿路对接西部和东部等地区，大力发展特色农产品、精深加工、冷链物流、旅游休闲、健康医疗和沿黄经济等优势产业，培育黄河上游经济发展新动能、新势力。

加强黄河全流域的战略对接。对接黄河中游、下游的西安、郑州、济南等大型、特大型城市在电子信息、文化旅游、高等教育、文化创意等方面的资源和优势，构建跨区域优势产业带、飞地经济示范区等，推动跨城市的科技、资源、资金与产业等深度合作。

（三）建设"一带一路"区域枢纽城市

加快对外开放。推动双招双引和全球、国内营销网络建设，引进海外、域外资金和技术，促进黄河上游各省份产业转型升级。增加特色产品和传统优势产品沿着"一带一路"等路线的国际贸易和海外出口，提升出口产品创新要素比重。支持企业建立完善国际营销网络。

提升国际合作水平。鼓励政府和企业走出去、请进来，引进技术、资金、企业和项目，建立海外友好城市或经贸合作产业园，鼓励党政干部和企业家等学习借鉴海外先进经验，考察引进海外管理经验和发展模式，促进流域各城市主导产业和骨干企业提速发展，推动产品出口和对外技术（文化）贸易，增加出口规模与效益。

七、典型案例

案例：中宁县推进生态保护和高质量发展战略

● **项目背景**

天下黄河富宁夏，中宁枸杞甲天下。2019 年 1～11 月，中宁枸杞综合产值达 88 亿元，中宁县枸杞种植面积达 20 万亩，枸杞干果年产量达 4.5 万吨。该县加快产业转型升级，发挥重点企业引领作用，以新技术、新工艺、新装备等现代技术提质增效，实现新旧动能转换，推动经济高质量发展。

● **主要需求**

如何实施生态优先战略，推进中宁县产业转型升级，以新技术、新工艺、新装备等现代技术提质增效，实现新旧动能转换和可持续发展？如何推进中宁县生态保护和可持续发展战略？

● **实施过程**

出台产业扶持政策，整合重组中宁枸杞产业集团，建立政策金融扶持体系，成立中宁枸杞基金，构建枸杞产业投融资平台，鼓励龙头企业对接多层次资本市场，拓宽融资渠道，为枸杞企业提供贷款担保、风险补偿、财政贴息等，为枸杞产业健康发展提供保障。

建立中宁枸杞技术人才信息库，成立枸杞产业协会、战略联盟、院士工作站、科技创新平台，建立预测预报防控、产品质量安全控制和科技服务体系，制定枸杞标准、认证标准，研发生产枸杞酒、籽油、芽茶、特膳食品、饮品、化妆品、压片糖果7大类50余种产品。

打造"中宁枸杞"区域公用品牌。建成中宁·国际枸杞交易中心，打造全国最大的枸杞大宗产品现货、物流、信息、电子交易中心，年交易量和交易额分别达14万吨和70亿元。实施中宁枸杞"百城千店"计划，拓展中宁枸杞在医药渠道的销售，产品远销欧美、东南亚等国家和地区。

形成了以石膏、煤、铁、水泥等行业为基础的工业体系。有规模以上冶金企业16家，其中铁合金企业13家，2018年，全市规模以上冶金企业完成产值102.7亿元，占规模以上工业产值的18.2%。技术改造助力冶金产业转型升级。宁夏钢铁（集团）、宁夏兴尔泰集团中宁兴鑫冶金制品有限公司、宁夏三元中泰冶金有限公司等加快发展。

建成枸杞加工城、新水农产品加工园区，重点扶持宁夏红、早康、全通、玺赞等企业提升拳头产品产能、开展科技研发和成果转化，延伸产业链条，提高附加值。全县枸杞加工企业达52家，市级以上龙头企业30家，高新技术企业1家，出口企业24家，上市公司1家。

- 实施效果

"中宁枸杞"被国家工商行政管理局商标局注册成为全国唯一以原产地命名的枸杞产品证明商标，区域品牌价值172.88亿元。中宁县重点工业项目开工41个，培育宁夏红、早康、杞芽、宁安堡、玺赞等60多个自主品牌，已成为中国枸杞行业中最具竞争力的枸杞品牌。

- 主要借鉴

一是中宁县坚持走特色化、品牌化、精品化之路，以提升枸杞产品质量和品牌综合效益为核心，打造研发、种植、加工、营销、文化、生态"六位一体"的现代枸杞全产业链，促进枸杞产业高质量发展。

二是坚持以质量保品牌，构建集实体销售、电商、微商于一体的市场营销体系。

三是坚持走可持续发展道路，冶金产业经历了多轮扩张和整合，淘汰落后产能，优化产业布局，推进项目落地，促进经济高质量发展。

四是实施龙头企业带动战略，提升产业聚合力，打造产业加工集群。

第 十 章

CHAPTER 10

黄河"几"字弯发展图谱

习近平总书记在中央财经委员会第六次会议上强调,推进黄河"几"字弯都市圈协同发展。要把握好黄河流域生态保护和高质量发展的原则,编好规划、加强落实。要坚持生态优先、绿色发展,从过度干预、过度利用向自然修复、休养生息转变,坚定走绿色、可持续的高质量发展之路。坚持量水而行、节水为重,坚决抑制不合理用水需求,推动用水方式由粗放低效向节约集约转变。

黄河"几"字弯包括黄河上游的宁夏、内蒙古和中游的山西(忻州、吕梁、临汾)、陕西(延安、渭南)等黄河流域省份和地区。黄河"几"字弯都市圈包括太原、呼和浩特、银川 3 个省会级城市,宁夏吴忠、中卫;内蒙古乌海、巴彦淖尔、包头、鄂尔多斯;陕西榆林;山西朔州、忻州、吕梁等城市。

一、黄河"几"字弯的现状

黄河"几"字弯城市圈作为新提出的区域概念,城市之间缺乏生态保护、产业发展的紧密合作。在界定各城市功能的前提下,将太原、呼和浩特、银川作为黄河"几"字弯都市圈的三大核心,聚焦生态保护与产业发展,制定三大都市圈发展规划,推进区域之间协调发展。

编制黄河流域"几"字弯发展战略和都市圈专项规划,要研究黄河"几"字弯区域发展现状。全面认识黄河"几"字弯城市群现状,厘清城市、区域规划编制的脉络。以银川、呼和浩特、太原三个核心城市为代表,从生态、产业、基础服务、文化四个方面分析。

(一) 生态环境现状

黄河"几"字弯城市圈作为黄河流域区位概念,与我国其他城市群、都市圈之间存在两大显著区别。

一是城市圈形态差异。此前城市群(圈)皆呈组团状,中心、副中心城市辐射周边城镇。黄河"几"字弯城市圈呈条带状,与我国"经济带"类似。独特的形态特征决定了黄河"几"字弯城市圈成员之间的差异性,特别是环境差异,黄河"几"字弯城市圈的银川、太原、呼和浩特三个省会城市,分别位于黄河上游、中上游交界处、中游,所属地形区分别是宁夏平原、内蒙古高原、黄土高原。除生态差异外,城市形态差异增加了城市圈成员间产业、社会发展及人文方面的差异。

二是形成基础差异。我国城市群(圈)主要以产业协同为形成基础,黄河"几"字弯城市圈以生态保护和高质量发展为基础,未来将成为该城市群产业协作的重要桥梁。

黄河治沙是黄河流域生态整治的重点工程,黄河"几"字弯城市圈依黄河划定,连接黄河上中游,治沙是生态保护的重中之重。随着黄河生态治理措施的落实,近年来黄河干流径流量呈现上升趋势,2018年唐乃亥、兰州、头道拐、龙门、潼关、花园口、高村、艾山、利津九大水文观测数据显示,黄河当年径流量均远超多年平均径流量。水文站观测2018年干流水沙特征值与2017年相比大幅上升但仍低于多年平均值的一半。从含沙量角度看,黄河全流域水体质量显著优化,治沙工程取得突出成就。

从各流域含沙量看,黄河上游含沙量较低,中游含沙量激增,下游含沙量逐渐下降。根据2018年黄河9大水文站观测数据显示,黄河含沙量峰值出现在黄河中游大拐弯处的潼关。头道拐至龙门观测站之间区域含沙量上升幅度最大,上升幅度在2倍以上。加强黄河"几"字弯城市圈流域地区的治沙是城市圈生态环境建设的重点。

黄河"几"字弯城市圈降水偏少。该区域年降水量位于500毫米到100毫米之间。降水量分布呈现东南到西北依次递减。较低的降水量增加了中游地区植树造林难度,也决定了该地区现代农业必须向节水高效的方向发展。

黄河中游地区水土流失严重。水土流失带来的河床加高和河水下渗是黄河生态保护最突出的问题。相比长江流域43%的平均森林覆盖率,黄河流域生态环境更加脆弱,截至2018年黄河"几"字弯城市圈3个主要城市中,银川市森林覆盖率19.7%,呼和浩特市森林覆盖率22%,太原市森林覆盖率24.17%,均未超过30%。生态保护形势严峻。

(二) 产业发展现状

运用区位理论、区域比较优势理论、区域产业组织理论、区域经济发展模式理论、产业转移理论等,归纳分析影响产业区位的主要影响因素包括,自然、社会、体制、科技等。以黄河"几"字弯城市圈内三个省会城市为例,进行城市圈产业分布研究。

以银川为代表,黄河"几"字弯城市圈位于黄河上游地区,灌溉水源相对丰富,是全国重要的商品粮生产基地。以农业为核心,银川周边城市农产品加工产业链相对发达,以现代物流业为代表的生产性服务业较完善。能源化工是银川的重点产业,包括电力、热力及石油加工、炼焦业行业等高耗能产业发展较快,2017年产业增长速度达12.6%。根据2018年银川统计公报,银川市三次产业比重达到3.6:45.6:50.8，战略性新兴产业发展速度较快。

以呼和浩特为代表，黄河"几"字弯城市圈位于黄河中上游交界区域的城市产业特点鲜明。以呼和浩特为中心，黄河流域内蒙古段是我国牧业中心、重要乳品生产基地，伊利集团、蒙牛乳业集团总部均设于呼和浩特。除乳品产业链之外，电力、生物制药、电子信息业、冶金化工、机械装备制造业共同构成呼和浩特的六大支柱产业。呼和浩特三次产业增加值比重为3.7:27.6:68.7，近年来当地生产总值增速呈现下滑趋势。

以太原为代表的黄河中游城市产业以能源工业、重工业为主。太原是我国重要不锈钢生产基地、新型装备制造工业基地和镁铝合金加工制造基地。太原位于我国古代政治中心，保存有众多人文景观，该地区文化旅游产业较发达。从三次产业占比看，太原市三次产业比重为1.1:37:61.9。

（三）基础服务现状

黄河"几"字弯城市圈地跨五省，基础设施与公共服务方面存在显著差异，以太原、呼和浩特、银川三个省会城市为例。

交通领域。铁路领域，作为"四纵四横"高铁网络建设时期的重要交通枢纽城市，太原市铁路网最为发达，高速铁路与常规客货铁路网络较为成熟。呼和浩特高速铁路建设起步较晚，高速铁路主要连通包头，再由包头连接全国主要高铁线路，"十三五"规划将呼和浩特纳入"八纵八横"重要节点城市，将建成连通北京与石家庄的高速铁路。银川在铁路"十三五"发展规划中计划建成连通呼和浩特、兰州、西安的高铁网络，银川铁路建设整体落后于太原、呼和浩特。

教育科研。基础教育层面，太原、呼和浩特、银川三市无明显差异。在高等教育方面，银川和呼和浩特均有10多所高校，太原有高校46所。科研机构方面，太原市有太原卫星发射中心、中国科学院山西煤炭化学研究所、中国辐射防护研究院、中国日用化学工业研究院、水利部山西水利水电勘测设计研究院等科研机构，呼和浩特与银川的知名科研机构较少。

医疗卫生。银川市2019年每千人拥有床位数7.29张，每千人拥有执业医师4.30人。三级医院6家，二级医院13家。太原市2018年每千人拥有医疗床位9.0张，各类卫生技术人员61269人。呼和浩特市2019年9月每千人拥有执业（助理）医师5.16人、拥有床位5.7张。太原市医疗卫生条件好于呼和浩特、银川。

（四）黄河文化现状

银川、呼和浩特、太原三市所属文化区域不同，银川回族文化底蕴丰富，呼和浩特有鲜明的蒙古族文化，太原汉文化遗迹较多。各具特色的文化传统构成了特色鲜明的黄河"几"字弯文化。

二、黄河"几"字弯的成绩

黄河"几"字弯城市圈作为新划定的流域区域，在生态和产业协同方面有待加强，黄河"几"字弯城市群按照上下游关系，粗略地分为黄河上游（银川）、黄河上中游交界（呼和浩特）及中游（太原）城市圈三部分。"十三五"时期，黄河"几"字弯都市圈的经济社会发展取得了较好成效。

（一）银川

"几"字弯的黄河上游左侧，以银川市为代表。

生态保护与污染治理。黄河上游城市环保要求严格，万元GDP用水量累计下降近20%。2019年，银川市空气质量优良天数达到324天。中卫市优良天数达标率90.5%，细颗粒物（$PM_{2.5}$）平均浓度显著下降。地表水质量、主要污染物排放指标均达国家下达考核目标。

经济发展。年均经济增速维持在中高速，产业结构不断优化，三产比重明显上升，以银川为例，银川市2019年GDP增速6.3%，地方财政收入216.25亿元，第三产业在经济中的贡献显著提升。产业转型升级步伐加快，现代煤化工、纺织、大数据、新能源等产业发展良好，特色优势产业比重大幅提升。

基础建设。银西、中兰、包银高铁项目相继建设，将填补黄河上游地区铁路交通方面的短板，强化与黄河上中游交界主要城市的沟通。

（二）呼和浩特

"几"字弯的黄河上中游交界处，以呼和浩特市为代表。

生态保护与污染治理。黄河上中游区域的呼和浩特市积极推进主城区无煤化，挖掘现有热电供热能力，加快托电长输热源入呼论证。坚决治理排污不达标企业，淘汰35蒸吨及以下燃煤供热锅炉，完成高污染燃料禁燃区清洁燃料替代工作，强化扬尘管控，确保全年空气优良天数比例达到82.2%。开展大黑河、浑河流域综合整治，资源集约开发和生态环境显著改善。

经济发展。2019年内蒙古自治区生产总值完成17212.5亿元，按第四次全国经济普查修订数据后的同口径可比价计算，比上年增长5.2%，经济运行处在合理区间。其中：呼和浩特市1~8月经济继续保持"总体平稳、稳中向好"的发展态势，多数经济指标增势向好，工业、投资增速回升，消费市场不断趋稳，财政收支更加惠及民生，物价涨幅基本持平，经济增长的稳定性、协调性不断增强。

基础建设。呼和浩特市启动建设生态文明大数据管理平台，分析研判资源、生态、环境承载能力和可持续发展水平。推进大规模国土绿化，鼓励社会力量参与，启动实施"九大工程"。区域交通、能源保障和医疗卫生等公共服务水平显著提高。城乡公共服务均等化水平明显提升。

（三）太原

"几"字弯右侧的黄河中游，以太原市为代表。

生态保护与污染治理。"十三五"期间山西省积极推进防沙治沙工程建设，在生态、经济、社会等方面取得显著效益。在黄河支流水质方面，山西省加大工业污水的整治力度，通过兴建人工湿地提高自然环境对污水的净化能力，改善了黄河生态条件。

经济发展。黄河中游部分（太原都市圈）经济发展较快，2019年，太原市实现地区生产总值（GDP）4028.51亿元，增长6.6%，自2015年上半年以来连续20个季度保持中高速增长。三次产业同向发展。第一产业实现增加值42.48亿元，增长2.1%；第二产业实现增加值1518.64亿元，增长5.9%；第三产业（服务业）实现增加值2467.39亿元，增长7.1%。三次产业对经济增长的贡献率分别为0.37%、34.06%和65.57%，分别拉动GDP增长0.02个、2.25个和4.33个百分点。三次产业增加值占GDP的比例为1.1:37.7:61.2。

基础建设。高速公路、高铁建设和航空线路等更加完善，文化教育、健康养老等服务设施不断完善。太原至集宁铁路建设完成选址，未来太原将成为我国中部地区重要的交通枢纽。

三、传统产业转型升级

黄河"几"字弯城市圈地理位置、生态条件、产业基础及社会文化发展情况的差异决定了该城市圈不同部分以该相对地发达城市为中心，因地制宜，有针对性地发展当地优势产业。

（一）加快三个都市圈布局

传统产业转型升级方面，黄河"几"字弯的上游地区、上中游交界地区、下游地区存在较大差异。银川、呼和浩特、太原分别是三个区域较发达城市，以三个核心城市为产业分析重点，同时涉及核心城市所处区域的其他产业。

以银川为中心。黄河上游地区在第一产业以牛羊畜牧业和水稻、枸杞、葡萄园种植业为主；第二产业以羊绒纺织、棉纺、麻纺、化纤混纺为主的现代纺织产业，以中药、回药、生物制药等产业及先进医疗设备、医用材料制造业为重点，同时，银川周边传统能源工业分布较多。

以呼和浩特为中心，以包头为副中心。上中游交界地区主导传统产业包括以伊利为代表的乳品生产加工业、以创维电子为代表的电子信息产品制造业、以内蒙古众环数控机床为代表的装备制造业、以利乐包装为代表的包装材料产业以及以内蒙古包钢钢联股份有限公司为代表的金属冶炼行业。

以太原为中心。黄河下游地区工业化程度较高，以煤炭资源为支撑的煤炭化工、能源产业、钢铁冶炼工业是其重要组成部分。以晋西、智奇、中车太原等轨道交通企业为代表的重型装备制造业和以江铃重汽、比亚迪为代表的汽车工业等是该区域第二产业的主要组成部分。与此同时，以蔬菜种植业为主的第一产业也是黄河中游地区城市产业的重要组成部分。

（二）推动传统产业"绿色生产"

《中国制造 2025》指出，全面推进钢铁、有色、化工、建材、轻工、印染等传统制造业绿色改造是我国工业转型的重点任务。黄河"几"字弯城市群地处黄河流域生态保护重点区域，实现第二产业的绿色生产是推动产业转型的有效手段，也是黄河流域生态保护和高质量发展的必然要求。

推动传统产业转型。太原市利用科研优势，加大先进节能环保技术、工艺和装备的研发力度，推动城市圈内如能源工业、钢铁工业等基础性工业技术升级，从动力入手，提高锅炉燃煤效率，推行火电与钢铁冶炼低碳化、集约化，提高制造业资源利用效率。呼和浩特市丰富壮大文化产业、会展经济、文体赛事等新产业、新业态，打造中国草原文化核心区。

加快高能耗、高污染产业的绿色化改造。以保护黄河水环境为重点，对污染环境较重的有色金属冶炼、生物医药行业等区域支柱型产业技术进行全面升级。研发废料回收利用、水循环利用、重金属污染减量化等绿色工艺技术装备，加快淘汰落后产能技术设备。构建绿色工业产业链。

（三）促进传统产业"智慧生产"

加快建设"数字中国"，推动物联网、云计算和人工智能等技术向各行业全面融合渗透，加快"智慧城市"平台建设，深化互联网技术与促进传统一、二、三产业的融合发展，培育产业新业态。

促进农业与"智慧城市"的融合，建立"智慧农业"新业态。以互联网为媒介，开展"互联网＋"现代农业行动，因地制宜，整合优质农产品资源与销售渠道，重点发挥银川、呼和浩特核心城市在生产服务业方面的优势，建立辐射乡镇的农产品智慧分销体系。鼓励对农业生产进行数字化改造，加强农业遥感应用，对气象与黄河水文信息进行实时监测，提高农业精准化水平，为宁夏枸杞、葡萄，内蒙古特色乳制品的生产销售提供"智慧路径"。

推动工业"智慧平台"建设。促进"中国制造＋互联网"取得实质性突破，发展面向制造业的信息技术服务，构筑核心工业软硬件、工业云、智能服务平台等制造新基础，大力推广智能制造、网络化协同、个性化定制、服务化延伸等新业态、新模式。鼓励以太原为核心，充分利用当地专业研究机构与高校的科研优势，与中关村等信息技术前沿地区展开合作，开发高使用性的"智慧工业"网络，构建通用工业互联网体系架构，开展工业互联网创新应用示范。推进移动互联网、云计算、物联网等技术与农业、能源、金融、商务、物流快递等深度融合，支持面向网络协同的行业应用软件研发与系统集成，推动制造业向生产服务型转变、生产性服务业向价值链高端延伸。

加快传统服务业"智慧化"改造。加强景点景区周边餐饮、娱乐行业与国内主要应用程序开发商对接，发挥旅游业对地区经济，尤其是乡村振兴事业的推动作用。利用"智慧旅游"系统，扩大宁夏、内蒙古等地区康养、休闲景区的知名度，以"智慧化"改造为传统服务业发展注入新活力。

（四）实施传统产业"品牌工程"

产品档次不高，缺乏世界知名品牌是限制中西部地区产业发展的一大因素。黄河"几"字弯城市圈在经济转型期，必须紧紧抓住当前难得的战略机遇。

塑造黄河流域产品品牌。为减少与先进国家、地区在关键核心技术与高端装备等方面的差距，黄河"几"字弯城市圈应发挥自身优势，构建与大城市专业人才和科技团队的科研飞地，研发和转化技术成果，提高制造业科技含量，打造品牌产品。同时，吸收和借鉴伊利牛奶与中宁枸杞等品牌建设经验，发挥本地资源优势，在保证生态效益的前提下打造本土化自主品牌。

加强品牌塑造的城市协作。黄河"几"字弯城市圈经济发展很不平衡。西北部地区在特色农产品挖掘方面做得不够，下一步应加大城市之间区域品牌打造的合作，共同设立公司或设立分公司，借助大中城市和大型企业在品牌宣传推广及分销渠道方面的优势。协作实现地区产品向黄河流域共同品牌的转变，带动黄河

"几"字弯城市圈共同发展。

四、新兴产业培育发展

近年来,黄河"几"字弯城市圈经济取得了长足发展,新兴产业逐步成为经济增长的重要支柱。宁夏、内蒙古两省在光伏发电与生物医药领域产业体系已经形成,山西省发展新能源、节能环保、软件信息技术等产业取得初步成效。

战略性新兴产业代表新一轮科技革命和产业变革的方向,是培育发展新动能、获取未来竞争新优势的关键领域。黄河"几"字弯城市群应该大力培育发展新兴产业。

(一)强化人才与硬件建设

战略性新兴产业属于知识密集型行业,发展战略性新兴产业必须坚持人才兴业。加快推进人才政策和体制创新,保障人才以知识、技能、管理等创新要素参与利益分配,以市场价值回报人才价值,全面激发人才创业创新动力和活力。加大力度培养和吸引各类人才,弘扬工匠精神和企业家精神。黄河"几"字弯城市圈部分地区位于西部,人才培养与吸引能力有限,黄河上游、上中游交界地区本地培养人才的能力有限,应加强与中游地区科研合作引进人才,对接人才资源丰富的京津冀和东部沿海地区,采取"飞地研究院"等方式,进行技术合作,弥补人才短板。

加强硬件建设,扶持科创产业园、创业孵化器及研究平台建设,完善医疗、卫生、金融等与新兴产业从业人员生活密切相关的基础设施与公共服务。最大限度地留住新兴产业人才,形成有利于创新创业的区域环境。

(二)构建产业链和产业集群

构建新兴产业链。挖掘黄河"几"字弯城市群,尤其是黄河上游地区,以枸杞等特色农产品为基础的精深加工、现代物流行业,有色金属冶炼、发电等传统产业的链条优化,提高其循环化发展能力。延伸和增强光伏发电、风力发电等新兴产业的科技研发和产业化能力,提高产业链综合竞争力。依托现有优势产业,优化当地产业链,培育新兴产业,反哺传统产业。

坚持产业集聚。通过产业集聚减少产业链上下游协调成本,提高资源利用效率。以科技创新为源头,打造战略性新兴产业策源地,提升产业集群竞争力。以产业链和创新链协同发展为途径,培育新业态、新模式,发展特色产业集群,带动区域经济转型,形成创新经济集聚发展新格局。

（三）创新生态产业模式

推进生态产业化。按照产业化规律推动生态建设，按照社会化大生产、市场化经营的方式提供生态产品和服务，推动生态要素向生产要素、生态财富向物质财富转变，促进生态与经济良性循环发展。生态农业、康养度假产业是生态产业化的重要产物，如黄河上游宁夏段地区盛产的"宁夏五宝"是具有地方特色的中药材产品，可以此为基础发展生态农业、康养产业相结合的新业态。

以生态治理增加效益。黄河上游中游是我国防风固沙、植树造林的重点区域。通过将治理经验有偿推广，形成生态产业化的新业态。防风固沙、黄河沙化治理以及工业污染物治理是黄河"几"字弯城市圈的生态保护重点，积极推动治理经验的产业化，带动黄河流域城市绿色发展，解决水土流失和产业规模不大等难题。

五、黄河"几"字弯城市圈

聚焦生产生活对基础设施和公共服务的核心需求，全面提高教育文化水平，完善康养保障体系，构建大健康服务体系，增加就业创业机会。同时，完善交通网络、资源能源供给与餐饮商贸服务体系。

（一）推进教育体制改革

统筹规划教育事业。坚持教育优先发展，办好人民满意的教育事业。推动义务教育均衡化发展，缩小中游地区与上游地区差距。加强宁夏、内蒙古偏远地区基础教育质量。加大高等教育支持政策，创新高校间合作方式，推动太原理工大学和宁夏大学化学工程与技术、内蒙古大学生物学等优势学科交流；深化产教融合、校企合作，打通高等教育与职业教育互联通道。

鼓励社会力量兴办教育。采取灵活多变的方式，完善对民办教育的政策，培养新兴产业人才，引导社会力量捐资、出资办学；加大对国内外知名教育资源的引入，促进独立举办、共同举办等多种形式兴办教育。

（二）形成多层次养老服务体系

创新养老方式。构建多层次养老服务体系，提升养老服务能力与水平。在黄河"几"字弯城市群内实施差异化的养老模式。发展中医药为特色的医养结合式养老产业。实施税收优惠政策，鼓励购买个人商业养老保险，积极引导实施新型养老，完善相应配套条件。推动医疗卫生资源进入养老机构，鼓励社会资本积极参与健康养老产业，探索发展"候鸟式""度假式""生态休闲式"等多种健康养老模式。

加强养老服务队伍建设。培养专业养老医护人员，完善社区养老服务平台，提升黄河"几"字弯城市圈养老服务质量。通过扩容城乡养老服务项目，加大养老机构及床位建设，建立专业养老服务队伍，构建"居家养老为主、社区养老和机构养老为辅"的格局。

培育养老产业。鼓励民营养老机构提供多层次养老服务。制定支持民间资本投资养老服务的税收政策。支持发展老年家庭服务业、老年旅游业、老年消费品产业等老龄产业。

（三）构建"大健康"服务体系

落实"健康中国"的国家战略，完善黄河"几"字弯城市圈"大健康"服务体系，推动"大健康"产业发展。

推动全市健康主题公园、体育休闲基地等重大设施建设。鼓励社会力量举办体育健身设施和健身经营场所，举办体育赛事和交流论坛。

鼓励发展民营医疗机构。加强地区财政对偏远地区的医疗支持。增强偏远地区医疗服务配套，实施三甲医院定期赴偏远地区组织巡诊，推动医疗条件均等化发展。引导民营医疗机构通过资源整合、连锁经营、托管共建等方式向"专、精、优"方向发展。

（四）推动高质量就业

完善创业扶持政策。完善创业孵化激励政策，鼓励创新创业带动就业，推动高质量均衡就业。落实税费减免、创业小额贷款、"双创"优惠、创业孵化跟踪服务举措，探索创业保险融资制度，健全创业和扶持小微企业、非正规就业组织发展的体制机制，支持网络技术应用等"智慧产业"，弥补信息技术方面的科技短板。

完善就业服务体系，健全人力资源市场管理制度，完善就业和社会保障体系，呼和浩特市推进"首创助航"品牌行动，稳步提升各类群体就业创业能力。加强公共就业服务队伍建设，健全人力资源流动机制，发挥市场配置人力作用，健全就业法律监督机制，规范招人用人制度，创新劳动关系协调机制。

（五）完善交通运输体系

完善交通体系建设。加快完善城市规划、建设、管理标准体系，强化规划刚性管理，以严格的标准引领城市发展。全面推动高铁网络建设，完善高铁网络连接黄河"几"字弯城市圈成员，推动城市圈间人才、贸易交流。提高现有铁路网络运载能力，助力现代物流业发展。

六、黄河"几"字弯城市圈的开放创新

针对"几"字弯各城市的不同特点和经济发展需求，全面对接"一带一路"国家和地区，开发优势国际贸易产业链，构建对外开放新格局。

（一）对接国际商贸合作

以交通通达为前提，以特色产业为基础，以更高水平开放为保障，各城市、各产业园区积极研究、论证和对接俄罗斯、蒙古及"一带一路"沿线国家。加强高铁、国际铁路、国际航班等立体交通网络体系建设，加强中外商贸往来，建立国际经贸合作平台。将黄河"几"字弯城市圈打造成内陆开放型经济新高地。

（二）开发"一带一路"产业链

发挥银川市中药材集散地的优势，联合宁夏中药材主产地与下游中药加工企业，组建以推广"宁夏五宝"为主的中医药外贸协会，针对"一带一路"沿线国家建立统一的价格体系和质量标准，扩大中医药出口。整合黄河流域中医药医疗机构、养生保健机构，联合四川、内蒙古等道地药材主产地，建立中医药健康旅游示范区，联合设立康养旅游线路。推进呼和浩特市融入"一带一路"和"中蒙俄经济走廊"，精心组织中俄、中蒙建交活动，组织企业参加东盟、中蒙俄等各类国际博览会。

七、典型案例

案例1：乌海生态发展经验

- **项目背景**

地方经济社会发展必须找对路子。内蒙古乌海市作为资源型工业城市，最大的优势是资源，最突出的短板是环境。在快速发展的时期，乌海市依靠矿产资源、发展资源型产业取得了较快发展。随着我国经济由高速增长阶段转向高质量发展，乌海市发展的资源优势减弱。

- **主要需求**

高投入、高消耗、拼资源、铺摊子的粗放型经济增长模式难以为继。内蒙古自治区乌海市如何处理发展与保护的关系，决定着发展方向是否正确。乌海市市场倒逼转型的压力越来越大，必须加快转变发展方式、坚决破除资源依赖，统筹

经济发展和生态环境保护建设的关系。

- **实施过程**

乌海市加大对煤矿生态治理和污染物控制工作。该市区域内的内蒙古广纳集团煤矿位于乌海市和鄂托克旗的骆驼山矿区。该地区煤矿大部分是露天开采，覆盖厚、岩石含量高，剥采比大。由于过去管理松散，矿权设置分散，开采过程中形成了大量的渣山和矸石堆，造成了严重污染。加上乌海及周边严重干旱、荒漠化，生态环境脆弱。为减少对环境的污染，广纳集团 2016 年始规划建设绿色矿山，2017 年建立了矿产资源开发利用、技术创新、节能减排、环境保护等规章制度与保障措施，在矸石着火、粉尘管控、生态修复等方面进行了多项探索，对煤炭能源的绿色发展进行了有益的实践。经过几年的循环化改造，广纳集团成为了内蒙古自治区第一家自治区级的绿色矿山。

为控制工业企业污染物排放，乌海市实施工业治理项目，完成电力企业超低排放改造、重点行业物料堆场封闭，启动特别排放限值提标改造、工业企业挥发性有机物治理、"散乱污"工业企业综合整治等专项行动。同时，乌海市大力淘汰低端落后产能，引进一批污染小、能耗低的新项目，对现有项目进行循环化、清洁化改造，提高了煤炭资源就地转化率，被评为首批国家级循环经济示范城市。

为优化能源结构，乌海市拆迁棚户区，淘汰低吨位燃煤锅炉，将乌海市划定为高污染燃料禁燃区。引导企业运输"公转铁"，淘汰黄标车和老旧车辆，引进新能源电动公交车，逐步扭转能源消费方式。

- **实施效果**

经过多年的连续探索，乌海市生态环境状况明显改善，该市清洁能源供暖率达 98%，广纳绿色矿山建设列入联合国开发计划署环境可持续发展项目，为绿色矿山建设提供了"乌海经验"，探索出一条符合发展定位、体现地区特色，以生态优先、绿色发展为导向的高质量发展新路子。

- **主要借鉴**

一是采取综合治理、工业流程、固废处理等多个措施，推进经济发展。

二是政府推动和政策扶持，重点产业和企业示范试点，进行工业节能、清洁能源替代和工艺流程改造等，提高了污染控制能力。

三是符合国家产业政策和发展方向，优化能源结构是改善大气污染状况的重要举措，如推广新能源、循环经济等。

案例 2：青海培育黄河文化产业

- **案例背景**

黄河文化深厚悠久、源远流长，它有地域特色和各自特征。青海是黄河的发源地，其广阔的地势、丰饶的资源和少数民族文化决定了青海深厚沉淀、独具特色的黄河文化。青海省作为"一带一路"沿线重要节点，在国际文化交流、文化传播和贸易活动方面居于重要地位，多地区多民族文化交流活动频繁。

- **案例需求**

青海市有汉族文化、回族文化、藏族文化、撒拉族文化、土族文化等民族文化，在历史发展的长河中，民族文化汇聚融合，形成以纳顿节、赛马会、九曲黄河灯会为代表的民族民间节庆文化，以青海花儿、藏戏、地方民歌、舞蹈、回族宴席歌曲等为代表的民族民间歌舞文化，以唐卡、藏绣等为代表的民族民间艺术文化，以祁连山、青海湖三门峡、三江源为代表的许多非物质文化遗址、民俗文化乡及自然景观名址。多种文化如何成为黄河文化产业发展的重要载体，助力青海的成长值得系统探究。

- **实施过程**

青海省大力发展区域文化。青海黄河文化推动的特色产业发展如黄河文化工艺品产业、民族经济发展、劳务经济发展等促进了青海旅游文化经济发展，成为引领全省特色旅游文化产业发展的重要支撑。"九曲黄河循化美"，循化撒拉族自治县依托黄河上游公伯峡和下游的积石峡，打造黄河水上游的精品旅游文化品牌，将黄河文化和旅游产业深度融合发展，每年一届的强渡黄河赛、黄河奇石展览、以黄河沿岸为中心的"两椒一核"生产加工基地、独具黄河浓郁风情的少数民族农家乐等，促进文化产业发展，提升了黄河文化的品牌价值。依托循化孟达森林公园、贵德国家地质公园等地理优势和人文优势，依托各区域特色民俗乡镇、凸显河湟特色的文化产品以及文化服务，省内多区域相互连接，推进河湟文化产业集聚区建设，形成河湟文化旅游胜地。通过文化交融和文化挖掘，保护并发扬了青海省黄河文化资源。

- **实施成果**

青海省有国家级文化生态保护区 3 处，国家级非物质文化遗产项目 73 项，全国重点文物保护单位 45 处，中国民间文化艺术之乡 28 个等。

● **案例借鉴**

一是注重产业规划，发挥引领作用。制定全局性文化发展规划，明确文化发展定位和思路，打造区域特色文化，实现区域文化助推黄河文化发展，提升区域影响力。

二是重视文化作用，打造主导地位。实施文化重大项目和文化考评体系，提升各地文化发展意识，促进文化产业主导经济发展，打造高质量发展示范区。提升区域文化竞争力。

三是挖掘文化魅力，弘扬文化自信。加大文化遗产保护力度，主动挖掘非遗文化产品，提供多层次文化发展平台，借文化之力实现各省资源共享，构建区域协同发展格局。

第 十 一 章

CHAPTER 11

黄河中游发展图谱

黄河上中游分界点是内蒙古河口镇，中下游分界点是河南省桃花峪。黄河中游城市位于内蒙古、山西、陕西、河南等省份。按照黄河流域战略定位，中游要突出抓好水土保持和污染治理。有条件的地方要大力建设旱作梯田、淤地坝等，有的地方则要以自然恢复为主，减少人为干扰，逐步改善局部小气候。对汾河等污染严重的支流，要下大气力推进治理。

一、黄河中游现状

河口镇至河南郑州桃花峪为黄河中游，流域面积344000平方公里，黄河中游流经省份包括陕西、山西、河南。中游北段途经黄土高原，流域气候干旱，水土流失严重，是黄河洪水和泥沙的主要来源区，汇入的较大支流有30条。河口镇至禹门口是黄河干流上最长的连续峡谷，河段内支流绝大部分流经水土流失严重的黄土丘陵沟壑区，是黄河泥沙特别是粗泥沙的主要来源。黄河上中游横贯世界最大也是生态最脆弱的黄土高原和荒漠戈壁，黄河用其有限的水资源为改善流域生态、防止土地荒漠化发挥着重要作用。

黄河中游黄土高原区，地处晋陕豫三省接壤地区，受土质疏松、地形破碎、降雨集中等自然因素和陡坡开垦、过度开发等人为因素的影响，水土流失面积广、土壤侵蚀强度大，是黄河粗泥沙的主要来源地，也是历史上黄河决口泛滥的重要原因。许多坝体工程因年久失修、设施老化，部分淤地坝丧失继续拦泥和防洪的能力。

黄河中游地处我国腹心地区，流域战略地位重要，区域优势明显，矿产资源丰富，开发潜力巨大，是我国重要的农业生产区和能源供应基地，也在国民经济发展的战略布局中有承东启西的重要作用。精准聚焦黄河中游区域，贯彻生态文明发展理念，从生态、产业、民生、文化方面出发，分析其流经的山西、陕西、河南等省份生态现状，是把握黄河中游整体情况的重要举措。

（一）生态环境现状

1. 水土流失

河口镇至河南郑州桃花峪为黄河中游，干流河道长1206公里，流域面积34.4万平方公里，占全流域面积的43.3%，汇入较大支流30多条。该河段可分为河口镇至三门峡区间的黄土高原地区、三门峡区间至禹门口河段以及禹门口至潼关河段三个河段。各河段水土流失和资源情况如表11-1所示。

表 11 −1   黄河中游各河段水土流失和资源情况

河段	水土流失和资源情况
河口镇至三门峡区间的黄土高原地区	暴雨集中,水土流失严重,是下游洪水和泥沙的主要源区。
三门峡区间至禹门口河段	是黄河干流最长的连续峡谷,是黄河粗泥沙的主要来源,水力及煤炭资源丰富。
禹门口至潼关河段	河道宽浅散乱,宽仅1000余米,河段汇入的渭河和沁河等支流下游经济发达,河道治理和防洪压力大。小浪底以下河谷较宽。

黄河中游地区是我国生态环境最脆弱、水土流失最严重的地区,流域河段多属于暖温带大陆性季风气候,降水集中。流经黄土高原地区,域内沟壑纵横,支流众多,是暴雨和洪水的主要源区,河水裹挟大量泥沙,带来严重的水土流失问题,直接影响到下游及周边地区的生态安全。

2. 水资源分布

河段内水资源总量少,人均不足(见表 11 −2)。山西省地处黄河流域黄土高原东部,总面积15.67万平方公里,省内黄河流域水系呈放射状遍布西南、南部。温带大陆性季风气候影响下,四季分明,雨热同期,全年降水量60%集中在 7月、8月,强度大,历时短,易形成暴雨,水土流失严重;四面环山,北高南低,呈现千沟万壑地形地貌特征,是中华民族文明的发祥地之一;汇聚1000多条河流,以汾河最长,流域面积及流量最大。山西省水资源总量平均稳定在100亿立方米左右,开发利用需求超过水资源承载量。

陕西省水资源短缺、洪涝灾害频繁、水土流失严重、生态环境脆弱。省内跨长江、黄河两大流域,年平均降雨量656.2毫米,流域面积大于10平方公里的河流有4296条,水土流失面积12.36万平方公里,占全省国土面积的60%。2018年,水资源总量371亿立方米,人均和耕地亩均水资源量约为全国的一半,出现严重水量型和水质型缺水。

河南省位于黄河中下游,西高东低,横跨黄河等水系,境内1500多条河流,黄河横贯中部,流域面积3.62万平方公里,约占全省面积的1/5,年均降雨量约700毫米。2018年,全省水资源总量340亿立方米,不足全国的1.42%,人均水资源量355立方米,不及全国平均水平的1/5,水资源严重短缺,水资源供需矛盾尖锐。

表 11 - 2　　　　　　黄河中游三省水资源指标（2009～2018 年）

指标	水资源总量（亿立方米）			地表水资源量（亿立方米）			地下水资源量（亿立方米）			人均水资源量（立方米/人）		
省份	山西	陕西	河南	山西	陕西	河南	山西	陕西	河南	山西	陕西	河南
2018	122	371	340	81	348	242	100	125	188	329	965	355
2017	130	449	423	88	423	311	104	142	207	353	1174	443
2016	134	272	337	89	249	220	105	107	190	365	714	355
2015	94	333	287	54	309	187	86	121	173	257	881	304
2014	111	352	283	65	326	177	97	124	167	305	933	301
2013	127	354	213	81	331	123	97	119	147	350	941	226
2012	106	390	266	66	368	173	88	130	162	295	1042	283
2011	124	604	328	77	576	222	95	164	192	347	1617	349
2010	92	508	535	53	483	416	77	143	215	262	118	566
2009	86	416	329	48	394	208	76	132	188	251	1106	348

数据来源：国家统计局。

3. 用水结构分布

黄河中游三省用水结构分布见表 11 - 2。

山西省实施应急水源工程，提高了地表水蓄水能力，改善了用水结构。2018年，农业用水占 60%，工业用水和生活用水均占约 18%，生态用水约占 4%。"十三五"期间，生态用水从 2.3 亿立方米增加到 3.5 亿立方米，增幅高达 50%，农业用水总量保持在 45 亿立方米，用量基本稳定，工业用水量呈上升趋势。

陕西省实行水资源税改革，鼓励企业减少用水量。2018 年，地表淡水取水量占规模以上工业总取水量的 65.4%，地下淡水取水量占 18%，其中农业用水约占比 60%，工业用水约占比 15%，生活用水占比 18%，生态用水约占比 7%。"十三五"期间，生态用水总量显著提升，工业用水和生活用水量趋于稳定。

河南省作为农业大省及我国重要的粮食基地，农业用水占总用水量的比重最高。河南省聚焦水资源、水生态、水环境、水灾害"四水同治"，制定出台一系列文件，有效优化用水结构。2018 年，用水总量约 235 亿立方米，其中工业用水 50.4亿立方米，超过总用水量 1/5，农业用水 119.9 亿立方米，超过总用水量 1/2。"十三五"期间，农业用水逐渐上升，工业用水比重下降，生态用水增长一倍。

4. 绿化现状

黄河中游流经黄土高原，森林植被覆盖率低，水土流失严重（见表 11 - 3）。山西省地处暖温带，自然生态环境复杂多样，森林植被类型齐全，野生植物普

亿立方米

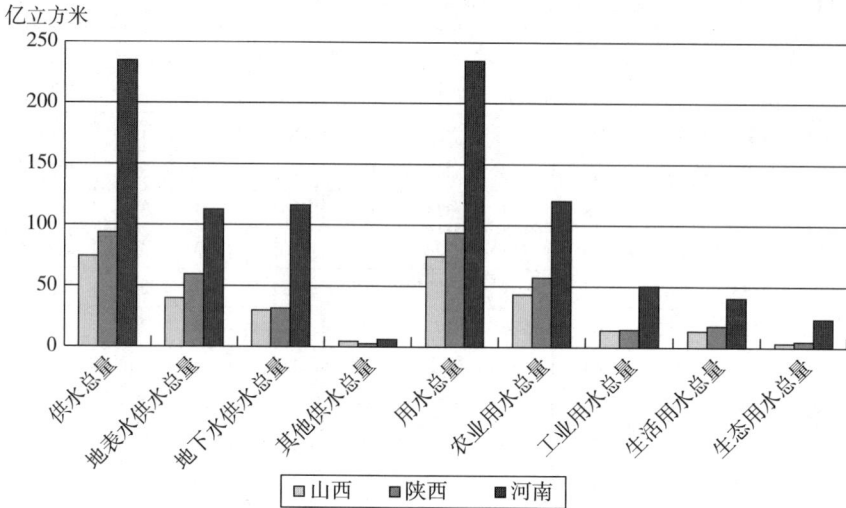

图 11-1   2018 年黄河中游三省水结构

遍，但总体覆盖率低。2009～2018 年，森林面积由 282.41 万公顷增加为 321.09 万公顷，覆盖率提升 2.5 个百分点，植树造林总面积增幅较小，水土流失问题突出。

陕西省大力发展林业，不断扩大森林覆盖范围。2018 年，森林面积 886.84 万公顷，森林覆盖率 43.1%，处于全国领先地位。2009～2018 年，森林面积逐渐增加，每年造林总面积基本稳定在约 350 千公顷，森林覆盖率逐渐提升，覆盖范围扩大，成为我国林产业大省，但森林资源管理质量不高。

河南省打造四季常青、三季花开的绿水青山。2018 年，森林覆盖率 24.1%，全省森林指数、植被指数和植被覆盖率持续上升，生态质量整体持续向好。2009～2018 年，森林面积整体增加，但造林面积从 416.1 千公顷下降为 173.6 千公顷，造林面积不稳定，波动幅度和范围大，植树造林工程需强化。

表 11-3   2018 年黄河中游三省森林指标

指标	森林面积			造林总面积（千公顷）			森林覆盖率（%）		
年份	山西	陕西	河南	山西	陕西	河南	山西	陕西	河南
2018	321.09	886.84	403.18	340.15	348.09	173.6	20.5	43.1	24.1

数据来源：国家统计局。

（二）产业发展现状

黄河中游有丰富的矿产资源，是我国重要能源供应基地、能源化工和基本原材料基地，产业经济是黄河流域产业经济重心，经济总量迅速提升，产业结构优化升级明显。

山西省是高物耗、高能耗、高污染的粗放型经济模式的典型代表。深化供给侧结构性改革，升级化工、钢铁、水泥等传统产业，培育新一代信息技术、高端装备制造、新能源汽车等战略性新兴产业，推进产业绿色化智能改造，发展服务业成为山西省经济发展的重要目标。2019年地区生产总值增长6.3%左右。

陕西省经济运行呈总体平稳、活力增强、质效提升态势，2019年地区生产总值增长6%，第二产业占据主导地位，第三产业增幅明显，能源化工产业、装备制造产业、电子信息、文化旅游、现代服务业产业发展较快。

河南省作为重要的商品粮基地、能源基地和原料工业基地，坚持以供给侧结构性改革为主线，推动高质量发展，2019年全省生产总值突破5万亿元，经济社会发展呈总体平稳、稳中有进态势，产业升级转型加快，三产主导地位凸显。

黄河中游地区产业与当前中国经济高质量发展不匹配，存在三大痛点：产业结构层次偏低，升级转型困难。农业比重偏大，工业技术含量偏低，服务业发展滞后，产业升级、新旧动能转换压力大；绿色产业发展不足，龙头企业缺乏。传统产业支撑能力弱，可再生能源、文化旅游等绿色产业处于起步阶段，短期内难以支撑经济发展，发挥全局引领作用的龙头企业和产业园区少，领军人才供给不足，开放合作平台缺乏，地区缺乏关键技术创新平台、对外交流平台、资源共享平台。

（三）基础服务现状

习近平总书记强调，黄河流域是打赢脱贫攻坚战的重要区域，支持流域省区打赢脱贫攻坚战。黄河中游作为我国贫困人口相对集中的地区，保障和改善民生成为人民群众最要紧切身的问题。"十三五"以来，黄河中游各省增强民生福祉，打好脱贫攻坚战，减少农村贫困人口，改变城乡二元结构，推进统筹发展，全面建设小康社会，扎实推进创新创业，坚持教育优先发展，强化教育财政支持和投入力度，完善基础设施建设及社会保障体系，推进就业、教育、医疗、社会保障等公共服务均等化。受自然、历史条件制约，仍然存在覆盖范围窄、推进步伐慢、落实不到位问题。

山西省统筹民生工作，人民幸福感不断提高。2019年，城乡居民人均可支配收入分别增长7%、9.5%左右，城镇新增就业55.7万人，城镇登记失业率、城镇调查失业率分别小于3%、6%，主要就业指标实现"两增一降"，就业局势稳中向好，居民消费价格涨幅在3%以内。

陕西省坚持稳中求进工作总基调，着力稳增长、促改革、调结构、惠民生、防风险、保稳定，实现持续健康发展。2019年，城镇登记失业率3.2%，调查失业率5.5%以内，城乡居民人均可支配收入分别增长8%和9%。

河南省坚持尽力而为、量力而行，着力惠民生增福祉，社会就业稳定扩大，民生短板得到加强，人民群众获得感稳步上升。2019年，居民人均可支配收入增长8.6%左右，实现"三个同步""三个高于"目标，全省财政民生支出7833.8亿元，占一般公共预算支出的比重达到77%。

（四）黄河文化现状

"十三五"以来，中游各省推进文化惠民工程，吸纳融合各地区文明精华，加强文化基础设施建设，丰富文化资源，举办文化活动，文化事业和产业高层次发展。

山西省抢抓发展机遇，推进文化体制改革，实施文化强省战略，文化事业带动文化产业发展壮大，文化产业支撑文化事业全面繁荣，人民群众的文化获得感显著提升，文化"走出去"影响力增强，文化不断迸发活力。陕西省充分发挥引导作用，弘扬文化主旋律，出台重要文化政策，引领文化工作深入展开，推进公共文化服务体系建设，文化产业获得发展。河南省华夏历史文明传承创新区建设进程稳步推进，文化强省地位逐渐建立，文化吸引力显著增强，文化遗产保护工作扎实推进，文化体制改革实现突破，创新效果明显。

中游文化底蕴深厚，发展态势良好，但仍存在三大问题：

第一，区域发展不平衡，支柱地位不明显。城乡、区域文化发展不平衡，公共文化建设现状与公共文化服务标准化、均等化要求差距较大，服务质量和水平不高，文化产业结构调整不到位，市场主体发育水平低，文化消费动力不足，与旅游、科技、金融等融合不够，离支柱产业目标差距较大。第二，产品原创数量少，区域特色未凸显。文化发展模式上，多复制、少创新，特色化、差异化体现不强，文化风向引领能力差，综合开发能力不强，缺乏区域特色。第三，体制机制不健全，融合发展水平低。山西等地与文化资源大省地位不相称，融合发展支撑体系不完善，带动融合发展的市场主体培育不足，金融政策支撑不够，缺乏规划布局及顶层设计、统一运作。

二、黄河中游的成绩

黄河中游城市近年来在生态保护、综合治理、黄河文化和经济发展等方面工作取得了各不相同的成绩。

（一）产业持续优化

山西省已建立煤炭、化工、钢铁、水泥等主导产业，坚持"一个指引，两手硬"的工作思路，经济总量突破僵局。产业结构不断优化，三次产业共同发力，农业基础地位更趋巩固，工业逐步迈向中高端，服务业成为第一大产业。2019年，全省退出钢铁产能175万吨，关停淘汰焦炭产能1192万吨，服务业占地区生产总值比重连续五年保持在50%以上。

陕西省坚持稳中求进工作基调，坚持高质量发展，改革供给侧结构，发展枢纽经济、门户经济、流动经济，实现经济平稳发展、活力增强、质效提升。2019年，新增优质产能1800万吨，规模以上工业增加值增长5.2%，机场城际、西安地铁1号线二期建成运行，固定资产投资增长2.5%，社会消费品零售总额增长7.4%。

河南省作为重要的商品粮基地、能源基地和原料工业基地，实行郑洛新国家自主创新示范区、河南自由贸易试验区等战略，促使经济增速提质。坚持发展先进制造业，壮大现代服务业、培育战略性新兴产业，改造提升传统产业，产业结构转型升级效果显著。

（二）民生不断改善

黄河中游是我国贫困人口相对集中的地区，保障和改善民生是人民群众最要紧切身的问题。"十三五"期间，中游各省增强民生福祉，改变城乡二元结构，降低城乡人均收入比值，推进城乡统筹发展，打好脱贫攻坚战，减少农村贫困人口，全面建设小康社会；扎实推进就业工作，创造充分就业机会，提供良好就业环境，降低城镇登记失业率；增加教育投入，提高教育质量；完善社会保障体系，增加养老保险参保人数；完善基础设施建设，增加每千人拥有医疗机构床位数及人均城市道路面积，推进公共服务均等化；完善社会民生事业，各省实现高质量发展。然而，受自然、历史条件制约，中游省份民生事业发展仍然存在覆盖范围窄、推进步伐慢、落实不到位等诸多问题。

山西省统筹民生工作，努力提升人民幸福感。实行农村低保、扶贫开发"两线"衔接，筑牢兜底保障；推进城乡教育均衡发展，力争教育均等化；发展高质量充分就业，提升人民生活水准，坚持实行就业优先战略和积极就业政策，构建精准帮扶机制；加强社会保障体系建设，医疗惠民温暖民心，建立县级医疗集团，下沉医疗资源，形成县域综合医改的"山西模式"；完善社会保障机制，实现城镇居民医保和"新农合"合二为一改革。截至 2018 年，高中阶段毛入学率 96.58%，高等教育毛入学率 48.5%，全省城镇新增就业 55.7 万人、转移农村劳动力 40.9 万人，完成目标任务的 123.7%、126.3%，城镇登记失业率 3.26%，主要就业指标实现"两增一降"。

陕西省大力发展民生事业。实施稳就业精准帮扶行动，增加就业机会、创新就业环境；积极发展学前教育，优化义务教育资源配置，着力解决"乡村弱、城区挤""择校热""课业负担重"等突出问题；发展"互联网 + 医疗健康"，推进医改综合试点，建设紧密型医联体建设，社区卫生服务中心和乡镇卫生院实现中医馆全覆盖；持续完善社保政策，提高补助标准，实现跨省异地就医。2018 年，九年义务教育巩固率为 94.2%，高中阶段毛入学率为 88.8%，城镇新增就业 46 万人，城镇登记失业率 3.2%。

河南省扩大社会就业，紧抓就业创业项目，推进返乡创业国家级试点，实现做"僵尸企业"职工安置；完善社会保障体系，建立企业养老保险基金省级调剂制度，实现跨省异地就医直接结算；健全养老服务体系，建设医疗救济基金。2018 年，城镇新增就业人员 139.24 万人，年末城镇登记失业率 3.02%。

（三）基础服务改善

黄河中游各省份基础设施建设不断改善。高速公路、高铁、航空和港口等得到拓展；资源能源项目不断开工并投入运用。教育医疗和餐饮物流等服务条件不断优化。山西省新开通数十条国际及地区航线，建成右玉至平鲁、阳城至蟒河高速公路，开放大同航空口岸，连通五台山航空口岸。陕西省 2019 年新增国际客货运航线 26 条，西安咸阳机场货运增速位居全国十大机场首位，中欧班列长安号开行 2133 列，增长 70%，国际贸易"单一窗口"主要功能覆盖率达到 100%。2019 年，郑州新郑国际机场客货吞吐量保持中部双第一，中欧班列（郑州）开行班次增长 33%。

（四）文化得到传承

黄河文化作为中华文化的核心组成部分，文化底蕴深厚，世界华人饮水思源都到黄帝陵寻根问祖。干部群众艰苦奋斗，团结治水，取得了前所未有的成就，黄河中游文化被赋予新的时代内涵。"十三五"期间，黄河中游各省推进文化惠民工程，吸纳融合各地区文明精华，加强文化基础设施建设，丰富文化资源，举办文化活动，实现文化事业和产业高层次发展。

山西省文化体制改革持续深入，合并市县两级文化与新闻机构，大力推进简政放权、放管结合和优化服务，文艺创作生产持续繁荣，持续推进考古发掘、珍贵文物修复保养等活动。文化服务能力显著提升，全省"三馆一站"（公共图书馆、文化馆、美术馆、文化站）全部免费开放，文化产业增加值占 GDP 比重大幅提升。

陕西省加快构建现代公共文化服务体系。加强文化基础设施建设、实施文化惠民工程、推进公共文化服务均等化，不断提升文化供给能力和水平。举办丝绸之路国际艺术节、旅游博览会，发起成立"丝绸之路考古联盟"，关中文化重点建设文化内容、文化对外贸易、文化新型业态，陕北挖掘黄帝黄河文化、民俗风情文化、红色革命文化，陕南形成文化旅游、休闲娱乐、工艺美术产业特色。

河南省以建设华夏历史文明传承创新区、加快构筑全国重要的文化高地为主线，弘扬优秀传统文化，完善公共文化服务体系，发展壮大文化事业，初步形成省、市、县、乡、村五级现代公共文化服务网络，博物馆等公共文化场所全面免费开放；公共数字文化建设加快推进，"百姓文化云"数字公共文化服务平台实现省、市、县、乡、村全覆盖，文艺创作从"高原"迈向"高峰"，实施中原人文精神"五大工程"，产业跨界融合、新技术应用、消费市场的活跃需求为新型业态发展提供土壤。

三、黄河中游的痛点

黄河中游在生态环境、产业结构和文化建设等方面存在制约高质量发展的因素和缺陷，有待尽快研究和解决。

（一）生态环境

环境污染严重，质量提升困难。黄河中游地区仍处于环境污染治理的相持期，污染形势严峻，大部分湖泊断面水质持续超标。污染物排放总量大幅超过水环境容量；地区二氧化硫、氮氧化物万元 GDP 排放强度均高出全国平均水平，重度及以上污染天气频发高发，大气环境污染情况严峻，环境容量接近极限；渭河、汾河流域部分区段水质污染严重，劣 V 类水质断面比例仍然较高。

生态系统退化，水土流失严重。山水林田湖缺乏统筹保护，森林资源调节气候、涵养水源、防风固沙、森林碳汇等生态功能弱化，生态安全格局尚未形成，资源过度开发利用导致的黄土高原生态破坏问题突出，生态空间被蚕食侵占；多处于干旱半干旱地带，荒漠和沙化土地面积占比较重，森林植被稀少，暴雨冲刷水土流失严重，恢复难度大。

水源涵养能力差，水资源短缺。中游地区降水量小，年际与地域分布不均，多数河流无源头水，支流环境流量无保障，城市用水浪费严重，外来水源匮乏，多数地区人均水资源不足全国平均值的 1/5，水源性缺水和水质性缺水问题并存，水资源供需矛盾日益加剧；水资源利用较为粗放，农业用水效率不高，水资源开发利用率远超一般流域生态警戒线。

保护机制不健全，治理体系不完善。开发利用与保护缺乏协调，生态补偿机制待完善，区域间横向生态补偿覆盖范围小；缺乏专门管理部门，协同履职不到位，地方主体责任未全面落实，责任追究制度不健全，湖泊管理体制尚未理顺；生态环境监测、预警应急体系不健全，生态环境联防联控、共建共治共享机制亟待完善。

（二）产业结构

产业结构层次偏低，产业升级困难。中游以传统资源密集型产业为主，产业结构偏向重化工倾向，主导产业高耗能、高耗水、排污量大问题突出，产业发展面临断层风险；高新技术和战略性新兴产业发展滞后、新一代信息技术、高端装备、生物科学、人工智能等新兴产业处于起步或萌芽阶段；基础理论和应用研究水平低，产业发展质量不高，新旧动能转换压力大。

绿色产业发展不足，龙头企业缺乏。产业绿色发展进入转型关键期和阵痛期，传统产业支撑能力下降，可再生能源、文化旅游等绿色产业处于起步阶段，全局引领作用的龙头性城市和城市群缺乏，领军型企业和产业园少，仅西安和郑州两个国家级中心城市，经济影响力有局限性。

领军人才供给不足，创新平台缺乏。人才资源缺乏成为产业发展的关键短板，高层次人才流失与贫困低素质人口大量并存；流域脱贫攻坚压力大，吕梁山区等国家集中连片特困地区存在，拖累人力资本水平提升；各类科研机构力量未能有效整合，军民科技资源共享程度不够，缺乏关键技术创新支撑平台，科技体制改革滞后、成果转化机制不活、加剧转化困难。

（三）基础服务

黄河中游的交通网络、航空线路、地铁轻轨等规划建设不够，能源资源结构不合理，教育医疗资源总量不够且质量总体不高，社会保障与国际交流等服务能力相对不高，人才引进政策和外部创新环境缺少竞争力。

（四）文化建设

区域发展不平衡，支柱地位不明显。中游地区文化底蕴深厚，但城乡、区域文化发展不平衡，公共文化建设现状与公共文化服务标准化、均等化要求差距大，服务质量和水平不高；文化产业结构调整不到位，市场主体发育水平不高、核心竞争力不强，文化消费动力不足，文化与旅游、科技、金融等融合不够，产业处于低水平发展阶段，对经济增长的贡献率有待提高。

文化产品原创数量少，区域特色未凸显。文化发展模式上，多复制、少创新，特色化、差异化体现不强，文化产品和服务供给与人民群众日益增长的精神文化需求不相适应，文化原创能力差；文化领域拔尖及领军人才缺乏，经营人才、管理人才和创意人才严重缺乏，文化产品质量差强人意，缺乏总体规划，综合开发能力不强。

体制机制不健全，融合发展水平低。文化体制改革需进一步深化，融合发展支撑体系不完善，市场主体培育不足，金融政策支撑不够；资源融合发展不够，缺乏总体规划及顶层设计；文化资源的产品化、市场化不足，旅游的文化内涵提炼不足，文化旅游价值提升力度不强。

四、传统产业转型提升

挖掘资源优势，构建示范基地；鼓励绿色发展，加大先进技术研发与应用，提高传统产业综合竞争力。

（一）建立两大基地

整合区域优势资源，加大有色金属深加工技术研发及支持力度，以骨干企业为龙头，推进运城、渭南、潼关与灵宝等地区产业联盟、企业合作，建设运城、三门峡和渭南稀有金属深加工新型工业化示范基地，推动韩城、临汾等地区钢铁产业产能整合及转型升级，培育壮大若干关联紧密、技术水平高、创新能力强的产业集群，延长产业链，提升产业层次，打造全国重要的有色金属深加工基地。利用现有装备制造业产业基础和区域配套条件，加强区域内分工协作，引进优质资本和先进技术，提升装备制造业水平，全面提升产业竞争力，建设中西部地区重要的装备制造业基地。

（二）发展循环经济

坚持以水定城、以水定地、以水定人、以水定产，把水资源作为最大的刚性约束，合理规划人口、城市和产业发展，坚决抑制不合理用水需求，大力发展节水产业和技术，大力推进农业节水，实施全社会节水行动，推动用水方式由粗放向节约集约转变。河套灌区、汾渭平原等粮食主产区要发展现代农业，把农产品质量提上去，为保障国家粮食安全作出贡献。

以循环经济、生态工业和清洁生产理念为指导，推进传统产业高端化、智能化、绿色化改造，加快提升产品附加值和综合竞争力。吸引资金和技术，深入推进钢铁、铝工业、水泥、煤化工、煤电等传统产业减量、延长链条、提质发展，完善淘汰落后生产工艺目录，实行全面综合治理，大力推广余热发电、余气制甲醇、废渣制岩棉等的综合利用，实现固废资源的"吃干榨净"，能源的集约利用、梯级利用及基础设施和信息的共享，拓宽产业链，打造绿色能源；建立节能减排长效机制，推动传统工业经济绿色低碳循环发展；强化政府和企业节能减排责任，有序推进生态文明考核，严格实行"一票否决制"，为经济转型持续发展奠定基础。

（三）应用先进技术

利用大数据、云计算、物联网、软件信息服务、智能终端技术的开放、平等、互动等特性，引导数字技术、智能技术广泛应用于传统产业研发设计，实现大数据分析与整合，以重组运营流程、优化资源配置、重构商业模式等手段完成转型升级，提高创新力和生产力。

将智能化作为转型升级的主攻方向，实施智能制造提升工程，建立机器人自动化示范生产线，打造柔性化生产、场景化应用的示范工厂，通过"互联网＋智能制造"，变革传统产业的生产、管理和营销模式，促进传统产业向智能化、高端化、绿色化发展和转型升级；完善产业转型升级政策支持体系，建立技术改造基金、创新风险补偿基金等配套支持基金，以多种方式支持技术改造，加快转型升级。

五、新兴产业培育发展

遵守国家产业政策，积极培育优势新兴农业，招商引入人工智能、生物产业等，打造具有行业竞争力的新兴产业集群。

（一）推动产业集聚

以黄河中游三省政府为主导，统筹规划和组织实施一批重大项目，带动中游产业集聚，壮大龙头企业。深化企业改革，通过区域合作、并购重组、引进战略投资者等方式，打造重点产业集群的领军企业，促进大企业与中小企业在专业分工、服务外包等方面的合作，依托龙头企业带动一批"专精特新"的中小企业集聚发展，扩大新型产业发展规模，积极培育规模优势明显、产业链整合能力强的龙头企业。坚持龙头引领、园区承载，建链补链延链强链，提升产业链水平，加快建设西安国家通用航空产业综合示范区、渭南增材制造基地、汉中航空智慧新城，推动百度云计算中心二期、中电科电子信息科技创新产业园等项目建设，实现产业集群化，提升区域竞争力。

（二）打造特色产业链

突出产业发展重点，着力打造汽车、高端装备制造、航空航天、新一代信息技术、新材料、智能终端、集成电路、机器人等优势产业，打造特色优势产业链；加强技术创新体系建设，实施重大产业创新工程，着力突破产业链缺失环节、薄弱环节、延伸环节等的技术瓶颈，促进产业关键技术研发；围绕延伸产业链关键项目，加强与世界 500 强、国内 100 强、行业 50 强企业的合作，承接转移，发展配套；依托国家增材制造、分子医学转化、陶瓷基复合材料、超导材料等创新平台，加快高精尖科技、新技术成果就地转化，培育产业集群，打造战略性新兴产业高地。

（三）明确培育路线

围绕物联网、机器人及自动化系统、生命健康、新能源、新材料等前沿领域，发展工业互联网平台，推进跨地区协作，实现跨越式发展。鼓励组织实施重大科技专项，推进科技研发、产业化和应用示范，积极抢占新兴产业发展制高点；明确新兴产业的发展方向和路线图，电子信息产业以延伸链条、强化基础、应用驱动为主攻方向，节能环保产业重点推进节能环保技术装备系列化、规模化发展，现代物流业提升绿色化、标准化、信息化、集约化发展水平，加快连锁经营、物流配送、线上线下融合和绿色低碳流通发展。发展以医疗服务机构为主体的医疗产业、医药产业、保健品产业、健康管理服务产业。

六、构建交通能源支撑体系

黄河中游在黄河流域起着承上启下的作用，上游的矿产资源、水电需经中游向下游和全国各地输送，下游的技术、资本等通过中游输送至上游。因此，在中游构建互联互通的通道对黄河流域协调发展至关重要。

（一）完善交通运输体系

西起河口镇，东至桃花峪，黄河中游包含西安、太原、郑州等交通枢纽，有先天的交通运输优势，但城市间交通联系不紧密，除省会城市外，缺少有较强交通运输能力的中小型城市，需完善现有交通运输体系，提升中小城市的交通运输能力，做到互联互通，构建黄河流域完整的交通运输体系。

立足自身特色，基本建成交通强省，实现交通治理体系和治理能力现代化。流域各省区着力固根基、扬优势、补短板，构建系统完备、科学规范、运行有效的制度体系，加快推进交通运输体系建设。

加快政府治理能力现代化，厘清权力边界，深化行政管理体制改革，形成有为的交通运输政府部门，健全现代化交通运输市场体系，落实交通运输公共服务职能，激发社会组织活力，完善公众参与机制，构建交通运输共建共治共享新格局。

坚持和完善党的领导，建设人民满意的服务型政府部门，讲好中国交通故事；坚持和完善统筹城乡交通体系，全力建设平安交通，积极参与全球交通运输治理，完善交通运输权力配置和运行制约机制。

（二）强化能源高效利用

黄河中游各省区有丰富的水电、煤炭、天然气等资源，但能源利用效益不高，投入产出低，单位 GDP 能耗高，需加大技术革新，强化管理手段，提高能源利用效率。从单一的能源输出转变为能源就地利用生产，充分发挥本地区的能源优势。

贯彻落实新发展理念，以供给侧结构性改革为主线，推动能源消费、供给、技术、体制革命和国际合作，优化能源结构，补上能源发展中资源环境约束、质量效益不高、基础设施薄弱、关键技术缺乏等诸多短板，提升能源产业竞争力，构建清洁低碳、安全高效的现代能源体系，更好地支撑地区经济持续稳定发展。

优化能源存量，推广煤炭清洁高效开发利用，积极拓展能源增量，加快提升水能、风能、太阳能、生物质能等可再生能源比重，安全高效发展核能，优化能源生产布局。抓好能源消费总量和强度双控制，聚焦工业、建筑、交通等重点领域推进节能减排，淘汰落后产能、加快传统产业升级改造和培育新动能，提高能源效率，推动形成注重节能的生活方式和社会风尚。

突破新能源并网技术和储能、微网技术，建设"互联网＋"智慧能源，提升电网系统调节能力，增加新能源消纳能力，发展先进高效节能技术，抢占能源科技竞争制高点。推动大众创业、万众创新，激发能源行业企业、科研院所的创造激情和创新潜能，培育更多能源技术优势并转化为经济优势。推进能源市场化改革，改革油气矿权制度、理顺电力输配环节等，深化能源国企改革，支持民营经济进入能源领域。完善鼓励分布式能源发展的机制和政策，理顺能源价格体系，还原能源商品属性，发挥市场配置资源的决定性作用和更好地发挥政府作用，构建公平竞争的能源市场体系。

（三）提升教育文化实力

黄河中游各省区高等教育资源缺乏。作为母亲河，黄河具有悠久的文化历史，但未能得到很好的继承和发展，未来需注重提升黄河中游教育能力，引进或新建优质高校，同时传承发扬黄河历史文化。

扩大高等教育规模，满足群众对高等教育的需求，提高高等教育质量，形成区域特色办学理念和风格；改革学科布局、专业设置、教学方法，引导高等学校适应就业市场和经济社会发展需求，调整专业和课程设置；完善高等教育质量保障体系，推动高校科技创新、学术发展与人才培养紧密结合；借鉴国外先进经验，结合中游各省实际创造性地加以运用，输出一大批国际一流大学，为国家培养更多的高质量、多样化的创新型人才。

做好"黄河品牌"，加快推进黄河文化保护传承弘扬规划编制，启动黄河文化资源梳理、黄河文化艺术创作、沿黄大遗址保护利用、黄河流域非物质文化遗产专题展等工作；形成各具特色和优势的黄河文化主题园、展示带和特色点，推进黄河文化的有序、科学、全面保护，将横跨九省区的黄河流域当作一个整体系统来看待，作为一个统一的IP来打造，各有关省市和部门进行统筹规划和协调配合；加强顶层设计和协同开发，推进文化资源整合与旅游协作，打造有国际影响力的高质量黄河文化整体和系列旅游产品，推动沿黄区域文化旅游高质量发展；开展黄河文化宣传，坚定文化自信，让黄河文化焕发更强大的生命力。

（四）提高公共服务能力

相比发达地区，中游城市公共服务能力弱、规模不足、质量不高，省会城市的首位度偏高，边缘城市差距大，区域发展不平衡，未来需提高流域内城市的整体服务能力，向长江三角洲、京津冀、珠三角等城市看齐。坚持新发展理念，对标高质量发展要求，着眼"创新、协调、绿色、开放、共享"发展理念，根据本地资源禀赋、产业基础、市场需求、城市发展布局和区域功能定位，引导服务业聚集发展，形成各地区间优势互补、特色鲜明的服务业发展构架，形成点面结合、轴带联动、合理有序的服务业空间格局，提升流域公共服务能力。强化基础设施建设，重点提升农村公共服务能力。

发挥基本公共服务兜底作用，牢牢把握服务项目，严格落实服务指导标准。合理引导社会预期，统筹运用各领域各层级公共资源，推进科学布局、均衡配置和优化整合；加大基本公共服务投入，向贫困地区、薄弱环节、重点人群倾斜，推动城乡区域人群均等享有和协调发展；增强政府基本公共服务职责，合理划分政府财政事权和支出责任，充分发挥市场机制作用，支持各类主体平等参与并提供服务，形成扩大供给合力；推进基本公共服务均等化、标准化、法治化，促进制度更加规范；创新服务提供方式，消除体制机制障碍，全面提升基本公共服务质量、效益和群众满意度。

七、黄河中游各省区的开放创新

黄河中游各省区的开放程度偏弱，创新聚集度不够。开放程度和创新能力的落后，导致黄河中游城市社会经济发展长期落后于同级别区域。提高流域开放程度，提升流域创新能力，围绕国家创新驱动战略，支撑"中国制造2025""互联网＋"、网络强国、海洋强国、航天强国等国家战略实施，发挥科技创新在推动产业迈向中高端、增添发展新动能、拓展发展新空间、提高发展质量和效益中的核心引领作用。

（一）构筑国家先发优势

实施国家科技重大专项，构建具有区域竞争力的产业技术体系，加强现代农业、新一代信息技术、智能制造、能源等领域一体化部署，推进颠覆性技术创新，加速引领产业变革；健全支撑民生改善和可持续发展的技术体系，突破资源环境、人口健康、公共安全等领域的瓶颈制约；建立保障国家安全和战略利益的技术体系，发展深海、深地、深空、深蓝等领域的战略高技术。

倡导开放创新的良好氛围。引进和聚集科技研发力量，鼓励和扶持政府、企业、科研院所对外开放和协同发展。扶持西安交通大学、西北工业大学、西北大学、长安大学、陕西师范大学等知名高校积极探索和打造科技创新的重要源头，尽快成为创新创业的重要动力源泉。

强化西安、郑州国家中心城市的带动作用。加快建设关中城市群、中原城市群，加快推进西安、洛阳、郑州等大都市圈建设，加强中心城市与周边城市区域的优势互补和协同发展，推进人口、产业、交通、公共服务、市场要素的一体化对接。

（二）培育重要战略创新力量

持续加强基础研究，全面布局、前瞻部署，聚焦重大科学问题，力争在更多基础前沿领域引领世界科学方向，在更多战略性领域实现率先突破；完善以国家实验室、省级实验室为引领的创新基地建设，分类推进科研基地的优化整合；培育造就一批国家级、世界级水平的科学家、科技领军人才、高技能人才和高水平创新团队，壮大创新型企业家队伍。

（三）拓展创新发展空间

建设有重大带动作用的创新型省市和区域创新中心，推动国家自主创新示范区和高新区创新发展，系统推进全面创新改革试验；完善区域协同创新机制，加大科技扶贫力度，激发基层创新活力；打造"一带一路"协同创新共同体，提高全球配置创新资源的能力，深度参与全球创新治理，促进创新资源双向开放和流动。

（四）构建良好创新产业生态

发展科技服务业，建立统一开放的技术交易市场体系，提升面向创新全链条的服务能力；加强创新创业综合载体建设，发展众创空间，支持众创众包众扶众筹，服务实体经济转型升级；深入实施知识产权和技术标准战略；完善科技与金融结合机制，大力发展创业投资和多层次资本市场。

（五）深化科技体制改革

加快中央和地方财政科技计划（专项、基金等）管理改革，强化科技资源的统筹协调；实施国家技术创新工程，建设国家技术创新中心，提高企业创新能力；推动健全现代大学制度和科研院所制度，培育面向市场的新型研发机构，构建更加高效的科研组织体系；实施促进科技成果转移转化行动，完善科技成果转移转化机制，大力推进军民融合科技创新。

（六）加强科普和创新文化建设

实施全民科学素质行动，推进全民科学素质整体水平的提升；加强科普基础设施建设，推动科普信息化，培育发展科普产业；推动高等学校、科研院所和企业的各类科研设施向社会公众开放；弘扬科学精神，加强科研诚信建设，增强与公众的互动交流，培育尊重知识、崇尚创造、追求卓越的企业家精神和创新文化。

八、典型案例

案例1：吕梁实施生态扶贫

● **项目背景**

山西贫困地区与生态脆弱区高度重合，如何统筹脱贫攻坚与生态建设。吕梁市立足自身特点，作出了在"一个战场"上打赢"两个攻坚战"的决策部署，围绕荒山增绿、群众增收两条主线，采取组建"扶贫攻坚造林专业合作社"的形式，将贫困人口组织起来，搭建群众参与生态治理、获取劳务收益的群众致富新思路。

- **主要需求**

统筹脱贫攻坚与生态建设，实行生态保护，拓展就业渠道，增加人民收入，让群众在绿化家园的过程中增收致富。

- **实施过程**

该市实施生态扶贫。推进植树造林，扶贫攻坚造林专业合作社中建档立卡贫困人口比例达到60%以上，贫困社员的劳务收入占到合作社劳务收入的60%以上，引导贫困群众在造林绿化中实现脱贫。组建扶贫攻坚造林专业合作社，安排贫困县造林任务，全部由造林合作社承揽实施，为贫困群众增加劳务收入。

以合作社造林为抓手，串联起生态文明建设和脱贫攻坚两个战场，成立造林合作社，吸纳贫困社员，带动贫困人口实现生态脱贫。

抓好临县的脱贫试点，建设扶贫攻坚造林专业合作社，吸纳贫困劳动力1.14万人，2017年该县合作社完成造林绿化任务34.52万亩，居全省之首，人均劳务收入6880元以上，基本实现了"一人造林，全家脱贫"的目标。

- **实施效果**

吕梁市"在一个战场打赢两个攻坚战"的实践，走出了具有特色的社会、经济、生态共赢之路，为林业生态扶贫的"山西经验"变为"全国路径"再次增添了奋进的力量。

- **主要借鉴**

一是兼顾生态发展和产业转型。围绕荒山增绿、群众增收两条主线开展扶贫。

二是聚焦重点人群和特色产业。吸纳贫困劳动力参与就业。

三是退耕还林与经济发展相结合，突出综合效益和可持续发展。

案例2：韩城市打造高质量发展示范区

- **案例背景**

2019年9月18日，习近平总书记在河南考察调研期间主持召开黄河流域生态保护和高质量发展座谈会，亲自布局黄河流域发展，明确提出将黄河流域生态保护和高质量发展上升为重大国家战略，在全国一盘棋的大局中擘画了黄河保护和发展的新蓝图，为推动新时代黄河流域实现高质量发展提供了强大的动力和科学的指南。

- **案例需求**

韩城市位于黄河中游陕北黄土高原与关中平原的过渡地段，是国家级历史文化名城和全国优秀旅游城市，以发展旅游、科教、商贸为主，境内交通优越，拥有全国第一个县级市始发北京的直达列车，特有的土壤造就韩城大红袍花椒、苹果驰名中国。新中国成立以来，韩城从经济不发达的小县迈进全国百强，从农业县发展为新兴工业强市，从名不见经传的山区县成为全国知名旅游目的地和开放名市，从偏居西北一隅迈向黄河沿岸区域性中心城市。2018 年，韩城县域综合实力跃居"陕西十强"第一位，全市生产总值实现 369 亿元，增速名列全省前茅。面对错综复杂、阵痛不断的经济形势和两难多难问题日益增多的严峻挑战，韩城市如何实现更接地气、更有质量的可持续发展有待研究。

- **实施过程**

打造全国卫生城市。探索渭北工业城市环境治理方式，实施"绿"变韩城工程，实行农村净化、绿化、美化、亮化、优化"五化"工程，打造"北林"工程和道路沿线花园式景观长廊，建设国家级、省级生态镇村和环境整治示范村，推广农村环境整治经验；推进铁腕治霾专项整治行动，开发生态环保项目，垃圾填埋和平原镇村"气化"实现全覆盖，改变韩城对外形象。探索转型之路，淘汰落后产能；立足能源，延长产业链，转产进入钢后产业和精细煤化工领域，构建企业内、企业间、产业间三级发展模式，形成循环经济发展模式，推动产业迅速转型升级。突出"史记文化·黄河文明"两大主题，打造精品景区，完善旅游服务要求，打造六大核心景区，建成"1＋N"托管模式，实现省内异地就医联网直接结算，保障食品安全，实现全市重点中心村幸福院全覆盖、全运营的目标。

- **实施效果**

2018 年韩城市被评为全国卫生城市。将旅游业作为调结构、促转型的重要抓手，大批景点相继开发，国家级景区不断增加，全域旅游示范市创建排名全省第一，古城文化街区荣获中国最佳历史文化旅游项目。城区小餐饮"明厨亮灶"率达 100%。

- **主要借鉴**

一是提高政治站位，把握重要战略。中游各省区应认真贯彻习近平总书记在黄河流域生态保护和高质量发展座谈会上的重要讲话精神，深入研判各地情况，扣问题抓整改，紧盯短板抓提升，助推经济高质量发展。

二是打造绿色产业，促进产业升级。构建完善生态保护和治理机制，加快产业转型升级步伐，借助资源和区位优势，构建区域协同发展联盟，积极推动产业转型，加快新兴产业建立和引入，建立工业绿色、循环发展模式。

三是注重民生发展，保障优质服务。打好脱贫攻坚战，全力保障和改善民生，不断提升现代化治理水平，主动打造黄河中游高质量发展示范区；提高公共服务能力，全面推进群众幸福感提升。

四是建立文旅主导，实现高质量发展。构建文旅融合发展体系，提高文化影响力，打造区域特色旅游景点，拉动地区消费能力，实现在经济和产业上的双重推动力。

第十二章

CHAPTER 12

黄河下游发展图谱

黄河下游指黄河桃花峪至入海口，流域面积2.3万平方公里，仅占全流域黄河入海处面积的3%，黄河下游现行河道呈上宽下窄的格局。桃花峪至兰考东坝头河段长136公里，东坝头至陶城铺河段长236公里，陶城铺以下系大清河故道，利津以下是黄河的河口段。黄河河口位于渤海湾与莱州湾之间。黄河下游城市主要是河南省的开封、新乡、濮阳和山东省的泰安、聊城、德州、济南、淄博、滨州、东营等。从山东省更大的地理范围看，包括山东省全辖各个地市。

习近平总书记2020年1月3日主持召开中央财经委员会第六次会议，提出了"黄河流域生态保护和高质量发展要高度重视解决突出重大问题"，实施水源涵养提升、水土流失治理、黄河三角洲湿地生态系统修复等工程，发挥山东半岛城市群龙头作用，推动沿黄地区中心城市及城市群高质量发展，实施黄河文化遗产系统保护工程，打造具有国际影响力的黄河文化旅游带等重大部署，从而为山东省打造"山东半岛城市群"明确了战略定位和行动路线图。

一、黄河下游的现状

下游河道为地上悬河，支流很少。黄河下游河床高出大堤背河地面3～5米，比两岸平原高出更多。除南岸东平湖至济南区间为低山丘陵外，其余全靠堤防挡水。历史上决口泛滥频繁。黄河入海口泥沙淤积，近40年间，黄河年平均输送到河口地区的泥沙约10亿吨，年平均净造陆面积25～30平方公里。

黄河下游河南段郑州市以下的开封、新乡、濮阳等城市经济概况。

山东半岛是山东省重要的生态经济带，也是黄河流域入海口和重要的对外开放门户。从黄河流域生态保护和高质量发展战略的地理口径看，山东半岛城市群主要包括：济宁、菏泽、泰安、聊城、济南、滨州、东营等大中型城市及其市县区。从更大范围和山东省政府口径看，"山东城市群"包括山东省各地市。

（一）产业发展

河南省的开封、新乡和濮阳经济总体规模不大，农业种植和传统制造业等占比高，新兴产业培育不足，科技研发能力相对不高。其中：开封汽车及零部件、装备、化工、新材料、食品、纺织服装、光伏、木业、生物医药、电子信息等产业集群初具规模。开封是全国小麦、花生、棉花的重要产区，西瓜、花生产量居河南之首，大蒜产量居全国第二。开封大力推动与郑州深度融合，落实郑开双创走廊、开港等产业带，全面推进交通同城、电信同城、金融同城、产业同城、生态同城和资源共享"五同城一共享"的郑汴一体化。新乡与郑州隔河相望，是全国重要的商品粮基地和优质小麦生产基地，是河南省重要的工业基地，有化工、造纸、建材、能源四大传统产业，装备制造、食品加工、纺织服装、现代家居四大主导产业，电池与电动车、生物与新医药、电子信息三大战略性新兴产业，是中国电池工业之都、全国新能源汽车推广应用城市、豫北地区商贸物流中心。2018年，新乡完成地区生产总值2526.6亿元，增长7.1%。濮阳市位于河南省东北部，黄河下游，冀、鲁、豫3省交界处。东、南部与山东省济宁市、菏泽市隔河相望，东北部与山东省聊城市、泰安市毗邻，北部与河北省邯郸市相连，西部与河南省安阳市接壤，濮阳市2018年地区生产总值完成1654.47亿元，增长5.8%；一般公共预算收入91.66亿元，增长13.0%；税收收入67.7亿元，增长12.4%。

山东半岛是中国第一大半岛，位于山东省东部，东与日韩隔海相望，北接京津冀、南临长三角、西与中原经济区相邻，既是环渤海地区合作的重要组成部分，黄河流域的主要出海门户，也是"一带一路"重要枢纽，具备构建对内、对外开放新格局的独特优势。

山东半岛是山东省经济最发达的地区，人口总量最大，地区农业基础扎实，工业门类齐全，服务业发展较快，初步形成了装备制造、交通运输设备、家电、石油化工、纺织服装、食品、有色金属等为主体的现代产业体系。"十三五"时期，紧抓国家批复山东建设全国首个新旧动能转换综合试验区的重大机遇，坚持稳中求进工作总基调，贯彻科学发展理念，构建开放型经济优势，推进高水平规划建设中国—上合组织地方经贸合作示范区，加快推进中日韩地方经济合作示范区建设，融入中国—中东欧"16+1"合作机制，形成全方位开放格局，经济发展提质增效。坚决淘汰落后产能，全面实施新旧动能转换重大工程；打造优势传统产业，培育壮大新兴产业，产业体系不断完善，产业转型升级效果显著。

2019年，山东省实现生产总值71067.5亿元，按可比价计算，比2018年增长5.5%。其中，第一产业增加值5116.4亿元，增长1.1%；第二产业增加值28310.9亿元，增长2.6%；第三产业增加值37640.2亿元，增长8.7%。全省三次产业结构由7.4:41.3:51.3调整为7.2:39.8:53.0。全年居民人均可支配收入31597元，比上年增长8.2%，扣除价格因素影响，实际增长4.8%。全年外贸进出口总额20420.9亿元，比上年增长5.8%。其中，出口11130.4亿元，增长5.3%；进口9290.6亿元，增长6.4%。

山东半岛经济发展存在的问题。第二产业仍占主导地位，"二三一"产业结构本质未能改变，炼油、化工、有色金属等重化工业比重偏高，生产性服务业发育不足，各城市产业自成体系，城市间竞争大于合作，以邻为壑现象存在，半岛城市群一体化发展所需的横向错位发展、纵向分工协作格局尚不完善。

（二）民生领域

开封市位于黄河中下游平原东部，地处河南省中东部，西与省会郑州市毗邻，东与商丘市相连，南接许昌市和周口市，北依黄河与新乡市隔河相望。

山东半岛强化保障和改善民生的物质基础，创造更多有效需求，拓展发展空间，利用数据共享、承诺制办理，优化办事体制方式，合理利用民生资源，提升民生体系精准度，深入推进医疗卫生改革，实行教育优先发展，关注群体就业，健全社会保障，发展体育事业，实现居民生活水平质与量提升，教育、医疗、体育、就业和社会保障等各项民生事业全面进步，基本公共服务均等化水平进一步提高，居民收入增长平稳，收入结构持续优化，城乡差距逐渐缩小，民生福祉加快改善，发展成果更加普惠，民生保障水平明显提升，服务体系逐渐优化。

民生发展存在的痛点。一是医疗养老问题突出，存在医养机构覆盖率低，办事机构门槛高，医养融合发展体制机制不健全，一线窗口服务意识欠缺，医疗健康产业发展速度和质量不理想。二是教育质量总体不高，优秀院校发展持续滞后。三是民生科技成果应用不够，科技研发机制和人才缺乏，科技成果转化能力弱，民生事业信息化程度低。

（三）交通建设

开封区位交通优越，陇海铁路、郑徐高速客运专线横贯全境，京广、京九铁路东西为邻，高速公路相互交织，郑开大道、郑开物流通道、郑汴路直通省会，到新郑国际机场仅需30分钟。濮阳是河南的东北门户，是中原经济区重要出海通道，是豫鲁冀省际交汇区域性中心城市。京九铁路、晋豫鲁铁路通道和规划中的郑濮济客专在此交汇，大广高速、濮鹤高速、南林高速、濮范高速等高速贯穿全境。

山东半岛各城市有优越的交通区位优势，高速公路、快速铁路等区域交通设施建设加快推进，公路、港航、场站建设投资逐渐提升，初步形成由现代化港口群、区域枢纽机场以及铁路、公路交通干线构成的立体交通网络，交通运输发展呈现提质增效、稳中向好的态势。其中：青岛交通运输能力和通达深度好，港口优势明显，是东北亚国际航运枢纽和太平洋西岸重要国际枢纽空港。烟台和威海均属于山东省重要海港，烟台客轮直达天津、大连，与韩国联通海运，威海毗邻日韩，是连接山东半岛和辽东半岛的交通枢纽，但高速公路里程少。日照、潍坊、东营、滨州交通综合实力较弱，日照运输度不强，港口优势不明显，其他三市交通水平较弱，尚有较大的发展潜力。

黄河下游交通存在的主要问题。交通网络开发速度放缓，各城市交通综合实力差异大，两极分化现象明显，交通网络体系建设存在障碍，交通网络联系度偏低，地区间不均衡，潍坊借助区位优势对外联系度较高，日照等地处边缘地带的城市较差，联系体系不健全，网络中心较孤立，河南段各地市与山东省城市的连接意愿不高。济南—淄博—潍坊—青岛一线核心带动力不强，辐射范围有限，未形成以三个核心为支撑的发达联系网络。山东半岛交通联系网络体系尚不健全，处于走廊式向多中心网络式过渡阶段。

（四）文化弘扬

河南河段黄河流域城市文化底蕴深厚。开封是历史厚重的文化之城，作为"八朝古都"有4100余年的建城史和建都史，夏、战国时期的魏、五代时期的后梁、后晋、后汉、后周、北宋和金相继在此定都。北宋时期开封是世界第一大都会，孕育了上承汉唐、下启明清、影响深远的"宋文化"。自宋代以后，历代王朝都把开封作为中国北方的区域性经济文化中心。新乡历史文化厚重，牧野大战、官渡之战、陈桥兵变等重大历史事件均发生于此，隋开皇六年设置新乡县，至今有1400多年历史。濮阳是国家历史文化名城，有"颛顼遗都""帝舜故里"之称，被中国古都学会命名为"中华帝都"。

山东半岛有丰富的文化资源和文化积淀。历史文化名城众多，"三孔"、泰山、京杭大运河等一批自然和人文遗产世界知名，形成北辛文化、白石文化、大汶口文化、龙山文化和与夏代同期的岳石文化。东夷部落的定居创造出以农耕和渔猎为基本形态的东夷文化，周朝的建立使夷文化与外来文化不断融合，形成先秦时期山东半岛的齐文化；秦、春秋战国及汉唐时期，著名历史人物的思想及著作，汇成贤哲文化；秦汉时期巡海奠定了山东海洋文化的基础。"十三五"以来，黄河下游各城市深度融入国家文化战略，遵循区域性文化中心的战略目标，践行大格局、贡献度、内涵建设、融合发展的文化工作理念，文化事业和产业繁荣发展，文化建设取得丰硕成果，文化影响力全面增强。

文化事业日益繁荣，青岛市加大古代遗址、古墓葬、古建筑、摩崖石刻、近现代建筑等文化遗产保护，烟台市精准对接群众文化需求，创新举办首届市民文化节，打造烟台文化名片；日照支持文化精品发展，完善扶持艺术创作长效机制，被授予"第三届山东省文化强省建设先进市"称号。威海市着力加强文化产业谋划，健全完善工作机制，文化服务体系更加完善。潍坊市重构公共文化服务网络，推进公共文化服务标准化、均等化，紧抓文化精准扶贫，服务质量稳步上升。

文化建设中存在的问题。河南开封等城市的文化建设尚未产业化，历史文化挖掘和保护的投入不足。山东半岛文化产业大而不强，青岛位居产业龙头，其他地区差距较大，地区缺乏领头羊文化企业，缺少品牌优势，传统文化资源发掘不够，新兴文化产业有待创新；高层次和领军型文化人才缺乏，文化原创水平较低。文化产品定价与居民收入水平不对称、文化消费欲望与消费能力不对等、文化创意不足与外来文化对冲。文化主导地位尚未建立，非遗保护形势严峻，优秀非遗传承艰难。

二、打造沿黄城市群的龙头

习近平总书记1月3日在研究黄河流域生态保护和高质量发展问题时，重点强调发挥山东半岛城市群龙头作用，推动沿黄地区中心城市及城市群高质量发展，从西到东对黄河流域数大城市发展作出清晰定位。其中，山东半岛对于黄河流域产业、交通、文化、对外开放的发展起到非常重要的作用。

（一）规划"一体两翼双龙头"

"一体两翼"。协同谋划和多维连接河南、山东两省黄河流域各沿线城市，共建"大山东半岛城市群"。探索和建设"郑州—开封—新乡—濮阳—泰安—聊城—德州—济南—淄博—滨州—东营市，尽快形成黄河流域生态旅游带——一个"主体"；以济南为中心，向北，与京杭大运河融为一体，优先连接德州—沧州—天津—北京，构建黄河流域和京津冀两大战略联通的运河文化带——左翼；向南，辐射并连接淄博、潍坊、青岛，形成向外海河陆空"四位一体"的国际贸易带——右翼。

"双龙头"战略。发挥区位优势和资源潜力，推动产业转型和流域协同，探索、规划并积极构建东营市、青岛市两大山东半岛城市群"龙头"城市，其中：东营市重点规划建设和培育打造黄河流域能源开发和生态修复河海陆一体化的港口城市，青岛市优先打造连接黄河上中下游产业和重点城市的国际商贸产业带。

泛山东半岛城市群。推动开封、新乡、濮阳等向下游与山东半岛相邻城市的产业、文化连接，深度融合山东半岛"大城市群"建设。探索提高跨省份文化产业一体化和优势产业链条化延伸的积极性和新思维。同时，规划并打造黄河下游旅游产业带、黄河下游生态高效都市圈和改革开放示范区，深度融入山东半岛蓝色经济区，共同夯实和提升黄河下游"泛"山东半岛的"龙头"地位。

（二）谋划蓝黄战略融合经济圈

规划蓝黄战略融合经济圈。全面推动黄河流域产业聚集和沿河聚集、延伸，实现郑州及以下沿河城市与山东半岛城市之间的跨域融合，全面推动黄河流域战略和蓝色经济区战略的融为一体，打造豫鲁黄蓝经济圈，聚集和整合海洋经济与黄河经济的各自优势，形成政策、产业、技术、人才、市场、资金和港口等一体化发展。

挖掘蓝色经济区的时代价值。推动山东蓝色经济区（山东全部海域及青岛、烟台、威海、潍坊、淄博、东营、日照等八市及滨州的无棣、沾化2个沿海县所属陆域）与黄河流域重点城市的产业协同与文化深度融合，推动中原文化和大汶口文化、齐鲁文化的共鸣。站在新时代，以国际视野，重新谋划胶东半岛高端海洋产业集聚区、黄河三角洲高效生态海洋产业集聚区和鲁南临港产业集聚区，加快黄河下游海洋生物、海洋新能源、海洋新材料等现代产业体系向黄河流域中心上游转移、产业链条延伸，深度实现海洋经济与黄河经济的全方位融合，打造黄蓝经济战略支撑带，以山东半岛城市群和龙头城市带动黄河下游城市，乃至全流域的对外贸易和高质量发展。

（三）构建"五位一体"大通道

联通"五位一体"交通体系。立足"一体两翼双头"空间布局，全面推动黄河下游城市之间高铁、高速公路、黄河航运、航空、陆港和海洋港口的互联互通。积极推进山东半岛滨州港、东营港、潍坊港、烟台港、威海港、青岛港和日照港7个沿海港口的集团化、规模化和协同化，实现"龙戏七珠"的大航运格局。重点提升和打造青岛港为龙头，烟台港和日照港为辅助，其他港口为补充的海、河、陆、港、空互联大通道。将黄河沿线直到东营、青岛、日照等高速铁路干线与港口互联的西部大开发、中部崛起、东部蓝色经济区三大战略贯穿一体。

建设跨流域大交通。通过交通网络联通，推进黄河流域各省之间的经济与文化交流，打通黄河流域内陆各省国际贸易的门户，实现内陆与沿海连接的经济支撑带，打造我国黄河流域经济增长极与增长轴。其中，青岛作为山东半岛的核心城市，深化拓展与黄河流域城市在经贸投资、产业协作、商旅文化、生态保护等领域的合作，放大青岛港、上合多式联运中心功能，为黄河流域提供港口和铁路双通道服务。以山东半岛重要沿海港口为核心，辐射、联通、提升和带动黄河流域综合交通网络，打造黄河流域"一带一路"国际商贸和文化交流平台。

（四）架设半岛城市群开放桥梁

以济南、青岛为中心城市，以东营、烟台、潍坊、日照等为区域城市，发挥山东半岛是黄河经济带唯一且最便捷出海口，以及紧邻日韩，靠近京津冀、长三角的区位优势，全面深化黄河、生态、海洋三大文明相互融合，完善交通、能源、港口等服务体系，推动黄河流域外向型经济发展。全面对接京津冀和长三角地区，实现与环渤海、长三角地区的联动，优化东部沿海地区开发格局，带动黄河流域开放发展。

以半岛高端产业集聚区建设为契机，实行流域协同和跨省份深度合作，带动黄河流域下游城市，向上延伸到中游、上游，以陆上丝绸之路为依托，有序承接国际产业转移，打造产业竞争与合作的前沿。构建青岛港为龙头的半岛港口城市组团，联通日、韩等国家和地区，形成与东北亚各国经贸合作的长效机制，架起黄河流域对外开放、海陆空水多式联运的国际交流桥梁，填补国家空间发展战略的空白。

（五）高质发展彰显龙头作用

以黄河战略为契机，推动流域城市深度协同。扬起黄河流域生态保护和高质量发展的龙头，抢抓重大历史机遇，扛牢重大责任使命，推进黄河流域协调、可持续发展，推动黄河三角洲生态系统修复工作，建设东营河口湿地，狠抓黄河水体治理、下游防洪工程、东平湖安居工程，实现山东半岛绿色发展。

实施文化遗产保护工作。建设文化产业主导地位，发扬中原文化、齐鲁文化影响力，挖掘商周文化、龙山文化、儒家文化、泰山文化、运河文化、海洋文化、红色革命文化等，打造"文化+旅游"模式，打造有国际影响力的黄河文化旅游带。发挥半岛城市群的辐射作用，利用环渤海湾的重要地位，探索黄河流域区域协作机制，带动流域周边城市转型发展，加强区域资源共享，实现对外高度开放。

三、算好"加减乘除"

立足黄河下游资源优势，以山东半岛新旧动能转换为抓手，实施"加减乘除"改造，通过新技术、新产业、新业态、新模式，推动传统产业脱胎换骨，培育优势产业。

（一）过剩产能"减法""除法"

以动能转换为手段，聚焦黄河下游钢铁、煤炭、电解铝、火电、建材等传统行业，做减法，做除法，主动化解过剩产能。引导无安全保障、环境污染严重、资源利用无效的煤矿产能有序退出，推动钢铁企业开发高铁、核电、船舶等高端钢材产品，完成城市钢铁产能置换，实现产能优化升级。采取替代与关停手段并行，清理电解铝行业违规建设和盲目新增的企业项目，留存高端产能装备，高效腾退环境容量和市场空间；坚持"减量替代是常态，等量替代是例外，亩产效益论英雄，安全环保守底线"的原则，推动火电、建材等行业减量减产，严控新增产能。加快淘汰低速电动车产能，严格治理低速电动车违规生产和违法使用，防范新能源汽车产业低水平盲目发展；狠心"去"，抓紧"提"，过剩产能整治效果明显。

（二）优势产业提质增效

研究和确定优势产业，进行提质增效。利用新技术、新业态改造提升农业、化工等优势传统产业。加快"新六产"发展，推动传统农业向现代农业转型。推进"中原粮仓""渤海粮仓"等科技示范和农业良种工程，实现现代农业立体化、产业化、生态化。建设产品安全示范区、高新技术产业、农业相关试验区。集聚要素资源，重点解决石化产业等高能低附问题，发展新型煤化工，提升化工绿色和本质安全，突破煤基炭材料、水煤浆气化、超洁净煤利用技术，打造示范基地。实施传统制造业智慧化改造，打造高附加值、绿色化产业链，满足消费升级需求；实行百年品牌企业培育工程，形成黄河下游和山东半岛特色品牌体系，拓展"鲁字号"等优势产品和高端服务。

四、实现新动能涅槃

以新发展理念为引领，坚持世界眼光、国际标准、流域优势，将培育新产业作为新旧动能转换的重要着力点，加快推进新一代信息技术、高端装备、新能源新材料、现代海洋、医养健康等新兴产业加速崛起，推动互联网、大数据、人工智能和实体经济深度融合，构建现代化经济体系，打造先进制造业集群和战略性新兴产业发展策源地，培育形成新动能主体力量。

（一）发展战略性新兴产业

新一代信息技术，重点突破人工智能、虚拟现实等关键核心技术，强化示范作用，完善"互联网＋"生态体系，鼓励建设新型智慧城市，完善云计算和大数据产业链，催生新的经济增长点，提升信息产业的发展质量；高端装备产业，围绕轨道交通、机器人、动力机械等领域，突破关键技术与核心部件，加快重大装备与系统的研发、应用和产业化，打造世界一流的高端装备制造业集群；新能源新材料产业，支持有条件的城市发展新能源汽车，推动烟台核电产业技术创新平台建设，建设一批具有国际影响力的能源原材料产业基地；现代海洋产业，以智慧海洋为引领，推进"海上粮仓"建设，发展海洋生物医药、海洋文化旅游等优势产业，建设有国际先进水平的海洋经济示范区；医养健康产业，构建移动医疗、远程医疗等诊疗新模式，发展智慧医疗，满足人民个性化、多层次的医养健康服务需求，建设国家健康医疗大数据北方中心。

（二）培育新兴产业生态

紧抓新旧动能转化机遇，培育壮大新动能，做大做强产业生态。以《山东省新能源产业发展规划（2018～2028年）》等为保障，启动"一条龙"培育计划，实施重点产业补链、延链、强链，培植"链主"地位的引领型企业、"撒手锏"产品的关键零部件配套企业、公共服务能力强的平台型企业，形成"产业＋配套、平台＋生态、技术＋赋能"的集群发展格局。响应5G时代发展，加快布局"新基建"，建设省级区块链产业园区，做强载体支撑。推进工业互联网发展，优化"双跨"平台运营，争创国家工业互联网发展示范区。加强数字化、信息化园区建设，推进"现代优势产业集群＋人工智能"，培育动力装备、智能家电等先进制造业集群，布局新能源汽车、核电装备、氢能及燃料电池等产业链条。实施"互联网＋医疗健康"，推进数字化在山东产业的应用范围，形成支撑经济发展新动能。

五、画龙点睛之神韵

推进黄河下游和山东半岛交通网络建设，推进黄河流域一体化交通体系。优化资源能源结构，打造绿色发展产业体系。

（一）完善立体交通网络

规划建设黄河流域特别是下游城市交通网络。坚持公交优先战略，强化公交与地铁衔接力度，优化公交出行路线；强化轨道交通设施，增加地铁建设量和旅客容量。挖掘铁路运力资源，打通山东半岛环渤海高铁圈。优化综合立体交通网络，支撑保障上海合作组织地方经贸合作示范区、新机场等重点区域发展。扩充港口吞吐能力，发展多式联运，增加通航城市和航班，提升飞行安全系数。

（二） 实现河海陆空融合

推动和构建河海陆空联运体系。加强黄河航运和内陆港建设，提升河海空铁联运市场占有率，对接郑州、西安等沿黄经济带枢纽城市，共建河海空铁联运中转基地，为中西部地区提供与世界各地无缝衔接、高效运转的联运物流"黄金通道"，开通多式联运班列。新开东南亚、中东、地中海、欧洲、黑海、俄罗斯、非洲、澳洲的航线，继续联通"一带一路"沿线国家，构筑海上贸易航线网络。拓展与马士基、达飞、地中海航运等世界港航业合作，深化国际邮轮航线、港航合作、跨境电商、多式联运等方面的合作。完善中欧班列运营平台，构建出东联日韩、西接欧亚大陆的东西互联大通道，推动基础设施互联互通和一体化协同发展。

（三） 优化能源资源结构

健全节能管理机制，实行能源领域供给侧结构性改革，科学论证和合理开发烟台、威海、青岛、东营、滨州等风能，有序开发山东半岛太阳能、海洋能资源、潮汐能和波浪能，降低人均综合能耗，提高能源资源利用效率。优化能源消费结构，推进开封、新乡、濮阳、潍坊、青岛等地发展光伏农业，打造"黄岛沿海风电长廊""即墨沿海风电长廊""平度风电长廊""莱西风电长廊"等风电长廊，推进清洁能源基础设施建设，实施多气源并举战略。

六、鼓励"龙脉"对外开放

发挥黄河下游各城市比较优势，立足国际视野，强化跨域协同，积极推进对外开放，强化创新驱动，完善体制机制改革，实现黄河下游，特别是山东半岛经济社会高质量发展。

（一） 深化对外开放

立足区位优势，构建开放格局。发挥黄河下游区位交通优势，强化青岛、烟台海上合作战略支点作用，积极融入"一带一路"战略，立足东盟、日韩，积极参与建设中国—东盟自由贸易区升级版，加快提升与欧美合作水平，大力拓展新兴市场，构建对外开放新格局；推进与环渤海地区合作，提升与京津冀、长三角协同发展水平，强化与郑州、西安等中原经济区交流合作，承接北京非首都功能，拓展中西部腹地，实现对外协同发展。

打造国际物流枢纽城市。以河海陆空等多式联运为基础，实现内部协同、跨域协同。发挥济南、青岛等都市圈作用，打造黄河下游中心城市地位，引导资源要素向都市圈和沿海重要城镇发展轴带有序集聚，构建空间一体化；以山东半岛国家自主创新示范区建设为重点，向黄河上游延伸，建设协同创新、合作共赢的现代产业集群，实现产业一体化；以青银、京九、鲁南、京沪高铁二线等高速铁路建设为重点，打造连接中原城市群、京津冀、长三角、中西部及东北地区快速交通通道，以城际铁路、高速公路为主骨架，优化机场、港口布局，优化城市内部交通网络，实现交通一体化；构建鲁中山区和半岛丘陵两大区域生态绿心，建设绿道网络建设，强化污染治理，实现生态一体化；统筹布局教育、卫生、文化、体育和养老设施，实现公共服务均等、便捷、高效、一体化发展。

（二）坚持创新驱动

推动技术创新。建设新兴产业技术创新中心，提供多元化创新载体。谋划大科学计划、大科学平台、大科学装置以及大科学中心建设，实施重大科技创新工程，加快突破制约产业发展的关键核心技术，突出黄河强国、海洋强省、高端装备等优势和基础领域，引领技术颠覆性突破；强化创新平台建设，发挥企业主体作用，培育创新能力强、高成长性和拥有自主知识产权的中小微企业，实施企业科技特派员"千人服务千企"三年行动计划，建设更多企业技术研发和服务机构，引导企业深度融入创新创业；强化高水平创新平台载体支撑，加速创新成果转化落地。

构建区域协同创新格局。优化黄河下游城市的科技创新力量，培育壮大区域特色经济和新兴产业，打造区域经济增长极；打造黄河经济研发中心，建设海洋科技创新中心，以威海、青岛和中科院实验室等为支撑，巩固海洋科技创新全国领先优势，打造以山东半岛为总部，辐射全国的海洋科技创新中心；发挥黄河下游和黄河三角洲农业高新技术产业示范区示范带动作用，培育全国领先现代农业科技创新中心；发挥潍坊国家级农业开放发展综合试验区的带动作用，提高黄河流域现代农业聚集能力；发挥山东半岛国家自主创新示范区创新政策先行先试优势，推动山东半岛蓝色经济区换道超车。实施山东半岛国家自主创新示范区"蓝色汇智双百人才"计划，支持高新区加快转型发展，打造新旧动能转换核心引领区。

打造人才创新高地。支持优势产业集群创新发展，加快高水平人才培养引进，构建人才引领创新、创新驱动发展的局面；加快高层次人才培养和引进，实施领军人才工程，加快引进院士、专家等，开展联合研发和科技成果转化。加强外国人才智力引进工作，拓展国际人才海外联络处，组织中国国际人才交流大会，举办高层次人才大赛、海外创新创业大赛，为高端人才提供创新创业平台。优化人才创新环境，探索荣誉激励＋政策扶持相结合的科技人才支持机制，加快青年人才队伍建设。

（三）推进体制改革

推进"放管服"改革。按照打造审批事项最少、办事效率最高、发展服务最优"三最环境"的目标，打造"放管服"改革升级版；开展行政权力事项清理和动态调整，推进"一次性办好"工作，开展"减证便民"清理规范，优化简化业务流程，排查企业发展及群众办事的"堵点""痛点""难点"，打通"放管服"政策落实的"最后一公里"；按照"一网办理"改革要求，建设信息化、平台化服务体系；创新评价体制机制，支持东营、潍坊两市高水平建设国家创新型城市。

推进管理体制改革。探索政府职能转变和负面清单管理，试行全员岗位聘任。推进跨区域整合，探索"一区多园、差异发展"模式。深化开发运营机制改革，依托产业园区，组建平台公司，承担双招双引、项目服务、城市管理等职能。建立"以实绩论英雄""凭能力定岗位"的管理机制，放开搞活薪酬分配，实行以岗定薪、优绩优酬。以市场化取向改革运营机制，培育专业运营公司、服务公司，承担产业培育、运营、"双招双引"、专业化服务等职能。建立收益回报和风险分担机制，支持组建企业联盟、理事会等方式，对园区整体化建设运营或建设管理运营"区中园"。改革要素保障机制，全面推行"亩产效益"评价改革等措施，实施资源要素差别化配置，倒逼各地区集约利用土地。

七、龙头的文化弘扬

全面推进中原文化、黄河文化、泰山文化、大汶口文化、齐鲁文化等内涵，挖掘、传承和弘扬黄河文化，加大跨城市、跨流域文化协同。

（一）中原文化和齐鲁文化内涵

中原文化是中华文明的重要源头，历经了多个朝代。黄河文化、泰山文化，一阴一阳形成齐鲁文化之道，一柔一刚铸就民族文化之魂。齐鲁文化是以先秦齐文化和鲁文化为渊源而发展建构起来的地域文化。春秋时期的鲁国，产生了以孔子为代表的儒家思想学说，东临滨海的齐国产生了以姜太公为代表的道家思想学说，又吸收了当地土著文化（东夷文化）并加以发展，齐鲁文化得以形成。以孔子为代表的儒家思想对齐鲁文化影响深远，以人为本是齐鲁文化的灵魂和核心，天、地、人并为三才，人是宇宙万物的中心；以仁为核心，将天、地、人看作整体，追求人与自然，人与人和谐相处；以德为美，齐、鲁文化一致认同道德与修身亦步亦趋；以孝为先，"人之行，莫大于孝"，孝乃天经地义法则；以和为贵，与人相处，力求和睦和谐；以礼为范，使德与仁具体化；以"中庸"为基本办法，以"三纲""五常"为主要内容，以天人合一、阴阳和谐为最高境界。

（二）黄河文化传承

中原文化、齐鲁文化是中华文化的重要源头和主干，几千年来绵延不绝，传承的同时也实现了创新与发展。最初诞生于黄河流域，以农耕经济为基础，是典型的大河农耕文明。在历代文人、思想家、政治家以及封建统治者的推崇和发扬下，成为东方文明的代表，有其鲜明文化特质，主要表现为自强不息的刚健精神、崇尚气节的爱国精神、经世致用的救世精神、人定胜天的能动精神、民贵君轻的民本精神、厚德仁民的人道精神、大公无私的群体精神、勤谨睿智的创造精神等，对民族优秀传统精神的形成具有重要作用。西方工业革命及现代科学技术尤其是信息技术的迅速发展，西方海洋文明快速崛起，对中原文化、齐鲁文化形成了较大的冲击。高度信息化、现代化、商业化的世界一体化进程下，中原文化、齐鲁文化思想历经数千年的发展，形成了新时期山东精神。"忠厚正直、豁达淳朴、崇礼尚义、勇敢坚韧、勤劳智慧"成为齐鲁当前优秀文化传统的准确概括。

（三）黄河文化协同

因河而生，因水而兴。在河南，在山东，黄河是经济繁华之源，也是文化繁荣之基。黄河催生了中原文化、齐鲁文化、红色革命文化、儒家文化、泰山文化、运河文化、海洋文化、泉水文化等。开放历史文化的挖掘、曲阜优秀传统文化传承发展、齐文化传承创新两大示范区的建设，尼山世界儒学中心的建设，尼山世界文明论坛机制化成果保护的巩固提升，开封古城、中原文化和齐鲁文化的传承和创新等都是推动文化建设的成果。大运河、齐长城国家文化公园、济南—泰安—曲阜文化带、大运河文化带的建设、国家级齐鲁文化（潍坊）生态保护区的建设，保护了中原文化和齐鲁文化，彰显黄河文化魅力；实施红色基因传承工程，办好旅游发展大会、文化旅游博览会、中国歌剧节、中国非物质文化遗产博览会等，提升了中原文化和齐鲁文化影响力，弘扬了黄河文化，实现了黄河文化的协同发展。

八、龙头的案例

案例 1：青岛动能转换"全面起势"

- **案例背景**

习近平总书记强调，我国经济已经从高速增长阶段转向高质量发展的新时代，必须重视结构的优化、发展方式的转变、增长动力的转换，推动质量变革、效率变革、动力变革。而创新是引领发展的第一动力，中国如果不走创新驱动发展道路，新旧动能不能顺利转换，就不能真正强大起来。青岛市应抓住机遇，加大创新投入，加快实现新旧动能转换。

- **案例需求**

2018 年 1 月国务院批复《山东新旧动能转换综合试验区建设总体方案》，要求山东以供给侧结构性改革为主线，积极探索新旧动能转换模式，青岛作为全国重要的沿海开放城市和国家创新型城市，面临工业化和城市化进程的持续推进，在环境承载力逼近极限、劳动力成本提升等一系列现实条件约束下，如何突破痛点，实现新旧动能完全转型，仍需不断发力。

- **实施过程**

按照总书记视察山东、青岛的重要讲话精神，按照省委市委决策部署，认真落实国务院批复方案，青岛探索高质量发展新路径、新模式，新旧动能转换。着力发展海洋等优势产业，推进建设高速磁浮列车实验中心，实施新能源汽车产业倍增计划；蓄力发展集成电路、人工智能、生物医药新兴产业，加快建设 5G 通信及应用；改造提升传统产业，建设跨境电子商务综合试验区，推动商贸服务融合跨界发展。青岛西海岸、青岛蓝谷、胶东临空经济示范区等发挥各自优势，全面培育新动能。聚焦海洋重大创新平台建设，实施产业链招商，加强国际化交流，打造双招双引国际合作交流平台。实施"人才＋产业＋资本"招才引智模式，深化重点领域改革，推进增量配电业务改革试点，优化审批服务流程，促进经济转型发展。

- **实施成果**

经济发展稳中有进。2018 年，青岛市生产总值突破 1.2 万亿元，增长 7.4%，高于全国、全省 0.8 个和 1 个百分点。产业结构进一步优化。服务业增加值增长 7.7%；海洋生产总值占 GDP 比重达 27%，新经济占生产总值比重达 27.1%，居全省首位。建立市级新旧动能项目库，市场主体不断壮大。新增高新技术企业总数达3112家，独角兽企业占比全省第一。全面深化"放管服"改革，市级行政审批事项和权力事项分别精简63%和55%，"一次办好"基本实现全覆盖。双招双引成效显著，开展"千企招商大走访"，在全省双招双引考核中位居第一。

● **主要借鉴**

主动对接国家战略。贯彻落实习近平总书记重要指示精神，建立优势主导产业，大力发展新兴产业，改造剔除落后产业，从打破旧的思维观念开始，落实责任担当，实现全局发展。

建立区域发展特色。发挥好"一带一路"节点支点城市、实体经济、海洋、开放等优势，加快弯道超车，强化区域间互动协作与产业集聚发展，积极引导城乡资源要素高效流动，加快云计算、大数据等工业互联网基础设施和平台建设，拓展动能转换新空间，进行产业布局和综合治理。

重视人才队伍建设。加快引进和培育创新人才步伐，组建创新团队，实施精准化引才，填补智能化需求。以企业为主体，以市场为导向，建立产学研深度融合的技术创新体系。

持续优化营商环境。深化"放管服"改革，加强学习、提高素质，为企业、人才和群众提供优质服务。

案例2："文脉"折射出的日照气质

● **案例背景**

党的十九大报告指出，"文化是一个国家、一个民族的灵魂。文化兴国运兴，文化强民族强"。黄河文化是中华民族的根和魂，挖掘黄河文化蕴含的时代价值，讲好"黄河故事"，延续历史文脉，坚定文化自信，是各省市包括日照市贯彻落实习近平总书记关于黄河文化重要论述，推动黄河文化在新时代发扬光大的历史使命。

● **案例需求**

齐鲁文化作为黄河文化的一部分，发祥于山东。日照作为山东东部沿海城市、姜太公的故乡，历史悠久，文化底蕴深厚，文化产业发展前景广阔。作为齐鲁文化汇流的圣地，日照在弘扬优秀传统文化方面理应先行一步，为弘扬齐鲁文化，传承齐鲁精神起到积极的作用。

● **实施过程**

日照市高度重视文化传承与弘扬工作，以推进新旧动能转换、实现高质量发展为契机，全方位推动文化建设。制订《日照市深化文化体制改革实施方案》等，推动政府职能转变，深化"放管服"改革，以"四新""四化"为目标，以企业、项目、园区"三大载体"为抓手，深化文化体制机制改革。公共文化服务覆盖城乡，提高文化基础设施覆盖率，制订实施《乡村文化大集试点工作方案》，出台《关于促进文化产业振兴的意见》《日照市"十三五"时期文化发展改革规划纲要》等文件，提升文化产业发展速度，建设"文化＋"发展机制，推动文化与各领域多业态深度融合，实现文化资源优势向产业和市场两大优势转变。以"文化＋旅游"为定位，弘扬太阳文化、海洋文化、莒文化、龙山文化、东夷文化，挖掘农民画、黑陶等日照特色的传统工艺，打造东夷小镇、白鹭湾小镇、茶香小镇、春风十里等独具特色的文化旅游景点，实现了文化产业聚集。

- **案例成果**

文化事业蓬勃发展，公共文化服务能力稳步提升。2018年，日照市文化产业营业收入181.8亿元，同比增长17.3%，营业利润11.1亿元，同比增长12.8%，文化产业占GDP的比重逐步提高，成为拉动经济增长的新生力量。接待游客总人次4934.29万人次，实现旅游消费总额406.66亿元。

- **主要借鉴**

成立文化传承发展促进会。在市级层面，形成联合研究开发机制，采取多种措施，加强交流合作，挖掘经典文化，抢救保护文化遗产，发展繁荣地区文化。

开展丰富多彩文化活动。举办文化论坛，文化艺术节群歌舞会，形成文化传承发展机制，建立各市之间，市省之间的良性互动，共同弘扬传播齐鲁文化，甚至黄河文化，推动文化繁荣发展。

打造文化产业聚集高地。精准识别区域特色文化，推动文化领域多业态深度融合，构建文旅一体化发展模式，推进文化产业带或产业园区建立，提高文化产业发展集约化程度。

第十三章

CHAPTER 13

黄河的区域协同

黄河流域9省份、各城市推进黄河流域生态保护和高质量发展战略，需要统一思想，强化战略统筹，完善辖内、跨区域的河海连通、能源资源支撑，提升黄河流域教育文化和健康养老保障体系，探索打造黄河流域文化旅游带，建设多中心城市群和山东半岛城市群。

一、黄河的河海陆联通

黄河流域生态保护和经济发展面临的最大问题是河流、海洋、陆地和空中缺少相互连通，交通网络和基础设施建设水平不高、资源要素供给不充分，公共服务能力落后于东部沿海和江浙地带，生态治理、水量配置和经济发展协同性不够等，有待尽快提升。

（一）黄河的航运交通

黄河航运的历史，可追溯到先秦时代。以河、渭和鸿沟水系为主，形成以长安、洛阳为中心的水运网络。最早关于黄河航运的记载是春秋时期发生于黄河小北干流段的"泛舟之役"，这是我国历史上第一次远距离大规模的水上运输。当时，遭遇饥荒的晋国向秦国"借粮"，秦国派了大量的船只运载粮食，由秦都雍城（今陕西凤翔南）出发，沿渭水，自西向东五百里水路押运粮食，随后换成车运，横渡黄河，再改山西汾河漕运北上，直达晋都绛城。运粮的白帆从秦都到晋都，八百里路途首尾相连。"欲渡黄河冰塞川，将登太行雪满山。闲来垂钓碧溪上，忽复乘舟梦日边。行路难，行路难，多歧路，今安在。长风破浪会有时，直挂云帆济沧海。"李白《行路难》表明，黄河航运已发展到了相当高的水平。

"泛舟之役"使古代人民认识了水上运输的优越性。由于水路运输成本低、装载量大、节省人力，在秦汉特别是隋唐以后，其重要性逐渐超过陆路，成为古人主要的交通方式，尤其是长途运输，几乎全靠水路。

隋唐五代和两宋，黄河晋陕峡谷的水运发达，黄河漕运进入鼎盛时期，曾对内蒙古和中原、陕西和山西等地经济发展发挥了积极作用。到元、明、清三代，黄河济运和借黄行运为主要形式，南起余杭（今杭州），北达京、津，黄河漕运发展达到顶峰。那时，黄河航运络绎不绝，形成繁华热闹、船来舟往、人声鼎沸的繁荣局面。

随着时间推移，造船技术和船的规模不断进步。汉代大船有装载五六百解（五六万升）物品的能力，到明朝，郑和下西洋所乘的大船长四十四丈，宽十八丈，规模相当可观。有使用桨的小船、利用风力的帆船，还有车轮推动的车轮船。

北宋以后，经黄河三门峡漕运的规模变小，清乾隆以后黄河漕运渐止。黄河三门峡漕运的变化与黄河含沙量相关，由于黄河泥沙含量剧增，大量泥沙沉积河床，使水路通行困难。晚清和民国时期，由于黄河改道和铁路运输的发展，再加上军阀混战，黄河航运趋于衰败。

新中国成立以来，由于技术限制，加之认识失误，在实施过程中，防洪、灌溉、发电等方面均取得了巨大成就，唯有黄河航运未正式纳入黄河水资源开发利用的轨道，也没有按既定规划开发利用。黄河航运的另一障碍是位于中游的壶口瀑布，旱地行船是该地区影响通航的首要原因，航运成本高。如果在壶口瀑布西侧建船闸，有可能严重破坏壶口的自然景观，这与生态环保导向违背，影响了黄河航运发展。

在古代，黄河流域的驿站和官道等也相对发达，促进了黄河文化传播和海外丝绸之路等国际交流与对外活动。

除了黄河流域河流连通的短板之外，黄河流域各省份的公路、高铁、轨道交通、航空和地下管廊建设也较为落后。海陆空与河流连接相对分散，立体交通和多式联运的能力相对不高，降低了黄河流域人员往来和货物运输的统筹能力和市场竞争力。

从国内跨区域交通连通和国际贸易连通来看，黄河流域高铁、水运、海洋和航空等各类交通网络线路连通长江经济带、大湾区、京津冀，以及海外国家和城市的航道、航线等尚未开通，或者总体配置相对不足，进而制约了黄河流域中心城市和整个区域经贸文化对外交流和国际技术、人才、资金和项目的深度合作。

（二）河海陆空连通必要性

历史上一定时期内黄河中游地区的航运曾经繁荣过，尽管目前黄河航运不发达，航道整治和建设存在困难，但作为闻名世界、达数千公里的大河，规划论证和研究恢复黄河河道与航运已成为"十四五"时期重要的研究课题。

站在新时代的背景下，审视黄河流域的航运发展，发展黄河航运，实现远航通达，河海相连，有时代必要性。同时，进一步连接黄河与高铁、高速、海洋、航空等立体化交通工具，也是需要谋划的重大课题。黄河通航与水路连接具有重大的实践价值：

利于流域资源优势转化为经济优势。多年来，黄河航运的潜力没有充分发挥。黄河流域国土面积约占全国的1/12，人口约占全国的1/13。黄河流域上中游地区的水能资源、中游地区的煤炭资源、中下游地区的石油和天然气资源丰富，被誉为我国的"能源流域"。发展黄河航运将为流域内矿产资源的开发提供可靠的运输保障,降低运输成本,提高市场竞争力,加强流域经济的交流,加快有色金属冶炼和能源基地建设,促进黄河经济带的快速发展。

利于完善交通综合运输体系。黄河两岸河段山高谷深,很多地区铁路稀少、公路密度小,客运和货运能力有限。铁路、公路受地形、投资等条件限制且造价高难度大。而利用黄河水上通道既能解决沿黄9省(区)经济发展与土地、能源紧缺和环境压力之间的矛盾,又能实现铁水或公水联运与铁路、公路及航空共同构成"水陆空"立体交通网络,有利于黄河防洪、供水、生态和航运等。

利于区域旅游资源发展。黄河文明历史悠久,自然和人文景观共同构成了黄河独有的旅游资源,黄河航运的实施对流域内旅游业发展有着强力的推动作用。青海的高原自然生态、民族风情传奇与浪漫神韵,甘肃的丝绸之路、大漠孤烟,宁夏的西夏王朝、回乡风情,山西的寻根祭祖、晋商民俗,一直到山东的齐鲁文化、滨海港湾等人文景观都和黄河相连接,发展黄河航运会促进文化旅游业的发展。

利于保护黄河健康生命。通过渠化、疏浚等技术措施改变黄河现有急流、险滩的流态,改善黄河水沙条件,保证黄河河道稳定,有效保障河道不断流,推进黄河综合治理,维系流域生态结构和功能,有利于防洪、防汛及防凌,真正将黄河打造成为造福人民的"幸福河"。

(三)发展黄河航运的阻碍

与其他大江大河相比,黄河通航条件有其特殊困难和局限性。

难题一:河道复杂,泥沙淤积。黄河中游流经黄土高原地区,携带大量泥沙,是世界上含沙量最大的河流,大量的泥沙与流量的不稳定使得航道走向容易频繁地发生偏移,泥沙容易淤积致使黄河下游及入海口航道疏浚工程量浩大,黄河入海口地区黄河来水量不稳定,下游地区曾多次出现断流,再加上含沙量极大,下游河床泥沙淤积严重,因此内河航行条件差。渤海是浅海,平均水深只有18米,黄河裹挟着年均数亿吨泥沙注入渤海,河口海域多滩涂、浅滩,不适合海港建设。

难题二:落差悬殊,电站林立。黄河干流上中游大部分河段险滩多、水流湍急、河道落差悬殊。干流上的三门峡、天桥、万家寨、小浪底等水利水电枢纽工程建设时并没有同步修建通航建筑物。高坝通航、高水位差码头建设管理等问题给黄河全线通航设下了一道道障碍。

难题三：水量偏少，水资源匮乏。即使航运不消耗水但保持一定的通航流量是开发航运的必要条件。尤其近年来随着工农业用水的增加，黄河用水矛盾突出，怎样保证河水流量满足通航标准是制约黄河航运开发建设的关键。黄河在自然环境、水文条件、通航成本的问题也给黄河的河海相连提出了现实的挑战。

（四）推动河海陆空连通

2009年，沿黄河流域九省区联合签署《黄河航运发展区域合作框架性协议》，启动了黄河航运联合开发建设。交通运输部《黄河水系航运规划报告》提出，2020年前将实现黄河区段通航，能够行驶300吨级船舶；远期目标为：2030年，实现黄河通航达海，通行300至500吨级船舶、船队，形成现代化水上运输新通道。黄河将成为我国北方水运的黄金通道。沿黄九省区确定了"近期区段通航、中期区域通航、远期全线通航"的黄河航运发展目标，提出了"统一航运规划、统一港口开放、统一码头标准、统一船型标准、统一航标模式"的整合方式。最大限度开发黄河航运价值，可从以下方面着手：

改道入海。黄河由于泥沙淤积、水库修建等因素，目前只能在部分河段进行短距离运输，无法获得出海口。如何获得出海口是黄河长距离航运开发的关键。沙颍河周口以下已经通航，500吨级船舶可以从周口到达上海，通过升级改造，1000吨级船舶也能自由航行，沙颍河的支流贾鲁河在进行工程的前期准备，该项工程实施后，500吨级船舶将从河南省会郑州到达上海，远期通过升级改造，可以成为通行1000吨级船舶的三级航道。贾鲁河离黄河的最近距离不到5公里，如果在黄河和贾鲁河之间开挖一约10公里的运河相连，黄河的船舶可通过贾鲁河等航道到达上海等出海口，在此基础上进行郑州至洛阳段的航运开发，只需简单的疏浚就可疏通航道，黄河沿岸的郑州、新乡、焦作、洛阳等市在较短时间内（十年左右）获得出海口，并向上游发展，河南省内济源、三门峡等市及山西、陕西等也将能够通过黄河航道获得出海口，这样就可以用相对小的疏浚量使黄河的长距离航道建设展开。郑州以下地区可以根据黄河河道变化等，通过京杭运河或连接东营、潍坊、滨州、青岛等获得更多的出海口。

分流域分重点开展航道建设。上游河段：探索在龙羊峡库区建设龙羊峡至沙沟、曲沟和拉卜三条客货运输航线。完善李家峡、公伯峡等库区航道。刘家峡库区在搞好大坝至炳灵寺41公里旅游航线的基础上，重点疏浚库区末端航道建设拉西瓦库区航道，通航里程37公里。分段建设兰州至银川河段的库区航道，搞好兰州市西固区钟家河桥至东岗黄河包兰路大桥40公里航道，达到通航100客位的客货轮标准。建设宁夏沙坡头至青铜峡、青铜峡至石嘴山的航道。建设内蒙古乌达至三盛公、三盛公至万家寨河段的水运航道。中游河段：建设小浪底、三门峡和古贤水库等库区航道。已建小浪底库区航道长120公里，水库水位变化大，库区末端冲淤变化大，要做好库区航道的规划和整治。三门峡水库进行航道规划和整治。在石坪至禹门口航道整治的基础上，向上延伸，进行壶口至禹门口河段的航道整治。下游河段：黄河下游属游荡性宽浅河道、泥沙冲淤变化大，通航条件差，目前航运处于停滞状态。根据水沙条件、河道泥沙冲淤情况，开展通航可行性研究，探索航道规划和建设路径。

在探索疏浚黄河干流的同时，规划疏浚黄河支流水系和河道，同步考虑黄河干流河道与高等级公路、高铁、航空等一体化连接，评估论证和打造立体化交通运输通道，构建多式联运的交通网络，打造国家现代物流中心城市和黄金的黄河大型航道、客运或货运港口码头。

二、黄河的资源能源协同

编制黄河流域各省份资源能源规划，加强体制机制建设，推进资源能源合理开发和优化配置，提高辖内、跨域和流域水资源、电力、煤炭、天然气、土地等资源能源的综合开发和科学配置能力。

（一）水资源的区域协调

随着西部大开发、中部崛起等国家战略的实施，"西气东输""西电东送"、能源重化工基地等重点工程建设，黄河流域经济社会呈快速发展态势，对水资源的需求日益增加，水资源供需矛盾尖锐。黄河是我国西北、华北地区重要水源。目前地表水耗水率72%，水资源开发利用程度大大超出了黄河水资源的承载能力。若不继续实施跨流域调水工程，缺水形势将对国家粮食安全、能源安全、经济安全造成显著影响，制约黄河流域经济社会发展。

为解决黄河流域缺水问题，水利部规划建设南水北调东线、中线和西线三条调水线路，将长江、黄河、淮河和海河四大江河相互联通，构成以"四横二纵"为主体的布局，谋求实现我国水资源南北调配、东西互济的合理配置。该工程包括：南水北调东线、中线、西线三条调水线路，各有其合理的供水范围和供水目标。要解决黄淮海流域、胶东地区和西北内陆河部分地区的缺水问题，三条调水线路都需要建设。

东线工程从长江上游江苏省扬州附近抽引长江水，供水目标是解决调水线路沿线江苏、安徽和山东半岛的城市生活、环境和工业用水，改善淮北地区的农业供水条件，在北方需要时利用工程的供水能力，提供农业和生态环境用水。

中线工程近期从长江支流汉江上的丹江口水库向华北引水，远期从长江干流引水以扩大引水量，供水目标为重点城市生活及工业用水，兼顾沿线农业及其他用水，供水范围包括北京市、天津市，河南省沿线 11 个省辖市 30 个县级市及县城，河北省沿线 7 个省辖市及其范围内的 18 个县级市、70 个县城。目前，南水北调东线、中线工程已开工建设，虽然引水工程都跨越黄河，但都没有向黄河供水任务，也与黄河下游引黄灌区供水范围不重复，仅在长江、汉江丰水年份存在向黄河补水可能，且补水量很小，对增加黄河供水能力的作用有限。

西线调水工程研究始于 20 世纪 50 年代，经过初步研究、超前期规划、规划和项目建议书等阶段的工作，取得了大量研究成果，近年研究的向黄河跨流域调水方案还有引汉济渭和引江济渭入黄。

（二）能源的区域协调

为合理开发黄河流域的能源，将能源优势转化为经济优势，制定经济、社会、资源环境中长期规划，以"三区三线"为约束，对全域资源环境承载力以及环境质量给予测算，确定该经济带城镇空间、乡村空间和生态涵养区布局：

以河长制为统领，对该区域水资源保护、开发、利用给予统一规划，坚持"谁开发、谁保护"，确保水资源清洁循环和再利用；以"生态优先、绿色发展"为准则，对传统能源、新能源和矿产资源空间分布给予系统的排查和规划，制定有可操作性的循环利用、低碳利用规划指引，实现碳排放与经济增长脱钩和环境保护与经济增长双赢；以"多规合一"和大数据为契机，对所有城镇、都市圈、城市群、乡村人口承载力、经济承载力和社会承载力给予规划，实现生产发展、生态良好和生活富裕，实现自然资源资产离任审计制度和终身负责制，强化领导干部的责任担当，确保"生态优先、绿色发展"的理念落到实处。

除了煤炭、电力等能源，黄河流域上中下游还应推进开发风能、太阳能、地热能、氢能、潮汐能、生物质能等新能源，不断优化能源结构，改善区域能源条件，提高区域经济发展的综合竞争力。

（三）资源的区域协调

黄河流域生态保护和可持续发展，需要大量的土地指标、人才、资金和技术等资源支撑。

推进土地和水量有偿调剂使用。上游农业用地和产业用地、中游的商业地产开发和下游的园区用地等，各有国土利用指标的限制和城市功能要求。上中下游的水量使用也存在季节性差别和用途使用的差别，应系统研究和统筹调度。同时，因地制宜，按照效益性、生态性和统筹性等维度，进行评估论证，出台跨区域土地指标、用水指标等调剂补偿制度，探索流域内和流域外地区的土地和水量等指标调剂和补偿制度，实现政府引导、市场化的全国范围统筹使用。

统筹人才、技术和资金流动。探索人才引进和自由流动机制，试行先进技术和科研力量跨区合作与飞地经济模式。采取政府扶持政策，优先支持黄河流域生态建设、综合治理重大项目资金和上市企业，创新传统产业转型和新产业培育的基金和外资使用方式，提高黄河流域资金筹措和上市融资能力，以资本赋能、人才赋能推动整个流域生态发展。

三、黄河的科教文化体系

城市河流与经济发展离不开人才和教育体系。黄河流域多数城市和乡村教育服务机构数量、质量偏低，专业人才总量和结构性不足等制约了区域经济发展，必须加大高等教育和基础交易、科研能力和文化产业基础设施投资，提高区域科技、教育和文化事业整体水平。

（一）黄河创新的发展短板

总体来看，黄河流域各项工作取得了巨大成就，水沙治理效果显著，生态环境持续向好，经济社会发展水平不断提升。同时，也要清醒地看到，当前黄河流域仍存在流域生态环境脆弱、水资源保障形势严峻、发展质量有待提高，以创新驱动为代表的经济发展新动能方面还无法满足其战略定位等难题。

总体创新活力不足，核心支撑要素不够。创新资源是创新驱动发展的必要前提和核心。但是，黄河流域与长江经济带相比存在明显差距。2018 年，长江经济带沿线 11 省市的研发总投入占全国的 56.8%，专利授权量占全国的 62%；国家在长江沿线部署了上海张江、江苏苏南、武汉东湖、长株潭、重庆、成都等 7 个国家自主创新示范区。黄河流域沿线 9 省区研发总投入只占全国的 23.7%，研发强度均低于全国平均水平，专利授权量仅占全国的 24%；只有甘肃兰白、河南郑洛新、山东半岛 3 个国家自主创新示范区。黄河流域在科技创新活力上存在较大的提升空间。

缺乏强劲的龙头带动和核心发展轴。黄河流域虽初步形成有一定科技创新能力的区域，如济南经济圈、中原城市群与关中城市群等，但与长三角城市群等相比还有很大的差距。其对黄河流域整体的创新驱动的辐射能力有限，难以成为带动区域发展的增长极。长江以上海、杭州、武汉、成都、重庆等城市为核心，以沿江主要城镇为节点，构建了沿江绿色发展轴。而黄河通航条件有限，流域交通连接主要靠公路和铁路连接，没有形成高效的综合立体交通网络，也没有形成更密切的经贸区域协同体系，没有形成支撑整合黄河流域发展的经济轴线。

缺乏协同创新的政策体系。对黄河流域地级市及以上城市之间的经济联系强度测算，黄河流域城市之间经济联系弱，尤其是省域之间联系更弱，同时，缺乏在科技创新领域的区域合作与分工。科技创新要素的联通效率不足，竞争同质化、发展程度不高。既缺乏区域各城市之间的产业、要素、政策的协同，也缺乏与国家其他区域战略在产业专业、人才交流以及技术合作等方面的合作。

（二）鼓励区域协同创新

要加强协同和合作，统筹科技创新核心要素，发挥企业主体作用，强化体制机制创新，共同优化黄河流域整体的创新环境和氛围。

做好顶层设计、形成有效的协调机制。加强对黄河流域生态保护和高质量发展的领导，抓紧开展顶层设计。尽快出台科技创新发展规划；推进黄河流域生态保护和高质量发展的法治建设与制度创新；构建政府搭建沟通平台、企业主体深度参与、社会组织发挥积极作用的跨区域合作机制。

布局国家实验室、国家技术创新中心等国家级创新平台。统筹考虑现状和优化整合科技资源，布局一批国家实验室、国家技术创新中心、国家工程中心（实验室）和企业技术中心，提升黄河流域的科技创新水平，通过上述平台汇集各类高层次人才。打造黄河生态保护良好的生态环境，汇集创新资源。整合黄委会、各类农业大学、农科院等高校和科研院所资源，组建黄河国家实验室，开展水资源保护利用、生态环境治理、粮食生产等方面的综合研究。

培育内陆开放高地。最大限度利用好全球创新资源，建设沿黄流域大学国际校区，成立国际联合实验室，吸引海外高层次人才，汇集全球创新资源。积极对接"一带一路"倡议，在黄河流域的高校招收"一带一路"沿线的留学生，建立培训和技术转移基地，为"一带一路"基础设施建设和产能合作培养人才。

构建黄河流域创新体系。加大研发与投入，加强上中下游合作，统筹协调各区域的技术创新主体，建立共同参与、利益共享、风险共担的产学研用协同创新机制。创建有国际竞争力的创新资源集聚区，推进郑洛新自主创新示范区、西安自主创新示范区、山东半岛自主创新示范区的全面创新改革试验，推动形成河南、河北以及山东自由贸易试验区对黄河流域的龙头带动作用。

促进黄河流域产业转型升级。打造工业新优势，发展战略性新兴产业。瞄准未来产业竞争制高点，发展高端装备制造、新一代信息技术以及新能源汽车等行业。对传统农业和煤炭、钢铁等工业加快升级改造，加快 5G 网络、云计算数据中心建设，充分利用信息化助推产业转型升级。

（三）打造"智慧黄河"网络

建设"智慧黄河"。"智慧黄河"是在"数字黄河"的基础上提出的更高要求和愿景。目前，国家尚未开展"智慧黄河"总体框架研究。参考"智慧城市""智慧流域"总体框架的研究成果，结合"数字黄河"总体框架及建设情况，提出未来建设"智慧黄河"的总体框架设想，设想智慧黄河的总体框架为三层架构：

第一层：基于物联网的信息采集和传输层（智能感知与指令传输）。利用各种信息传感设备，按约定的协议，实现各类信息在任何时间、任何地点的连接从而进行信息交换和通信，以实现智能化识别、定位、跟踪、监测、监控和管理的庞大网络系统。第二层：基于云计算的数据存储与处理层。实现网络资源、计算资源、存储资源等基础设施的有效管理和自动调配，统一承载各单位各部门的应用开发和业务运行需求，降低运行成本，提高服务水平，满足弹性需求。第三层：基于大数据的智能应用层。包括防汛抗旱减灾、水资源管理与调度、水资源保护、水土保持、工程建设与管理、水行政管理等方面的智能应用。通过大数据技术建立各类模型，利用虚拟数据中心的海量数据进行分析计算、仿真模拟、趋势预测、制订方案，为黄河治理开发、保护与管理提供辅助决策建议，提高业务工作的效率和效能。

除了三层架构之外，还应包括保障体系。保障体系由保障环境和保障措施构成，为智慧黄河的建设、运行、管理提供全方位保障。

四、黄河的文化旅游廊带

挖掘黄河文化和历史遗迹，打造黄河文化的新时代特色。探索黄河文化与旅游结合，打造黄河文化产业带。

（一）讲好"黄河故事"重要性

"黄河远上白云间，一片孤城万仞山。"这是黄河的悲壮、寂寞、无奈。九曲黄河，奔腾向前，几千年来，留下了数不尽的文化瑰宝。这些文化遗产如何发挥时代价值，如何穿越千年与经济社会发展相伴相生以及共同融合，这是新时代需要重点解决的战略命题。

要推进黄河文化遗产的系统保护，挖掘黄河文化蕴含的时代价值，讲好"黄河故事"，延续历史文脉，坚定文化自信，为实现中华民族伟大复兴的中国梦凝聚精神力量。要实施黄河文化遗产系统保护工程，打造具有国际影响力的黄河文化旅游带，开展黄河文化宣传，大力弘扬黄河文化。要创新黄河文化传承弘扬，深入推进文旅融合、发展黄河文化旅游，一衣带水，各省区应开创新时代黄河大合唱，联手打造黄河文化旅游带，携手向世界讲好中国"黄河故事"。通过旅游产业与文化融合，将绿水青山转变为金山银山，通过文化旅游创新黄河文化的传承和传播方式，增强大众对黄河文化及中华文明和中国精神的认同感，进一步弘扬黄河文化，提高经济发展的文化贡献。

（二）打造黄河文化旅游带

以规划为引领，以打造黄河文化旅游带为主线，通过顶层设计和创新发展模式，讲好"黄河故事"。

强化顶层设计，统筹全流域文化建设。统筹黄河沿线各省（区）独具特色的文化和旅游资源优势，构建多元化融合化的黄河文化形象。在国家层面上，筹建黄河文化委员会，由文化和旅游部牵头，建立高效、协同的协调机构。在黄河文化委员会统领下，制定黄河文化和旅游带发展规划，对区域布局、文化资源、发展定位、发展重点、各省（区）分工实施步骤等内容进行系统梳理和谋划。各省（区）要加大黄河文化旅游带建设，突出本地文化特色、自然资源和环境优势，全面融入黄河文化，共筑黄河区域文化品牌。

加强分层分类管理，实现文化资源分区、分类、分流域管理。因地制宜，分类管理，差异化发展，杜绝"一刀切"。将沿线区域划分为重点保护区、融合开放区、文化拓展区等。加强重点保护区文化资源的保护，建立以地方政府为主的保护体系。对于融合开放区和文化拓展区，推动文化产业化，在系统保护和适度开发前提下，加强市场化运营，积极鼓励国企、民企等市场主体进行开发运营。加快启动对黄河沿线历史文化、生态旅游、休闲体育等资源梳理，将现有文化、旅游资源进行分类管理。对于历史古迹、文化遗迹等重点保护资源，由各地纳入省级文物保护单位，申请纳入国家级文物保护单位。加大对已有黄河文化资源的保护。对于已经消失或濒临消失的重点保护资源，进行恢复性抢救。加强黄河文化旅游分段管理，在属地管理原则下，统筹管理本区域黄河文化遗产和相关资

第十三章　黄河的区域协同

源，各市具体负责本市黄河文化资源的日常性保护、维修以及管理。

丰富载体支撑，提升全流域文化创新活力。积极申报"黄河"世界自然和文化遗产，探索打造国家级黄河生态文化公园。创新黄河文化遗产和资源保护利用载体，加强沿线城市在生态保护与治理、区域品牌建设、文旅产品和线路开发等方面协作，增强对黄河文化资源的保护、传承、创新开发及沿岸非物质文化遗产活化开发。打造国家级黄河生态文化公园，探索黄河文化旅游带科学建设的有效途径。

强化市场化管理与运营，构建多方参与的开发格局。统筹政府、国企、民企及其他社会组织和机构等多元主体，发挥各自优势。加强政府在黄河文化旅游带建设中的体制机制、基础设施、公共服务保障、生态以及文化遗产保护和传承等方面的作用，社会机构发挥其对市场需求的敏锐感知以及专业分工优势，开发多样化、高质量的文旅融合产品和服务，打造黄河文化旅游的国际影响力，凸显黄河的时代新价值。

加强科技创新应用，开拓黄河文化和旅游带新业态、新线路、新产品、新服务。围绕黄河流域独特流域特征、黄河文化、瀑布河流、地质环境等黄河沿线省（区）相关文化资源和自然资源，打造文化旅游、红色旅游、生态旅游、休闲体育、研学旅游、科考旅游等主题旅游线路。推动 AI、AR、VR、全息、大数据等多种技术与黄河沿线自然和文化资源融合，实现对黄河沿线重点文物资源的动态实时监控，再现黄河发展变迁以及沿线历朝特征、风土人情、自然景观等，更加立体、形象地回溯、展示黄河文化，增强游客对黄河和黄河文化的深度感知。以黄河沿线重要资源、黄河历史典型文化特征和重要故事等为主题打造旅游演艺项目。以黄河文化为核心，打造黄河文化系列旅游文创商品。

（三）构建多彩的黄河文化带

为挖掘黄河文化价值，黄河流域各城市应开展各具特色的文化建设活动。

甘肃省规划建设百里黄河风情线。为发展黄河文化旅游，兰州市政府以黄河两岸风光为依托，依山就势，开通滨河路，打造城市内黄河风情线，把兰州建设成为丝绸之路经济带旅游名城，推动文化旅游产业向更好、更快、更深层次迈进。

陕西省重点打造 1 号沿黄公路。陕西省"1 号公路"——沿黄公路，穿越榆林、延安、韩城、渭南四市，串联 50 余处旅游景区，整合了黄河流域的自然山水、历史文化、民俗风情等旅游资源，成为西北旅游板块中的新高地。

山东省打造黄河流域文化旅游高质量发展增长极，把济南打造成为新时期黄河文化国家中心城市。依托黄河、泰山、孔子"山水圣人"中华文化枢轴，打造世界文明交流互鉴高地。依托黄河流域九省（区）资源，打造黄河文化保护传承弘扬和旅游业高质量发展的国家中心城市。依托省内九地市沿黄文化和旅游资源，打造黄河下游文化和旅游发展的龙头城市。整合济南市与黄河有关的文化和旅游资源，打造国内黄河文化保护传承弘扬和旅游业高质量发展的先行区。

五、城市群与都市圈多极支撑

城市群和都市圈的发展对于提升黄河流域的高质量发展有重要的承载作用。因此，强化都市圈、城市群以及中心城市的辐射带动作用，具有重要的意义。

（一）培育建设重点都市圈

都市圈是黄河流域人口、产业、城镇的重点集聚区。目前，我国初步形成了24个都市圈，位于黄河流域的都市圈有青岛圈、济南圈、郑州圈、西安圈和太原圈。在这5个都市圈中，太原圈处于萌芽期，西安圈处于发育期，青岛圈、济南圈、郑州圈处于成长期。要强化都市圈城市之间的分工协作，实现都市圈内产业融合发展。加强都市圈内部交通网建设，加快核心城市与周围城市的轨道交通建设，依托城市公共交通设施建设，强化城市轨道交通与其他交通方式的衔接，有效提升都市圈一体化、同城化水平。

太原都市圈要完善自身功能，继续促进要素、企业与产业向太原集聚。西安都市圈要强化核心城市西安的功能，将优势产业做强做大，提升核心城市西安的辐射带动作用，将中小城市与核心城市功能提升并重，逐渐形成合理的城镇规模等级体系。青岛都市圈、济南都市圈和郑州都市圈，要带动周边中小城市一体化发展，重点提升周围中小城市的产业发展、吸纳就业、公共服务、人口集聚功能，促进有潜力的小城市向中等城市发展，提高周围中小城市的承载能力，以优化产业结构为抓手，优化核心城市功能，通过培育建设各个都市圈，逐步实现都市圈内一体化发展，形成黄河流域的增长极。

都市圈的培育、形成与壮大，核心城市开发是关键。兰州、银川、呼和浩特等作为省会城市（自治区首府）有发展为都市圈核心城市的潜力，可培育形成兰州、银川、呼和浩特等各具特色的都市圈，以都市圈建设带动黄河流域的高质量发展。

（二）快速发展城市群

关于黄河沿线重点城市群的选择，国家主要对山东半岛、中原地区、关中平原、山西中部、呼包鄂榆、兰州—西宁、宁夏沿黄等区域给予了重点规划。受此规划影响，国务院分别以国函〔2016〕210 号、国函〔2018〕6 号、国函〔2018〕16 号、国函〔2018〕38 号的形式批复了中原、关中平原、呼包鄂榆、兰州—西宁等城市群规划。同时，相关市区在"十三五"规划中明确提出加快都市圈和新区建设的步伐，如济南、西安、郑州、太原、兰州、呼和浩特、银川、西宁都市圈和"西咸新区""兰州新区"等。以都市圈、新区和城市群建设为契机，加快黄河经济带建设的条件基本具备。

兰西城市群：兰州—西宁城市群是指以兰州市、西宁市为中心，主要包括兰州市、西宁市、白银市、定西市、临夏州、海东地区等地州市的经济地区（地带）。兰州和西宁是全国距离最近的省会城市，相距仅 220 公里，有铁路、高速公路、高速铁路相连。兰州—西宁城市群的发展框架是"两圈、一轴、五辐射、五互动"。兰州—西宁城市群的兰白都市经济圈、西宁都市经济圈既独立发展，又相互促进。"一轴"是从青海东部的西宁到甘肃中部的兰州，属黄河及湟水两岸即河湟谷地。"五辐射"是五条经济辐射带，分别至关中—天水经济区、成渝经济区、宁夏回族自治区和内蒙古自治区、新疆维吾尔自治区、西藏自治区的五条经济辐射集聚的相互促进共同发展带。2018 年 3 月，国务院印发《兰州—西宁城市群发展规划》，要着眼国家安全，立足西北内陆，面向中亚西亚，把兰州—西宁城市群培育发展成为支撑国土安全和生态安全格局、维护西北地区繁荣稳定的重要城市群。青甘两省在"两点一河"重点开发和率先发展的基础上，以兰州、西宁"两点"为中心，以黄河为对称轴，向外推移，促进经济区的全面发展，建设形成一个新的经济区（城市群），加快甘肃中部地区和青海东部地区的发展。通过辐射和集聚作用。带动和促进甘肃、青海两省其他地区的发展，从而加快甘肃和青海的发展。

"呼包鄂榆"城市群：黄河流域又被称为"能源流域"，煤炭、石油、天然气储量丰富，内蒙古呼和浩特、包头、鄂尔多斯和陕西榆林四市位置恰在黄河两岸，恰是能源资源富集区。内蒙古也把沿黄生态经济带建设纳入发展规划，推动"呼包鄂榆"经济区建设。"呼包鄂榆"城市群也是国家重点开发区域之一，降水环境质量总体差，化学需氧量排放已经重度甚至极度超过水环境容量，生态环境脆弱。在《全国主体功能区规划》中，"呼包鄂榆"经济区的功能定位是：全国重要的能源、煤化工基地、农畜产品加工基地和稀土新材料产业基地，北方地区重要的冶金和装备制造业基地。内蒙古自治区有 7 个盟市沿黄河，推动沿黄生态经济带发展有利于形成上中下游协作互动格局。

六、典型案例

案例：打造关中平原城市群

- **项目背景**

关中平原城市群南依秦岭、东跨黄河，包括陕西、山西、甘肃部分地区，囊括西安、宝鸡、铜川、渭南、杨凌、商洛、运城、临汾、天水、平凉、庆阳等城市，占地面积 10.71 万平方公里。也是西部地区第二大城市群，综合经济实力仅次于成渝城市群，位居内陆地区第二位。该地区跨多个省份，产业结构相对分散，总体规模和人均收入偏低，需要创新模式，加快发展速度和质量。

- **项目需求**

关中地区各省份、各城市人口规模较小，经济总量偏低，资源要素相对分散，产业连接和资源要素分配协同性弱。如何统筹规划，聚集思想认识，整合资源和力量，实现本区域协同发展，是需要尽快推进的重大课题。

- **实施过程**

2009 年 6 月《关中—天水经济区发展规划》是黄河最大支流——渭河流域的经济发展指南。关中—天水经济区地处亚欧大陆桥中心，处于承东启西、连接南北的战略要地，是西部地区经济基础好、自然条件优越、人文历史深厚、发展潜力较大的地区。《关中平原城市群规划》提出，"加大生物多样性保护、水源涵养和黄河沿岸土石山区治理投入力度，联手创建黄河生态经济带"。

关中平原城市群地处我国内陆中心，是亚欧大陆桥的重要支点，是西部地区面向东中部地区的重要门户。贯通西部地区的南北通道和新亚欧大陆桥在此交会，以西安为中心的"米"字形高速铁路网、高速公路网加快完善，国际枢纽机场和互联网骨干直联点加快建设，全国综合交通物流枢纽地位更加凸显。关中城市群积极优化区域工业体系，加大产业聚集，打造全国重要的装备制造业基地、高新技术产业基地、国防科技工业基地。

- **实施效果**

经过几年的持续推进，关中城市群在航空、航天、新材料、新一代信息技术等战略性新兴产业领域形成了各具特色的产业集群，文化、旅游、物流、金融等现代服务业快速崛起，产业结构正在迈向中高端。

● **主要借鉴**

一是强化区域规划编制。出台区域发展政策，凝聚共识和资源统筹，产业优化。

二是聚焦主导产业，明确了各自重点推进的优势产业，避免了招商引资的盲目性和同质化，提高了经济发展质量和效率。

三是强化基础设施建设。重点推进高铁、高速、航空等交通网络建设，提高经济发展的支撑力。

四是注重生态优先。关中平原城市群各城市普遍树立了生态优先理念，积极推进经济发展与生态保护相结合，大力发展生态型产业，美化了生态环境，增强了城市吸引力和宜居宜业生态圈。

第 十 四 章

CHAPTER 14

黄河的跨域协同

贯彻落实黄河流域生态保护和高质量发展战略，既要统筹做好黄河流域9省份、各城市的生态治理和经济发展的事，又要统筹协调周边地区，主动做好资源能源与产业跨域协同、流域规划协同，与国家战略的协同，还要强化跨域产业带与资源要素等协同，大力推进中原城市群、山东半岛城市群等重点城市群的开发与建设。

一、生态与发展的关系协同

黄河流域是我国生态保护和经济社会发展的重点区域，也是发展与保护矛盾突出的区域。正因为如此，黄河流域的保护与发展始终受到党和政府的高度重视。"十三五"时期，黄河流域仍然是我国生态环境保护和经济社会发展的重点区域。黄河流域的生态环境保护与发展问题，也是近年来关注的焦点，涉及资源管理、生态保护、生态治理等各个方面。

保护黄河是事关中华民族伟大复兴和健康发展的千秋大计。黄河流域各城市必须明确处理好保护与发展，长远目标与近期任务的关系，遵循轻重缓急和因地制宜的原则，因地施策、因时施策、因城施策、因实施策，逐步解决发展中的关键问题和难点问题，形成全面协调发展的新格局。处理好近期与远期、保护与发展的关系，需明确四个现实问题。

（一）生态脆弱和资源压力是态势

与我国其他河流相比，黄河流域生态环境相对脆弱，这是由黄河所处地区的地形、地势、地貌、气候、海陆位置等自然环境条件决定的。尤其是黄河流域内的高原地区、干旱与半干旱地区的草原或农业系统，脆弱性尤为突出，环境对于支撑经济社会高质量发展的能力有限，即使是黄河沿线的河谷盆地、平原以及三角洲等地区，也存在旱涝、水资源短缺、水污染等引起的环境问题。脆弱的生态环境和高强度的资源环境承载，使黄河流域持续处于巨大的压力下。

（二）"水安全"是长期问题

"水安全"首先是洪水风险。洪水带来的风险是长期存在的。习近平总书记在黄河流域生态保护和高质量发展座谈会上指出，洪水风险依然是流域的最大威胁。尤其是下游区域，面临着长期的洪水威胁，"地上悬河"形势严峻，滩区防洪运行和经济发展矛盾长期存在。其次，是水资源短缺问题。黄河流域水资源总量有限，人均占有量偏低，水资源的总量少，水资源开发利用率高，水资源短缺十分明显。同时，水资源利用粗放、农业用水效率低。水环境问题相对突出。黄河流域水质断面劣 V 类水占比，明显高于全国平均水平。黄河流域是我国化工、冶金、建材、钢铁等有重污染的化工产业集聚地，使黄河干流和汾河、伊洛河等重要支流水环境压力持续加大，沿黄地区的水环境综合治理任务突出。城市内水环境问题和农业面源污染问题也突出。流域性水污染治理、防范水环境风险、持续保障水质安全的任务繁重。

（三）发展与保护矛盾

黄河流域经过长期发展，在经济社会等方面取得了显著成就，基本上形成了可持续的空间开发格局和经济社会布局，但也形成了产业布局与生态安全格局之间、发展与保护之间的矛盾。突出体现在：中上游地区的能源和矿产资源的综合开发与生态环境保护的矛盾突出，尤其是流域内钢铁、冶金等重化工园区的开发与建设，对流域内水环境、水资源的影响巨大。城镇化和工业化的加速发展导致重点区域资源环境压力持续增大，存在发展规模与资源承载能力之间的不匹配、发展方式与区域生态环境保护与治理的要求不协调的问题。重点地区基本农田保护、农业生产高质量发展面临压力。黄河流域是我国贫困区域相对集中的地区，贫困地区发展与保护的矛盾突出。

黄河流域保护与发展矛盾突出的态势，将长期困扰黄河经济社会的高质量发展。要加快探索人与自然和谐、在更高层次再协调的战略路径和发展措施，构建有利于生态文明建设的科学模式，推动流域生态保护与经济高质量发展的良性互动。

（四）高质量发展的关系

黄河流域高质量发展面临较大压力，具体表现在：黄河流域已经形成的经济系统和产业格局，以重化工等传统产业为主，实现新旧动能转换缺乏强大的动力支撑，建立科学高效、集约节约的产业链、产业体系的动力不足，体制机制的保障不足；新产业、新业态、新模式、新技术的动力不足，市场综合竞争力以及技术创新能力不强；高素质的人才队伍缺乏等。在充分认识发展现实问题的前提下，妥善处理各种关系，才能在保护的基础上发展，在发展的过程中保护。

生态安全格局健康持续与开发格局绿色高效的关系。遵循人与自然和谐共生的科学自然观和绿水青山就是金山银山的绿色发展观，尊重自然、顺应自然、保护自然，推动人与自然和谐共处，是黄河流域高质量发展的基本原则。以保持流域生态安全格局的持久健康稳定为前提，以关键生态功能和生态要素为依据，确立黄河流域的经济社会产业格局、发展规模与发展模式。

发展规模与资源环境承载力的关系。加强综合开发的适应性评价，协调好重点开发区域、城市群、都市圈等区域的发展规模与资源环境承载能力之间的关系，优化资源开发利用模式、提高资源利用效率、建立科学高效的生态安全格局，是提升重点区域资源环境承载能力的关键任务。

重点突破与统筹管理的关系。黄河流域的保护、治理与发展涉及自然、社会、文化、经济等多方面，是一项复杂的系统工程。必须用系统的理论、科学的方法和手段解决全流域面临的问题。黄河流域的开发与保护，必须尊重系统性、整体性的规律和原则，找准生态环境保护与治理、资源高效利用、高质量发展的突破重点，集中力量办大事，推动全流域发展迈上新台阶。

全面保障与因地制宜的关系。坚持因地制宜的思路，聚焦解决阶段性的核心问题，以整体性的保障机制引导流域各地区差异化施策，是推动流域协调发展的有效途径。

二、流域辖内的规划协同

"十四五"时期是我国由全面建成小康社会向基本实现社会主义现代化迈进的关键时期，但当前遇到的各种内外部阶段性风险和挑战也是前所未有的。"十四五"期间，国际国外的发展环境发生了很大的变化：从国际形势上看，世界发展环境正面临"百年未有之大变局"。这个大变局从全球格局来看，主要是指近年来国际形势变幻莫测、"黑天鹅""灰犀牛"事件层出不穷，贸易保护主义、单边主义涌动，全球投资贸易格局、全球科技创新格局、全球金融货币格局、全球多元治理体系等都面临前所未有的大变革。

高质量发展成为发展的核心诉求。实现新旧动能转换，推动经济社会的高质量发展，是各级政府的共同目标。2019 年我国人均 GDP 超过 1 万美元，已经迈入中上等收入阶段。"十四五"时期也是国内跨过中等收入陷阱的关键期，经济和社会风险底线管理将成为今后五年各级政府提前预备的重大工作。各地区对核心要素资源的争夺更加激烈。由于国内经济下行压力持续加大和资源环境的约束加剧，高端资源要素的竞争加剧。结合"十四五"要求，黄河流域在未来 5 年，要统筹好近期与远期的关系，结合发展环境和诉求，结合竞争优势，推动高质量发展。

（一）强化流域生态治理

生态系统是有机的整体，黄河流域生态环境保护需要跨区域协同治理。黄河的水来自上游，泥沙来自中游，灾害主要发生在下游，这使黄河流域的不同流域区域生态保护重点不同。因此，应根据上中下游地区的差异性进行分区、分片、分类系统治理。上游地区承担着水源涵养等生态功能，要加速实施三江源、祁连山等重点生态保护工程，推进天然林保护、湿地保护修复、沙化土地植被修复等，构建人与自然和谐发展的新格局。中游地区面临着水土流失和环境污染等问题，要推进水土流失综合治理、退耕还林还草，加固水利设施；同时要推动节能减排，淘汰落后产能和压减过剩产能，促进农业化肥农药负增长。下游地区是人类经济活动高强度区，生态系统十分脆弱，在防治污染的同时，围绕滩区综合治理、洪涝旱碱治理以及黄河三角洲湿地保护等生态工程，推动生态修复，确保黄河安全和经济可持续发展。

（二）保障流域水安全

要加强防洪减灾体系建设，确保全流域水安全。保障黄河长久安全，应根据发展形势和要求，加强防灾减灾体系建设，确保流域健康安全。完善水沙调控机制，加强河道和滩区综合提升治理，减缓黄河下游淤积问题，确保黄河沿岸的整体安全。加强重点河段的防护工程，确保沿线重点区域的安全。要坚持以水定城、以水定地、以水定人、以水定产，把水资源作为最大的刚性约束，合理规划人口、城市和产业发展，坚决抑制不合理用水需求，大力发展节能环保产业，大力推进农业节水设施，推动用水方式由粗放型向节约集约型转变。

（三）构建绿色产业体系

继续坚定供给侧结构性改革思路，优化制度供给，强化绿色发展导向。加快实施负面清单管理制度。坚持问题导向和目标导向，从岸线综合开发和河段合理利用、产业健康发展等方面，提出具体的管控要求和管控措施，明确列出禁止投资建设的项目类别，明确限制、禁止、淘汰产业清单，严格管控污染物排放量大、产能过剩严重、环境问题突出的产业，协同控制高耗水、高污染、高排放工业项目新增产能，严控新增煤电和煤化工产业。倒逼企业加快技术创新和产品服务升级的步伐，增强企业创新活力。强化节水减排和环保约束。建立黄河流域高质量发展指标体系以及黄河流域生态文明建设考核体系，从资源综合利用、环境质量保障、发展质量、绿色生活、公众满意度等方面，引导沿黄省市重"绿"亲"绿"。

三、黄河战略与国家战略协同

立足区位优势，聚焦发展难点，立足产业转型升级，全面推进乡村振兴、

"一带一路"和京津冀系统发展战略，打造多个战略协同发展的大格局。

（一）乡村振兴战略

党的十九大报告指出，农业农村农民问题是关系国计民生的根本性问题，必须始终把解决好"三农"问题作为全党工作的重中之重，实施乡村振兴战略。

黄河流域9省份的乡村占据了很大比重，它是具有自然、社会、经济特征的地域综合体，兼具生产、生活、生态、文化等多重功能，与城镇互促互进、共生共存，共同构成人类活动的主要空间。乡村兴则国家兴，乡村衰则国家衰。我国人民日益增长的美好生活需要和不平衡不充分的发展之间的矛盾在乡村最为突出，我国仍处于并将长期处于社会主义初级阶段的特征很大程度上表现在乡村。全面建成小康社会和全面建设社会主义现代化强国，最艰巨最繁重的任务在农村，最广泛最深厚的基础在农村，最大的潜力和后劲也在农村。实施乡村振兴战略，是解决新时代我国社会主要矛盾、实现"两个一百年"奋斗目标和中华民族伟大复兴中国梦的必然要求，具有重大现实意义和深远历史意义。

全面落实乡村振兴的20字总要求：产业兴旺、生态宜居、乡风文明、治理有效、生活富裕。推动黄河流域的高质量发展，要深入结合"20字纲领"，以生态优先、环境治理和产业可持续发展为中心，实施城乡融合发展，推动黄河流域农业、农村、农民的全面高质量发展。

实现黄河流域乡村"产业兴旺"，是乡村振兴的核心，也是黄河流域经济建设的核心。现阶段黄河流域农村发展整体落后，资源分布不均匀，收入低直接导致农民背井离乡，外出打工，村里只留下空巢老人和留守儿童，村子自然就演变成"空心村"。唯有乡村产业兴旺，才能从根本上解决农村的社会问题，走上可持续发展的道路。黄河流域乡村要加快构建现代农业产业体系、生产体系、经营体系，完善农业支持保护制度。同时，通过发展壮大乡村产业，激发农村创新创业活力。

实现黄河流域乡村"生态宜居"，是黄河流域生态建设的重点工作，是农村农民的期望。打造城市没有的绿水青山，遍地多彩野花，设施服务完备的环境，实现人们安居乐业的理想。

实现黄河流域乡村"乡风文明"，既是乡村振兴的重要内容，也是乡村振兴的重要推动力量和软件基础。加强乡风文明建设，要传承优秀传统文化，发挥先进文化的引领作用，尊重乡村本位和农民主体地位，提升农民素质和乡风文明程度。

实现黄河流域乡村"治理有效",是推动乡村振兴的基础。建立健全党委领导、政府负责、社会协同、公众参与、法治保障的现代乡村社会治理体制,坚持自治、法治、德治相结合,确保乡村社会充满活力、和谐有序,确保广大农民安居乐业、农村社会安定有序。

实现黄河流域乡村"生活富裕",是乡村振兴的根本,也是实现全体人民共同富裕的必然要求。要发展新产业新业态,打破城乡二元经济,推动一、二、三产业融合。通过鼓励和引导新型农业经营主体延长农业产业链,对农产品进行深加工,把农业附加值留在农村内部。同时,合理布局生产、加工、包装、品牌,打造完整农村电商产业链。促进农民工工资性收入持续增长,通过户籍制度改革及其配套制度,为农民进城务工创造良好环境。

(二)"一带一路"倡议

黄河文明作为中华文明的主体,如何在"一带一路"倡议中发挥自身优势,如何高质量传承和弘扬,是新时代提出的重大课题,黄河文明凝聚了黄河文化的思想精华,它的博大、进取、自强不息、愈挫愈勇、厚德载物、与时俱进和包容等,都集中彰显了中华民族传统文化的精髓。从春秋战国时期诸子百家的"百家争鸣,以民为本",到近现代以来的坚决抵御外侮,面对帝国主义侵略所表现出的同仇敌忾的民族精神,再到"五四"新文化运动,中华优秀传统文化受到一次又一次的洗礼和升华。中华民族复兴的中国梦,都与"一带一路"高度契合,符合中华民族的长远利益和"一带一路"沿线各国人民的共同利益。

黄河文明作为中华文明的主体,也应为人类文明共同体的建构作出当代贡献。通过黄河文化的传承与弘扬,使"一带一路"沿线国家和地区,在建设利益共同体、责任共同体、命运共同体的过程中,加深相互理解、相互认同、相互信任,加强相互支持,更好地造福"一带一路"沿线国家、地区和人民。

黄河文明作为中华文明的主体,是"一带一路"倡议提出的最深厚的文明史根源。"一带一路"倡议,彰显了中华五千年文明史的时代气息的文化自觉。黄河文明是"一带一路"建设的精神动力,必将把作为中华文明主体的黄河文明的种子再次撒向世界,成为凝聚"互通"共识的"催化剂",共同建立"一带一路"的人类文明共同体。

(三)京津冀协同发展

京津冀协同发展核心是京津冀三地作为整体协同发展,要以疏解非首都功能、解决北京"大城市病"为基本出发点，调整优化城市布局和空间结构，构建现代化交通网络系统，扩大环境容量生态空间。推进产业升级转移，推动公共服务共建共享，加快市场一体化进程，打造现代化新型首都圈，努力形成京津冀目标同向、措施一体、优势互补、互利共赢的协同发展新格局。2018 年 11 月，中共中央、国务院明确要求以疏解北京非首都功能为"牛鼻子"推动京津冀协同发展，调整区域经济结构和空间结构，推动河北雄安新区和北京城市副中心建设，探索超大城市、特大城市等人口经济密集地区有序疏解功能、有效治理"大城市病"的优化开发模式。

黄河流域生态保护与高质量发展战略，是与京津冀协同发展等战略同时推进的国家战略。黄河战略要抓住机遇，同京津冀地区开展全面合作，协同高效推进。以水为媒融入京津冀地区，聚焦生态农业、新能源产业、生态休闲文旅、政策支持、人才合作等重点领域，与北京、天津等重点地市开展深度合作，探索将黄河流域打造成为京津冀地区生态高质农产品供应基地、重要产业配套生产基地、高端人才交流和资源共享的目的地。

以水为媒，开展两地全方位合作。对接京津冀协同发展战略。以水为媒，围绕"保水质、强民生、促转型"，在政策支持、生态农业、工业合作、城市建设、社会事业、生态环保、科技创新、招商引资、经贸交流等方面，与京津冀地区开展经常性协作与交流。加强与京津冀地区在重大科研项目、教育、医疗等领域合作，让黄河流域人民有获得感。主动吸收北京、天津先进医疗资源，与京津地区三甲医院建立专业医联体，打造区域医疗服务高地，鼓励京津冀地区公立、私立医院在黄河流域相关地市设立分院，提升黄河流域医疗保障水平。加强基础教育、高等教育的共享，建立教学资源数据库共享平台，定期组织教学人员交换学习，推动黄河流域教育现代化发展。

探索建设服务京津冀地区的优质绿色农产品供应基地，探索与北京菜篮子、首农集团等深度合作，依托黄河流域独特的生态农产品，建设绿色农产品生产及加工基地。开辟京津冀地区农产品外销市场，探索打造绿色农业与精深加工相结合的现代农产品产业链。

探索文旅合作新模式，打造文旅研学新平台。聚焦生态旅游和生态康养，深化与京津冀地区合作，积极对接北京、天津知名养老服务机构，探索发展"候鸟式"养老、"康养旅居"相结合的新型旅游产业，充分利用黄河沿线城市自然资源和文化资源优势，与北京、天津等地中小学及其他教育机构合作，定期开展黄河文化实地参观教育和生态体验项目，深挖黄河文化内涵，打造黄河生态文旅研学线路。

加强跨区域科研合作，发展"飞地"科研平台。借助京津冀高等院系、科研院所集中优势，开展学校交流与校企对接，加速科研成果的转化。加强与北京知名科研院所之间的合作，发展"飞地"实验室、研究所、博士后工作站，提高黄河整体科技创新水平。

四、黄河的上中下游跨域协同

积极推动黄河流域上中下游区域协调和产业升级，强化体制机制创新，完善交通网络体系，提高区域协同水平。

（一）推进上中下游区域协调发展

黄河流域上中下游三大区域的资源禀赋、基础环境、发展条件不同；发展方向、开发方式也不尽相同。上游地区是黄河的源头，资源富集，经济发展和城镇化水平相对不足，应坚持保护与发展并重，在保护生态环境、减少和防止对生态系统干扰和破坏的同时，可以探索以点状开发的模式，合理布局城镇、产业与项目，严格控制开发范围和开发强度，实现经济社会发展和生态环境保护协同共进。

中游地区是资源密集区，应坚持开发与保护并重，以西安、太原、呼和浩特、包头、鄂尔多斯、榆林等城市为重点，加强能源开发利用和资源调配能力，加速培育接续替代型产业，在开发的同时要注重加强生态环境的保护与治理，争取打造国家资源型经济高质量发展示范区。

下游地区区位条件优越，人口和劳动力资源丰富，经济发展和城镇化水平较高，制造业发展持续加速，未来应以集聚化集约化发展为主，积极承接其他地区产业转移，持续推动新旧动能转换，壮大郑州、洛阳、济南、青岛等中心城市发展规模，增强产业和人口集聚能力，优化产业布局，打造全国制造业高质量发展的新高地。

（二）构建现代化产业体系

城市的发展要以产业发展为支撑，这是城市提升的根本，一方面产业发展与城市功能提升存在共生关系，另一方面产业发展为促进人口集聚、扩大就业、提升公共服务等功能奠定了基础。黄河流域上中下游三大区域要从传统产业优化提升和战略性新兴产业培育壮大两方面着手，因地制宜发展既有规模又布局合理的现代产业体系。

上游地区以各类园区为载体，打造绿色循环产业体系，延伸石油化工、有色冶金、装备制造、建材等产业链；推进现代农牧业规模化、品牌化生产。积极发展新材料，风、光等新能源，生物医药等新兴产业。

中游地区以能源化工基地为依托，促进煤炭、石油、天然气为基础的能源化工产业与冶金、焦化、建材、装备制造等传统优势产业互动发展，提高能源产品的综合利用程度。壮大轨道交通装备、节能与新能源汽车、航空航天装备等高端装备制造业，新型轻合金、高端金属结构、石墨等新材料，生物医药、节能环保等新兴接替产业，着力推进产业向清洁低碳型、集约高效型、延伸循环型、安全保障型转变。

下游地区，河南和山东持续推进现代化农业和节水农业发展，提高农业综合生产能力。以都市圈为载体，打造先进制造业集群，集中力量发展装备制造、家电、纺织服装、食品产业，壮大新一代信息技术设备、高档数控机床和机器人、海洋工程装备及高技术船舶、现代农机装备、生物医药及高性能医疗器械等高端制造业。加快现代服务业的发展，坚持生产性与生活性服务业并重，逐步形成二三产业融合发展、互促共进的产业发展格局。

（三）形成东西贯通的生态经济带

黄河流域城市之间经济联系相对弱，省域之间联系更弱。黄河流域最为密切的区域是下游的河南和山东，两省城市之间的经济联系总量占黄河流域的60.2%，但两省城市之间的联系以省域内为主。黄河流域未来发展要着眼黄河流域的整体布局，打破发展障碍，消除要素流动的壁垒，加强区域联动发展，促进黄河流域高质量发展。强化东西向重大基础设施建设，破除各省区之间、城市之间的行政壁垒。充分发挥市场作用，促进要素自由流动、合理集聚。持续完善交通基础设施，提高市场化水平，强化区域之间的联系，探索建设东西联通的黄河生态经济走廊。

（四）促进上中下游产业联动

黄河上中下游地区发挥各自优势，统筹规划、联动发展。在思想认识上形成"一条心"，在实际行动中形成"一盘棋"，统筹研究黄河流域总体规划、发展原则、生态安全格局、产业布局、基础设施建设等问题，减少产业的无序竞争，提升黄河流域发展的系统性和协同性，加快形成"高质、融合、协调、均衡"的发展格局。鼓励创新区域合作模式，支持下游经济较发达省份和中上游地区省份以及相邻区域合作共建园区，大力发展"飞地经济"，支持不同区域特色产业有序发展，鼓励产业间和产业链分工协作。

（五）加强流域交通基础设施

为使上中下游实现联动发展，扩大对内对外开放合作，要加强全流域交通基础设施的互联互通。构建网络化格局，统筹铁路、公路、航空、航运等基础设施规划建设，上游地区要聚焦补齐交通短板，中下游地区要注重大通道大枢纽建设，优化综合运输结构。积极参与"十纵十横"大通道建设，主要包括青岛—济南—太原—银川—兰州—西宁—拉萨运输通道，连云港—郑州—西安—兰州—新疆（霍尔果斯、阿拉山口）陆桥运输通道，天津—呼和浩特—临河—新疆西北部运输通道，福州—武汉—西安—庆阳—银川运输通道，合力打造丝绸之路经济带运输走廊，建设贯穿黄河流域上中下游的铁路和公路，加强省际衔接路段建设，打通"断头路"，提升与周边区域的陆运连通水平，持续改善航空网络通达性，推进山东半岛形成紧密协作的港口群。重点打造西安和郑州等国际性综合交通枢纽，全面提升青岛、济南、太原、大同、兰州、呼和浩特、银川、西宁等全国综合交通枢纽功能，加快推进潍坊、烟台、包头、榆林、宝鸡、洛阳等区域性综合交通枢纽建设。扩大农村交通基础设施网络的覆盖范围，把农村公路建好、管好、护好、运营好，将交通建设与农村地区发展相结合。大力发展智慧交通，推动大数据、互联网、人工智能等新技术与交通行业的不断融合。通过交通基础设施的互联互通，缩短城市之间和区域之间的时间距离，强化相互之间甚至与周边国家的经济联系和社会交往。

五、黄河的跨域考核协同

推进跨区域协调机制，明确责权利关系，完善环境治理体系，提高节能减排投入，完善财务支持和业绩考核。

（一）健全跨区域协调机制

黄河流域内部的经济发展不平衡，发展能力、基础和潜力差异明显。受资金、技术等因素的影响，黄河流域在防治污染、节约资源、降低能耗等领域面临现实困难。解决这些困难和短板，必须建立健全跨区域的协调机制，统筹协调流域发展的重大问题，推进建立区域行政首长联席会议制度、重大项目部门会商制度和重大决策通报制度等，统筹考虑上中下游关系、区域内外关系以及生产与生活的关系，统一协调环境基础设施建设和环境保护工程，对重大资源开发和建设项目进行区域整合，构建流域产业发展区域统筹的整体框架。

（二）明晰责权分工体系

本着"大保护、大开发"的总目标，进一步明晰中央、地方和企业的责任和义务。中央政府从全局、长远发展的角度统筹经济增长和环境保护的关系，根据经济发展水平与需求变化，出台全国性、跨区域生态环境保护政策，实现短期与长期，局部与整体，国家利益最优化。地方政府遵循国家大政方针，研究制定本地区行业政策与实施措施，推动经济发展与区域生态环境协调，加强企业和行业监管，督促企业和社会各界全面落实生态环境保护法规与制度。企业是推动经济增长的主体，也是环境污染和生态破坏的主要直接来源者，企业要严格落实中央和地方关于生态环保有关要求，结合各自实际，推进循环经济和低碳绿色发展。

（三）健全生态补偿机制

环境管理法规体系是依法利用资源、保护环境的基础。健全生态补偿机制是解决跨区域之间经济发展与环境保护矛盾的重要举措。采取财政补贴、项目扶持和资源税费征收的方式，推动重大环境保护基础设施建设，协调黄河流域生态经济项目，增强水源涵养和水土保持力度。财政补贴等优先向生态环境保护重点地区、资源型经济转型地区倾斜，有序增加对自然保护区和生态功能保护区的投资。

坚持"谁开发、谁保护，谁利用、谁补偿"的原则，建立跨流域调水的资源补偿机制，由国家相关部门和省级政府协调，由受水区按照使用量提供相应的资源补偿费用。在进行区域环境容量与环境承载能力系统分析的同时，制定"三线一单"（生态保护红线、环境质量底线，资源利用上限和生态环境准入清单）落实措施，最大限度地保护生态环境。

（四）完善绿色 GDP 考核

树立科学的发展观、政绩观，是实现流域经济社会与自然生态可持续发展的基础。各级领导干部要尊重经济规律、社会规律，尊重自然生态规律；充分考虑经济与人口增长的需求，统筹考虑资源的支撑力与生态环境的承载力。把绿色GDP、节能减排等纳入各级领导干部的政绩考核体系中，完善科学的政绩评价标准、考核制度和奖惩制度，在发展经济的同时确保流域生态资产的保值、增值。将节能减排工作和政绩考核结合起来，改变政府官员的政绩观，抑制和规范政府及企业的投资行为。改善投资结构，促使投资方由高污染、高能耗行业向低污染、低能耗行业转移。同步建设一批直接服务于重要产业基地、产业集聚主要节点的环境保护基础设施，从强化能力建设入手，改善流域产业与人口集聚区条件，提升缓解保护与发展矛盾的支撑能力。

（五）统筹产业准入退出政策

针对黄河流域产业发展和环境质量状况，按照国家主体功能区建设要求，以"不欠新账、多还旧账"为基本原则，实行严格的环境准入政策，从严控制"两高一资"总体规模和空间布局。黄河流域重点产业环境准入制度至少基于以下三个层次：其属性符合国家产业政策和各自地域产业布局战略；选址地区的环境基础设施完善，已有或经区域调控后有富余总量指标；以资源环境利用效率审核行业及企业入驻产业集聚区的可行性。

（六）构建生态型产业置换机制

生态建设须考虑如何解决居民就业、增收和富裕等问题。流域生态建设与经济发展互动机制的关键，在于把人民从依赖生态资源消耗才能生存的传统落后产业解脱出来，将产业发展、经济增长与生态建设结合起来。选择促进生态建设和保护的生态型产业，置换传统耕作农业和污染工业，以生态产业增量逐步消化掉污染工业存量。所选产业要适合当地实际情况，要具备形成产业链的潜在空间，带动与之相关的生态产业发展。

（七）实施人财物优先扶持

人才支撑。探索在黄河流域重点布局国家实验室、国家技术创新中心等国家级创新平台。统筹考虑现状和优化整合科技资源，布局一批国家实验室、国家技术创新中心、国家工程中心（实验室）和企业技术中心，提升黄河流域的科技创新水平，并通过上述平台汇集各类高层次人才。同时，黄河生态保护可形成一个良好的生态环境，也有利于汇集创新资源。整合高校和科研院所的资源，依托大学，组建黄河国家实验室，开展水资源保护利用、生态环境治理、粮食生产等方面的综合研究。推进双向开放，培育内陆开放高地，最大限度利用好全球创新资源。通过建设沿黄流域大学的国际校区，成立国际联合实验室，吸引海外高层次人才，汇集全球创新资源。积极对接"一带一路"倡议，在黄河流域的高校招收"一带一路"沿线的留学生，建立培训和技术转移基地，为"一带一路"基础设施建设和产能合作培养人才。

资金支持。金融是产业发展的血液和润滑剂，能对黄河流域生态保护和高质量发展形成强劲支撑。黄河流域单纯依靠财政拨款很难支撑生态保护和治理的资金需求缺口，需要大力发展绿色金融，创新设计以排污权、用能权、水权等环境权益为载体的绿色金融产品，将金融资源引入生态保护领域，吸引社会资本投入，拓宽生态保护领域资金来源。同时，黄河流域是我国重要的农产品主产区，沿黄地区依靠科技化、集约化、规模化、因地制宜发展现代农业都需要大量资金投入。通过运用再贷款、再贴现、存款准备金等货币政策工具，引导信贷资源向农业生产领域倾斜。完善农业信贷担保服务，创新"三权"抵押、大型农机抵押、仓单保单质押等信贷产品，提高银行信贷对农业产业支持力度。组合运用保险、期货等金融产品，有效化解农业生产面临的自然风险、价格风险、市场风险，吸引资本向农业生产领域聚集。另外，黄河流域是脱贫攻坚战的主要战场，发挥金融在产业扶贫、就业扶贫中的造血作用。构建产业扶持基金、风险缓释基金、财政补贴资金为基础，银行信贷资金为先导的金融扶贫体系，为沿黄地区贫困人口提供低成本、可持续的发展资金，助力脱贫攻坚。

六、典型案例

案例：海尔创新母乳储藏技术

- **项目背景**

随着普遍二孩政策的实行，母乳喂养成为大众关心的话题。母乳是婴儿成长过程中最自然、最安全、最完整的天然食物，也是妈妈给宝宝的最好、最珍贵的礼物。但是对于很多上班族女性而言，母乳喂养却成了一种奢望，产假结束后繁忙的工作和不便的交通让她们不得不放弃母乳喂养宝宝的想法。

- **主要需求**

母乳喂养最好在 6 个月以上，很多结束产假的职业女性，通常采取的办法是把母乳挤出来后，由亲人代喂宝宝。如何确定母乳里哪些参数是关系到母乳的营养与安全，与储存环境又有怎样的关系，是海尔冷柜亟待解决的问题。

- **实施过程**

为了更懂母乳、解决用户母乳储藏的痛点，海尔冷柜向 HOPE 创新合伙人社群提出了母乳储藏的项目需求。HOPE 平台通过创新合伙人社群的专家推荐方式，邀请国内某知名母乳研究机构的专家 D 博士参加"专家咨询"，提出在 −20℃ 的环境下，控制好菌落总数，保证温度不剧烈波动，母乳的储藏时间可以被有效延长。HOPE 平台与海尔冷柜快速捕捉了这款产品研发的关键，开发出了适合市场的新产品。

● 实施效果

通过母乳储藏课题的研究过程，HOPE 创新合伙人社群起到了至关重要的作用，通过跨领域专家的参与，明确了母乳储藏的关键与研究方向，大大提高了效率。

● 主要借鉴

一是模式创新。海尔公司采用的 HOPE 平台运用创新社群的形式，聚集了跨领域的专家、创新者组建了创新合伙人社群。

二是智库和制造结合。海尔与智库结合，创新了业务模式，整合国内外优质资源，实现了需求与专家资源零距离对接的开放式创新，满足了市场客户。

三是客户导向。该项目聚焦母乳喂养的人群，以生态、安全、便捷和智能化为目标，设计方案和产品，进行精准营销，提高了产品的市场竞争力。

第 十 五 章

CHAPTER 15

黄河的文化复兴

深入贯彻习近平总书记关于中华文明和黄河文化的重要讲话精神，增强道路自信、理论自信、制度自信和文化自信，认真研究、挖掘黄河文化的时代价值，从历史的深度、世界的广度、文明的高度审视黄河流域文化，制定黄河文化保护传承和弘扬专项规划，推动黄河文化遗产系统保护、传承和弘扬三大工程。

挖掘沿黄地区文化内涵和价值，打造黄河流域 9 省份统筹规划、上下协同、各具特色、融合发展的黄河文化图谱，塑造文化旅游区域品牌，实现黄河流域文化事业的系统性保护、融合性传承、创造性弘扬。以黄河文化的"六化"为驱动，聚集资源和平台，实现黄河流域各省市县、各城市经济社会的高质量发展。

一、黄河的呐喊

黄河文化具有悠久的历史传承，它与中华民族的发展史、经济史和地理变迁等相互影响。黄河文化经历了几千年风雨，留下了无数美妙的诗篇、人文故事和历史遗迹。研究黄河文化的基因、历史及它的博大胸怀和包容万象的精神，对于提炼黄河文化的内在美，探索构建黄河文化保护、传承和弘扬的图谱，意义重大。

（一）文化的基因

习近平总书记在 2014 年文艺工作座谈会上的讲话中强调：中华优秀传统文化是中华民族的精神命脉，是涵养社会主义核心价值观的重要源泉，也是我们在世界文化激荡中站稳脚跟的坚实根基。习近平总书记在郑州黄河流域生态保护和高质量发展座谈会上强调，"要深入挖掘黄河文化蕴含的时代价值，讲好'黄河故事'，延续历史文脉，坚定文化自信，为实现中华民族伟大复兴的中国梦凝聚精神力量"。习近平总书记在 2020 年主持的中央财经委员会第六次会议上强调，要实施黄河文化遗产系统保护工程，打造具有国际影响力的黄河文化旅游带，开展黄河文化宣传，大力弘扬黄河文化。这是站在"两个一百年"奋斗目标的历史交汇点上，中华文化复兴及民族复兴的千秋大计。

黄河文化是中华文明的重要组成部分，是中华民族的根和魂。"龙"文化是黄河文化的源头，上溯到新石器时期。仰韶文化、齐家文化、龙山文化和大汶口文化等属于新时代时期的黄河文化。仰韶文化主要在黄河上、中游地区，齐家文化在黄河中、上游地区，龙山文化主要在黄河中、下游地区，大汶口文化在黄河下游地区。青铜器文化的象形文字和会意文字颇具特色。"龙"作为黄河文化图腾的标志，青铜器物很大的图像特点是"龙"图腾。"龙"逐步成为周朝、汉唐，一直到明清历代君王的形象代表和图腾崇拜物。夏文化、商文化、周文化以及儒家文化、孟子文化、孙子文化等，构筑了黄河文化的核心。

2011 年 10 月审议通过《中共中央关于深化文化体制改革推动社会主义文化大发展大繁荣若干重大问题的决定》，确立了建设社会主义文化强国的宏伟目标。2013 年 12 月，习近平总书记强调，要弘扬社会主义先进文化，深化文化体制改革，推动社会主义文化大发展大繁荣。2016 年 5 月，习近平总书记强调，要推动中华文明创造性转化、创新性发展，激活其生命力，让中华文明同各国人民创造的多彩文明一道，为人类提供正确精神指引。习近平总书记有关传统文化的系列重要讲话综合了党在历史上提出的古为今用、推陈出新、去粗取精、去伪存真的文化方针，吸收了学术界传统文化研究的成果，加以发展创新，提出了"两有""两相""两创"的方针，"两有"即对古代的文化要有区别地对待、有扬弃地继承；"两相"即中华优秀文化必须与当代文化相适应、与现代社会相协调；"两创"即对中华文化要实现创造性转化、创新性发展。这是保护、继承和弘扬黄河文化的重要思想。

（二）文化的沧桑

黄河文化是由古今黄河区域衍生的文化，华夏文明是以华夏族群为主体，包容了夷狄戎蛮等族群文化。历史上的族群间文化融合主要发生在中原地区的黄河上游和中游，最著名的是以长安为核心的关中文化、以洛阳为核心的中原文化。从地理分布看，黄河上游的河湟文化，中游的河套文化、泾渭文化、河汾文化、河洛文化、河内文化，下游的河济文化、黄淮文化、汶泗文化等，勾画出黄河文化的图谱。

先秦之前的中华文明可以分为三个时代：石器时代（公元前 250 万年到公元前 3 千年）、青铜时代（夏商周）与铁器时代（春秋战国）。中国北方旧石器时代早期猿人文化的典型代表是西侯度猿人文化，距今 150 万～180 万年。晚期猿人文化的典型代表是大荔猿人文化，距今 30 万～50 万年。丁村古人文化距今 7 万～9 万年，属于旧石器中期文化，也是早期智人。河套新人文化是晚期智人，距今约 3 万年。

新石器时代区别于旧石器时代（公元前 250 万年至公元前 1 万年）基本特征是：从打制石器转向磨制石器；由采集、狩猎转向种植、畜牧；出现了陶器。半坡文化属于新石器时代（公元前 1 万年至公元前 2 千年），它是早期的仰韶文化，当时处于母系氏族社会。其他文化还有细石器文化、新石器文化、青铜器文化、铁器文化等。

黄河文化是炎黄五千年文明史的主体文化。它经历了数千年的历史演变和地理迁移等，其发生发展经历了以下阶段：

元始期。黄河流域是华夏子孙的发祥地，刀耕火种、氏族部落、早期城址等均发生、繁荣和发展在此地，也是中华人文始祖"三皇五帝"的主要活动地。

神德过渡期。夏朝、商朝、周朝，亲缘分封的国与家政治一体，以及三大青铜文明都聚集于此地。

鼎盛期。主要是春秋战国的诸子百家文化，秦汉隋唐北宋以西安、洛阳、开封为代表的王朝都城，以儒释道文化为主的黄河文明等。

势衰期。诸侯争霸、异族入侵、政权更迭等，尚武文化盛行，宋朝南迁，中国古代的政治经济文化中心转移到江南，河陆文明衰落等。

涅槃期。中华人民共和国成立之后，黄河流域的经济社会文化持续繁荣与发展。通过文化自信，挖掘、继承和弘扬黄河文化。实现黄河文化的创造性转化、创新性发展。

仰韶文化是黄河中游地区重要的新石器时代彩陶文化，其持续时间大约在公元前 5000 年至前 3000 年，分布在黄河中游从甘肃省到河南省之间。其以渭、汾、洛诸黄河支流汇集的关中豫西晋南为中心，东起豫东，西至甘肃、青海，北到河套内蒙古长城一线，南抵江汉，中心地区在豫西、晋南、陕东一带。分布省份有陕西、河南、山西、甘肃、河北、内蒙古、湖北、青海、宁夏 9 个省区。仰韶文化分为早、中、晚三期，早期典型遗址有陕西省、河南省、河北省、内蒙古自治区、山西省、甘肃省等遗址。仰韶文化划分为六区、五段、19 个类型（或遗存）：在仰韶文化区系中，关中豫西晋南区是仰韶文化分布的中心区，发现遗址 2000 多处。仰韶文化属于新石器时代的文化。

河南洛阳盆地位于河洛文化核心区，南临古伊洛河、北依邙山、背靠黄河，地理位置险要。已经发现了中国最早的宫殿遗址、中国最早的城市主干道网、中国最早的青铜铸造作坊和"龙图腾"最直接、最正统的根源。

龙山文化泛指中国黄河中、下游地区新石器时代晚期的一类文化遗存，属铜石并用时代文化。因首次发现于山东省济南市历城县龙山镇（今属章丘）而得名，分布于黄河中下游的河南、山东、山西、陕西等省。龙山文化源自大汶口文化，为汉族先民创造的远古文明。河南龙山文化：主要分布在豫西、豫北和豫东一带，上承庙底沟二期文化或相当这个时期的遗存，发展为中原地区中华文明初期的青铜文化。陕西龙山文化（客省庄二期文化）：主要分布在陕西省泾河及渭河流域，放射性碳素断代并经矫正，年代为公元前 2300 年至公元前 2000 年。龙山文化陶寺类型以新发现的山西襄汾陶寺遗址为代表，主要分布在晋西南地区，放射性碳素断代并经矫正，年代为公元前 2500 年至公元前 1900 年，包括庙底沟二期文化和少量的战国、汉代及金、元时期的遗存。

山东龙山文化或称典型龙山文化，最初由龙山镇命名的遗存，其分布以山东地区为主，上承大汶口文化，下续岳石文化，放射性碳素断代并经矫正，年代为公元前 2500 年至公元前 2000 年。龙山文化除陶器外，还有大量的石器、骨器和蚌器等，从出土的龙山文化玉器来看，其种类丰富，且大多琢磨精致、造型优美、晶莹圆润，具有较高的艺术水平。以农业为主而兼营狩猎、打鱼、蓄养牲畜，已有骨卜的习惯，可能出现了铜器。历史上夏、商、周的文化渊源，都与龙山文化有联系。

大汶口文化处于新石器时代的中、晚期，它早期的陶器、石器和建筑与裴李岗文化类似。它晚期陶器上的图像刻画符号不同于仰韶文化中的几何刻画符号，它们有可能是甲骨文的鼻祖。北辛文化遗址位于山东滕州境内，与龙山文化隔河相望。它属于新石器中期，是大汶口文化的源头。它稍晚于裴李岗文化，其石器、陶器等与裴李岗发现的类似。

（三）文化的韧性

黄河有开拓进取、永不低头的精气神。无论是黄河河道变迁，各朝各代与大自然的艰苦斗争，还是黄河沿线人民面对天灾人祸表现出的坚韧不拔，都展示了一种黄河精神与中华民族的果敢，这是人类文明和中华文明生生不息、不断融合、开拓前行的强大动力。

黄河文化有强大的学习和适应能力，它持续创新、融合，爆发出新时代的生命力。习近平总书记指出："不忘本来才能开辟未来，善于继承才能更好创新。"系统保护好黄河文化、融合传承好黄河文化、创新弘扬好黄河文化，是这个时代和人类命运共同体交给我们这几代人的光荣使命和历史课题。为此，我们一直在凝聚集体智慧，团结更多力量，开拓更广天地，为又好又快地实现黄河文化的高质量发展努力奋斗。黄河流域各省市应自强不息、厚德载物、融合创新，为中华文化振兴、建设社会主义文化强国及人类新文明体系的高质量实现努力奋斗。

黄河文化有韧性和创造性。按照新时代和未来要求，对有针对性借鉴价值的文化内涵和陈旧形式加以改造，赋予时代内涵或表现形式。对黄河文化的内涵补充、拓展、提升、完善，赋能现代形式。立足于经济社会现实问题的逐步解决，重点解决中国及世界的发展与融合问题，回应新时代要求，转化为民族复兴、国家富强、人民幸福的精神财富，助推社会发展和人类进步。

（四）文化的包容

黄河文化内涵丰富。黄河文化的包容性强。从三皇五帝，到当今时代，纵横五千年。包括中国旱作农业、建筑技术、彩陶瓷器、四大发明等古代农业和技术等物质文化，以及河图洛书、周易理论、黄帝内经、道家思想、儒家思想、佛教等精神文化都发生在这里。还有亲缘分封、王位传承、宗法制、科举制、伦理秩序体系、士农商地税费制度等制度文化，都发源或传承在黄河流域。

黄河文化代表了中华传统文化。黄河文化，是中华传统文化的基本标志。黄河文化包容了各民族、各国家，形成了开放、融合、进取的精神和价值观。在三国两晋、隋唐时期，各民族迁徙和诸侯国战争，胡服骑射、大唐盛世，张骞出使西域、鉴真出使日本等，把中华文化、尤其是黄河文化传播到了世界。同时，从世界各地带来了海外文化与人类文明。

二、文化的保护

黄河作为中华文化的发源地和中华民族的母亲河，它记载着中华民族的成长历程，传播着中国人民的磅礴、历经磨难的故事。推进黄河文化的研究、挖掘、保护、传承和融合，做好黄河文化遗产的系统保护。

（一）保护的使命

黄河文化遗产是黄河流域人民在长期的社会实践中创造的物质财富和精神财富。黄河流域的世界文化类遗产占全国总数41项的46%，黄河流域有西安片区、洛阳片区、曲阜片区、郑州片区等4个重要大遗址保护项目片区，占全国6个重要大遗址保护项目片区的2/3，黄河流域的文化地位可见一斑。

挖掘保护黄河文化遗产，讲好黄河历史故事。传承和弘扬神农氏、伏羲女娲、炎黄、蚩尤、大禹等传说和故事，研究秦汉隋唐与明清文化，丰富中华文明的历史瑰宝和文化库，为讲好黄河历史故事提供无穷无尽的历史素材。把握裴李岗文化、龙山文化、仰韶文化、二里头文化等史前文化，河湟文化、中原文化、河洛文化、关中文化、齐鲁文化等地域文化的不同特征，延续与弘扬中国历史文脉。

挖掘传承黄河文化遗产，推动黄河文化迈入新时代。保护性开发古都西安、洛阳、郑州、开封等历史名城，研究拓宽造纸术、印刷术、指南针、火药等四大发明的产业关联性，提炼推广《老子》《论语》《诗经》《史记》《黄河颂》等文化经典，挖掘经济、人文、天文历法、农业技术、灌溉工程等经验借鉴，增强中华文化自信提供。分析古代法律制度，如：宗法制度、政治制度、社会制度、国家治理理念、宗教信仰、伦理观念、社会习俗等，剖析民族习俗与精神内涵，增强中华民族凝聚力。

（二）保护的挑战

黄河横贯青海、甘肃、四川、宁夏、内蒙古、陕西、山西、河南、山东9个省（区），黄河文化遗产沿线长、数量多，文化保护与弘扬等工作中存在保护对象和保护边界模糊、遗址遗迹保护机制不顺畅、遗产展示方式过于传统、资金投入不足以及文物活化利用途径落后等问题。

界定黄河文化遗产保护对象和责任。对于文化遗产中的物质文化遗产和非物质文化遗产应该确立分类保护的制度和政策。明确河泛遗迹、河道关津、历代治黄史迹、历代碑刻等与黄河直接相关的水文化遗产如何进行保护和责任的界定。强化陕西神木石峁遗址、山西襄汾陶寺遗址、山东章丘城子崖遗址等史前文明遗址遗迹，西安、洛阳、郑州、开封等古代都城文化遗产和游牧文明、传统农耕文明、手工业文明等的保护与职责界定。挖掘和提炼黄河祭祀、黄河号子、河洛大鼓、元宵节、兰州太平鼓、兰州黄河大水车制作技艺等非物质文化遗产保护和责任界定等。

界定黄河文化遗产保护区域边界和责任。重点分析黄河故道、黄河文化等地理边界，确定黄河流域的城市和文化范畴，划分黄河文化遗产保护核心区和辐射区，这是黄河文化遗产保护的首要工作。

杜绝环境恶化对文化遗产遗迹的破坏。研究和解决雨水冲刷、风化、冰冻、洪水、地震等自然因素，以及地方园区、交通等盲目开发的人为因素对黄河文化遗产或生存环境的损害或破坏，严厉打击偷盗走私文物的犯罪行为和灰色渠道。

完善黄河文化管理体制。统筹规划和建立国家、黄河流域各省市层面的黄河文化遗产保护规划和行动方案。加强对地方政府经济开发的文物保护、历史遗迹维护、文物管理、文化遗产保护和开发等法律责任，避免文化遗产等多重管理或无人管理乱象。积极探索大数据、AI等文化遗址遗迹、实物及图片保护和展示方式。

（三）保护的图谱

加强流域区域各方协作，完善黄河文化保护制度，在保护前提下深度推进文旅融合发展。

统筹规划黄河文化遗产保护方案。坚持"尊重历史，突出特色"的原则，将地质现象、文明起源、黄河治理等重要遗产纳入省市县文化保护规划和重大项目库，积极申报世界文化、自然"双遗产"。设立"黄河文化保护委员会"，开展文化资源的摸底和普查，推进黄河流域各地区之间的文化保护和传承协调，做好文化资源的保护、抢救和弘扬等工作，打造沿黄历史文化遗产保护区和生态文化保护带，实现黄河历史文化资源的保护、传承和综合利用。

创建黄河文化遗产保护传承区。谋划一批文化遗产保护传承项目，探索串联秦始皇陵考古遗址公园、蒲津渡与蒲州故城考古遗址公园、隋唐洛阳城考古遗址公园等考古遗址公园，与古丝绸之路、隋唐大运河等世界物质文化遗产，辉县百泉等全国重点文物保护单位，以及黄河大水车、黄河号子等非物质文化遗产相互串联，开发黄河文化遗产保护展示区。挖掘、传承和保护黄河文化中的传统农耕技术、传统村落保护、传统农业水利工程和治河工程，探索建设世界级文化遗产保护传承区。

完善黄河文化遗产法规体系。按照"分级保护，分类实施"的原则，出台相关法规制度，界定黄河文化遗产保护责任主体，明确破坏文化遗产的各类违法犯罪行为界限，严厉打击渎职和不法行为。完善黄河物质和非物质文化遗产保护名录，丰富黄河文化遗产保护档案数据库、黄河文化遗产保护专业网站，提高黄河文化和遗产保护的智慧化水平。

强化黄河文化保护的资金支持。拨付黄河文化保护财政资金，发行专项债券，发动社会力量和民间资本参与保护，鼓励企业或个人投资，加大文化遗产保护培训教育，营造保护优秀传统文化的良好氛围。强化文化遗产、文物遗址等立法保护，实施"非遗"传承人补助政策，鼓励非遗传承和重大示范项目实施。

推进文旅融合发展。贯彻"保护在先、能融则融"的理念，推进产业融合、资源融合、服务融合，提升黄河文化遗产与旅游线路、旅游产品等的深度融合，发挥旅游在黄河文化遗产宣传保护中的产业带动和示范作用。组织各类黄河文化观光、体验、研学等活动，开展黄河文化遗产与历史故事研究，增强黄河文化在产业发展中的引领和推进作用。

三、文化的传承

黄河文化是世界文明史上唯一连续性的流域文化。唐代韩愈《原道》中，原道的"道"就是中华文明及核心价值，强调坚持中华文化传承发展。把弘扬优秀传统文化和发展结合，在继承中发展，在发展中继承，实现传统文化的创造性转化、创新性发展。这是做好黄河文化融合性传承的基本思想。

（一）传承之义

《关于实施中华优秀传统文化传承发展工程的意见》于 2017 年正式公布。黄河文化作为中华优秀传统文化的核心组成部分，是一个民族赖以生存和发展的精神支撑。有效传承黄河文化，对于树立国民的民族自尊心和自信心，形成认同中华文明的时代意识和振兴中华文明的使命意识，都具有重要的意义和作用。但传承不能泛泛地空谈，只有研究传承的载体，找准传承的切口和路径，做好深度融合的文章，才会深入人心，世代相传。

以深度融合延续黄河文化根脉。推进深度融合，把黄河文化传承纳入政府业绩和百姓日常生活，渗透到经济布局和人民群众思想中。通过规划引领、项目支撑、群众参与、社会支持，实现深度融合，与当代人价值观紧密接轨，提升当代人对黄河文化的认识和境界。

以深度融合传承黄河文化精髓。研究黄河文化的深刻内涵和核心理念，抓住精神内核，突出思想传播，焕发新的力量，促进经济社会发展。如：孝文化、福文化、寿文化以及对先祖和长辈的尊崇、敬重等，这些儒家思想的形成都是与社会生产、生活相结合的产物。要继承黄河文化的精神内涵和精华，强化对文化价值观、人生观、传统美德以及审美判断等传承。

以深度融合创新传承方式。将黄河文化传承融入各种教育、工程、产品和项目，运用现代传播手段和载体，增进大众近距离感知、深度触摸黄河文化的魅力。做好深度融合的文章，让黄河文化内涵融入生产、生活的各个方面，转化为人们不可或缺的生活，形成人人传承发展黄河文化的生动局面，增强黄河文化传承的生命力。

（二）传承之系

黄河文化与华夏文明、与支津文化、与马克思主义等有着千丝万缕的联系和相互影响。

黄河文化与华夏文明的关系。黄河文化是以炎黄开始为主的黄河区域衍生的文化，华夏文明以华夏原始族群为主体，融合了夷狄戎蛮等族群的文化。华夏文明多发生在黄河流域，它与黄河文化相互推动，紧密相关。关中文化、中原文化等也是华夏中原文化，华夏文化包含了黄河文化、云贵文化、湘西文化、长江文化等各种区域性文化。

黄河文化与支津文化的关系。黄河与支津形成了黄河支津文化。黄河文化包括上游的河湟文化，中游的河套文化、泾渭文化、河汾文化、河洛文化等，以及下游的河济文化、黄淮文化等。而支津文化具有各自的文化传统、文化谱系、文化特征，相互影响，相互渗透，并且受到黄河文化的深刻影响。

黄河文化与马克思主义的关系。马克思主义是中国共产党重要的指导思想和鲜明旗帜。黄河文化是中华优秀传统文化的组成部分，是马克思主义中国化的本土文化根源，是马克思主义与中国实践相结合的文化土壤。马克思主义丰富了当代中华文化和黄河文化，体现了黄河文化的开放性和包容性。我们对于黄河文化"要有鉴别地对待，有扬弃地继承"。

黄河文化与保护传承弘扬的关系。保护是基础，要系统保护物质形态的文化载体。要对于非物质文化进行传承、规划并传授、接受、消化、提升传统文化。弘扬主要是通过规划引领、政策扶持，积极宣传，让文化融入生产、生活和社会价值观，推动国家经济社会目标的实现。黄河文化的保护、传承、弘扬是相互影响、复杂的系统工程。

黄河文化内部元素之间的关系。黄河包含了很多文化元素，八卦、易经、黄帝内经、中医、论语、儒教、道德经、道教、孙子兵法、兵家、非攻、墨家、法家等，以及元素内部的道术关系、大小关系、高低关系、先后关系等，需要系统挖掘，归纳提炼，辩证扬弃，结构重造，转化革新，健康弘扬与发展。

（三）传承之图

构建研究、整合、提炼、创新、传播、协同等多环节的黄河文化传承路线图。立足黄河流域各地区政策法规和文化产业基础，有序推进和分工实施。

研究黄河文化传承的内涵与渠道。强化黄河文化传承的理论和实践研究，运用马克思哲学和现代管理理论，梳理黄河文化要素及相互关系，确立黄河文化的基因、理论基础和传承路径，挖掘黄河文化的思想理念，统一黄河文化传承的目标任务，达成更大范围的理论共识和一致行动，引导人们全面客观地认识黄河文化。

整合黄河文化传承的政策与路径。兼顾黄河文化传承的器物层次、制度层次和精神层次。将物质层的博物馆、文化馆、美术馆等载体、诚信、勇敢等精神层，以及文化遗产保护等制度层三者紧密结合，规范和丰富政策制度，挖掘精神内核，提高政策制度的严肃性。在促成文化传承的过程中，形成各个层面和各类传承路径的深度融合，增强文化传承的层次性、针对性和前瞻性。

提炼黄河文化的价值与使命。鼓励设立黄河文化研究院及相关机构，推动建立黄河文化传承协同创新机制。提炼黄河文化的价值和使命，聚集黄河文化的传承目标、问题和需求，实施黄河文化发展规划和行动方案。厘清黄河文化的内涵、外延、要素、价值和功能等，举办黄河文明论坛和学术交流活动。推动重点项目和文艺精品，使黄河文化成为中华文明崛起和民族复兴的不竭动力。

实施黄河文化的分层传承。统筹黄河文化挖掘和修复开发。出台政策措施，支持和保护黄河流域历史文化遗存、历代治黄史迹与科技文化遗存，探寻及复原相关遗存，将保护、活化、传承、展示、体验有机融合。以郑（州）、汴（开封）、洛（阳）、西（安）等为核心，构建具有国际影响力的文化旅游带。建设以黄河文化为核心的"黄河游，游黄河"，开发以黄河风景名胜为代表的黄河两岸历史风光民俗游，拓展以少林寺、龙门石窟、兵马俑等为代表的黄河历史古迹展览走廊，开办以太行、伏牛等为代表的黄河文化风光体验游，建设黄河流域国际旅游目的地。打造沿黄生态文化带，推进黄河文化与旅游融合发展。将河南沿黄地区的郑州商城、大河村、郑韩故城、偃师二里头、汉魏洛阳故城、隋唐洛阳城、三门峡庙底沟、三门峡仰韶村等考古遗址公园串联，打造中华文明发祥地保护展示区，建设黄河文化国家公园，打造国家级黄河生态廊道，打造标志性黄河文化景观，打造世界级和国家级文化遗产保护传承区。

创新文化传承的载体和方式。加大黄河文化的国民教育。在基础教育中，修订课程教材等与黄河文化相关的科目，把黄河文化融入其中，让非遗展览、历史故事等走进校园。完善对高等教育和政府、企业家等黄河文化培训与学习，加强黄河文化阵地建设，将文物古籍资源免费开放，引导社会各界参观学习，自觉形成践行优秀黄河文化的社会风气。

传播黄河文化的平台与保障。加大黄河文化的宣传推广，利用电子屏、宣传栏、图片或漫画等宣传黄河文化。举办文化赛事，建成黄河文化智慧服务中心，让更多人免费学习和深度领略黄河文化的魅力。鼓励文艺团体创作黄河文化作品。理顺各级组织机制，形成弘扬黄河文化的激励制度。引导民间资本投资和参与黄河文化事业。加强各类机构的政治政策导向，防止打着弘扬民族文化的噱头，聚敛钱财，把传统文化庸俗化等。完善考核机制，将黄河文化传承纳入政府业绩考核，激发各方传承弘扬黄河文化的积极性与创新性。

协同黄河文化集群发展。统筹流域文化规划、政策、机制、产业和激励等协同。整合跨地区黄河文化资源，集聚各类文化群体和平台，推动黄河文化产业化、品牌化的协同和聚集效应，传承并弘扬"大同"的黄河文化。因地制宜，协调各方参与，提高黄河文化的经济效益、社会效益和生态效益，实现文化传承与经济发展的协调共进。

四、文化的弘扬

黄河文化是实现中华民族伟大复兴、坚定现代中国发展道路最为深厚、最为核心、最为可靠的文化根基和历史依据。在中华民族伟大复兴的历史转折点上，围绕黄河文化，创新传承弘扬渠道，打通历史的文化血脉，建设文化强国，具有重要的现实意义。

（一）弘扬的对象

黄河文化及思想文明延续千年。近现代以来，以黄河文化为主的华夏文明正在创新性振兴，必将助推中国重新站在文明大国的行列。

创新首要恒道。任何事物的发展都有一个从量变到质变的过程。新黄河文化的产生要有"新生量"的积累，这种积累是在传统文化内部进行的，否则就是空中楼阁，无源之水、无本之木。至于何时发生质变，采取何种形式质变，发生几次质变，取决于各方面的条件。质变和量变是相互影响的。

坚定文化自信。传统黄河文化中，很多思想和理论具有极高的价值，如道法自然、天人合一、和而不同、求同存异、与时俱进、脚踏实地、实事求是、家国一体、富民安邦等思想，对当代中国具有重大的文化推动价值，这与"富强、民主、文明、和谐、自由、平等、公正、法治、爱国、敬业、诚信、友善"的社会主义核心价值观一脉相承，是新时代实现中华民族伟大复兴、构建"人类命运共同体"的强大精神力量。

坚持创新传承。新时代，黄河文化需要研究、挖掘、传承和创造性转化、创造性发展。要坚持实事求是，从实践中来，到实践中去，坚持量变促质变，推动传统黄河文化的继承和扬弃。要政府统筹，积极引导群众、依靠群众、发动群众和满足群众，调动人民群众和各界的主动性、积极性和创新性。从群众中来，到群众中去，总结生产生活当中优秀的文化要素，结合新时代、新特征、新趋势，大胆传承与创新，构建新时代的新黄河文化、新发展理念。

坚持优术传承。聚焦黄河文化的新内涵、新形式、新产业挖掘，坚持文化自信总基调之下的文化扬弃，而不是简单的否定和摒弃。优术要与今天现实生活的需要相结合，内涵方式结合现时代加以改善。要推进黄河文化精髓的提炼和发扬，要与海外文化、与旅游、体育、养老、农业等产业融合，使黄河文化在继承中发展，在发展中创新，在融合中提升。

坚持聚焦传承。要聚焦人民群众对文化事业的核心需求，确定传承方案，讲好"黄河故事"。运用大数据和信息技术等手段，赋予伏羲女娲、大禹治水、炎黄子孙、河官、黄河改道等新内涵和新价值，多视角展示黄河物质文明、精神文明、制度文明和生态文明，使华夏儿女感悟黄河文化精髓。要聚焦炎黄、大禹、老子、管子、孔子、庄子、韩非子、孙子、列子、韩愈、杜甫、白居易等明君先祖、历史名人，开展各类研讨和培训，进行文化展示和内涵挖掘，讲好黄河故事，擦亮黄河名片。培育新型文化业态，推动文化产业升级，实现黄河文化良性发展。

坚持融合传承。要推进黄河文化与旅游、体育、大健康、养老等产业融合发展，在融合中传承。要融合物质载体，串联沿黄地区的考古遗址、洛阳龙门石窟、隋唐大运河、古丝绸之路、登封观星台、巩义宋陵、武陟嘉应观、兰考焦裕禄墓等历史古迹、重点文物保护单位，建设文化遗产保护传承区。要融合与聚集黄河流域各地区的曲艺节目，串联宁夏文化、陕州地坑院、灵宝剪纸、洛阳唐三彩、河洛大鼓、登封少林功夫、荥阳苌家拳、陈家沟太极拳、开封汴绣、濮阳杂技等国家级非物质文化遗产，以及山东吕剧等，形成黄河文艺原创传承展示基地。通过开发"黄河游，游黄河"，培育以黄河为轴线的文化旅游核心带，让黄河文化"活"起来，充分展现黄河文化魅力。

（二）弘扬的源泉

整合人才资金等要素，投入黄河文化事业，逐步形成黄河文化保护、传承和弘扬的重要驱动，是当前的重要工作。而文化金融和资本市场创新，是最大的动力源。

完善文化金融创新平台。打造文化金融服务体系，培育文化金融创意平台，扶持文化金融企业和专业机构，开设文化金融信贷服务（银行信贷产品创新平台）、文化项目投融资服务（交易所）、文化企业产权交易、文化金融信息服务、文化资产服务出口以及文化金融案例研究推广平台等，推动平台市场化运营。

培育文化创意产业。扶持文化创意产业和领军企业。积极协调银行、基金、证券等投资文化事业和文化产业化项目，鼓励和引导银行、基金、券商、大型企业等，采取政府引导、市场化手段，积极参与文化事业和文化保护、传承以及弘扬项目。

强化金融创新服务。鼓励和引导黄河流域各城市发展集合信托、产业基金、融资上市等筹资模式。鼓励对公益性项目的财政扶持和窗口指导，推动文化产业化项目的开工建设，鼓励文化与旅游、与教育、与金融、与产业的深度融合。大力挖掘新的融资筹资模式，保护历史遗迹和古建筑等。

整合媒体资源平台。调动媒体资源，对接龙头企业与社会机构，加大对文化弘扬和对外活动的各种赞助，打造城市文化品牌。

强化金融综合服务。加大金融信息服务平台建设，完善金融与文化产业融合。宣传金融对文化事业的扶持政策，增强各级政府、企业对行业政策和金融手段的运用。鼓励金融机构对地方政府、文化企业实施重点服务，促成更多的文化项目合作。

建设文创产业园。鼓励设立文创产业园。在园区内对文化创意产业投资基金实施"天津标准"，在税收优惠方面给予特殊政策，以吸引股权投资基金等入驻黄河流域。学习中关村科技园区"瞪羚计划"，将信用评价、信用激励和约束机制与担保贷款结合，通过政府引导，凝聚金融资源，构建高效、低成本的文化创意产业金融服务体系。

实施文创基金品牌战略。实施文化投资基金品牌化战略。保证文化创意产业投资基金对黄河流域重大项目、优质项目的投资享有优先权。吸引股权投资机构投资文化产业项目，形成多元化、国际化的股权结构。实施减税代投扶持政策。对文化企业实行税收优惠政策，鼓励企业投资和从事文化事业及相关项目。

（三）弘扬的人才

黄河文化的研究、保护、传承和弘扬，除了出台政策和金融创新之外，关键是人才的培养、使用和聚集。

构建多元化的文化人才体系。制订中长期文化人才倍增计划，构建幼儿教育、学历教育、在职培训、终身培训等服务体系。完善文创人才开发引进制度，引进艺术、策划、技术、经营、管理等专业人才，拓展人才开发与使用渠道，为文化产业提供高质量的人才。

创建以人为本的管理模式。人才资本是核心竞争力，塑造尊重人才的氛围，宽容失败，鼓励冒险，调动各方积极性。实施结果导向的激励机制，为文创人才创造性工作提供资金、物资及人力支援。

构筑激发创意的人文环境。构筑文化创意"人才高地"，打造舒适的软环境。

营造宽松的人文环境，为文创人员提供人性化、生态化的办公服务，增加文化服务设施，打造开放自由、公正公平、有竞争力的营商环境。推进政府体制改革，强化政府的文化软环境建设。

（四）弘扬的产业

增强文化自信。深挖历史文化资源，发挥自然环境、历史文脉、民俗民风特点，合理布局、统筹推进、整合资源，突出黄河文化特色，完善文旅服务体系，打造黄河文化旅游品牌。因地制宜开发黄河文化，推动文化与旅游、与休闲、与康养、与影视动漫等有机结合，打造集研学、康养、度假、研学于一体的黄河文化精品旅游线路。

做好文化复兴工程。引领文化产业化。编制黄河文化复兴规划，以文化产品、文艺创作、媒体传播、主题公园、剧目、建筑等为载体，全方位构建文化品牌，推进西夏王陵、蒙古那达慕大会、山西道教文化等文化景观建设，深度挖掘青海塔尔寺、甘肃莫高窟、嘉峪关、拉卜楞寺，成吉思汗苦陵等人文景观历史价值，开发会宁长征会师旧址、腊子口战役遗址等红色文化景点，培育知名文化企业品牌和知名商标。

丰富文化载体。将黄河沿岸西夏文化、蒙文化、道教文化、生态文化、民俗文化及博物馆文物融合发展。开发蒙古银饰品、牛羊皮具、巴林石等民间民俗工艺品，提升黄河流域工艺美术业产业化水平。鼓励民族和区域性戏剧创作及优秀戏剧，发展剧本创作、影视剧、动漫及微电影拍摄，打造文化影视与动漫设计示范基地。

创新"文化＋"服务业态。实施"文化＋"发展战略，推动文化与旅游、体育、餐饮、体育、农业等产业深度融合，鼓励社会资本投资，提升文化产业化水平，增加文化附加值，培育文化产业集群。

建立公共文化服务体系。构建布局均衡、服务便捷的公共文化服务体系，完善市、县（区）、镇、村公共文化服务体系。推动公共文化服务数字化、信息化，开发城乡群众喜闻乐见的文化活动。

深化文化体制改革。完善文化资产评估、文化产权和版权交易体系，发展版权代理、文化经纪、担保拍卖等文化中介服务。创新文化人才管理体制，推进文化教育体制改革，加强高校艺术设计等学科建设，培育文化人才和国际化经营团队。

五、文化的"六化"

围绕黄河文化的系统保护、有序传承和大力弘扬主线，探索并推进黄河文化的均衡化、产业化、现代化、品牌化、融合化和开放化。

（一）文化均衡化

统筹黄河上中下游、城市和乡村的规划编制、政策协调、资金筹措、人才配置和服务体系。注重黄河流域文化产业的空间统筹，资源均衡，城乡文化事业和公共服务逐步均衡，区域均衡等，逐步实现区域内文化均衡化，跨区域文化协同和重大政策、重要服务平台的一体化与协同化，经过"十四五"时期的持续推进，跨流域文化资源、文化政策、运行机制等逐步实现相对均衡。

（二）文化产业化

统筹推进产业融合。重点探索和实施黄河上中下游的区域文化与本地区农业、工业和服务业的深度融合。强化黄河文化事业的公益性，完善各级政府对文化事业的资金和人力投入，构建较为完善的区域性文化事业服务团队和公共服务体系。

探索黄河文化产业化。把文化作为重要的支柱性产业去培育和打造。出台国家和地方黄河文化产业化的政策文件，加大财政和金融的产业扶持，逐步推进文化产业规模化、市场化和循环化。

赋能区域文化产业。立足区域优势，选择文化创意、影视制作、出版发行、印刷复制、广告、演艺娱乐、文化会展、数字内容和动漫等重点产业，完善产业政策体系，大力扶持文化科技、影视制作、音乐录制、艺术创作、动漫游戏等种子企业，增强行业影响力和带动力，打造文化产业的重要增长点。

提高区域产业融合度。以黄河文化为支撑，以文化与旅游、体育和休闲等产业延伸和聚集为目标，规划开发重大历史题材影视作品、古代历史遗迹和历史人物故事，以文化赋能区域发展，增强区域经济发展的韧性和扩展性，更好地发挥文化服务人民和社会的驱动力。

（三）文化现代化

加大黄河文化的主动性保护，赋予黄河文化的当代内涵。挖掘黄河各城市的文化底色、历史遗迹和古典传说，与旅游、教育、产业和国际商贸结合，加大文化品牌和历史遗迹景点建设，强化文化产业化、特色化，逐步形成地方支柱性新兴产业。

推进科技对文化保护、传承和弘扬的赋能。充分利用大数据、AI和人工智能等现代技术，进行历史文化和旅游景点视频保管及展示应用（敦煌莫高窟保护等），增强文化的时代感。

（四）文化品牌化

实施黄河文化品牌建设工程。因地制宜，谋划和打造一批符合上中下游文化底蕴、独具特色、差异化的区域品牌。文化品牌的建设与城市品牌、产业品牌和企业品牌相融合，逐步推进品牌建设协同化、一体化。

强化区域文化的品牌塑造。深刻领会黄河文化内涵，构建"几"字形全流域黄河文化旅游带，在空间意义上形成可观览、可体验和可学习的文化旅游景观长廊。加大历史景点、古迹村落等建设，整理挖掘历史记载和历史故事，通过历史文化系统挖掘、典型人物弘扬和文旅景点打造，以典型事件和历史文化营销，打造黄河文化示范城市、示范景点。黄河下游海岱地区文化自成系列，北辛文化、大汶口文化、山东龙山文化一脉相承。实施黄河文化遗产系统保护工程，打造具有国际影响力的黄河文化旅游带。

（五）文化融合化

探索黄河文化跨区域融合。黄河上中下游政府、城市和机构，立足本地特色，加强区域统筹，强化规划引领，以文化产业化、跨界融合和智能化，实现跨区域融合。

黄河文化跨时代融合。谋划推进不同时代的历史古迹和黄河文化与现代经济深度融合、各类亚文化之间的传承、关联和衔接、不同形式的文化之间的项目融合，以及黄河文化与华夏文化、闽南文化等交流、融合。推动黄河文化的国际化，与世界文化的融合化，以文化推动经济开放和全球价值观认同。

黄河文化与消费融合。研究和适应居民消费偏好和审美需求，创新文化产品和服务，提高文化消费意识，培育新的消费热点。创新原创性文艺作品，打造有核心竞争力的文化品牌。提供价格合理、丰富多样的精神文化产品和文艺服务。建设有自主知识产权、科技含量高、富有中国文化特色的主题公园。推进文化与教育培训、健身、旅游、休闲等服务性消费融合，带动相关产业的链式发展。

（六）文化开放化

实施黄河文化国际化战略。从国家层面统筹资源、政策、项目、机制和平台，全面融入全球文化圈。提高黄河文化的国际定位、国际载体选择、国际模式创新、国际标准确立、国际价值认同等，主动融入"一带一路"，策划海外"汉文化丝路行"等系列活动,形成多层次、宽领域文化交流格局。

强化黄河文化国际交流。扶持有民族特色的文化艺术、展览、电影、电视剧、动画片、网络游戏、出版物、民族音乐舞蹈和杂技等产品和服务出口,支持动漫、网络游戏、电子出版物等文化产品进入国际市场。鼓励文化企业通过独资、合资、控股、参股等形式,在国外兴办文化实体,建立文化产品海外营销网点。组织黄河文化研讨会,邀请文化名人讲授黄河文化,扩大黄河文化影响力。加强黄河文化宣传,开展多元国际交流活动,加强黄河文化海外培训,推动文化与产业融合,打造"文化+旅游+研学"等新模式、新业态。

六、典型案例

案例1:东营市打造黄河入海旅游目的地

● 项目背景

东营市是黄河入海口,也是重要的沿海石油城市。东营市有孙膑文化、石油文化、红色文化等重要历史遗产。习近平总书记提出黄河流域生态保护和高质量发展战略目标,地方积极推动国家乡村振兴战略,为东营市经济发展和文化复兴带来了新机遇。

东营市如何抓住战略机遇,因势利导,挖掘黄河文化底蕴,更好地发挥区域综合优势,打造黄河流域沿线及海洋经济发展的城市,是东营市积极探索的重要规划内容。

● 项目需求

立足中华文明优势,贯彻国家战略,研究黄河文化基因与优势,挖掘东营市区位优势与文化内涵,结合经济民生主要目标,设计东营市文化与经济融合的产业体系和业务推进模式。

● 实施过程

研究团队经过基层调研与综合分析,借鉴先进实践经验,与东营市政府部门一起,开展黄河流域文化振兴战略研究,进行东营市黄河文化概念、要素和模式等研究,提炼孙膑文化、石油文化、胜利油田文化等核心要素,遵守"道"、顺应"天"、接地气,注重文化与当地资源、与经济转型和生态建设等融合。提出了东营市经济布局、生态发展、文化产业转型方向,以及生态建设目标,倡导打造黄河入海口旅游目的地城市、湿地城市、石油之城。

谋划并打造"黄河入海"文化旅游目的地，培育黄河三角洲生态环境保护的动力源，确立加快新旧动能转换的新引擎，打响"黄河入海，我们回家"文化旅游品牌，激发了各行业、各领域参与黄河文化建设，发展区域经济的信心和决心。

- **实施效果**

黄河文化的挖掘、传承和弘扬，与东营市自然条件、与黄河、渤海等优势的结合，突出了旅游品牌，构建了黄河入海口旅游目的地等产业融合、文化赋能的城市名片，为东营市更好地贯彻国家战略，打造旅游城市提供了新思路、新业态。

- **主要借鉴**

一是各级政府重视并积极参与黄河文化和产业研究，社会各行业形成基本共识和一致行动。

二是调动行业智库和专家学者的积极性，联合开展东营文化基层调研和系统分析，掌握一手资料。

三是进行专项规划的编制与论证，逐步形成各级政府的目标任务，并分阶段推进。

四是顺势而为，科学决策。运用孙子兵法的"道天地将法"，注重政策把握和地区优势的全面衔接。

案例2：秦始皇兵马俑成为西安名片

- **项目背景**

西安市是历史古都，具有深厚的秦朝、唐朝等历史文化，也是黄河流域重要的省会城市。国家乡村振兴战略为西安市经济发展和文化复兴带来了机遇。

秦朝文化是中国历史上春秋战国时期的一种区域文化，其分布的腹地、范围大致上是今中国西北部的陕西、甘肃一带。西安市如何因势利导，挖掘文化底蕴，突出城市优势，打造区域名片，是西安市积极探索的重要内容。秦始皇以原来秦国的制度为标准，统一了全国政治、经济、文化制度，统一了文字和度量衡，努力消除长期分裂割据造成的地区差异，建立一套专制主义中央集权的统治机构和制度。

- **主要需求**

研究挖掘西安文化和经济基础，突出地域特色，打造文化与经济融合的中心城市，是西安市重要的发展需求。

- **实施过程**

西安市研究自身历史文化，借鉴其他地区经验，选择和突出秦始皇兵马俑的历史特色，将其作为文化名片，进行历史古迹保护和开发，经过多年培育，体现了秦朝文化与旅游资源、与经济和生态融合。提出西安市文化、生态、经济和民生融合思路，较好地塑造了国际文化名城形象。

- **实施效果**

通过塑造黄河文化品牌，体现秦朝兵马俑的历史价值，传播中华文化，实现了文化与旅游融合，打造区域品牌，实现文化赋能，经济开放的初步目标。

- **主要借鉴**

一是政府重视并规划推进，通过项目建设和品牌策划，确保持续性和有效性。

二是以点带面，把兵马俑作为历史文化的撬动点和亮点，可视度高，传播能力强，较好地打造了城市影响力。

三是进行旅游规划编制与项目开发，塑造历史旅游景点和特色产品，形成各级政府的目标任务。

四是抓住文化基因，突出地方核心优势，打造文化旅游新势力。

第十六章

CHAPTER 16

黄河的开放协同

历史上，黄河上中游地区气候干旱，水土流失严重，下游泥沙淤积，形成悬河，洪水肆虐。黄河中上游经济不发达，民生基础薄弱。黄河流域生态保护和高质量发展上升为国家战略，开创了黄河生态保护、综合治理与开放发展的新局面。

一、黄河是协同之河

千百年来，黄河滋养了沿岸丰饶的物产，孕育了璀璨的华夏文明，是中华民族的母亲河。黄河也是一条自然条件复杂、河情特殊的河流，黄河流域的生态建设和经济发展，需要凝聚力量，找到一条开放包容、协同发展的创新思路和运作模式。

（一）生态治理的开放协同

黄河是中华民族的母亲河，是中华文明的摇篮。黄河流经9个省区，60多个城市，全长5464公里。黄河流域历史上是中华古文明发源地，历经数千年变迁，国家经济重心在宋朝逐步南移。自此以后中国北方以黄河流域为代表的地区在经济社会发展方面逐步落后于长江流域的南方地区。

黄河流域上下游之间在生态、泥沙治理和产业链延伸等领域有高度的相关性和相似性。黄河流域千百年以来具有开放的文化。如何统筹谋划上下游、干支流、左右岸，采取协调一致的政策、机制，构建协同开放的机制和运行平台，推动生态治理统筹化、区域一体化、交通网络化、服务均衡化，共同抓好大保护，协同推进大治理，实现黄河长治久安、促进全流域高质量发展、改善人民群众生活、保护传承弘扬黄河文化，让黄河成为造福人民的幸福河，是黄河流域各地区应统筹考虑的重要工作。

黄河流域各省份在开放协同方面做了很多探索，取得了一些成效。2019年11月5日，在上海举行第二届中国国际进口博览会上，国家主席习近平出席开幕式并发表主旨演讲指出，将制定黄河流域生态保护和高质量发展新的国家战略，增强开放联动效应，为黄河流域的更加开放协同提出了更高目标和要求。

（二）产业扶贫的开放协同

从黄河流域各省市精准扶贫和产业布局看，黄河流域是我国重要的生态屏障、重要的农产品主产区和重要的能源化工基础工业基地，同时也是多民族聚居地区和打赢脱贫攻坚战的重要区域。

沿黄各地区要从实际出发，宜水则水、宜山则山，宜粮则粮、宜农则农，宜工则工、宜商则商，积极探索富有地域特色的产业扶贫、教育扶贫和科技扶贫等工作思路，积极优化产业布局，提高科技含量，强化产业协同和集群发展，探索出一条高质量协同发展的新路子。

（三）理念机制的包容协同

黄河流域的高质量发展是多重矛盾交织的复杂系统，具备复杂性、开放性、系统内部非线性作用、系统远离平衡态和系统随机涨落等特点。黄河流域高质量发展必须守住生态发展底线进行探索，在高质量发展方面建立科学合理有效的协同机制，落实具体的实施策略。

问题协同。黄河流域的高质量发展涉及生态保护、经济、空间布局、脱贫致富、民族关系等，这些问题相互交织、渗透，形成有历史演化特征的复杂问题网络。但在这个复杂系统中，通常有一个或几个问题是主要矛盾，要研究和抓住主要矛盾，一切问题就迎刃而解。

利益协同。黄河流域的高质量发展涉及政府、企业、大众等各方利益关系，还包括眼前利益与长远利益、行政区划利益、市场主体竞争利益、业绩考核利益、文化传承与弘扬等。要以人民为中心，遵循高质量发展的原则，恪守生态优先底线，进行各方利益的协同，在最大范围内增进人类福祉。

省际和部门协同。重点推进黄河流域山东、内蒙古、河南、陕西、山西、宁夏、甘肃、青海、四川9省份和职能部门之间的协同，以及同一省份之内各地市的协同、各政府部门之间的协同等。要确定政策和管理的优先次序，促进上下级政府部门之间、同级政府部门之间、政府公共部门与非政府组织之间的协同效应，在更高的战略平台上统筹各级各类群体的协同意愿、共同目标、信息沟通机制，引导各参与主体以平等的身份参与到系统的融合和发展中。

二、流域的内部开放

黄河流域是全国高质量发展重要一环。"治理黄河，重在保护，要在治理。"黄河流域的保护和治理重点突出24个字："宜水则水、宜山则山，宜粮则粮、宜农则农，宜工则工、宜商则商"。

（一）流域的管理职能协调

黄河流域生态环境治理模式存在碎片化、重叠化等复杂的矛盾。黄河流域的问题"表象在黄河，根子在流域"。流域上下游、左右岸归属于不同行政区域管辖，水资源、水环境和水生态由不同职能部门管理，使得流域生态环境治理呈现出"条块结合、以块为主""纵向分级、横向分散"的碎片化特征。碎片化治理不符合流域生态环境的整体性、系统性，严重影响流域治理的整体成效。

破解黄河流域人为分割的窘境。研究制订共同的行为规则，加强协调和统筹，破除各部门、各省市、各部门之间的"块块分割"。深化顶层改革和战略协调，归并、优化和明确各层级生态环境、水利、交通、农业、自然资源等部门职责与沟通流程，逐步解决"九龙治水"的现实问题，强化各层级、跨部门的流域合作，逐步构建一口对外、规划协同、政策协同、激励协同、目标协同的黄河流域经济运行与监督约束机制。

（二）流域的体制改革图谱

打破传统行政区域和部门的界限，鼓励开放，开展协同治理。构建黄河流域生态环境治理主体之间有效、充分协同的运行机制，制定和出台跨流域、跨部门，完善、高效、公开、科学的协同体系，以制度规范促进协同治理。

聚焦黄河流域各城市、各省份，上中下游之间，在交通、人才、资源、产业等方面的各自优势和短板，借鉴京津冀协同发展战略的经验，推进流域上中下游、各城市之间、不同机构之间的多维协同和跨区域开放，进而实现区域一体化、流域均衡化发展。

三、跨省市的开放协同

（一）跨流域的生态补偿

统筹规划生态保护和综合治理战略。统筹流域各省市县自然条件和产业结构，明确错位发展、优势互补的原则，优化产业布局和资源分配政策，增强流域内不同省市县的产业互补性、资源流动性，大力提升高效农业、高端制造业、现代服务业和城乡生活用水的效能。

探索实施流域生态补偿机制。根据国家政策和历史形成的利益机制，充分考虑黄河流域生态建设的战略目标，中下游用水多、经济产出高的省市县向上游省市县支付必要的生态补偿资金，帮助上游地区实现传统产业向生态产业转型，推进全流域生态环境的共治共享和高质量发展。不同地区之间按照统一的补偿机制，进行水资源调剂或财政转移划拨。

（二）跨流域的协同发展

加强顶层设计。创新体制机制，推动黄河流域相邻省市，以及黄河流域上、中、下游城市的政策协调、产业协调。以黄河为轴、以经济为脉、以民生为重点，加强省市之间的政策、资源、贸易、人才、技术、服务和文化等互通，形成跨区域协同发展的运行机制。

构建一体化基础服务体系。统筹规划黄河流域各省份基础设施和公共服务，加大重大基础性项目的跨省份调度和协商对接机制。财政资金和产业基金等优先支持黄河上、中游深度贫困地区在基础设施、公务服务及交通路网等方面的项目开发，推动跨区域协同发展和产业衔接，打造多元化协同与均衡发展的格局。

协同黄河文化保护、传承和弘扬。支持黄河流域人文和民间传承等非物质文化遗产的保护，扶持黄河文化的发掘、保护和弘扬重大项目，推动黄河流域民族文化资源在开发和挖掘中形成独有品牌和产业，将黄河流域打造成为我国生态文明与绿色发展的引领区。

四、全流域的开放协同

黄河流域中上游是我国主要的农牧区，下游是主要的农耕区。黄河流域粮食总产量占全国的11%。黄河上中下游经济发展和科技水平不均衡。推动黄河流域开放协同，对于全流域生态保护和高质量发展至关重要。

（一）全流域的水土保持利用

黄河流域有丰富的水力资源，为全流域开放发展奠定了基础。同时，流域总体水量和人均水平低，需要强化生态治理、大力进行绿化工程，加强单位产值水耗控制，推动节水型农业和产业等。

黄河水利工作中突出的问题是缺乏全局性、长远性的决策机制。沿黄九省区都强调各自的利益，水资源管理以争水为主，节水和提高水资源综合利用效益考虑少。应该实施"9＋2"的流域水资源管理和利用协商机制，"9＋2"就是沿黄九省区加上河北和北京两个地域，形成流域大保护大治理大利用的多方机制，打破水利、环保和地方的条块分割管理格局。

制定全流域生态保护与高质量发展战略。对沿河省区（含京冀）进行功能定位，考虑流域自然属性和人口、产业、交通等，通过功能定位和分工，对不同区域取水和用水进行限定，也为横向生态补偿提供决策基础，进而发挥水资源利用最大化和最优化，实现整个流域的生态效益、经济效益、社会效益、政治效益的最大化。

加大流域泥沙流失和综合治理。抓住水沙关系调节"牛鼻子"，完善水沙调控机制，解决九龙治水、分头管理问题，实施河道和滩区综合提升治理工程，减缓黄河下游淤积，确保黄河沿岸安全。打破区域间隔，实现黄河上中下游、干支流全部兼顾。

（二）黄河流域的生态发展图谱

黄河生态保护和高质量发展战略对不同的区域有不同的影响，黄河流域经济发展最大的机会在中游地区，这些地方要发挥优势，需突出经济和人口的承载功能。未来在布局上，人口、资本、产业会向这些地区集聚，通过中心城市带动城市群发展，引领区域经济发展。

统筹分类、协同发展。上游以生态涵养为主，重点是保护好水源，不能大搞开发，可以发展特色产业，可以通过发展节水农业、生态补偿政策、生态移民来解决生存发展的问题，实现经济发展和生态保护的有机结合。上游的宁蒙二区和下游的豫鲁二省要把保障国家粮食安全作为重要考虑；源流区的青川甘以生态保护为主，发展生态产业，甘肃可增加黄河引水量发展河西地区的生态恢复和农业；晋陕二省主要做好水源涵养和水污染防治；中游要以生态优先、绿色发展的理念发展环境友好型产业，限制发展高能耗、高污染的产业。京冀增加万家寨引黄水量修复永定河生态环境，用好下游引黄水修复平原区地下水超采和白洋淀生态环境保护。

推进流域整体性、综合性立法。从黄河流域生态系统的整体性出发，统筹考虑流域上下游、左右岸协同发展，制定《黄河法》，把水资源利用、水污染防治、渔业、防洪、港岸、交通、景观等一体化考虑，建立流域统一、综合节水用水和环境治理等监管约束制度。以黄河流域立法为依据，打破流域内各省份、各级政府及其职能部门的行政区划界限和壁垒，构建联动合作的协同治理机制，形成"共同抓好大保护，协同推进大治理"的法律支撑和政策协同格局。

建立黄河流域省际联合执法长效机制。建立健全黄河流域各部门、各省份协同监控考核体系。各部门、各省份之间完善互通互联的黄河流域生态治理和产业发展、重大项目台账、资金跨部门审批和定期信息通报工作制度，动态反映黄河流域环境质量、水文、污染源清单、水域岸线管理运行、项目建设和土地指标等综合情况，实现流域管理部门之间信息共享互通、重大决策定期会签和高效对接机制。统一黄河流域治理规划和环评，将流域水资源开发利用规划、省际边界河道水利规划、河道岸线利用规划、省际重点水事矛盾敏感地区水利规划、采砂规划的编制，统一为流域国土空间规划，实现"多规合一"。

探索黄河流域司法机构和公益诉讼机制。设立黄河流域执法巡回法庭，开展黄河流域环境违法案件的查处、检察、审判等工作。完善流域环境公益诉讼制度。对涉及黄河流域生态环境保护的公益诉讼行为给予免费支持，明确流域生态环境损害鉴定评估、赔偿磋商、生态修复以及赔偿金等。

构建协同发展的约束激励机制。加大黄河流域生态环境、文物保护等行为的违法查处，强化各部委、各省份和地方政府部门在黄河流域生态治理、文化保护等工作中的责任和义务，规范企业、社会机构、城乡居民生态保护和综合治理等责任，对流域行政区域内河流水质恶化、文物遭到破坏等行为给予严厉处罚。建立黄河流域跨生态补偿制度，由受益地区对承担流域生态环境保护和建设成本以及丧失发展机会的地区进行补偿，探索技术补偿、异地开发补偿等提供发展权项目的补偿形式，帮助发展生态农业、生态养殖、生态旅游等环境友好型产业，通过协同治理实现协同发展。

五、全国范围的开放融合

黄河流域生态保护和高质量发展战略作为重大的国家战略，需要推进实施一批重大生态保护修复和建设工程，坚持以水定城、以水定地、以水定人、以水定产，探索富有地域特色的高质量发展新路子。

（一）开放赋能经济增长

实施黄河流域重大国家战略是顺应时代发展的必然之举。黄河流域在我国生态安全屏障体系中的地位极其重要，通过重大战略实施，把黄河打造成为国家级绿色高质量发展示范带。

强化流域生态发展联动机制。加大对黄河流域生态保护和高质量发展的财政、税收激励。从发展动能、经济结构上加快流域城市和企业的观念转变，将流域城市打造成引领中国经济实现高质量发展引领者、示范者，成为推动我国经济发展的增长极。

（二）国家战略开放叠加

推动黄河流域战略与京津冀、大湾区、长三角、长江经济带、"一带一路"，以及成渝城市带、关中平原城市群等国家战略、区域战略的对接和融合。对接京津冀协同发展战略、长江经济带战略、雄安新区战略、西部大开发战略、长江三角洲一体化战略，融合东北振兴战略、成渝城市群等重大战略。沿黄河各地区从实际出发，宜水则水、宜山则山，宜粮则粮、宜农则农，宜工则工、宜商则商，探索富有地域特色的高质量发展新路子。

"治理黄河，重在保护，要在治理。""协同推进大治理"体现了整体主义生态观，是实现流域善治、建设幸福黄河的有效途径。加强黄河流域生态环境协同治理，推动黄河流域高质量发展，让黄河成为造福人民的幸福河。黄河流域积极参与国家战略，共建"一带一路"，提高对外开放水平，以开放促改革、促发展。与全国融合，实现"两个一百年"奋斗目标。

六、全球范围的开放融合

全球范围的开放融合既包括了市场和技术开放，还包括国际贸易和海外资金等双向开放。全球范围的开放促进了政策、资源、人才和技术等融合，推动了全球一体化发展。

（一）促进国际贸易

继续推进国际贸易发展。2019 年，全国货物进出口 31.5 万亿元，增长 3.4%。其中出口 17.2 万亿元，增长 5%，进口 14.3 万亿元，增长 1.6%。与"一带一路"沿线国家经贸占比 29.3%。黄河流域为主的中西部地区出口占比 18.3%。中欧班列开行 7469 列，同比增长 33%，到达境外 18 个国家 55 个城市。陆海新通道建设进程加快，西部 12 个省区市与海南、广东湛江参与陆海新通道合作。下一步，我国外贸面临的国内外条件更加复杂，新冠疫情对经济和出口影响深远，不稳定不确定因素增加，出口形势复杂严峻，保护主义蔓延。同时，我国外贸发展长期向好的基本面没有变，与发达国家、发展中国家的产业互补优势没有变，外贸结构调整和动力转换加快的趋势没有变，外贸发展仍面临诸多有利条件。

黄河上游省份：从西部大开发到"一带一路"。黄河上游各省份进出口贸易增长良好。其中：青海省 2019 年与"一带一路"沿线国家实现贸易额同比增长 13.9%；四川省 2019 年外贸首次达到 6765.9 亿元；2019 年，甘肃省外贸进出口总值 379.9 亿元人民币；2019 年前三个季度宁夏实现进出口总额 178.6 亿元，同比增长 1%。上游各省份对"一带一路"沿线国家的贸易额普遍增加。

黄河中游省份：从中部崛起到连贯东西。黄河中游省份经济逐步崛起，与成渝城市群、中原城市群等相互融合。2019 年内蒙古外贸进出口总值累计仍然实现了 1095.7 亿元，同比增长 5.9%。陕西省 2019 年 1～11 月累计进出口额 3215.1 亿元，其中进口额 1486.4 亿元，同比增长 15.4%；对"一带一路"沿线国家和地区进出口 442.3 亿元，占全省进出口总量的 13.8%，同比增长 22.5%。

黄河下游省份：从对外开放的排头兵到贸易枢纽。河南省 2019 年经济总体运行符合预期，经济结构调整优化，新动能较快成长，质量效益不断提升。2020 年河南省经济将保持总体平稳、稳中有进、喜忧并存的态势，打造郑州航空港经济综合试验区、"四条丝路"，大力发展跨境电子商务，商品出口逐步多元化，抗风险的能力显著增强。山东省 2019 年进出口增长 5.8%，对"一带一路"沿线增长 15.9%，"齐鲁号"欧亚班列开行超千列。今后将扩大对欧盟、日韩的进出口，深化"一带一路"经贸合作，提高发展中国家、新兴市场和自贸伙伴的贸易占比，创建国家进口贸易促进创新示范区，拓展中医药、文化旅游、数字服务贸易市场，用好自贸试验区、上合示范区两大战略平台，落实自贸区总体方案试点任务，复制推广国家推出的 223 项改革试点经验，尽快形成综合性创新成果。

（二）扩大利用外资

2019 年我国实际利用外资 9415 亿元，增长 5.8%，保持第二大外资流入国地位。外资结构持续优化，高技术产业利用外资 2660 亿元，增长 25.6%，占比升至 28.3%。

黄河上游省份：从外资洼地到"一带一路"起点。青海省：美国、加拿大、澳大利亚、奥地利、阿根廷等国家的投资者成为青海省主要外资来源。外商投资青海省行业和领域涉及有色金属开采、畜牧产品加工、交通运输、建筑和房地产开发、邮电通信、高原旅游等。四川省 2018 年参加外商投资企业联合年报的企业共计 3330 家，投资总额 1028 亿美元，同比增长 10.85%、16.58%。甘肃省通过多年创新，形成了以敦煌文博会、兰洽会、药博会为主的国际化展会节会平台。宁夏回族自治区 2016 年，全区新设外商投资企业 29 家，吸引合同外资 5.6 亿美元，实际利用外资额 2.53 亿美元，同比增长 36%。

黄河中游省份：从资源大省到工业重镇。内蒙古自治区 2019 年新增"一带一路"国家投资项目 56 个，俄蒙仍是主要投资目的国。陕西省打造内陆型改革开放新高地，高标准建设陕西自贸试验区，正在成为向西开放、向东集散、辐射全国的经济和文化门户。2019 年，陕西实际利用外资 77.29 亿美元，同比增长 12.9%。山西省 2017 年招商引资共签约项目 2433 个，总投资金额 1.87 万亿元。

黄河下游省份：从开发区到自由贸易试验区。河南省打造对外开放通道新优势，加强与全球重要枢纽机场的联动不断提升"空中丝绸之路"的辐射力和影响力，提高"陆上丝绸之路""网上丝绸之路""海上丝绸之路"的带动力，发展枢纽经济、口岸经济，以大枢纽带动大物流、大物流带动大产业发展。继续优化对外开放平台。山东省深化与日韩交流合作，提高"双招双引"精准度。

（三）拓宽国际合作

黄河流域各省份全面推进全球双向合作、国际产能输出与经贸深度交流。

黄河上游省份：从零到一，持续推进。青海省对接"一带一路"沿线国家市场需求，鼓励省内企业向外发展，支持水利水电、盐湖化工、新能源等特色优势产业"抱团出海"。开展国际产能合作，在稳定非洲、中亚原有国别市场的基础上，逐步拓展中东、南美洲国别地区。四川省融入"一带一路"，对外合作稳步发展。2019 年实施总金额超过 210 亿美元的重大项目 44 个，"一带一路"沿线国家和地区到位外资增长 18 倍，对外承包工程新签合同额 80% 布局"一带一路"沿线国家和地区。甘肃省以金川、酒钢、白银、省建投为代表的大型企业"走出去"，充分利用两个市场、两种资源的能力大幅提升。宁夏鼓励铸钢、天元锰业、泰瑞制药等企业拓展国际营销网络，带动了高新技术、生物制药、精细化工、现代农业等特色优势产业产品出口；依托"空港"向中东、欧美、非洲发展黄金珠宝、工业蓝宝石、电子产品、花卉等产业，依托"陆港"布局建设一类铁路口岸，整车、粮食、水生动物进口口岸，发展粮食深加工、海产品集散分拨、重要工矿产品保税物流等产业，打造面向中亚、西亚，辐射西北、华北、东北市场的进出口产品加工和集散中心。

黄河中游省份：从出口到海外建厂。内蒙古自治区鼓励企业创新对外投资方式，带动农牧业、中蒙医、绒毛、能源等优势产业"走出去"，加大境外经贸合作区支持力度，加强与海外商协会、各驻华使馆经商参处对接，利用国内外经贸合作平台支持企业"走出去"。陕西省不断拓展国际市场，在马来西亚布局中国光伏企业海外全产业链生产基地。山西省对参与"一带一路"建设的重大事项、重点项目、重要工作制定了时间表，明确了责任单位、完成时限及完成标准。积极推进国际产能合作，制定了全国省级层面首部国际产能合作规划，出台了山西省推进国际产能合作实施方案。

黄河下游省份：从世界一体化到人类命运共同体。河南省统筹中国（河南）自由贸易试验区、郑州航空港经济综合试验区、郑洛新国家自主创新示范区、中国（郑州）跨境电子商务综合试验区和国家大数据（河南）综合试验区的建设，加强与"一带一路"沿线国家的广泛合作，全面提升对外开放层次和水平。山东省改革开放 40 年对外投资发展成绩显著，涉及商品行业、贸易市场、贸易方式、贸易主体、区域发展、口岸开放等内容。

七、典型案例

案例1：山东省新旧动能转换取得成效

● **项目背景**

近年来，山东省经济社会发展持续保持良好态势，始终排在全国第一方阵。2017年GDP总量达72678亿元，排名全国第3位，人均GDP突破1万美元。但是，传统产业过多、单位能耗高、高新技术占比低等问题突出，制约了经济高质量发展。

● **项目需求**

山东省如何找准问题和改进的目标，充分发挥区位优势，聚集核心资源，实施新旧动能转换战略，提高核心竞争力，是需要持续做好的重要工作。

● **实施过程**

山东省坚持以新发展理念引领高质量发展，谋划全局、加快转型，辩证系统地做好"加减乘除"。"加"的是新理念、新动能、新经济，增强了经济发展竞争力、吸引力；"减"的是历史包袱、风险隐患、落后过剩产能，腾出资源要素等容量空间；"乘"出了产业集群集聚、协同协作、创新发展，促进了产业向中高端攀升；"除"出了全要素生产率、亩均效益、产出效能，提升了经济发展质量效益。随着政策、资源、平台等叠加效应的持续释放，山东发展承载能力明显提高，经济发展韧性明显增强，经济社会发展呈现趋势性、关键性变化。

● **实施效果**

2019年，山东省实现增加值占GDP比重达到53.0%，对经济增长的贡献显著提高，达到78.2%。以新技术、新产业、新业态、新模式为代表的"四新"经济加速成长，2018年实现增加值占比达到24.5%，比2016年提高3.8个百分点，2019年有望达到28%。高新技术产业加快发展，实现产值占比逐年提高，2019年达到40.1%。

● **主要借鉴**

一是实施创新、协调、绿色、开放、共享的新发展理念。杜绝以GDP增长率论英雄的发展模式，避免以破坏资源、牺牲环境为代价换取高速发展，实施高精尖发展策略。

二是大力发展新兴产业和第三产业。服务业成为支撑经济增长、转型升级的主导力量，2019 年，实现增加值占 GDP 比重达到 53.0%，对经济增长的贡献达到 78.2%。"四新"经济加速成长，2018 年实现增加值占比达到 24.5%，2019 年有望达到 28%。高新技术产业实现产值占比 2019 年达到 40.1%。

三是重大基础设施建设进入"快车道"，高速公路通车里程达 6447 公里，省内高铁成环运行，机场建设、港口整合等加速推进。创新型省份建设开辟新空间，大力发展"政产学研金服用"创新创业共同体。

四是政策扶持见成效。出台系列重大政策、工程、项目，市场主体大幅增加。

案例 2：山西省以开发区促进跨越发展

- **项目背景**

开发区是山西省对外开放的重要载体。面临市场竞争的挑战，山西省创新发展思路，以开发区为载体，全面推进国内贸易、对外贸易，积极引进外资，开展外经合作等，全力打造开放"新高地"，树改革"新地标"，厚植发展"新沃土"，促进了经济发展。

- **项目需求**

如何运用国家开发区政策，找准发展定位，立足区位优势，确立工作思路，实现对外开放和可持续发展，是山西省的重点工作任务。

- **实施过程**

山西省站准经济定位，研究发展思路，以开发区建设为驱动力，积极打造对外开放新高地。截至 2018 年 5 月，全省成立省级以上开发区 41 个，开创了前所未有的新经济发展模式，已成为全省扩大对外开放的新高地，高新技术和高精尖人才的聚集地。开发区成为了全省转型综改的主战场、新兴产业的集聚区、先行先试的试验田、对外开放的桥头堡、创新驱动的主引擎、绿色发展的先行区。

山西省加强国际合作，全面推进国内贸易。大力扶持山西品牌中华行、丝路行、网上行等贸易平台，完善覆盖城乡的内贸流通网络，改善了消费市场秩序和环境，提高了流通效率，降低了流通成本，释放了消费潜力，提振了消费信心，促进了消费升级。

- **实施效果**

山西省以开发区为依托，加强与世界各国的贸易往来，优化产业结构，拳头产品在国际市场占据半壁江山，进出口企业的国际竞争力增强。

● **主要借鉴**

一是重视开发区的国际商贸和示范带动作用。

二是统筹国内国际两个市场，完善国内国际两个机制，加大外资引进工作。

三是注重外资效益和质量提升，发挥骨干企业的龙头作用。

四是深化改革开放，激发市场活力。

第 十 七 章

CHAPTER 17

黄河的典型城市

研究黄河流域上中下游中心城市、省会城市或有特色的试点城市经济发展和生态治理的典型案例，有助于从更高的层面，系统归纳和深度提炼黄河领域生态保护、综合治理、高质量发展，以及黄河文化保护、继承和弘扬的总体规划思路，为黄河流域各省份、各城市科学谋划、统筹推进、跨域协同提供行业规律、政策研究、规划编制、项目库建设和平台搭建的决策参考与专业支撑。

一、黄河上游典型城市

总体来看，黄河上游重点城市生态环境较脆弱，经济规模总体偏低，人口总量相对不多，教育文化水平较低等城市短板突出，区域协同水平较低，都市圈开发架构不够清晰，大中型城市数量总体偏少。

（一）西宁

1. 城市概况

西宁，古称青唐城、西平郡、鄯州，是青海省省会，青海省的政治、经济、科教、文化、交通、通信中心，国务院批复确定的西北地区重要的中心城市。截至2019年，全市下辖5个区、2个县，总面积7660平方公里，建成区面积129平方公里，常住人口237.11万人，城镇人口170.98万人，城镇化率72.1%。

西宁位于青海省东部、湟水中游河谷盆地，是青藏高原的东方门户，古"丝绸之路"南路和"唐蕃古道"的必经之地，自古就是西北交通要道和军事重地，素有"西海锁钥"、海藏咽喉之称，是世界高海拔城市之一，也是国务院确定的内陆开放城市，中央军委西宁联勤保障中心驻地。

西宁历史文化源远流长，自然资源丰富，民俗风情颇具特色，是青藏高原一颗璀璨的明珠，是指"西陲安宁"的意思。先后荣获全国卫生城市、中国特色魅力城市200强、中国优秀旅游城市、中国园林绿化先进城市、国家森林城市、全国文明城市等荣誉称号。西宁是"无废城市"建设试点城市。

2. 2019年发展情况

2019年，西宁市强化生态建设和环境治理，筑牢绿色发展本底。

一是筑牢生态屏障。围绕国土绿化提速行动，把国家湟水规模化林场作为构建森林生态系统的重要支撑，以三县规模化造林为重点，探索森林资源经营管理、投融资机制等创新试点，完成造林绿化53.5万亩，森林覆盖率提高到34.5%。建设园博园2000亩景观林带，完成水利灌溉、游览设施等配套工程。创建"义务植树＋互联网"试点城市，建设国家级全民义务植树基地。

二是打造高原水城。坚持"治宁方略，水为大政"，编制全市水网总体规划，协调推进"引黄济宁"工程，实施石—南水库水系连通、南川河水生态文明（二期）等重点项目，构建多元互补、调控自如的"大西宁"都市圈水网体系。开展水资源消耗总量和强度双控行动，建设节水型城市。落实"一河（湖）一策"，建立河湖长制综合管理信息平台，综合治理黑林河、马圈沟等 33 条小流域。加强沿湟水干支流生态治理保护、湿地修复，为群众提供水清、岸绿、景美的水生态环境。

三是倡导绿色生活。健全固废收运处置信息化监管体系，一般工业固废处置利用率达到 95% 以上。开工垃圾焚烧发电项目，创建绿色单位、绿色家庭，生活垃圾分类达标小区覆盖率达到 60%。在基础设施、房地产开发等领域推广绿色建筑建材和装配式建筑。新增充电桩 500 个，公交车、出租车电动化率分别达到30% 和 10%，让绿色出行成为群众的最佳选择。

西宁市推动制造业高质量发展，构建现代产业体系。聚焦"锂电、光伏光热、有色合金高新材料、特色化工、生物医药和高原动植物资源精深加工"五大产业集群，坚持创新驱动发展，促进工业化与信息化深度融合，加速壮大提升新兴增长极。

一是做强高新技术产业。围绕建设国家能源革命示范省，培育壮大新能源、新材料、生物医药等战略性新兴产业，加速释放新产能、新动能。光伏光热抓住全省特高压外送通道和电源电站建设机遇，鼓励现有企业进一步兼并重组、扩大产能，加快建设光热产业园，再引进培育一批光热发电龙头企业。锂电完善隔膜、电解液和电池检测回收等配套产业，实施比亚迪二期、时代新能源扩产等引领性项目，夯实千亿锂电产业基础，成为全国重要的锂电产业基地。

二是改造提升传统产业。特色化工推动大美煤业烯烃项目尽快投产，延伸发展乙烯、丙烯产业链；开发高端精细耗氯产品及高性能合成树脂，延长氯碱产业链，打造千亿特色化工产业集群。藏毯绒纺加快优势企业兼并重组，建设检测认证、展销中心等服务平台，塑造区域和国际品牌。

三是培育发展数字经济。依托市级大数据基础平台，谋划实施"一带一路"国际贸易信息港、高原生态大数据实验室等重点工程，建设绿色发展生态链数字化监控平台。加快"宽带中国"示范城市、电信普遍服务建设试点，推进网络提速降费，提前布局 5G 等新一代无线网络。

四是强化科技创新支撑。设立产学研经济联合体，建设科技城，运行西宁科技大市场，打造全省科技创新新地标。规划建设人工智能产业集聚区。启动建设国家车辆产品高原质量监督检验中心，建设铝镁合金高新材料产业研发中心等5大科技创新平台，重点攻克新型薄膜电池、盐湖提锂、航空航天高性能用铝等引领技术，助推主导产业提质转型。

3. 问题与挑战

尽管西宁市"放管服"改革取得明显成绩，但是实践中还存在一些问题。

一是认识理解层面。没有充分认识到"互联网＋行政审批"是一场对政务模式的深刻变革。难以摆脱供给侧主导的思维定式，"互联网＋行政审批"只是简单堆砌服务资源，未能真正与公众实际需求相结合。

二是体制机制层面。"放管服"改革的法规、制度、标准规范还存在缺失，一些保障性制度构建，网络和信息安全保障等方面的关键问题还没有很好解决，对涉及国家秘密、商业秘密、个人隐私等重要数据还缺乏常态性保障和维护举措。市本级横向部门之间以及省、市、区纵向方面尚不能有效进行数据交换、系统对接、资源共享共用，形成了网络上的"纵强横弱"和不同程度的"信息孤岛"现象。

三是人力资源层面。无论是市、区县级行政服务中心还是智慧城市建设的大数据管理局筹建办，在调研中都显现出一个突出问题就是专业人员人才紧缺。行政审批中虽然大幅度压缩了审批事项，但是随着市场主体的活跃和经济社会的发展，审批事项的办件量增多，现有的工作人员已经无法满足工作需求。这些都要求继续深入推进"放管服"改革工作，激发市场活力和全市人民干事创业的激情，推动城市高质量发展。

4. 未来展望

西宁市《政府工作报告》提出，把建设宜居宜业"大西宁"作为城市未来发展方向，放眼世界、面向全国，研究城市未来发展趋势，推进城市从深度开发建设向未来发展转型。

主动全面融入兰西城市群国家战略，深化兰西城市群规划研究，提升西宁在兰西城市群的极核作用、战略地位。合力推动区域重大基础设施建设，谋划实施生态文明建设整体项目，构建更加紧密的利益共同体，打造引领区域发展的龙头，以世界眼光、一流标准把握新时代西宁城市未来发展趋势。超前规划未来向东发展方向，重构西宁在新一轮城市发展竞争中的承载骨架和发展空间，谋划建设一批"大西宁"都市圈辐射带动性重大项目，努力打造全省高质量发展的增长极、动力源。按照"一芯双城、环状组团发展"城市布局，推动城市空间与自然环境有序共生。

编制《"大西宁"战略规划》《西宁城市总体规划（2020～2035年）》。坚持"组团发展"，严守园区片区开发边界、功能组团定位和生态隔离带范围。坚持"双城联动"，推动"城市双修"，促进城市有机更新。编制"活力轴、生活圈、风貌区"等六大标志性工程规划，塑造高品质城市空间。强化重点地段城市设计，制定乡村风貌建设指南。

（二）兰 州

1. 城市概况

兰州，简称"兰"或"皋"，古称金城，是甘肃省省会，国务院批复确定的中国西北地区重要的工业基地和综合交通枢纽，西部地区重要的中心城市之一，丝绸之路经济带的重要节点城市。截至2018年，全市下辖5个区、3个县，总面积13100平方公里，建成区面积321.75平方公里，常住人口375.36万人，城镇人口304.15万人，城镇化率81.03%。

兰州地处中国西北地区、甘肃省中部，位于中国大陆陆域版图的几何中心，是中国大西北铁路、公路、航空的综合交通枢纽，中国人民解放军西部战区陆军机关驻地，也是新亚欧大陆桥中国段五大中心城市之一，西部重要的区域商贸中心和现代物流基地，享有"丝路重镇""黄河明珠""西部夏宫""水车之都""瓜果名城"等美誉。2012年8月28日，国务院批复设立西北地区第一个、中国第五个国家级新区——兰州新区。明确提出，要把建设兰州新区作为深入实施西部大开发战略的重要举措，并于2020年将兰州发展为西北地区现代化大都市。

兰州是古丝绸之路上的重镇，早在5000年前人类就在这里繁衍生息；西汉设立县治，取"金城汤池"之意而称金城；隋初改置兰州总管府，始称兰州；自汉至唐、宋时期，随着丝绸之路的开通，出现了丝绸西去、天马东来的盛况，兰州逐渐成为丝绸之路重要的交通要道和商埠重镇，联系西域少数民族的重要都会和纽带，是黄河文化、丝路文化、中原文化与西域文化的重要交汇地。

2. 2019年发展情况

2019年，兰州市致力加快经济转型升级，致力推动"都会城市、精致兰州"建设，实施乡村振兴战略，打好污染防治攻坚战，保障和改善民生。

一是经济运行总体平稳。全市实现生产总值2837.36亿元，增长6%，其中一产、二产、三产增加值分别增长5.5%、1.9%和8.4%。社会消费品零售总额增长 7.6%。就业、物价、收入三项指标表现较好，新增城镇就业 9.36 万人，居民消费价格指数控制在 2.2%，城乡居民人均可支配收入分别增长 8.8% 和 10%，连续跑赢经济增速，有效保持了经济运行基本面稳定。

二是脱贫攻坚连战连捷。集中力量持续打好精准脱贫攻坚战，永登县、榆中县脱贫摘帽，皋兰县、七里河区脱贫成果持续巩固，减少贫困人口 3638 户 10562 人，贫困发生率由上年的 1.22% 下降到 0.32%，历史性解决了区域整体贫困问题，全面建成小康社会迈出关键一步。

三是城市布局不断优化。按照"一心两翼"发展布局，加快推进城市副中心建设，高标准编制完成榆中生态创新城空间发展战略规划和总体规划，绿化造林、基础配套、项目建设等重点工作有序推进，为城市长远发展开辟了新的空间。

四是生态产业快速发展。主攻十大生态产业，谋划重点项目 264 个，建成 77 个。全面强化燃煤锅炉、建筑扬尘、夜市油烟、汽车尾气、"四烧"等源头治理。完成营造林 12 万亩，新增改造城市绿地 80 公顷。实施建绿透绿工程，推广屋顶绿化和垂直绿化，打造城市"绿色生态廊道"。全年环境空气质量达标 296 天，同比增加 39 天，达标率 81.1%，同比提升 10.7 个百分点，兰州稳定退出全国重点城市空气质量排名后 20 位。

五是"黄河文章"成效初显。编制完成《黄河（兰州段）生态文明建设规划》，全方位改造提升黄河风情线和南北两山生态景观，实施核心段亮化工程，举办首届黄河之滨音乐节等系列活动，兰州成为全国最火的旅游热点城市之一，生态保护与城市发展相得益彰。

3. 问题与挑战

近年来，受各种因素影响，兰州经济发展相对较慢。

一是经济总量与战略地位不符。西北五个省会城市中，兰州的经济总量不及西安的一半，与乌鲁木齐也有一定差距，仅高于西宁和银川。从省内的影响来看，兰州 GDP 占本省的比重为 27%，西安市经济总量占本省比重的 31.18%，乌鲁木齐市为 25.85%，西宁市为 47.14%，银川市为 47.3%。兰州经济实力、发展水平与在西北所处的战略地位不相适应。兰州市城市功能、辐射能力也与兰州在全省的龙头作用不相适应。城市经济的发展能力是区域经济活力的集中体现，经济实力是城市竞争力的基础，也决定了城市在所属区域经济中的地位。尤其随着周边大中城市的快速发展，兰州的辐射带动功能有减弱现象。

二是经济发展制约因素明显。兰州市经济发展的症结主要集中在：经济总量不大，大项目好项目不多；支柱产业单一，不仅制约了经济快速发展，也制约着"中心带动"作用的发挥；兰州都市圈、经济圈整体竞争力较弱，难以形成较强的辐射力、吸引力和带动力；部分传统产业增速趋缓；中小微企业发展形势紧迫。目前，兰州市中小微企业面临的困难和挑战更加突出，主要是生产要素成本快速上升，融资困难，资源环境约束趋紧；兰州新区建设融资困难度大，根据规划，兰州新区2010~2030年固定资产投资总需求约12245亿元，融资需求超过8000亿元。人才储备不足，甘肃70%以上的大学均坐落于兰州市，许多优秀人才毕业后选择去一线城市发展，导致可用人才大量流失。

三是生态环境脆弱。干旱少雨的大陆性气候导致水资源匮乏，严重阻碍了企业发展。兰州为重工业城市，多年来石化工业的发展使得城市环境污染严重。全市污水管网建设滞后，环境治理观念差，部分企业直接将污水排入河流，为城市居民生活安全带来威胁，横穿市区的黄河也面临着污染严重的问题。

4. 未来展望

一是培育壮大生态产业。突出重点、精准发力，优先发展文化旅游、通道物流、数据信息、中医中药等产业，力争取得突破性进展。文化旅游产业，着力实施项目攻坚、文旅营销、景区建设，加快建设黄河风情线和河口古镇、青城古镇，全面提升白塔山、兰山、兴隆山、什川古梨园、树屏丹霞、石佛沟等景区品质，做大A9创意国际等文化产业园区。推进多式联运物流园、公航旅金融仓储基地等重点项目，建设面向"一带一路"的重要物流基地。统筹培育发展军民融合、清洁生产、清洁能源、节能环保、循环农业等其他生态产业。

二是坚持"两翼"齐飞。支持兰州新区全力打造制造新区、产业新区、经济新区。聚焦"强龙头、补链条、聚集群"，打造有色金属新材料、商贸物流、先进装备制造等一批千亿级和百亿级产业集群，推动经济增速在国家级新区中继续保持领先。加快建设绿色化工园区，引进培育企业150家以上，完成投资100亿元以上。实施稀土、电镀等新产业项目，推动德福铜箔二期、高导新材料、高档铝箔等项目建成投产。做大做强广通、亚太等新能源汽车企业，构建整车制造、动力电池、储能电站等全产业链条，打造西北新能源汽车生产基地。

三是做好"黄河文章"。启动实施黄河流域兰州白塔山段综合提升改造、"读者印象"精品文化街区等重点项目，进一步打造百合公园、马拉松公园等滨河主题公园，提升滨水广场、沿岸河堤、音乐喷泉等景观风貌，构建黄河之滨生态景观体系。实施黄河兰州段水运提升工程，全面改造重点港区码头，拓展延伸"黄河旅游"精品航线。深入挖掘黄河自然人文价值，办好黄河文化旅游节等重大节会。

四是继续深化大气污染防治。压实各级环保责任，抓好中央环保督察反馈问题的整改落实。严格落实石化、火电等行业特别排放限值要求，依法整治"散乱污"企业，实现主要大气污染物总量减排"十三五"目标。统筹推进全域清洁取暖，实施煤改电、煤改气工程，淘汰县城10蒸吨及以下燃煤锅炉，主城区基本建成"无煤区"。健全完善重污染天气预警和应急机制，环境空气质量优良率保持在80%以上。

（三）白银

1. 城市概况

白银，甘肃省地级市。位于甘肃省中部，地处黄土高原和腾格里沙漠过渡地带，境内绝大部分是山区，山地与宽谷平原并存；为中温带半干旱区向干旱区的过渡地带。全市总面积21158.7平方公里，下辖2区、3县；截至2018年末，白银市常住人口173.42万人，比上年末增加0.49万人。

白银市地处黄河上游、甘肃中部，位于古丝绸之路与黄河的交汇地带，北连大漠，南依青藏，东接中原，西通西域，距省会兰州69公里，距中川机场直线距离46公里，是连接欧亚大陆桥的战略通道、通向丝绸之路沿线国家的交通走廊和能源物流通道。白银境内有伏羲、女娲的传说，有大禹治水的遗迹，有原始文明的彩陶和石器，有见证各民族纷争和交融的长城，有丝绸之路的渡口，有红军长征胜利会师的圣地。

2. 2019年发展情况

2019年，白银市地区生产总值增长6%，规模以上工业增加值增长4.5%，固定资产投资增长6%，社会消费品零售总额增长8%，一般公共预算收入增长6%，城镇居民人均可支配收入增长7%，农村居民人均可支配收入增长8%，居民消费价格指数涨幅控制在3%以内。

一是紧盯短板弱项，坚决打赢打好精准脱贫攻坚战。坚持把脱贫攻坚作为全面建成小康社会的底线任务和高质量发展的首要任务，精准施策，强力攻坚，确保会宁、靖远两个深度贫困县脱贫摘帽，144个贫困村脱贫退出，减少贫困人口6.68万人，贫困发生率下降到1.29%。大力发展牛、羊、蔬、果、薯、药、小杂粮、黑毛驴、水产养殖等特色产业，确保村有主导产业、户有增收渠道。加快完善生产组织、投入保障、产销对接、风险防范四大体系，总结推广"中天模式""海升模式"，探索华西希望集团产业扶贫模式，引进和培育骨干龙头企业50家。

二是加快产业升级，推进绿色发展崛起迈出新步伐。以新技术、新业态推动有色金属、化工、能源等传统产业改造升级，促进节能环保、清洁生产、清洁能源产业发展。持续推进循环经济示范城市建设，加快凹凸棒石资源开发，开工新奥综合能源站、西部恒生年处理60万吨废铅酸蓄电池、银光公司危险废物处置等项目，建成白银公司湿法炼锌渣综合回收、昌衍汽车回收拆解及废旧物资回收利用等项目。

三是强化动能支撑，着力厚植高质量发展新优势。立足打造西部科技创新发展示范高地目标，坚持"集聚产业、输出科技、研究实践、循环互用、精准错位"的功能定位，加快推进兰白国家自创区建设，激发各类创新主体活力，加快打造科技体制改革试验区、产业品质跃升支撑区、人才资源聚集区、东西合作发展先行区和生态文明建设引领区，完善"众创空间＋孵化器＋加速器＋产业园"梯次孵化体系。

3. 问题与挑战

从白银市转型的实践看，取得了一定成效，但深层次的困难在短期内无法解决。白银市转型中面临的问题主要体现在：

一是地方政府与非地属国有大中型企业的关系协调困难。白银公司作为大型国有企业，长期以来隶属国家和省级政府管辖，企业的内部经营管理地方政府无权过问；同时，企业创造的大部分效益地方政府和企业都无法享受，导致长期以来地方政府财政收入和企业自我发展缺乏足够资金。而且，随着白银市及周边有色资源枯竭，白银公司自身也面临生存问题，不仅不能对地方经济建设作出贡献，而且其失业人员与企业办社会的诸多问题需要地方政府解决。但由于体制和管辖权限等诸多问题，企业与地方政府很难协调。

二是转型所需的财力不足。根据国内外资源型城市转型经验可知，转型依赖的基础设施建设、产业转型资金、环境治理资金、科技创新、下岗人员再就业培训、失业人员社会保障等问题的解决都需要大量资金投入，但长期以来城市基础设施建设、社会保障及产业结构的优化与调整欠账太多，难以短期改变。白银市财政收入来源有限，转型中的巨额资金缺口成了制约白银市转型的"瓶颈"。

三是人才流失与短缺现象严重。白银公司为国家经济建设输送了大批人才。公司先后为金川公司、江西铜业公司，甘肃省、白银市等有色金属工业和其他行业输送干部和工人 17900 多名，其中技术骨干 1000 多名。除此之外，非正常流动流失的人才更加严重。同时，公司转型所需的现代经营管理型人才、市场开发人才、外资外贸人才、金融保险人才等占比过低。这对城市发展方向和方式的转变以及多种经营活动产生制约作用。如何留住现有人才、培训新型经营管理人才也是白银市面临的难题。

4. 未来展望

《白银市城市总体规划（2015～2030 年)》明确将引导市区城市建设、产业布局、人口分布、生态环境保护等协调发展，最终实现"国家有色冶金基地、新丝绸之路经济带重要节点、省域核心城市之一、新型工业城市"的总体目标。

一是城市人口和面积扩容。此次规划范围为白银市行政辖区，包括白银区、平川区、会宁县、靖远县、景泰县，总面积 2.12 万平方公里。其中，白银主城区的规划范围为：东至规划中川机场——平川快速路，南至拟建中兰客专，西至包兰铁路、北至自然山体，西北铜公司按独立工矿组团考虑，总面积约 206 平方公里。2020 年白银城区城市总人口达到 40 万人，2030 年总人口达到 50 万人。将通过对建设用地与非建设用地的合理布局引导，实现山、水、田、林、城融合发展。

二是"两心、五廊、六组团"构成白银城市框架。"两心"指旧城区核心区，新城核心区（西区）；"五廊"指西大沟、金沟、东沟、上泉沟等为主的廊道，是区域绿地水系的重要组成、城镇组团的主要增长边界；"六组团"指白银公司工业组团、银东工业组团、银西综合组团、高新科技及银光工业组团、高铁商务组团。建成后将成为空间相对集中、功能相对完善、职住相对平衡、集中高效发展的城镇集中建设地区。

二、黄河中游典型城市

黄河中游城市历史文化底蕴较为深厚，太原、西安、郑州等城市人才、文化等底蕴丰厚，西安市等有比较好的教育资料和知名高校。

（一）太原

1. 城市概况

太原，山西省省会，简称"并（bīng)"，别称并州，古称晋阳，也称龙城，是中国优秀旅游城市、国家历史文化名城、国家园林城市、太原都市圈核心城市，山西省政治、经济、文化中心，是一座具有 2500 多年建城历史的古都，"控带山河，踞天下之肩背""襟四塞之要冲，控五原之都邑"的历史古城。太原市三面环山，黄河第二大支流汾河自北向南流经，自古就有"锦绣太原城"的美誉，是中国北方军事、文化重镇，世界晋商都会，中国能源、重工业基地之一。太原的城市精神是包容、尚德、崇法、诚信、卓越。

太原市辖6个市辖区、3个县，代管1个县级市，市政府驻杏花岭区新建路。太原市位于山西省中北部的太原盆地，北接忻州市，东连阳泉市，西交吕梁市，南邻晋中市。截至2018年末，太原市总面积6909平方公里，总人口442.15万人；其中市区总面积1460平方公里，城镇人口375.27万人。2018年3月，国务院正式批复，同意"太原市建设国家可持续发展议程创新示范区"。2018年11月，入选中国城市全面小康指数前100名。2019年6月，未来网络试验设施开通运行。2019年8月13日，入选全国城市医疗联合体建设试点城市。

2. 2019年发展情况

2019年太原市地区生产总值增长6.6%，第一产业实现增加值42.48亿元，增长2.1%；第二产业实现增加值1518.64亿元，增长5.9%；第三产业（服务业）实现增加值2467.39亿元，增长7.1%。三大产业对经济增长的贡献率分别为0.37%、34.06%和65.57%，分别拉动GDP增长0.02个、2.25个和4.33个百分点。

工业结构转型步伐坚定，工业强市战略扎实推进。2019年，全市规模以上工业增加值增长4.5%，其中，非传统产业贡献率超七成，增长7.1%，对全市规模以上工业增加值增长的贡献率为75.7%。民营工业企业增长态势良好，规模以上工业中民营企业增加值增长8.7%，高于全市增速4.2个百分点，对全市规模以上工业增加值增长的贡献率达到32.2%。

2019年，全市固定资产投资增长10.2%，其中，工业投资力度增强，全市工业投资呈现速度连续提升的趋势，全年增长19.4%。从三大行业看，采矿业投资增长15.2%，制造业投资增长19.4%，电力、燃气及水的生产供应业投资增长21.2%。

2019年，社会消费品零售总额达到1952.81亿元，增长7.8%。一般公共预算支出610.62亿元，增长12.6%。其中民生类支出获得较大保障，城乡社区支出增长30.4%，农林水支出增长14.8%，一般公共服务支出增长14.5%。居民收入稳步增长，居民人均可支配收入33563元，增长8.2%。其中：城镇常住居民人均可支配收入36362元，增长8.0%；农村常住居民人均可支配收入18377

元，增长 9.0%。物价涨幅在预控目标内，居民消费价格总指数（CPI）上涨 2.7%。

一是打造新兴产业集群。推进阳煤太化尼龙 66、银邦金属材料等项目建设，太钢高端碳纤维千吨级三期项目完成设备调试，镍基合金二期项目开工，打造以太钢、阳煤太化等为代表的新材料产业集群。推进东杰智能装备、京丰电务等项目建设，打造以太重、东杰、明豪等为代表的高端装备制造产业集群。加快推进比亚迪新能源动力电池及电动客车、江铃重汽新能源重卡、威马新能源汽车等项目建设，打造以比亚迪、江铃重汽、威马等为代表的新能源汽车产业集群，初步形成新能源汽车研发、生产、销售完整产业链。推进中车太原公司大养机械、城轨车辆造修、铁路重载造修等项目建设，打造以中车、晋西、太重等为代表的轨道交通产业集群。支持龙芯安全可靠信息产业基地引入华为、神州数码、方正国际等企业关键技术，集聚培育安全可靠信息产业生态。推进中科曙光先进计算中心二期、中电科电子信息产业园等项目建设，打造以富士康、龙芯等为代表的新一代信息技术产业集群。

二是推进科技创新改造传统产业。推进水、大气环境治理领域标准化体系建设，初步构建"标准化＋可持续"的"太原模式"框架。加强与中科院、同济大学、中关村等省外科研院校、创新基地深度合作，加速产学研成果转化。加快推进太钢棒线材生产线、高端冷轧取向硅钢、中板生产线智能化升级改造等项目建设，提升冶金钢铁行业精深加工水平。推进全面满足特别排放限值的清徐精细化工循环产业园建设，形成"煤焦气化"高端产业链，实现清洁化、循环化、智能化转型发展。

三是推动文化旅游深度融合发展。聚焦国家全域旅游示范区建设，参与全省三大旅游板块开发，整合文旅优质特色资源，推动康养产业发展，把文化旅游产业打造成战略性支柱产业。加快"大景区"建设，以创建"晋祠—天龙山"国家 5A 级景区为重点，加快推进太原古县城、千年府衙、青龙古镇、华夏文明主题公园等项目建设。高标准做好全省旅发大会配套服务，加强旅游公共服务设施建设，提升旅游服务质量和水平，扩大城市知名度。

四是持续改善环境质量。持续推进治污、控煤、管车、降尘。支持太钢率先完成超低排放改造，实施农村清洁供暖改造 3 万户以上，开展油品质量专项整治，抓好城乡结合部道路扬尘整治。加快东西北山造林绿化提档升级，推进晋阳湖景区、植物园、动物园等公园绿地建设。压实监管责任和属地责任，确保市区

$PM_{2.5}$平均浓度同比下降2.5%，坚决完成国家下达的改善任务。

3. 问题与挑战

太原市发展仍面临一些困难和挑战：

一是加快发展的压力进一步增大。一些主要经济指标增幅在全国和中西部省会城市中排位前移，但大多数时候还是处于中游或下游水平。

二是经济结构调整的任务还很重。以能源、原材料为主的产业结构还没从根本上改变，其中钢铁和焦炭占工业经济总量近一半。钢铁、煤焦、水泥等行业产能过剩问题突出，新兴产业和高新技术产业还没有真正成长为太原市的支柱产业。

三是经济增长方式还未根本性转变。仍没有跳出资源型、粗放型的经济增长模式。太原市煤炭消耗量居省会城市首位，万元生产总值耗能高于全国平均水平。二级以上天数和综合污染指数在全国重点城市中仍排在倒数。

四是投资、出口对经济增长的拉动作用减弱。随着国家宏观调控效应逐渐显现，焦炭、铝、铁等产业投资下滑，导致固定资产投资增速放慢，对经济增长的拉动作用减弱。受国际市场价格下滑、国家出口政策调整等因素影响，焦炭、煤炭、金属镁出口明显下降。

五是影响发展的深层次、体制性、机制性障碍较多。国有企业改革、事业单位改革、投融资体制改革步伐不快。对外开放、招商引资严重不足，合同利用外资额与中部城市及沿海发达城市的差距拉大。

六是发展中不平衡、不协调的问题仍然存在。城乡发展不够协调，"三农"问题突出，农业组织化和市场化程度不高。农村基础设施、社会事业欠账较多，社会保障刚刚起步，有自主知识产权的产品和有自主研发能力的企业少。教育、卫生资源配置不够合理。

4. 未来展望

《太原市城市发展战略规划》将战略规划的期限确定为2018年至2035年，展望至2050年。规划范围为太原市域，面积为6988平方公里。就规划策略而言，涉及以下方面：一是连山水，构建通山达水的城市格局；二是营生境，修复蓝绿交织的生态环境；三是续文脉，彰显古今交融的文化魅力；四是立秩序，梳理层次清晰的空间秩序；五是塑风貌，重塑特色鲜明的龙城风貌；六是引活力，建立充满活力的公共空间。

总结时代转型趋势、太原市国家使命与省会担当，太原市目标愿景为：率先全面转型的国家区域中心城市。功能支撑为：一城一都两高地。

一是国际功能：国际文化旅游名城。提升国际旅游集散地。未来太原需要进一步提升国际门户枢纽的优势，将高铁作为空港放大器，以省会能级整合周边诸如五台山、平遥等地区的优势文化旅游资源，并全面优化区域旅游集散综合服务配套，积极构建"国际空港＋高铁1小时旅游圈"。建设国际旅游目的地。太原需要深度挖掘山水、古都、晋唐、民俗、工业、红色等文化资源优势，集中力量打造一批具有国际影响力的高品质旅游景区和旅游项目。

二是创新功能：国家转型创新基地。首先，大力提升创新产业，构建"源头创新—技术开发—成果转化—新兴产业"的全链条创新体系；其次，谋划搭建创新平台，围绕产业集群，强化产城融合的发展理念；最后，积极吸引创新人才，尤其是与产业研发紧密相关的行业领军人才和专业技术人才。

三是枢纽功能：内陆开发开放高地。加快融入国家廊道，引领全省双向开放，提升国家级综合枢纽能级。强化太原三个圈层、五个扇面的开放链接。

四是特色魅力：山水宜居锦绣龙城。气候宜人、山水格局和生活宜居是太原的核心竞争力。挖掘文化优势，彰显晋韵唐风千年人文之城的魅力；挖掘山水优势，彰显三山环抱、九河绕汾的山水格局；挖掘宜居优势，强化城市转型与品质提升，提高城市建设标准。

（二）西安

1. 城市概况

西安，古称长安、镐京，是陕西省会、副省级市、关中平原城市群核心城市，丝绸之路的起点，"一带一路"核心区、中国西部地区重要的中心城市，是国家重要的科研、教育、工业基地。联合国教科文组织于1981年将西安确定为"世界历史名城"。地处关中平原中部，北濒渭河，南依秦岭，八水润长安。下辖11区2县并代管西咸新区，总面积10752平方公里，2018年末常住人口1000.37万人，常住人口城镇化率74.01%。全年地区生产总值8349.86亿元。

西安是中华文明和中华民族重要发祥地之一，历史上先后有十多个王朝在此建都。丰镐都城、秦阿房宫、兵马俑、汉未央宫、长乐宫、隋大兴城、唐大明宫、兴庆宫等勾勒出"长安情结"。

西安是中国最佳旅游目的地、中国国际形象最佳城市之一，有两项六处遗产被列入《世界遗产名录》，分别是：秦始皇陵及兵马俑、大雁塔、小雁塔、唐长安城大明宫遗址、汉长安城未央宫遗址、兴教寺塔。另有西安城墙、钟鼓楼、华清池、终南山、大唐芙蓉园、陕西历史博物馆、碑林等景点。西安拥有西安交通大学、西北工业大学、西安电子科技大学等 7 所"双一流"建设高校。

2018 年 2 月，国家发展和改革委员会、住房和城乡建设部发布《关中平原城市群发展规划》支持西安建设国家中心城市、国际性综合交通枢纽，建成具有历史文化特色的国际化大都市。2019 年 11 月 25 日，入选中国最具幸福感城市。

2. 2019 年发展情况

2019 年，西安市扎实开展"追赶超越攻坚年""营商环境提升年""作风建设强化年"活动，推进有关重点工作。

一是继续打好污染防治攻坚战。全力打赢蓝天保卫战，坚持铁腕治霾，系统推进减煤、控车、抑尘、治源、禁烧、增绿，加快清洁能源替代、柴油车污染治理和新能源汽车推广，强化"散乱污"和扬尘污染源分类整治，做好重污染天气应对和区域联防联控。全力打赢碧水保卫战，严格落实河湖长制，深化"五策治水"，启动实施黑臭水体治理攻坚三年行动，加强水源地保护和水体生态修复，新建 4 座污水处理厂，完成 10 座污水处理厂提标扩能，修复湿地 4000 亩。全力打赢净土保卫战，全面落实《土壤污染防治法》，抓好农业用地污染管控和修复完善，推进生活垃圾源头减量和分类工作，落实生活垃圾末端处理系统解决方案，确保 5 个生活垃圾无害化处理项目建成投用。

二是推进制造业高质量发展。以创建制造业高质量发展国家级示范区为目标，加快突破高端产业、高端环节、高端品牌，打造万亿产业、千亿集群、百亿企业。围绕打造全球硬科技之都、新能源汽车之都，重点发展人工智能、生物技术、智能制造、光电芯片、航空航天、新材料、新能源等硬科技产业。实施电气设备、集成电路等重大产业化工程，集中力量突破关键核心技术，加快建设以军民融合为特色的国家创新高地。支持华为、中兴、比亚迪、西飞、陕汽、铂力特等重大项目和重点企业发展，塑造"西安制造""西安创造"品牌，壮大"百亿元企业俱乐部"。

三是不断提升西安文化影响力。围绕世界文化之都定位，大力发展"互联网＋文化＋外贸"新模式，办好丝绸之路国际艺术节、第八届西安戏剧节和东亚文化之都、"唐诗之城"系列活动，推出一批具有国际影响力的文化艺术精品。积极引进文化运营企业和产业化项目，抓好文化交流基地建设，继续办好"石榴花之春"中韩文化交流等活动，积极申办丝路卫视，支持国家数字出版基地、丝绸之路国际文化艺术品交易平台和华商传媒等做大做强。全面实施文化复兴工程，建设西安优秀传统文化资源数据库，用好兵马俑、大小雁塔、城墙等名片，丰富"西安语言"，讲好"西安故事"。

3. 问题与挑战

《关中平原城市群发展规划》提出加快建设西安国家中心城市。西安作为内陆城市，相较于东部沿海地区的重要城市，西安的基础更弱、任务更重。

一是西安作为关中平原城市群中心城市的辐射带动作用仍相对有限。西安的经济总量和人均水平都有较大差距，而整个关中平原城市群以及更广阔的西北地区的国土面积大、经济密度低，在一段时间内，会存在"小马拉大车"的局面。

二是西安的产业结构亟待优化调整。关中平原城市群内部的城市需实现更明确的功能分工。西安作为核心城市必须实现产业高度化，应以发展现代服务业和高端制造业为主，将金融、物流、旅游、文化等作为其主导产业，将资源依赖型和劳动密集型等低端产业逐步向外转移。作为关中平原城市群重要增长极的西咸新区，在产业聚集力和吸引力方面亟待加强。同时，西安的经济结构和产业结构中高科技产业的比重还比较低，而且在最新一轮 IT 产业、生物科技产业乃至高端装备制造业的转型发展中与东南沿海地区重要城市的差距拉大，追赶的任务很重。应主动抢抓住新一轮科技革命带来的产业变革机遇，主动拥抱新技术、新业态、新模式，以实现产业转型和结构优化。

三是西安在国防科技和军转民的发展领域会受到体制惯性的约束。国防科技和军转民的体制惯性是国际上的共性问题。20 世纪 90 年代后的美国、独联体（俄罗斯）等国家的国防工业转型也都有一个艰难的过程。未来，西安在此方面也可能会碰到未能预料的问题。

四是把环保关。增强环保意识，改变过去传统的发展方式，避免中东部地区的污染转移，走出生态优先、绿色发展的转型之路。重点应解决西安的水资源短缺问题，加强对秦岭的生态保护，扩大西安的水源地。

4. 未来展望

为抢抓机遇，推进西安经济发展，需要做好以下工作：

一是加快国家中心城市建设机遇。用好国家"一带一路"建设、加快区域协调发展和支持西部发展等政策措施，高标准建设"三中心二高地一枢纽"，高水平推进"一带一路"综合改革开放试验区，构建大西安都市圈，全面提升引领、辐射和带动能力，彰显关中平原城市群核心担当。

二是加速新旧动能转换机遇。坚持深化供给侧结构性改革"八字方针"，巩固"三去一降一补"成果，集聚先进生产要素，加快产业转型升级，提升产业链水平，畅通经济循环，统筹空间、规模、产业三大结构，打造具有西安特色的现代产业体系。

三是加大基础设施投资机遇。争取中央更大支持，全面加快交通、物流、能源、市政、生态环保、农业农村等重大项目建设，全力推进水电气暖设施、棚户区等改造和海绵城市、地下综合管廊等建设，打一场基础设施补短板的主动仗和攻坚战。

四是加力民营经济发展机遇。在优化营商环境、强化招商引资、支持民企发展、激发微观市场主体活力等方面创新举措、狠抓落实，推动民营经济大发展、大突破，让开放之门开得更大、改革之路走得更快。

五是加强保障和改善民生机遇。加快教育、育幼、养老、医疗、文化、旅游等服务业发展，增加高品质有效供给，统筹做好户籍人才新政服务配套，持续办好为民实事，不断提升市民群众获得感、幸福感和安全感。

（三）郑州

1. 城市概况

郑州，简称郑，古称商都，是河南省省会、中国中部地区重要的中心城市、特大城市、国家重要的综合交通枢纽、商贸物流中心、中原城市群中心城市，联勤保障部队郑州联勤保障中心驻地。位居河南省中部偏北，东接开封，西依洛阳，北临黄河与新乡、焦作相望，南部与许昌、平顶山接壤。

郑州地处黄河中下游和伏牛山脉东北翼向黄淮平原过渡的交界地带，西部高，东部低，中部高，东北低或东南低；属北温带大陆性季风气候，四季分明。截至2018年，郑州下辖6个市辖区、1个县，代管5个县级市，总面积7446平方公里，市区面积1010平方公里，中心城区建成区面积549.33平方公里（含航空港经济综合试验区），市域城市建成区面积830.97平方公里，总人口1013.6万人，城镇化率72.2%，完成生产总值10143.3亿元。

郑州是全国重要的铁路、航空、电力、邮政电信主枢纽城市，拥有亚洲作业量最大的货车编组站。郑州航空港区是中国唯一一个国家级航空港经济综合试验区，郑州商品交易所是中国首家期货交易所，郑州也是中国（河南）自由贸易试验区核心组成部分。

郑州是华夏文明的重要发祥地、国家历史文化名城、国家重点支持的六个大遗址片区之一、世界历史都市联盟成员。郑州历史上曾五次为都，为中华人文始祖轩辕黄帝的故里，拥有不可移动文物近万处，其中世界文化遗产 2 处，全国重点文物保护单位 74 处 80 项。2017 年 1 月，国家发展改革委复函支持郑州建设国家中心城市。

2. 2019 年发展情况

2019 年，郑州市紧盯国家中心城市高质量建设总目标，加快"一中枢一门户三中心"建设。

一是牢牢扭住稳增长基本要求。坚持民间投资和政府投资"两手抓"，紧盯总投资 2. 13 万亿元的 910 个省市重点项目，确保完成投资 4600 亿元以上；落实国家、省、市鼓励民间投资政策措施，为民间投资营造良好环境。实施工业"1312"强投资计划，推进上汽大数据中心等 200 个项目开工建设，加快推动宇通电动客车技术中心等 200 个以上项目竣工投产。全面落实国家减税降费等政策，清理规范各类行政审批中介服务事项，全面清理涉企收费，加强运行监测预警分析，强化电力、运力、能源等要素保障，突出稳定工业增长。紧跟国家政策导向促进消费升级，充分释放健康、文化、信息等领域和传统服务业消费潜力，落实好个人所得税专项附加扣除政策，积极培育新的消费热点。

二是持续提升科技创新能力。全力支持自创区发展，谋划建设自创区展示中心，积极打造中原科创谷、郑东新区科学谷、郑开双创走廊。充分发挥国家技术转移郑州中心、河南省技术产权交易所等作用，加速科技成果转化。加快推进国家超算中心、中科院过程所郑州分所等项目建设。组织实施盾构、燃料电池客车等 50 个科技创新重大专项。办好中国·郑州北斗应用大会、独角兽企业峰会、新兴产业大会、中国·河南开放创新暨跨国技术转移大会、双 12 双创日暨第五届中国创客领袖大会等活动。

三是着力打造内捷外联"畅通郑州"。抓好航空枢纽能级提升工程，以郑州国际航空货运枢纽战略规划获批为契机，加快推进机场三期工程建设，完善中央航站区布局，提升机务维修等配套能力，打造 24 小时内全球可达的航空服务体系。抓好米字形高铁网实施，配合做好郑万、郑阜、郑济高铁和郑州南站建设，确保郑万一期、郑阜高铁年底前通车运营。抓好"1 +4"郑州大都市区交通构建工程，完善郑州与周边地市"3 +3 +4"快速交通系统，确保机场至南站城际铁路建成通车，开工建设郑洛城际铁路。

四是全力打好污染防治攻坚战。持续优化能源结构，加快推进主城区煤电机组清零工程，推动煤炭消费总量稳步下降；加快调整产业结构，实施重污染企业退城搬迁、重点企业"一企一策"深度治理改造；积极调整交通运输结构，打好柴油货车污染治理攻坚战；不断提高扬尘污染治理标准，确保全市 PM_{10}、$PM_{2.5}$ 年均浓度、城区优良天数达到省定目标。深入开展河流综合整治、黑臭水体整治、打击非法采砂、全域清洁河流和农业农村污染治理攻坚战。

3. 问题与挑战

在建设国家中心城市的历程中，郑州面临一系列的挑战。

一是经济发展短板：经济首位度不高。郑州"十二五"GDP 年均增长 11.2%，在全国 35 个大中城市处于前列。但与国内领先的中心城市相比，综合经济实力相对薄弱，辐射带动能力明显不足，郑州经济总量仅是武汉、成都的 70%。经济总量占全省的比重低于武汉（36%）、成都（37%）、西安（34%）、杭州（24%）。

二是科技发展短板：科技创新能力不足。郑州科技发展还存在基础薄弱、创新人才短缺、创新平台不多、创新环境不优、创新主体不强的问题，特别是自主创新整体实力不强，原始创新能力尤为薄弱，研发投入占生产总值的比重明显低于全国平均水平，高技术产业和战略性新兴产业占比偏低，一些关键核心技术长期需要靠外部引进。

三是教育发展短板：高等教育资源匮乏。郑州高等教育资源存在短板，在高端人才培养规模与质量，在师资队伍、学科建设、科学研究、人才培养等方面都存在很大差距。

四是社会发展短板：城乡发展不均衡。郑州市受到河南传统的农业大省和人口大省影响，城乡在资源配置上不均衡，在收益分配上不平等。农民收入与城镇居民的收入差距仍在继续扩大，2017 年郑州城镇居民人均可支配收入与农村居民人均可支配收入之比为 3.6:1。基础设施建设偏重城市，城市基础设施建设步伐越来越快，农村道路、交通、通信、水利设施建设相对落后，农村集中供水、排污、垃圾集中处理等设施不配套、共享性差。国际化程度不高，全球 500 强企业在郑州的数量（63 家），只有武汉（246 家）的四分之一。

五是城市环境与管理短板：城市综合管理不够精细。郑州面临着供水供热和环境建设等城市综合承载能力不足、大气污染治理及占道经营整治等城市综合管理精细化不够、生活垃圾及建筑垃圾处理等城市环境综合治理亟待加强的突出问题。如何提供满足市民和各社会阶层多元化需求的公共服务产品就成为了郑州建设国家中心城市的重中之重。

4. 未来展望

郑州建设国家中心城市，未来需要采取以下举措：

一是优化城市空间布局，构建和谐城镇体系。《郑州市城市总体规划(2010～2020年)》(2017年修订)，郑州建设国家中心的城镇布局为"一主一城三区四组团"。其中，一主为郑州主城区；一城为航空城（郑州航空港经济综合试验区）；三区为东部新城区、西部新城区和南部新城区；四组团为登封、巩义、新郑、新密四个外围组团。目标是形成以主城区、航空城和新城区为主体、外围组团为支撑、新市镇为节点、其他小城镇拱卫的层级分明、结构合理、互动发展的网络化城镇体系。

二是构建现代产业体系，全面提升综合经济实力。紧紧把握中国经济转型发展的历史机遇，发挥郑州制造业人才资源集中的优势，以智能化为核心，发展壮大先进制造业，全面提升制造业创造能力和创新能力，培育一批具有核心竞争力的先进制造业产业集群，推动形成高端化、智能化、绿色化、服务化的新型制造业体系，发展成为全国重要的先进制造业中心。

三是深化改革创新，加快培育壮大新动能。深入推进政府职能转变，以高效市场、有限政府为目标，确保将转变政府职能、全面深化改革的各项任务落到实处，更加重视劳动就业、居民收入、社会保障、人民健康状况，引导各级政府将职能转变到优化环境、改善民生、保护生态上来，基本建立符合社会主义市场经济规律、适应现代治理体系要求的政府管理服务模式。

四是发挥区位优势，提升交通和物流中枢能级。加快建设全国重要的现代物流中心，构建国际化现代化立体综合交通大枢纽体系。健全航空网、铁路网、公路网"三网融合"，构建航空港、铁路港、公路港、海港"四港一体"多式联运的大物流体系，夯实发展大物流体系的基础。

五是坚持内外联动，构筑内陆开放型经济高地。以推进中原经济区、郑州航空港经济综合试验区、郑州自由贸易区、国家自主创新示范区战略融入"一带一路"建设为切入点，利用内陆纵深广阔、人力资源丰富、产业基础较好优势，以航空港、国际陆港、中欧班列（郑州）、跨境贸易电子商务、特种商品进口口岸五大开放平台建设为重点，构建郑州对外开放新的战略平台，充分发挥郑州在"一带一路"的核心带动作用。

六是彰显人文特色，建设国际化现代城市。发挥在华夏历史文明传承创新区中的核心地位，遵循改革创新、提升功能，开放引领、区域联动，生态优先、文化传承的原则，努力建设具有创新活力、人文魅力、生态智慧、开放包容的国际化现代城市。

三、黄河下游典型城市

（一）济南

1. 城市概况

济南，别称泉城，是山东省省会、副省级市、济南都市圈核心城市，国务院批复确定的环渤海地区南翼的中心城市。截至 2018 年，全市下辖 10 个区、2 个县，总面积 10244 平方公里，建成区面积 561 平方公里，常住人口 746.04 万人，城镇人口 537.89 万人，城镇化率 72.1%。

济南地处中国华东地区、山东省中西部、华北平原东部边缘，是中国人民解放军北部战区陆军机关驻地，山东半岛城市群核心城市，北连首都经济圈、南接长三角经济圈，东西连山东半岛，是环渤海经济区和京沪经济轴上的重要交汇点，环渤海地区和黄河中下游地区中心城市之一。

济南因境内泉水众多，拥有"七十二名泉"，被称为"泉城"，素有"四面荷花三面柳，一城山色半城湖"的美誉，济南八景闻名于世，是拥有"山、泉、湖、河、城"独特风貌的旅游城市，是国家历史文化名城、首批中国优秀旅游城市，史前文化——龙山文化的发祥地之一。

济南已成功举办亚洲杯、全运会、中国国际园林花卉博览会、中国艺术节等多项国际和国家级盛会，2015 年举办第 22 届国际历史科学大会；2016 年 4 月举办中国绿公司年会，12 月被国务院列为第三批国家新型城镇化综合试点地区。2017 年中国百强城市排行榜排第 19 位，举办第五届世界摄影大会。2018 年 1 月，国务院正式批复《山东新旧动能转换综合试验区建设总体方案》，支持济南建设国家新旧动能转换先行区。2019 年 1 月进入"亚洲城市 50 强"，跻身"全球二线城市"。2020 年山东省四星级新型智慧城市建设预试点城市。

2. 2019 年发展情况

2019 年，济南市乘势而上、奋发作为，统筹兼顾、突出重点，推动各项工作卓有成效地开展。

一是聚焦推进"四个中心"建设，塑造省会辐射带动新优势。做大做强区域性经济中心，大力发展总部经济。加快央企总部城、省企总部城规划建设步伐，用足用好支持总部经济发展的十大政策，组织开展各种形式的精准招商推介会，主动对接京津冀和雄安新区建设，加快形成我国北方高端产业、科技、人才、现代服务业集聚地，打造央企、跨国公司区域总部基地。做大做强区域性金融中心，围绕增强金融集聚能力，加快 CBD 金融城项目建设步伐，完善汉峪金谷配套设施，推进山东新金融产业园二期工程，重点引进财务公司、基金公司、外资银行等金融业态和机构，打造全牌照、全业态金融机构集群，力争金融业增加值达到 940 亿元、增长 8.5% 左右。做大做强区域性物流中心，以建设"路港、空港、保税港、信息港"四港合一的国际内陆港为抓手，深入推进国家供应链体系建设综合试点，加快建设高端物流集聚区。大力发展无车船承运、多式联运、城市共同配送、冷链运输等高端物流及智慧物流，打造区域集散转运中心，社会物流总额增长 11%，规模以上物流企业营业收入增长 9%，新增规模以上物流企业 50 家。做大做强区域性科创中心，建设以企业为主体的自主创新体系，实施高新技术企业梯次成长计划，高新技术企业总数达到 1850 家以上，高新技术产业产值增长 10% 以上。实施企业研发能力提升工程，支持大中型工业企业和规模以上高新技术企业建设研发平台，鼓励企业并购或设立海外研发机构，全社会研发经费增长 15%。

二是聚焦加强生态环保建设，塑造省会可持续发展新优势。深入开展"四减四增"三年行动，坚决打好污染防治攻坚战。坚持不懈治霾，深入实施蓝天保卫战三年作战计划，强化工业企业和柴油车污染治理。完善重污染天气应急预案和重点时段减排要求，落实好"蓝绿名单"制度，依法分类处置"散乱污"企业。坚持不懈治水，全面推进"水十条"任务落实，突出抓好老旧城区雨污分流改造，持续做好建成区黑臭水体整治，加快小清河污染治理，确保实现小清河辛丰庄出境断面水质稳定达标。坚持不懈治山，持续推进南部山区生态自然景观保护。加大城区内 158 座山体的保护力度，强力推进破损山体治理，绿化提升山体 27 座，新开工建设郊野公园 6 处，完成新造林 10 万亩。坚持不懈治土，加强涉重金属行业污染防控和危险废物管理，实施土壤污染治理和修复试点项目。推进居民小区和公共区域垃圾分类试点，坚决守住土壤环境质量底线。

3. 问题与挑战

济南市存在的问题主要表现为：省会优势尚未得到充分发挥，辐射力、带动力、影响力还不够强；经济发展的质量效益还不够高，高端制造业的优势还未形成，外向型经济、县域经济、民营经济仍是短板；创新驱动能力有待加强，新经济新动能培育力度还不够大；开放水平与先进城市还有较大差距，国际化程度有待提高；资源环境约束趋紧，治污减霾、生态环境保护任务还十分繁重；民生保障存在一些薄弱环节，涉及群众切身利益的住房上学交通看病养老等方面，还有许多不尽如人意的地方；城乡二元结构矛盾突出，城乡居民收入差距仍然较大；许多领域不稳定不确定因素相互交织，防范风险的压力仍然较大；政府职能转变还不够到位，资源要素市场化配置程度不高。直面问题、敢于担当，全力以赴加以解决。

4. 未来展望

济南市要精准把握融合发展的工作重点、时序步骤和力度节奏，强力推动全域一体融合发展，做好一体布局、优势互补、融合发展这篇大文章。

一是高质量推进规划融合。坚持世界眼光、国际标准、省会特色，对全域空间格局、功能区划、产业布局等进行一体规划，加快作出系统、全面的整体安排。立足发挥空间布局整体优势，把莱芜区和钢城区纳入济南新旧动能转换先行区，作为先行区的"南翼"，编制专门规划，实现产业对接、规划衔接、一体发展，加快打造新旧动能转换的核心引领优势。

二是高质量推进产业融合。着眼构筑符合省会禀赋的现代产业体系，统筹大数据与新一代信息技术、智能制造与高端装备等十大千亿级产业，与莱芜区钢城区精品钢等十五个产业集群，打造一批千亿级产业集群，形成更加合理的国土开发格局和产业发展布局。坚持强强联合、优势整合，将莱芜区钢城区作为"智造济南"的重要节点、"文旅济南"的重要区域、"康养济南"的重要载体、"全域济南"的重要支撑，着力进行"四个一体化"打造。

三是高质量推进基础设施融合。在国际国内交通大格局中，超前谋划建设一批具有标志性的重大工程，强力推进济郑、济滨、济济（宁）、莱临（沂）等重大交通设施建设，构建"米"字形高铁网。把济莱城铁及早提上建设日程，争取早立项、早开工、早投用，推动省会都市圈全域轨道交通网加速形成。

四是高质量推进公共服务融合。优化住房、养老、医疗、休闲、购物等配套设施规划布局，加强各类公共服务有效供给。按照省会的标准，加快提升莱芜区钢城区教育、文化、医疗、旅游等公共服务设施建设水平和群众生活质量，确保两区与济南原有区"等高对接"，最大限度地释放区划调整的改革红利。

（二）东营

1. 城市概况

东营市是山东省地级市，位于山东省东北部、黄河入海口的三角洲地带，地理位置介于东经118°5′，北纬38°15′之间。东营市属暖温带大陆性季风气候，地势沿黄河走向自西南向东北倾斜。截至 2016 年底，东营市下辖 3 区 2 县，总人口 213.21 万人。

1983 年 10 月 15 日，东营市正式挂牌。东营东临渤海，与日本、韩国隔海相望，北靠京津唐经济区，南连山东半岛蓝色经济区，向西辐射广大内陆地区，是环渤海经济区的重要节点、山东半岛城市群的重要组成部分，处于连接中原经济区与东北经济区、京津唐经济区与胶东半岛经济区的枢纽位置。东营还是古代伟大的军事家孙武故里、山东地方代表戏曲吕剧的发源地和中国第二大石油工业基地胜利油田崛起地。2019 年 8 月，中国海关总署主办的《中国海关》杂志公布了 2018 年"中国外贸百强城市"排名，东营排名第 31 位。

2. 2019 年发展情况

2019 年，东营市围绕重点，扎实推进经济社会发展和生态环境保护工作，着力促进经济高质量发展。

一是加快新旧动能转换。重点实施总投资 1024 亿元的 100 个产业项目，强化投资拉动，加快构建现代产业体系。推动特色产业做强做优。坚持"工业为主、企业为尊、集群发展"，实现制造业浴火重生。石化产业，大力推动炼化产能优化整合，加快实施威联芳烃等高端项目，积极争取布局炼化一体化项目，推动石化产业由原材料产品、中间产品向高层次市场终端产品发展。橡胶产业，引导轮胎企业注重品牌、强强联合，打造行业龙头企业，尽快实现转型升级、脱胎换骨。新材料产业，实施国瓷特种陶瓷材料、利华益高端工程塑料等重点项目，规划建设国瓷新材料产业园，积极引导石化、有色金属等企业向新材料领域延伸发展，加快形成千亿级产业集群。石油装备产业，推动科瑞、高原等骨干企业与国企合作重组、与外资企业合资合作，提高创新能力和智能制造水平。有色金属产业，依托方圆等企业，进一步提高冶炼技术水平，延长产业链条，向高强高导的铜合金材料、高性能金属材料发展。

二是发展文化旅游产业。落实"旅游富民"三年行动计划，把文化旅游产业发展成为富裕东营的支柱产业、幸福东营的惠民产业和宜居东营的生态产业。引进华侨城等旅游龙头企业，充分利用"河海交汇、新生湿地、野生鸟类"三大世界级旅游资源，集中打造黄河口生态旅游区和沿黄、滨海两条精品线路，打响"黄河入海，我们回家"旅游品牌。充分挖掘红色文化、石油文化、黄河文化、吕剧文化等资源，丰富旅游文化内涵，形成文旅融合发展新优势。规划实施黄河口文旅小镇、黄河文化馆提升、黄河科技馆布展、石油科技馆和耿井休闲体育公园建设等项目。

三是做好经略海洋文章。加快培育生物医药产业，依托化工产业拓展延伸，积极发展生物化工、制药化工、精细化工及其配套产业，实施天东公司依诺肝素钠等重点项目。强化海洋意识，实施海洋强市建设行动方案，重点发展海洋渔业、海洋装备、海洋生物医药等产业，扎实推进海洋重大项目建设，切实保护海洋生态环境。

四是打好污染防治攻坚战。持续治理非法调和销售成品油、危废固废、空气异味、城市扬尘等突出问题，加强环渤海排污口排查整治，实施广利河溢洪河流域及城市内水系环境综合治理、危险废物综合处置中心等 93 个水气土污染治理项目。强化环保执法监管，完善有奖举报制度，坚决严厉打击污染物偷排偷放、生态环境破坏、监测数据造假等环境违法违规行为，让东营的天更蓝、水更清、空气更洁净。

3. 问题与挑战

东营市发展存在的突出问题与挑战有：经济下行压力依然很大，部分企业资金紧张、经营困难；大项目好项目较少，新旧动能转换步伐不快，科技创新能力不强，"四新"经济比重较低，产业结构调整任务艰巨；环境问题仍然突出，安全生产压力巨大；社会事业发展不平衡不充分，民生工作与群众对美好生活的期盼还有差距。

4. 未来展望

东营市围绕加快新旧动能转换、推动高质量发展，坚定不移推进战略实施。

一是坚定不移实施融合战略，推进产业融合、产城融合、区域融合。积极发展农业"新六产"，集中抓一批专业特色小镇和田园综合体；运用"互联网＋""人工智能＋"改造提升传统产业，提高产业智慧化水平，迸发产业发展新活力。城区改造、片区开发以产业为先导，合理配置功能，科学导入现代城市产业，实现城市与产业时序上同步演进、空间上分区布局、功能上产城一体，以产兴城、以城促产、产城融合。东营经济技术开发区、东营区要高点定位，以更高标准推动规划建设管理，着力打造精致城市。垦利区要纳入中心城区，切实树立市区理念，推动与主城区相向发展。加快油地校融合，发挥胜利油田、石油大学更大作用，合力促进区域经济社会发展。农高区是东营的重要组成部分，要全面加强规划对接、产业对接、设施对接，着力建设地区创新中心。

二是坚定不移实施聚焦战略，推进产业聚焦、区域聚焦、体制机制聚焦。推动石化、橡胶产业加快整合提升、转型发展，新材料、航空航天产业壮大规模、形成新亮点。聚焦重点区域。东营港经济开发区要落实"港区融合、三位一体"，统筹规划，完善设施，以一类对外开放口岸和鲁北高端石化产业基地核心区的标准推进工作。东营经济技术开发区创新产业、创新体制机制，建设特色专业园区，着力推动产业集群发展、规模扩张和质量提升，担当起全市新旧动能转换主战场、"双招双引"主阵地、产城融合示范区的重任。黄河口生态旅游区要整合周边资源，配套基础设施，完善旅游功能，打造黄河入海文化旅游目的地核心区。金湖银河片区综合开发与北二路及东营河沿线改造，要围绕湿地特色，突出医养健康等现代产业，建设区域价值高地。聚焦体制机制创新。

三是坚定不移实施开放战略，推进思想解放、队伍建设和对内对外全面开放。增强开放意识、开放能力，着力建设"双招双引"、外经贸工作专业队伍，切实提高干部队伍专业素养。深入实施"境外百展市场开拓计划"，积极应对国际贸易摩擦，扶持骨干外贸企业创新发展，稳定出口规模。大力发展服务贸易，培育跨境电商、外贸综合服务等外贸新业态。优化口岸营商环境，整体通关时间压缩10%以上。引进德国博世马勒等高质量外资项目，以项目带技术、带理念、带管理、带市场。支持企业开展国际并购、资产重组、合作研发，深度融入"一带一路"建设。东营综合保税区抓住国家促进综保区升级的机遇，打造对外开放的重要窗口。积极承接北京非首都功能疏解和产业转移，深化与港澳台合作，加强与日韩、欧美等国家经贸往来，向海内外投资者敞开大门，构建对外开放新高地。

（三）青岛

1. 城市概况

青岛，山东省副省级市，计划单列市，国务院批复确定的国家沿海重要中心城市、国际性港口城市，也是山东省经济中心、滨海度假旅游城市、国家重要的现代海洋产业发展先行区、东北亚国际航运枢纽、海上体育运动基地，"一带一路"新亚欧大陆桥经济走廊主要节点城市和海上合作战略支点。青岛地处山东半岛东南沿海、中日韩自贸市的前沿地带；东隔黄海与朝鲜半岛相望，东北与烟台毗邻，西与潍坊相连，西南与日照接壤；总面积11282平方公里，辖7个区，代管3个县级市，2017年常住总人口929.05万人，地区生产总值11037.28亿元。

青岛地区昔称胶澳，是国家历史文化名城、中国道教发祥地，6000年以前，境内就有人类的生存和繁衍。因树木繁多，四季常青而得名。1891年清政府驻兵建制,1897 年德国租借并建设港口和铁路,1914 年 11 月日本取代德国占领青岛,1949 年 6 月 2 日青岛解放。

青岛是 2008 年北京奥运会和第 13 届残奥会帆船比赛举办城市,是中国帆船之都、亚洲最佳航海城、世界啤酒之城、联合国"电影之都"、全国首批沿海开放城市、全国文明城市、中国最具幸福感城市。被誉为"东方瑞士"欧韵之都、"中国品牌之都"。

青岛是国际海洋科研教育中心,驻有山东大学(青岛)、北京航空航天大学青岛校区、中国海洋大学等高校 26 所,引进清华大学、北京大学等 29 所高校。青岛的异域域建筑种类繁多,被称作"万国建筑博览会"。八大关建筑群荣膺"中国最美城区"称号。2019 年 12 月 26 日,位列 2019 年全球城市 500 强榜第 134 名。

2. 2019 年城市发展情况

2019 年,青岛市统筹兼顾、优化布局、突出重点,全面抓好各项工作落实。

一是改造提升传统产业。实施智能制造工程,引导企业实施数字化升级改造,推进 60 个智能互联工厂、数字化车间、自动化生产线示范项目建设。推进制造业、服务业有机融合,推动工业企业向以制造为基础的产品、技术、服务等综合供应商转变。提升食品饮料行业精深加工能力。推动纺织服装行业品牌化、定制化发展。促进化工行业集约、绿色发展。引导传统服务业创新商业模式、服务方式。推动批发企业更大规模聚集、发挥更大辐射作用,鼓励发展新零售。

二是培育壮大战略性新兴产业和高技术产业。瞄准新一代信息技术、生物医药、新能源汽车、高端装备、新材料等领域,引龙头、聚配套,规模化集群化发展。加快中电科电子信息装备产业园、中科曙光全球研发总部基地、浪潮大数据产业园、青岛(芯园)半导体产业基地、青岛芯谷等园区建设。实施大数据发展行动,加强新一代人工智能研发应用。促进修正药业、海王生物、国药医疗等项目建设,支持现有药企加快发展。

三是做优做活现代服务业。推出个性化、品质化旅游线路和旅游产品,加强网络营销、精准营销,打造国际一流滨海度假旅游胜地。发展文化创意产业,做大影视演艺、动漫游戏、出版发行、数字传媒产业。推进崂山湾国际生态健康城、西海岸新区智慧科技健康城、高新区蓝色生物医药城建设,打造医养健康产业高地。

四是加快建设国际海洋名城。立足海洋优势和特色,坚持科技兴海、产业强海、生态护海，努力在全国海洋经济发展中率先走在前列，当好海洋强国、海洋强省建设生力军。加快中船重工海洋装备研究院、国家海洋设备质量检验中心等项目建设，发挥海洋类创新平台带动作用，打造具有国际影响力的海洋科技创新策源地。推进"健康海洋"等重大科研项目攻关，在海洋领域突破一批核心技术。组建国际海洋科技创新联盟。推进国家海洋技术转移中心建设。加快推进100个海洋重点项目建设，加快建设海洋牧场、渔港经济区。推动滨海旅游、海洋交通运输业以及其他涉海服务业量质齐升。支持青岛港集团做大做强，推动国际邮轮港跨越式发展，增开航线，拓展市场，加快提升货客运输量。建设航运大数据综合信息平台，完善国际航运交易、贸易、金融服务功能，建设国际航运中心。

五是提升生态文明建设水平。实施"绿满青岛"国土绿化行动，抓好北部绿色生态屏障建设，新增造林13万亩。编制生态保护红线、环境质量底线、资源利用上限和环境准入清单。加强生态保护与修复治理，坚决整治自然保护区突出生态问题。突出扬尘、柴油货车等重点污染源治理，加强河道综合治理、黑臭水体治理，加强土壤污染防治，强化危险废物、医疗废物监管。

3. 问题与挑战

对标先进，青岛在国际城市建设中存在的主要短板：

一是国际分工参与的层次有待提高。青岛在金融服务、科技合作等领域参与全球竞争的力度不够大。金融业增加值占GDP比重不高，2018年为6.7%，远低于上海的16.2%、深圳的14.5%。外国金融机构数量为34家，与广州的84家、深圳的45家有一定差距。PCT国际专利申请量远远少于深圳、上海。青岛国际进出口航班数量相对不少但航线集中于日韩，在全球层面分工的参与层次有待提升、参与范围上有待拓展。

二是高端要素集聚配置能力尚需提升。青岛在国际组织总部、国际会展、外籍人口方面的集聚能力偏弱。青岛国际组织总部和地区代表处数量偏少，目前仅有3个，远少于广州的53个、上海的73个。青岛国际性的会展举办不多，按照国际展览联盟、国际大会及会议协会的认证和统计，青岛举办的国际会展是4次，而深圳是22次、上海80次、汉堡80次、新加坡160次。青岛对外籍人口吸引能力偏弱，外籍常住人口占全市常住人口比重为0.21%，远低于香港的6.9%、新加坡的13.8%、旧金山的34%。此外，优质企业的集聚是城市集聚配置能力的重要表现形式。青岛在集聚优势资源、创新商业模式和培育高成长企业能力上有待提升。

三是城市治理的能力水平有待改善。城市规划建设管理的精细化、科学化程度与国际城市要求相比存在一定差距。城市治理体系与治理能力现代化亟须加快推进，城市公共标识标牌系统不够健全，公共场所外语标识缺乏，交通文明和公共场所秩序有待提升，旧城、旧村、旧片区以及城市山头的综合整治力度还不够大，城市立体交通体系尚未完全形成。中心城区公共交通机动化出行分担率为48%，低于广州的60%、新加坡的63%、香港的90%。城市生活环境质量有待进一步提升。

四是公共服务的统筹水平存在差距。青岛市基本公共服务水平发展上，在15个副省级城市中相对较弱。城市大学和拥有公共图书馆、博物馆方面仅比宁波强，与其他城市相比差距较大；外商直接投资占本地投资比重相对较低；入境游人数与大连、宁波同在百万人次水平上，与其他城市的差距明显。在医院卫生院人均床位上，青岛床位紧缺程度位居全国第九，每万人床位数仅28.726个。

4. 未来展望

面对网络化的世界和国内经济发展进入新常态，青岛必须确立新的发展坐标和发展理念，在国际城市体系中找准方位，在提升城市能级上积极作为，加快推进城市国际化，在全球分工体系中向高附加值、高效率、高辐射的服务经济环节转型，尽快进入国际城市体系的高级群落。

一是国际方位：中国立足东北亚面向亚太的联系枢纽和国际门户。中国的城市体系是一个开放的系统，是全球城市中的一部分。GaWC 排名显示，中国的香港、上海和北京三座城市列入全球排名前十位，青岛晋级全球二线城市。青岛在中国现有城市体系中的全球联系度较高、国际节点功能突出。从国家面向世界的开放功能层级上来看，青岛应承担重要的门户功能。从空间关系看，青岛处于具有全球影响力的北京、上海两大国家中心城市之间，既承接京津冀和长三角两大城市群的辐射带动，又是两大中心连通东北亚的重要节点。立足未来世界发展趋势和在国际城市体系中所处方位以及资源禀赋，青岛应该发挥自身的全球联系优势和区位特色，对内带动山东，与京津冀形成互动，向西辐射沿黄流域，向北辐射东北三省。对外面向东北亚，连通日韩和"一带一路"沿线国家和地区，进而成为带动中国北方、面向世界开放、整合全球资源要素的新高地。

二是功能定位：贸易、创新、金融领域的国家级服务中心。明确国家中心城市建设的核心功能是国内城市建设国家中心城市的普遍做法。国家《服务经济创新发展大纲（2016～2020）》指出，将包括青岛在内的 14 个城市打造成为具有较强辐射功能的国家级服务中心。国家级服务中心，是在全国或特定的区域范围内，承担金融、贸易以及生产性服务业等多种功能，作为全国或区域经济的控制与决策中心，具有强大的辐射服务功能，能够渗透周边城市和带动区域共同发展。从城市制造、金融、科技、文化等四项功能看，青岛的金融和科技功能较为突出，制造和文化功能相对较弱。结合当前的核心竞争力，青岛国际城市的功能定位目标是有国际影响力的国家重要财富管理中心、海洋特色的国家创新中心、国家国际贸易中心，据此最终形成国家服务中心。

第 十 八 章

CHAPTER 18

美丽的母亲河

黄河，你历经沧桑，却又百折不挠。

黄河，你逆境中前行，永不停止。

黄河，你用母亲的乳汁，养育了中华儿女。

黄河，你勇敢刚毅，又柔情似海深。

新时代，大变革，大冲击，大碰撞。

黄河，你继续坚定信心，迸发无限的力量。

你用柔弱的臂膀，再次托起那颗照耀中华民族伟大复兴的太阳。

一、黄河的内在美

黄河的气势磅礴征服了古今中外的无数英雄。张骞出使西域、唐玄奘西天取经、汉武大帝、李自成、刘志丹、红色延安等历史人物和历史遗迹，用不同的彩笔、不同的视角，抒发了百折不挠、永不低头的奋进情怀。黄河内在美体现在通过政府引导、市场化运作，以生态优先、产业融合，打造生态宜居宜业的生态水系。

黄河始终承载了黄河流域城市政治、经济和历朝历代政权、人民群众的变革与创新。盘古开天辟地以来，商鞅变法、戊戌变法、古都长安等，均与黄河的开放、变革基因有关。通过几千年、历代统治者和人民群众的开放创新，演绎着一个个美丽的传说、开放融合的故事。

黄河形成了大汶口文化等各具特色的地理文化和亚文化。通过黄河文化的传承和弘扬，不断赋予新时代的烙印，进而构建了富强文明和谐富裕的黄河生态经济带和多个都市圈、中心城市群。

（一）生态宜居的黄河

黄河流域各省区坚持因地制宜、分类指导的原则，充分考虑黄河不同流域的多样性特征，尊重实际，在坚持保护与治理方向的前提下，以黄河流域的高质量发展为战略目标，上中下游因地制宜，实施与当地发展相适应的政策。

黄河上游地区，加强我国重要水源涵养生态功能区的生态保护、监管，推进实施重大生态保护修复和建设工程，提高粮食主产区的粮食产出质量。黄河中游地区建设淤地坝，推进水土保持工程，加大对污染严重支流的生态保护和综合治理。流域下游的黄河三角洲地区，将生态多样性和湿地保护作为区域发展的重点，提高黄河流域的生物多样性，推动各地区的同富裕，实现黄河流域高质量发展。

（二）创新进取的黄河

黄河流域的高质量发展离不开创新的支撑。当前，全球新一轮科技革命、产业变革加速演进，颠覆性创新不断涌现，创新成为引领发展的第一动力。重点推进黄河流域的产业创新、实践创新和体制创新：

产业创新。通过新技术开发利用，提高清洁能源的利用效率，通过新技术、新能源的利用，加快传统产业的转型升级。发展战略性新兴产业，培育壮大节能环保、清洁能源等产业。通过产业融合、产业集群等创新，构建现代化产业链，实现生态环境保护和经济高质量发展的战略目标。

实践创新。以流域生态保护与资源的合理利用为基础，因地制宜、精准施策，构建有地域特色的现代产业体系。推进节水、净水技术的开发及其应用。以保障和改善民生为出发点和落脚点，通过数字化建设与公共服务水平的提升，让黄河流域人民分享改革发展成果。以市场为导向，整合各方优势资源，推动科研成果的转化，实现院校与企业共赢，促进黄河流域高质量发展。

体制创新。探索符合市场规律和方向的合作机制，通过制度红利，推动资源的自由流动，提高其配置效率。转变政府职能，通过简政放权营造良好的营商环境，实现黄河流域的高质量发展。

（三）绿色发展的黄河

坚持绿水青山就是金山银山的理念。实施"共同抓好大保护，协同推进大治理"，推进防治水土流失与改善当地生产条件相结合，通过合理规划，抑制不合理的居民生活与生产用水需求，实施全社会节水行动。考虑流域的长远发展，通过长远利益的贴现使当前利益和长远利益更好地结合。根据"谁投资谁治理谁受益"的原则将经济效益与生态效益结合，在保持黄河水土的同时实现资源的合理开发利用与经济高质量发展。

实施绿色制造行动计划。实施水资源合理开发和利用，强化单位水耗能耗，完善交通和资源能源供给机制，促进区域协调与经济高速增长。

（四）开放包容的黄河

对内开放。以黄河文化为纽带，以人才交流、科研合作为举措，推动黄河流域与其他地区在科教、文旅等方面的交流。发挥文化优势，将产品赋予文化内涵，提高其产品附加值。生产高质量产品，打造本地优质品牌，通过对内开放实现资源优势向经济优势的转化。加大人才、技术等生产要素的自由流动，利用人才培育与引进计划提升本地综合竞争力，推动黄河流域高质量发展。

对外开放。吸取东南沿海开放经验，以开放促改革、促发展。发挥区位优势，积极融入"一带一路"建设，发挥对相关国家的辐射作用。通过高水平的对外开放，打造开放包容的黄河流域高质量发展城市群、经济带。

（五）协同有效的黄河

黄河流域作为有机整体应着眼于黄河流域布局，调整各地区产业结构，实现优势互补、合作共赢，通过协同发展促进黄河流域的高质量发展。

经济发展协同。遵循主体功能区的差异化思路，上中下游各具特色，统筹规划，一体化行动。生态条件较好的平原地带，大力推动创新型经济与新经济发展，实施创新驱动战略。对于重点城市，进行经济结构的优化升级，推进再工业化，建立现代化经济体系。

生态环保协同。坚持全局视角，生态环境脆弱的区域，加强重要水源涵养生态功能区保护，加强草地、湿地保护，防止土地退化，开展植树造林，减少开发建设的生态破坏或污染。黄河流域中下游地区以防止水土流失为重点，制定适合的环境保护和产业规划。区域中心城市等地区，积极减少环境污染，发展清洁产业和新兴产业。

基础设施协同。谋划推进公路、高铁、水运和航空等大通道建设，完善航空运输网络、高铁物流体系，实现沿黄河省区与重点城市衔接，推动流域各省区资源要素的优势互补和协同发展。

二、黄河的民族魂

黄河在几千年与大自然、与外敌入侵的斗争中，逐步铸就了中华民族之魂。黄河流域的人民，共饮一河水，形成了相同的文化认同和民族特性。

（一）自强不息的黄河

黄河在我国北方蜿蜒流动，它不仅仅是一条大河。因黄河、黄土地、黄帝、黄皮肤以及传说的中国龙，这一切黄色的表征，把这条流经中华心脏地区的浊流升华为"圣河"。《汉书·沟洫志》曰："中国川源以百数，莫著于四渎，而黄河为宗。"从高空俯瞰，它非常像一个巨大的"几"字，又隐约像是中华民族独一无二的图腾——龙。

黄河源于青藏高原巴颜喀拉山，"黄河浩荡贯长虹，浪泻涛奔气势雄；石障山屏难阻挡，千回百转总流东"。黄河之水一路汹涌奔腾，锐不可当。通过九省、自治区，注入渤海。

总体来看，黄河的民族魂具有"团结、务实、开拓、拼搏、奉献"等特质。

"团结"是事业胜利的保证。团结就是力量。团结出凝聚力，团结出战斗力，团结出生产力。有了团结的集体，就能招之即来，来之能战，战之能胜。

"务实"就是重实际，说实话，办实事，求实效。不唯书，不唯上，但唯实。作决策，办事情，立足现实，久久为功，不搞形式主义。务实就是克服教条主义和官僚主义，反对作风漂浮、沽名钓誉，注重实干，注重实效。

"开拓"就是解放思想，实事求是，增强改革精神，知难而进，把各项任务落到实处。开拓，必须有饱满的热情、科学的方法和扎实的态度。

"拼搏"是一种精神状态。干事业要有拼劲，有良好的状态，有积极性，有不达目标不罢休的豪情壮志。

"奉献"是真诚自愿的付出行为。奉献精神作为高尚的人生观和价值观，是中国共产党的性质和宗旨的集中体现，是纯洁高尚的精神境界，它体现了中华民族的传统美德与时代精神的统一。

一个人没有精神直不起腰，一个民族、一个国家如果没有精神就缺少人格，失去公信力和凝聚力。黄河的治理开发要与时俱进，黄河精神的内涵随时代而丰富、发展。

围绕黄河流域综合治理和高质量发展的战略目标，必须弘扬民族精神，培育黄河精神，重新认识黄河，读懂黄河。聚焦核心问题，抓住战略机遇，加大基础研究，贯彻"两手抓，两手都要硬"的方针，发扬黄河精神，聚精会神，同心同德，持续拼搏，共同做好黄河大保护、大开发，让黄河造福于中华民族。

（二）源远流长的黄河

"长江、长城、黄山、黄河，在我心中重千斤"。《我的中国心》以其高亢、深厚的爱国激情，传遍中国的山山水水。黄河、长城作为中华民族的精神象征，时刻牵动着海内外千万炎黄子孙的心。

与古代的埃及、巴比伦和印度等文明古国一样，中国是一个在"大河文明"浇灌下发展起来的文明古国。这条"大河"就是孕育中华民族悠久璀璨文化的摇篮——黄河，它是我国北部的大动脉，它的无数支脉构成了华夏——汉文化蛛网式的基层经络。

黄河，发源于青海巴颜喀拉山，流经9省份，在山东省北部入渤海。早在远古时代，我国的原始先民就生活、奋斗和繁衍在这里，它孕育了仰韶、龙山、大汶口等原始文化，发展了灌溉农业文明，为中华民族的历史发展作出了重大贡献。黄帝和炎帝部落成为华夏民族的始祖。黄河孕育了中华文明，黄河是中华民族的摇篮。

"黄河之水天上来"，奔腾咆哮，滚滚东流。位于晋陕大峡谷的壶口大瀑布处恶浪翻滚，飞流直泻，惊险壮观。

（三）全球合唱的黄河

"风在吼，马在叫，黄河在咆哮，黄河在咆哮。"诞生于抗日战争相持阶段的《黄河大合唱》，跨越80年的历史传唱至今，成为中华民族精神的伟大赞歌。《黄河大合唱》在1939年的延安诞生，它唱出了中华儿女拼搏奋进，与大自然争斗，与侵略者斗，保护母亲河的悲壮而绚丽的赞歌。

100年来，中国共产党作为中国先进文化的代表，用生命、鲜血和革命先烈的牺牲，唤醒了沉睡的"黄河"，捍卫了国家和民族尊严，凝聚了黄河流域和14亿中华人，包括海外华侨华人的爱国情怀。

在迈向"中国梦""世界梦"的今天，《黄河大合唱》精神激励着一代又一代的中华儿女，前赴后继，不懈拼搏，共同奔向胜利的彼岸。

黄河，从历史走来，向着未来奔腾。这条母亲河，将在新时代绽放新的、绚丽的光彩。

黄河，正用宽广的胸怀，拼搏的精神，弹奏着多彩、和谐的乐器，用同一首歌、同一个节拍，奏响中华民族民主文明富裕和谐的新乐章，合唱中华民族伟大复兴的"中国梦"、各国人民共享繁荣和平的"世界梦"。

附件 1

习近平在黄河流域生态保护和高质量发展座谈会上的讲话

（2019年9月18日）

习近平

黄河是中华民族的母亲河。我一直很关心黄河流域的生态保护和高质量发展。党的十八大以来，我多次实地考察黄河流域生态保护和发展情况，多次就三江源、祁连山、秦岭等重点区域生态保护建设提出要求。2014年3月，我到兰考县调研指导党的群众路线教育实践活动，专程前往东坝头乡张庄村考察，那里也是焦裕禄同志当年找到防治风沙良策并首先取得成功的地方。上个月，我在甘肃考察期间专门调研了黄河流域生态保护和经济发展。这次来又考察了黄河河南段防洪等相关工作。

这一段时间，我一直在思考黄河流域生态保护和高质量发展问题，有关部门也根据我的要求进行了认真研究。下面，我讲几点意见。

一、保护黄河是事关中华民族伟大复兴的千秋大计

黄河流域在我国经济社会发展和生态安全方面具有十分重要的地位。黄河发源于青藏高原，流经9个省区，全长5464公里，是我国仅次于长江的第二大河。黄河流域省份2018年底总人口4.2亿，占全国的30.3%；地区生产总值23.9万亿元，占全国的26.5%。

千百年来，奔腾不息的黄河同长江一起，哺育着中华民族，孕育了中华文明。早在上古时期，炎黄二帝的传说就产生于此。在我国5000多年文明史上，黄河流域有3000多年是全国政治、经济、文化中心，孕育了河湟文化、河洛文化、关中文化、齐鲁文化等，分布有郑州、西安、洛阳、开封等古都，诞生了"四大发明"和《诗经》《老子》《史记》等经典著作。九曲黄河，奔腾向前，以百折不挠的磅礴气势塑造了中华民族自强不息的民族品格，是中华民族坚定文化自信的重要根基。

黄河流域构成我国重要的生态屏障，是连接青藏高原、黄土高原、华北平原的生态廊道，拥有三江源、祁连山等多个国家公园和国家重点生态功能区。黄河流经黄土高原水土流失区、五大沙漠沙地，沿河两岸分布有东平湖和乌梁素海等湖泊、湿地，河口三角洲湿地生物多样。黄河流域自然景观壮丽秀美，沙漠浩瀚，草原广布，峡谷险峻，壶口瀑布更是气势恢宏。

黄河流域是我国重要的经济地带，黄淮海平原、汾渭平原、河套灌区是农产品主产区，粮食和肉类产量占全国的三分之一左右。黄河流域又被称为"能源流域"，煤炭、石油、天然气和有色金属资源丰富，煤炭储量占全国的一半以上，是我国重要的能源、化工、原材料和基础工业基地。

黄河流域是打赢脱贫攻坚战的重要区域。黄河流域是多民族聚居地区，主要有汉、回、藏、蒙古、东乡、土、撒拉、保安等民族，其中少数民族占 10% 左右。由于历史、自然条件等原因，黄河流域经济社会发展相对滞后，特别是上中游地区和下游滩区，是我国贫困人口相对集中的区域。积极支持流域省区打赢脱贫攻坚战，解决好流域人民群众特别是少数民族群众关心的防洪安全、饮水安全、生态安全等问题，对维护社会稳定、促进民族团结具有重要意义。

长期以来，由于自然灾害频发，特别是水害严重，给沿岸百姓带来深重灾难。历史上，黄河三年两决口、百年一改道。据统计，从先秦到新中国成立前的 2500 多年间，黄河下游共决溢 1500 多次，改道 26 次，北达天津，南抵江淮。1855 年，黄河在兰考县东坝头附近决口，夺大清河入渤海，形成了现行河道。封建社会战争和军阀混战时期，更是人为导致黄河决口 12 次。1938 年 6 月，国民党军队难以抵抗日军机械化部队西进，蒋介石下令扒决郑州北侧花园口大堤，导致 44 个县市受淹，受灾人口 1250 万，5400 平方公里黄泛区饥荒连年，当时灾区的悲惨状况可以用"百里不见炊烟起，唯有黄沙扑空城"来形容。

"黄河宁，天下平。"从某种意义上讲，中华民族治理黄河的历史也是一部治国史。自古以来，从大禹治水到潘季驯"束水攻沙"，从汉武帝"瓠子堵口"到康熙帝把"河务、漕运"刻在宫廷的柱子上，中华民族始终在同黄河水旱灾害作斗争。但是，长期以来，受生产力水平和社会制度的制约，再加上人为破坏，黄河屡治屡决的局面始终没有根本改观，黄河沿岸人民的美好愿望一直难以实现。

二、新中国成立以来黄河治理取得巨大成就

新中国成立后，党和国家对治理开发黄河极为重视，把它作为国家的一件大事列入重要议事日程。在党中央坚强领导下，沿黄军民和黄河建设者开展了大规模的黄河治理保护工作，取得了举世瞩目的成就。党的十八大以来，党中央着眼于生态文明建设全局，明确了"节水优先、空间均衡、系统治理、两手发力"的治水思路，黄河流域经济社会发展和百姓生活发生了很大的变化。

——水沙治理取得显著成效。防洪减灾体系基本建成，保障了伏秋大汛岁岁安全，确保了人民生命财产安全。龙羊峡、小浪底等大型水利工程充分发挥作用，河道萎缩态势初步遏制，黄河含沙量近 20 年累计下降超过八成。实施水资源消耗总量和强度双控，流域用水增长过快局面得到有效控制，入渤海水量年均增加约 10%，通过引调水工程为华北地区提供了水源，有力支撑了经济社会可持

续发展。

——生态环境持续明显向好。水土流失综合防治成效显著，生态环境明显改善。三江源等重大生态保护和修复工程加快实施，上游水源涵养能力稳定提升。中游黄土高原蓄水保土能力显著增强，实现了"人进沙退"的治沙奇迹，库布齐沙漠植被覆盖率达到 53%。下游河口湿地面积逐年回升，生物多样性明显增加。

——发展水平不断提升。郑州、西安、济南等中心城市和中原等城市群加快建设，全国重要的农牧业生产基地和能源基地的地位进一步巩固，新的经济增长点不断涌现。2014 年以来沿黄河 9 省区 1547 万人摆脱贫困，滩区居民迁建工程加快推进，百姓生活得到显著改善。

同时，我们也要清醒看到，黄河一直体弱多病，水患频繁，当前黄河流域仍存在一些突出困难和问题。究其原因，既有先天不足的客观制约，也有后天失养的人为因素。可以说，这些问题，表象在黄河，根子在流域。

一是洪水风险依然是流域的最大威胁。小浪底水库调水调沙后续动力不足，水沙调控体系的整体合力无法充分发挥。下游防洪短板突出，洪水预见期短、威胁大；"地上悬河"形势严峻，下游地上悬河长达 800 公里，上游宁蒙河段淤积形成新悬河，现状河床平均高出背河地面 4 米至 6 米，其中新乡市河段高于地面 20 米；299 公里游荡性河段河势未完全控制，危及大堤安全。下游滩区既是黄河滞洪沉沙的场所，也是 190 万群众赖以生存的家园，防洪运用和经济发展矛盾长期存在。河南、山东居民迁建规划实施后，仍有近百万人生活在洪水威胁中。

二是流域生态环境脆弱。黄河上游局部地区生态系统退化、水源涵养功能降低；中游水土流失严重，汾河等支流污染问题突出；下游生态流量偏低、一些地方河口湿地萎缩。黄河流域的工业、城镇生活和农业面源三方面污染，加之尾矿库污染，使得 2018 年黄河 137 个水质断面中，劣 V 类水占比达 12.4%，明显高于全国 6.7% 的平均水平。

三是水资源保障形势严峻。黄河水资源总量不到长江的 7%，人均占有量仅为全国平均水平的 27%。水资源利用较为粗放，农业用水效率不高，水资源开发利用率高达 80%，远超一般流域 40% 的生态警戒线。"君不见黄河之水天上来，奔流到海不复回"曾何等壮观，如今要花费很大力气才能保持黄河不断流。

四是发展质量有待提高。黄河上中游 7 省区是发展不充分的地区，同东部地区及长江流域相比存在明显差距，传统产业转型升级步伐滞后，内生动力不足，源头的青海玉树藏族自治州与入海口的山东东营市人均地区生产总值相差超过 10

倍。对外开放程度低，9 省区货物进出口总额仅占全国的 12.3%。全国 14 个集中连片特困地区有 5 个涉及黄河流域。

三、黄河流域生态保护和高质量发展的主要目标任务

我曾经提出，治理黄河，重在保护，要在治理。要坚持山水林田湖草综合治理、系统治理、源头治理，统筹推进各项工作，加强协同配合，推动黄河流域高质量发展。要坚持绿水青山就是金山银山的理念，坚持生态优先、绿色发展，以水而定、量水而行，因地制宜、分类施策，上下游、干支流、左右岸统筹谋划，共同抓好大保护，协同推进大治理，着力加强生态保护治理、保障黄河长治久安、促进全流域高质量发展、改善人民群众生活、保护传承弘扬黄河文化，让黄河成为造福人民的幸福河。

第一，加强生态环境保护。黄河生态系统是一个有机整体，要充分考虑上中下游的差异。上游要以三江源、祁连山、甘南黄河上游水源涵养区等为重点，推进实施一批重大生态保护修复和建设工程，提升水源涵养能力。中游要突出抓好水土保持和污染治理。水土保持不是简单挖几个坑种几棵树，黄土高原降雨量少，能不能种树，种什么树合适，要搞清楚再干。有条件的地方要大力建设旱作梯田、淤地坝等，有的地方则要以自然恢复为主，减少人为干扰，逐步改善局部小气候。对汾河等污染严重的支流，则要下大气力推进治理。下游的黄河三角洲是我国暖温带最完整的湿地生态系统，要做好保护工作，促进河流生态系统健康，提高生物多样性。

第二，保障黄河长治久安。黄河水少沙多、水沙关系不协调，是黄河复杂难治的症结所在。尽管黄河多年没出大的问题，但黄河水害隐患还像一把利剑悬在头上，丝毫不能放松警惕。要保障黄河长久安全，必须紧紧抓住水沙关系调节这个"牛鼻子"。要完善水沙调控机制，解决九龙治水、分头管理问题，实施河道和滩区综合提升治理工程，减缓黄河下游淤积，确保黄河沿岸安全。

第三，推进水资源节约集约利用。黄河水资源量就这么多，搞生态建设要用水，发展经济、吃饭过日子也离不开水，不能把水当作无限供给的资源。"有多少汤泡多少馍"。要坚持以水定城、以水定地、以水定人、以水定产，把水资源作为最大的刚性约束，合理规划人口、城市和产业发展，坚决抑制不合理用水需求，大力发展节水产业和技术，大力推进农业节水，实施全社会节水行动，推动用水方式由粗放向节约集约转变。

第四，推动黄河流域高质量发展。8月26日，我在中央财经委第5次会议上强调，要支持各地区发挥比较优势，构建高质量发展的动力系统。沿黄河各地区要从实际出发，宜水则水、宜山则山，宜粮则粮、宜农则农，宜工则工、宜商则商，积极探索富有地域特色的高质量发展新路子。三江源、祁连山等生态功能重要的地区，就不宜发展产业经济，主要是保护生态，涵养水源，创造更多生态产品。河套灌区、汾渭平原等粮食主产区要发展现代农业，把农产品质量提上去，为保障国家粮食安全作出贡献。区域中心城市等经济发展条件好的地区要集约发展，提高经济和人口承载能力。贫困地区要提高基础设施和公共服务水平，全力保障和改善民生。要积极参与共建"一带一路"，提高对外开放水平，以开放促改革、促发展。

第五，保护、传承、弘扬黄河文化。黄河文化是中华文明的重要组成部分，是中华民族的根和魂。要推进黄河文化遗产的系统保护，守好老祖宗留给我们的宝贵遗产。要深入挖掘黄河文化蕴含的时代价值，讲好"黄河故事"，延续历史文脉，坚定文化自信，为实现中华民族伟大复兴的中国梦凝聚精神力量。

四、加强对黄河流域生态保护和高质量发展的领导

黄河流域生态保护和高质量发展，要尊重规律，摒弃征服水、征服自然的冲动思想。"禹之决渎也，因水以为师。"大禹之所以能成功治理水患，原因在于尊重规律。要在党中央集中统一领导下，发挥我国社会主义制度集中力量干大事的优越性，牢固树立"一盘棋"思想，更加注重保护和治理的系统性、整体性、协同性，不能犯急躁病、大干快上，特别是不能搞各种各样的开发区。

第一，抓紧开展顶层设计。黄河流域生态保护和高质量发展，同京津冀协同发展、长江经济带发展、粤港澳大湾区建设、长三角一体化发展一样，是重大国家战略。国家发改委要会同有关方面组织编制规划纲要，按程序报党中央批准后实施。党中央成立领导小组，统筹指导、协调推进相关重点工作。

第二，加强重大问题研究。黄河流域生态保护和高质量发展是一个复杂的系统工程，对一些重大问题，在规划纲要编制过程中要深入研究、科学论证。

第三，着力创新体制机制。要坚持中央统筹、省负总责、市县落实的工作机制。中央层面主要负责制定全流域重大规划政策，协调解决跨区域重大问题，有关部门要给予大力支持。省级层面要履行好主体责任，加强组织动员和推进实施。市县层面按照部署逐项落实到位。要完善流域管理体系，完善跨区域管理协

调机制，完善河长制湖长制组织体系，加强流域内水生态环境保护修复联合防治、联合执法。

同志们！推动黄河流域生态保护和高质量发展，非一日之功。要保持历史耐心和战略定力，以功成不必在我的精神境界和功成必定有我的历史担当，既要谋划长远，又要干在当下，一张蓝图绘到底，一茬接着一茬干，让黄河造福人民。

附件 2

ENCLOSURE 2

邀请加盟全国资源对接平台
——"三库"

为贯彻中央供给侧结构性改革要求，发挥部委智库资源聚集职能，满足国家和地方发展经济、环境治理，以及专家特长发挥等主要需要，国合华夏城市规划研究院在全国优选和邀请地方政府部门、科研院所、行业组织、规模企业、专家学者等，申请加入"机构库、供求库、专家库"（三库），提交或承接政府规划、企业管理、环境治理、技术与产品推广、投融资、重点工程、高层培训、国际合作等供求对接平台。请您如实填写申请表格，发送邮箱 icci2018@163.com。

表1   机构/专家/供求登记表

单位或专家名称		注册地址	
成立时间		所属行业	
通信地址		单位性质	政府部门、园区　新区 企业 科研院所、高校学院 学会　商会　协会　机构
负责人	手机：　　职务：　　邮箱：	联系人/手机	
基本信息			
需求 （项目产品 技术资金 人才服务）			
供应 （规划工程 项目产品 技术资金 人才服务）			
机构申请 （单位章）	申请理事单位： 申请会员单位：		
专家申请	如果是个人申请，请填写：姓名、电话、年龄、学历、职务职称、专长、毕业院校、主要业绩以及案例、信息资料等，附加业绩和职称等电子附件。		

备注：邀请加入"专家库、机构库和供求库"。

表2   **制造型项目征集表**

单 位		主营业务			
推荐人		职务		电话	
通信地址				邮政编码	
基本情况	项目名称				
	项目类型				
	项目面积				
	主导产业				
	投资额度				
	运营主体				
	运营模式				
	盈利情况				
	年回报率				
	年预期增值				
	带动作用				
项目综合介绍					

表3   **开发型项目征集表**

项目名称	
联系人	
电话/微信/邮箱	
项目类型/地址	
合作意向	政府规划 咨询策划 规划设计 专业培训 人才引进 金融对接 项目考察 托管运营 产业导入 论坛会议 追索认证
占地面积/建设用地	
项目位置/交通情况	项目距离中心区公里数 项目距离高速 火车站 机场 码头
综合情况	是否立项 实施时间 土地性质 建设周期

续表

综合情况	投资主体	优势资源	预期投资额	金融模式
地区指导产业				
是否重点项目				
项目需求				
项目计划				
项目综合描述				
备注	咨询电话：010 – 58348232，13717780897 联系邮箱：icci2018@163.com			

后　记

本专著在交付出版之际，心中颇忐忑，也有新的期待。

黄河是中华民族的母亲河。几千年来，它承受了难以计数的挫折、屈辱和磨难，用宽广的胸怀和热血养育了中华儿女。它为中华文明作出了不朽的贡献。

今天，黄河迈入了新的历史时期。生态环境是如此脆弱，许多污染问题没有解决，黄河沿岸的百姓期待发展，需要就业和获得更多实惠。这些需要黄河去承载，去奉献，去推动。

作为部委系统行业智库和规划学者，本课题研究团队专注宏观环境、国家战略、地方经济和区域规划等系统研究，深知责任重大。我们近年来在各类政府规划、"十四五"战略、产业开发、区域协同、企业战略等方面做了大量的研究和课题项目，积累了一些实践经验，也向部委专家等进行了专题访谈与专业交流。但是，受基层调研、合作渠道和精力等限制，本专著撰写过程中资料与案例等不充分，地方实践、发展中的矛盾与问题、各地转型之路，以及黄河文化等诸多困惑有待聚集专家力量，与各地紧密合作，深入研究和继续创新，更好地解读国家战略、编制地方规划、创新发展模式、推动产业落地、服务地方生态治理和经济发展。

希望本专著对于国家部委、各级政府、科研院所、行业机构和企业家等在生态建设、经济转型、文化研究和改革开放等方面有所借鉴。

国合华夏城市规划研究院课题组

黄河流域战略研究院秘书处

2020 年 5 月